校外教育机构广域课程
建设的理论与实践

——区域青少年活动中心建构广域课程体系的实践研究

虞海洲　主编

文匯出版社

图书在版编目(CIP)数据

校外教育机构广域课程建设的理论与实践 / 虞海洲主编.—上海：文汇出版社,2023.9
 ISBN 978-7-5496-4112-3

Ⅰ.①校… Ⅱ.①虞… Ⅲ.①校外教育-教育组织机构-课程建设-研究 Ⅳ.①G77

中国国家版本馆 CIP 数据核字(2023)第 160526 号

校外教育机构广域课程建设的理论与实践
—— 区域青少年活动中心建构广域课程体系的实践研究

主　　编 / 虞海洲

责任编辑 / 熊　勇
封面装帧 / 薛　冰

出版发行 / 文汇出版社
　　　　　上海市威海路 755 号
　　　　　（邮政编码 200041）
经　　销 / 全国新华书店
排　　版 / 南京展望文化发展有限公司
印刷装订 / 上海颛辉印刷厂有限公司
版　　次 / 2023 年 9 月第 1 版
印　　次 / 2023 年 9 月第 1 次印刷
开　　本 / 720×1000　1/16
字　　数 / 380 千字
印　　张 / 23

ISBN 978-7-5496-4112-3
定　　价 / 68.00 元

本书编委会

主　编：虞海洲
副主编：徐　群　范丽芳
编　委：俞惊鸿　陆洪兴　李振弘　申智斌　陈　斐
　　　　　金鑫佳　范琳玲　成洁瑶　唐　颖　吴　燕
　　　　　张　祎　蒋　真　王　霞　陈东豪　唐君超
　　　　　金　童　王　蕾　闻　章　刘惠忠　吴鹏程
　　　　　蔡晓东　苏　凤　施钊臻　廖海婷　徐鹏昊
　　　　　金　敬　吕慧莉

目 录

第一章 广域课程的基本认识 … 1
第一节 广域课程发展历程与意义 … 3
第二节 广域课程的概念与内涵 … 16
第三节 广域课程的特征与整合 … 18

第二章 综合素养发展与校外教育广域课程 … 23
第一节 校外教育的综合素养价值取向 … 25
第二节 校外教育广域课程的价值 … 38
第三节 校外教育广域课程的学生发展案例 … 41

第三章 校外教育的广域课程框架 … 57
第一节 校外教育广域课程体系 … 59
第二节 校外教育广域课程的基本框架 … 64
第三节 校外教育广域课程体系的建构 … 74

第四章 校外教育广域课程的建设 … 77
第一节 校外教育广域课程的开发 … 79
第二节 校外教育广域课程的实施 … 93

第五章 校外教育的广域课程实例 … 113
第一节 科技艺术类：以"布艺是怎么练成的"课程为例 … 115
第二节 科学技术类——以"小小程序员"课程为例 … 140

第三节　人文科技类——以"火星农场"课程为例 …………… 160

第六章　校外教育的广域课程品牌课程的建设 …………………… 189
　　第一节　校外教育品牌课程建设的价值 …………………………… 191
　　第二节　校外教育广域课程品牌建设实例——以"遥控车辆模型
　　　　　　运动"广域课程为例 ……………………………………… 206
　　第三节　校外教育广域课程品牌建设要点 ………………………… 255

第七章　区域家庭创客广域课程的建设 …………………………… 265
　　第一节　区域家庭创客广域课程的基本认识 ……………………… 267
　　第二节　区域家庭创客广域课程实例解析 ………………………… 278

第八章　校外教育课程生态的营造 ………………………………… 317
　　第一节　区域校外教育生态的凸显 ………………………………… 319
　　第二节　区域校外教育生态的基本结构 …………………………… 328
　　第三节　基于"三性三化"的校外教育发展 ……………………… 337

后记 …………………………………………………………………… 361

第一章 广域课程的基本认识

○ 第一节　广域课程发展历程与意义

○ 第二节　广域课程的概念与内涵

○ 第三节　广域课程的特征与整合

第一节 广域课程发展历程与意义

一、学生发展：校外教育的价值取向

校外教育需要创新,转变教育方式、课程供给方式,满足学生成长需要。校外教育改革深化正在指向"学生培养模式上",回归对学生发展规律的尊重,并以此建构青少年活动中心的教育体系是我们的逻辑出发点,确立以能力为价值取向的、着重创新能力培养的学生发展模式。在教育价值取向上,强调为每一位学生的终身发展负责,从过度追求现实功利转向追求教育对人的发展的价值。这是当今校外教育发展的一个重要趋势。

"'五育'并举,融合育人",已经成为当前基础教育发展的重要趋势。校外教育机构承担着重要的育人功能,在学生素养培养方面有其不可替代的价值,需要在新的教育改革背景下,对其课程框架进行系统的构建,以适应当前校外教育机构在融合育人中的专业功能。

我们立足于国内外课程改革主要走向,进行了校外教育改革探索。宝山区青少年活动中心以"面向未来的校外教育大融合"为导向,建构区域性广域课程体系与基本框架,积极营造良好的校外教育生态,推进区青少年活动中心与各中小学校、社区、家庭的多元联系,形成公益性的校外教育生态共同体,建构宝山区青少年校外教育运作机制,提高区域校外教育生态建构的能力与实效。

青少年在未来社会所面临的生活及需要解决的问题,都具有开放性、综合性和复杂性的特征。我们急需应用多角度、多维度、系统性的知识和能力,创设新的课程体系,乃至学习环境,以此培养学生综合性解决问题的能力或素养,并在这个过程中发展学生应对新生事物的创新能力。校外教育以往较多是以科技等活动为主要载体,缺少课程意识,活动内容常过于单一,缺少课程要素与框架。如何发挥校外教育资源丰富的优势,突破学校教育学科课程的范式,并与此互补,彻底打破学科间的壁垒,真正做到"跨学科"整合、"多学科"融合,以此来提升学生的综合学习能力和综合素养,让学生通过主动建构

完善综合性学习,成为校外教育改革的重点突破方向。广域课程有助于克服分化与琐碎之弊端,打破原有学科组织的界限,将过去分割的知识统整为一个整体,这有利于学生概要地掌握科技、文化常识,开阔视野,对自然界和人类社会的发展过程有一个全面、完整的表象。这样的课程对于引导学生形成科学的世界观具有积极的意义。

随着校外教育在培养人才方面的优势凸显,学生校外学习的层次提高,学生对科技、艺体、人文社科课程要求越来越高,综合素养的培养成为校外教育的重要价值取向。校外教育课程化建设已经十分紧迫,校外教育的课程研究与实践得到进一步的重视。同时校外教育较之于学校教育,不是以学科课程为主,课程设置上具有很大的灵活性与社会适应性,又兼具学生个体选择性,正好可以弥补学校教育这一不足。随着单科学习走向课程融合、跨学科学习的需要,广域课程等综合课程加快发展,而广域课程正好具备校外教育课程的适切性,究其原因:一是广域课程有助于学生根据自身条件在多样性、丰富性课程中进行选择性学习;二是广域课程可以弥补学校以学科课程为主的不足,通过广域课程满足学生个性化学习;三是广域课程有利于学生综合素养的培养;四是校外教育机构有适应广域课程所需的丰富课程资源。因此,广域课程必然成为区青少年活动中心这样的校外教育机构开展教育的重要课程形式。

基于当前校外教育机构课程建设的现状,从学生综合素养培养的视角,对校外教育课程体系进行新的构建,旨在进一步提升校外教育课程的科学性和规范性,探索校外教育机构的专业发展路径,更好地培养学生综合素养,实现人的全面、个性发展,以适应未来社会的需求。

广域课程是培养学生综合素养的有效途径。广域课程建设有利于校外教育课程设计垂直连贯、水平整合,将零散的、分化的学科领域聚集起来,利用同一学段内不同学科对于各素养的不同作用,彼此合作、共同促进该阶段任务达成。在多元场域中促进学生对知识的深度理解和广度迁移,从而更好地培养学生综合素养。课程改革实现了由应试教育到素质教育的转变、课程由单一课程向综合课程转变、课程内容由学科专业化知识向生活应用能力转变。校外教育课程建设是实现二期课改目标的主要内容,也是培养学生适应社会能力、独立生活能力的主要方法和途径。

通过广域课程可以充分挖掘校外教育机构的育人潜力。校外教育以学生本位意识为主,教学上突破课堂有限时空,充分发挥学生的主观能动性,搭建个性化平台,实现教育公平,广域课程的建设实施推动校外教育内涵发展,更有助于提升学生综合学习能力和综合素养。

通过广域课程构建校外教育课程的可持续发展。当前校外教育的课程规划仍存在一些问题,但通过对课程实施整理与重建,可为校外教育课程发展提供持续的动力源,课程文化是校外教育课程持续发展的软实力,开放、分享、合作的课程文化是校外教育课程发展的关键要素。

最后,本研究以学生综合素养为中心,对校外教育机构的课程进行合理建设,发挥其最大优势,使课程整合的目标、内容、过程、评价具有统一指向,为培养学生综合素养提供一种行之有效的课程实施方式。

二、课程整合发展必然趋势

(一) 课程整合发展的四个阶段

课程问题在校外教育中日益凸显出来。以往的教学往往以活动形式组织学生学习,教师缺乏课程意识,或者没有意识到活动其实也存在着课程问题。增强校外教育机构教师的课程意识与课程教学能力是当前校外教育机构改革与发展的重要课题。校外教育机构从缺乏系统的课程体系与课程建设向现代化校外教育课程发展过程中,首先要加强教师对课程理论的学习,以适应校外教育结构面临着的比学校教育更为艰巨的课程建设,以适应当代课程发展的总趋势——课程的整合。

课程的发展史表明课程整合是当代总趋势,可以从四代课程的迭代过程,清晰地把握这条主线。

1. 学科为中心的阶段

20世纪以前的课程特点是课程内容的不断分化和充实,名目繁多的分科科目层出不穷。古典中心课程存在着古典主义与形式主义的对立、人文与科学的对立。先前把人文研究置于自然研究之上,而后出现注重科学学科甚于人文学科。这时期以教材为中心,教材近乎相当于课程。

2. 课程近代化的阶段

20世纪初至20世纪30年代是课程近代化阶段,也是世界性课程改造运动时期。这个运动从变革传统的学校观——把学校视为各种知识、技能的传授机构——出发,探索并实践了新型的课程,这种课程要求与儿童的心理特征和社会要求相适应。德国的合科教学和美国的核心课程都是这种课程的代表。(钟启泉:现代课程论,上海教育出版社,1989.4)

德国的合科课程教学中,第一类以奥托为代表。合科教学强调学科框架不复存在,主张按照学生的兴趣组织学习一定的课题,教师进行适当的指导,也就是把学生集合起来,学生自己提出问题并自由讨论,因此也叫"集合课程"。第二类以莱比锡计划为代表的小学低年级合科教学,它以乡土科的直观教学内容为核心,有机地组合读、写、算、体育等练习的内容,教材的排列同儿童的生活领域的扩大相适应。塞茨认为,意义的发现比之事物的科学描述更重要,从而构想了超越分科框架的合科教学。

美国也出现了打破传统学科的框架,试图采取大单元的方式将课程统合起来。广域课程(核心课程)打破传统学科的框架,试图采取大单元的方式将课程统合起来。当时美国出现了以杜威为代表的以儿童为中心的课程,杜威的经验课程强调"课程不应当是由一组学科编成的学科课程,而应当是包括了儿童的学习活动在内的一连串的生活经验"。赫尔巴特学派认为学科的统合是由教师准备的,已统合的内容是统合的中心。将赫尔巴特学派的统合与经验课程折中起来的课程形式即为广域课程或核心课程。

在20世纪30年代,围绕着广域课程或核心课程展开了活跃的论证与实践,这是从批判严格分科的学科课程中产生,使课程得以有集中而又分化。这时期课程沿着统合方向发展。

3. 课程近现代改革阶段

从20世纪50年代末至60年代,出现了源于美国的理科课程改革的世界性教育运动。其中很重要的是,改变传统的课程模式,把现代的科学、技术、文化的成果更完整地、及时地反映在学科结构之中。布鲁纳认为:根本地改造学科课程,在教材中引进儿童也能理解的同现代科学技术息息相关的一般原理和思想,被日本心理学家誉为"教育现代化的圣经"。

1956年PSSC(物理科学研究委员会)资助的包括诺贝尔奖金获得者组成的编委会编写的物理教科书,以原子论特别是波粒二象性的认识与能量概念为主导,以"时间、空间、运动""光""力学""电子与原子结构"4个基本要素组成新体系,受到了世界的注目。再如"生物科学课程研究"将3个维度:从分子到生物界的7种水准,生物教学的基本概念——结构与功能、多样性与统一性等几个主题,微生物、植物、动物三界说,形成一个结构体系,包括分子生物学、生态生物学和传统的细胞生物学。学科内容的现代化,并不是原封不动地将现代科学技术的结晶纳入学科作为教材,而是有关领域中的科学技术发展,已经极大地影响到自然的领域,将之吸收构成课程体系的基础。概念与法则,也将发生变化,这即是课程现代化的含义——课程新阶段的特点注重探究课程以及基本概念的掌握以形成结构化知识体系。(钟启泉:现代课程论,上海教育出版社,1989.4)

4. **课程改革的当代发展**

20世纪70年代以后,特别是80年代以来,世界课程理论发生了"范式转换",开始走出"泰勒原理"的束缚,从多维视野理解课程,倡导对课程领域进行"概念重建",这就是所谓"概念重建主义"课程理论。"概念重建主义者"对分科课程的深层反思和批判为综合课程的发展奠定了新的理论基础,这是继杜威之后综合课程理论的又一次历史性进步,这在某种程度上预示着综合课程理论的未来发展方向。美国教育优异委员会于1983年发表《国家在危险中,教育改革势在必行》报告,要求高中毕业学生最低限度应有"五门新基础课"(英语、数学、理科、社会科和计算机)的知识,认为它们是现代课程的核心。针对1983年报告,当时的卡内基基金会教学改进委员会主席鲍维尔认为"加强传统的学术课程是必要的,但却是不够的",要求"在课程设置当中,引入跨学科的观点,核心课程的内容必须超越各个学科的界限,使学生接触范围较广、跨度较大的问题"。(王觉非:美国高中课程改革中的三种观点,教育研究与实验,1956年第4期)

当今国际课程改革的主要趋势是课程多样性、课程的个别化、课程的统合化。课程适应科学技术迅猛发展、复杂多变的社会发展以及学习者的认知与学习差异,课程应该多样化、丰富性。一些国家出现了微型课程,其目的是便于更迅速和个别化,不千篇一律地解决学生学习意愿的问题,以实现课程教学。适应学生个人的能力、倾向的课程教学是世界教育共同关注的问题。"个别化学习"强调学习目标、学习内容、学习方式与学习环境要个别地组合。课程统合是重要的课程发展潮流。这中间有过不少探索,例如"统合教学日"、团队教学、活动本位课程、事实教学。美国的"超越学科的学习活动"中,出现"超越学科的学习单元"的教学计划,例如"水——自然环境的学习"这一学习单元的教学目标涉及自然、社会的"自然环境"学科,而且数学、语文学科教师也参与应用性教学。经济合作与发展组织的"80年代以后的课程"中提出"广域的学科活动"——数学、生物学、工艺学等的科学,包括社会性作用的经验及经济学、心理学、社会学等社会科学,及关于沟通及美术、音乐等表现技术的研究与实践。

当前课程的重要发展趋势是信息科学技术的颠覆性变革,人工智能的快速发展已经对社会、经济以及教育等领域产生重大影响,教学智能化已经超越我们熟悉的教学中运用多媒体,外生性的课程的信息化,而是必然智能化,走向内生性的信息化的课程,为学生提供更多的个性化学习的支持。

(二) 课程综合化:课程的整合

早在19世纪就形成了两种基本的课程综合化的原理——"相关综合原理"与"经验综合原理"。综合课程在整个20世纪的发展则指向于统一儿童与学科知识。统一"相关综合"与"经验综合"这两种原理是20世纪综合课程发展的主旋律。1902年,杜威出版《儿童与课程》一书,这标志着综合课程的发展进入了新的历史时期。杜威认为,教育中的一个主要缺陷是在儿童的经验与教学科目之间横亘着一道鸿沟,将二者对立起来。杜威写道,我们意识到:儿童与课程仅仅是确定一个单一过程的两极。正如两点决定一条直线那样,儿童现在的观点和学科中所包含的事实与真理决定着教学。从儿童的现在经验发展到被我们称为学科的有组织的真理体系所表征的经验,是一个持续改造的过程。杜威通过消解传统的二元论,确立起现代连续论而在理论上大大推进了综合课程的发展。在美国,也开始走出极端儿童中心的活动课程,汲取赫尔巴特"相关综合课程"的积极因素,倡导赋予稳定方向与组织的"广域课程"和"核心课程"。

从世界课程改革实践来看,20世纪90年代以来,世界各国都大力倡导课程的综合化。课程的综合通常是围绕主题,将几个相似学科的知识相结合成为一个学科领域。

(三) 综合课程

从课程类型的角度看,综合课程可分为"学科本位综合课程""社会本位综合课程""儿童本位综合课程"。

"相关综合课程"与"经验综合课程"是早期的综合课程的基本形态。尽管都标榜从儿童的个性(人格)出发,但由于对儿童个性理解的差异,导致了两种迥异的综合课程理路:

(1)"相关综合课程"循着由外及内的路向,首先根据过去和成人的标准对教材进行统整,然后将这种预先统整好的教材提供给儿童,试图以此实现儿童意识的统整、自我的统整,因此,这种综合课程是以客观知识为中心的,是主知的、客观主义的。

(2)"经验综合课程"循着由内及外的路向,它以儿童的人格为核心,试图通过人格统整、意志统整而实现教材的统整,因此,这种综合课程是儿童中心的,是主观主义的。

两种综合课程各有利弊,"相关综合课程"看到了学科知识在儿童人格成长中的力量,但却从根本上忽视了儿童的主体价值,走上了杜威所批评的"外铄论"。"经验综合课程"看到了儿童的生命冲动、需要、动机、兴趣在儿童人格成长中的价值,但却忽视了儿童人格成长的外在环境和条件,忽视了学科知识的力量,走上了杜威所批评的"预成论"。20世纪综合课程的发展基本上是围绕着如何统一"相关综合原理"和"经验综合原理"而展开的。"相关综合课程"与"经验综合课程"直接源于裴斯泰洛齐的课程理论,间接源于卢梭的课程理论,可谓一源二流。

(四)综合学科课程

学科本位综合课程(综合学科课程)是以学科或文化知识作为课程整合的基点,课程整合的核心主要源于学科,这种综合课程试图打破或超越各分科课程自身固有的逻辑,形成一种把不同学科内容有机整合为一体的新的逻辑。根据学科课程综合的程度不同,可以把学科本位综合课程划分为"相关课程""融合课程""广域课程"三种形态。

1. 相关课程

相关课程又译关联课程,是指两门或两门以上的课程在教学中加强相互联系,但并不打破原来的学科界限。换言之,这种课程并不寻求从根本上改变分科课程的性质,所以,严格地说,相关课程只是一种综合教学,而非综合课程。

相关课程是彼此独立的某些学科必要时予以沟通的课程,由具有科际联系的学科组成的课程。诸如历史与地理、物理与化学之类的相关学科的相互关联型。

| 地理 ↔ 历史 | 物理 ↔ 化学 |

相关课程是学科独立、内容上有些关联而组成的各相邻学科,例如语文与历史、历史与地理、数学与物理、化学,物理、化学与生物等,既保持原有学科之间的界限,又在各科课程标准中确定了相关科目的科技联系点,使各科之间保持密切的横向联系。

相关课程的联系方式多种多样,一般可以归结为三大类:事实性相关、描述性相关和价值性相关。当历史事实与文学作品的写作背景有关，或者作为文学作品的小说以历史事实为题材的时候，两者的相关就是事实性相关。当两门或两门以上的学科具有共同的概括性结论的时候，一般可以运用描述性相关加以综合。第三种相关是价值性相关，它与描述性相关大同小异，差别仅在于：价值性相关的原则是社会道德价值而非因果联系。例如，民主自由的价值观，可以成为贯穿美国历史和文学作品的桥梁。

2. 融合课程

融合课程是把有着内在联系的不同的学科合并为一门新学科。最常见的融合课程是把同一学科领域的某些学科加以合并，有时，这些学科也可以分属于不同学科领域。如，地质、气象等和地理合并，组成一门新学科——地球科学。由物理学和地理学的某些领域合并而成的地球科学课程。再如，生物与化学，中国历史、经济与地理。

生物	化学

地理	中国历史	经济

跨学科课程是指由一些有着内在联系的不同学科合并或融合而成的新课程，也称交叉学科课程。

3. 广域课程

广域课程又译为"合科课程"。广域课程是一种较为综合化的课程组织形式。一般包含某一完整的知识分支，也可包括两个或两个以上知识分支中的内容。是将各科教材依性质归到各个领域，再将同一领域的各科教材加以组织和排列，进行有系统的教学。与相关课程、融合课程相比，其综合范围更加广泛。广域课程是综合性的学科课程，但每一学科（课程）的领域广阔，具有综合性。

理论上，广域课程有助于克服分化与琐碎之弊端，打破原有学科组织的界限，将过去分割的知识统整为一个整体。有利于学生概要地掌握科技文化常识，开阔视野，对自然界和人类社会的发展过程有一个全面、完整的表象。这样的课程对于引导学生形成科学的世界观具有积极的意义。但广域课程可能因为笼统的概括，忽视细节而使学生不能做精深的研讨。同时由于范围的广泛和笼统，难免缺乏逻辑性。这种课程的编制方法是让前一个课题"自然地"引出后一课题，就好像后者是从前者中"浮现"在师生面前一样。例如，在学习某地城市的历史时，自然引发了对该市经济的兴趣；

在对该市经济的学习中,又不能不对其地理、文化、民族、人口、政治等都有所了解。

三、广域课程发展的国际视野

自赫尔巴特提出课程整合以来,此种思想一直生生不息。20世纪前半叶得到较大发展,60年代稍有中断,但70年代开始,思潮盛大的综合课程席卷整个教育界,延续至今不衰。校外教育的广域课程立足于国内课程改革主要走向,富有前瞻性。

国际上最早设立的是1914年阿默斯特学院创立的"社会和经济制度广域课程"。较完整的广域课程诞生于1923年—1925年的芝加哥大学,由反省思维概论、世界和人类的本质、社会中的人、艺术的意义和价值等学科组成。起初这门课是融合地理与历史而形成的。后来在合并史地基础上又加入了经济学、政治学、社会学、法学和人类学的有关内容。此外,"综合自然科学"综合了物理、化学、生物、生理、生态、实用技术等。"语言艺术"综合了文法、阅读、写作、戏剧、电影、电视、新闻和实用语言;"创造艺术"综合了绘画、美工、雕塑、音乐、舞蹈、工艺和广告艺术等,这些都是比较通行的广域课程。一些国家的小学课程和部分初中课程均由相对综合的科目所组成。小学和初中的社会,包括公民、历史、地理等内容。小学自然和初中理科包含生物、化学、物理等内容。一些国家的高级中学高等学校所设立的自然科学基础(文科各系)、社会科学基础(理科各系)均由两门或以上的科目组成。

这样的课程对于引导学生形成科学的世界观具有积极的意义。20世纪以来,国际上掀起了综合课程浪潮,广域课程也得以发展,其中较为著名的有STEM课程、HEMTS课程等,这些课程体现了"让课程适应每一位学生的发展"。校外广域课程体现了我们校外教育改革的方向。

广域课程是综合课程的一种课程形式,具备了不同寻常的教育优势,与分科课程恰成鲜明的对照。英国学者英格拉姆在《综合课程和终身教育》一书中,指出综合课程具有整合知识、儿童、社会三方面的功能。一是知识教学方面,综合课程容量大、韧性好、联系强,所以易于吐故纳新,删减陈旧烦琐的知识,增添新兴现代的内容,并帮助学生糅合各科破碎的知识,达到学习的整体目标。二是学习心理方面,综合课程注意按学生的心理发展来编制教学内容,有助于激发学生的兴趣动机;有助于结合日常生活中的具体经验和实际情况；有助于鼓励学生积极参与教学活动；也有助于学生在能动的学习过程中，学会学习。三是社会影响方面，综合课程有助于师生之间的协调合作，有助于更好地处理当代社会问题的内容，促进与社会的联系。综合课程紧紧地把握住了社会、儿童、知识三个基点，有利于培养全面发展的合格公民。广域课程既有学科课程的系统性带来的高效率也有综合课程的适宜性带来的高效益，在校外教育实践中具有广泛的价值。

四、校外教育创新的自适应

随着人才培养的综合化，人们教育观念的转变，校外教育日益受到社会的关注。与此同时，校外教育的创新发展也受到了重视，校外教育不能提升自适应性，那么其地位与作用将受到质疑。适应性是指一个系统能改变自身的性能以适应环境变化的能力。自适应过程是一个不断逼近目标的过程，它包含自学习与自组织两层含义。通过自组织过程适应环境而出现新的结构、状态或功能的特性。我们区校外教育机构就经历了自适应，通过自我学习与自组织，优化课程文化，改变课程架构。我们着力改变传统线性教育统一规划，课程类型单一的弊端，这种线性课程体系容易导致一部分学生，在已掌握知识的状况下，仍然不得不与其他学习者一样按部就班地进行低效学习，不能按照个人的发展步调提高学习，浪费了大量的时间与精力；我们也着力改变线性教育指导下的教学过程缺乏互动性和精准性，使得存在学习困难或有特别需求的学生能够得到即时的反馈与帮助。学校教育大多提供相当线性和非自适应的体验，无论是通过自定进度的结构化学习、基于场景的学习，还是非正式学习都无法满足师生的精准教学需求，难以支持学习者的个性化发展。我们提出以广域课程为重点的校外课程改革是我们校外机构课程体系自适应的一个重大举措。

我们以"努力办好人民满意的教育"的要求为导向，通过本项目指导宝山区青少年活动中心开展研究与实施在区层面上建构良好的校外教育生态，推进以区青少年活动中心与中小学校、中心与社区、家庭的多元联系，形成公益性的校外教育生态共同体，形成区域广域课程体系，建构宝山区青少年校外教育运作机制，提高本中心的区域校外教育生态建构的能力与实效。

我们从三个方面开展课程自适应：

1. 研究与指导形成区域性"三性三化"广域课程体系基本框架与课程体系。

2. 研究与指导推进区青少年活动中心与区内中小学校、中心与社区、家庭的多元联系,形成公益性的校外教育生态共同体。

3. 研究与指导青少年活动中心提升管理者和教师的教育生态理念和行动能力,促进宝山区校外教育生态化发展。

我们以广域课程的项目实施展开自适应:

1. 项目内容上的思路

(1) 本项目旨在通过广域课程体系的建构,促进区域校外教育均衡发展,推动校外教育生态化发展,为学生的绿色健康成长提供良好的校外教育。因此以学生的"绿色"发展为终极目标。

(2) 本项目主要探索如何通过校外教育生态共同体建构,对区域校外教育系统的要素、结构与功能进行把握。校外教育课程生态化程度和教师的生态教育教学能力的提升,是本项目的重要内容。

(3) 本项目主要探索"广域课程"体系的建设与实施的方法,重在操作研究。

2. 项目方法上的思路

(1) 理论研究与实践研究结合,形成本项目的综合成果。充分发挥理论研究的先导作用与设计研究的基础性作用。

(2) 项目注重教育效果和研究效果,提升区域教育发展的整体效益,突出区域校外教育生态——宝山校外教育品牌建设。

(3) 项目要体现区域广域课程体系与校外教育生态化发展的关联价值,立意要高,同时在研究过程中要强调实在性、突出操作性。

3. 项目的研究方法

(1) 文献研究法

通过文献研究把握国内外校外教育生态理论发展以及实践成果。拟从国内外"教育生态""校外教育生态""广域课程与综合课程""生态型广域课程"方面收集资料,展开文献研究,进行比较研究,掌握最新的研究动态,拓展研究思路。

(2) 经验总结法

项目研究中的经验总结,是依据实践所提供的事实,分析概括"广域课程""三性三化"的主要现象,使之上升到理论认识高度的一种行之有效的方法。对区域开展"校外教育的广域课程"的实践进行科学的审视,使之上升到理性认识高度,提炼有效的经验。

(3) 个案研究法

通过对本项目中的各类个案、活动案例的研究,找出其差异,分析其变化原因,探索区域开展"校外教育的广域课程"实施路径、策略及方法,以获得规律性的认识。

(4) 行动研究法

依据本课题组的假设进行实践研究,检验假设。在研究过程中,注意研究过程中信息的收集和分析整理,重视研究结果的形成。整个项目研究过程中把握校外教育生态环境中学校、学生和教师的情况,不断调整研究。同时,对原始的素材以质的研究方法,从理论认识和实践操作两个层面上展开分析和研究,提炼和概括出"区域开展校外教育的广域课程"的操作系统。

我们的广域课程体系的自适应历经四个阶段:

1. 概念设计与启动阶段

要点:建构"区域青少年活动中心基于'三性三化'机制,建构广域课程体系"的概念框架,明确本项目主题的概念与内涵,在理论指导下确定本项目的实践方向。

(1) 组建项目领导小组与项目组。

(2) 开展本项目的调研,收集有关信息,并进行文献研究,把握学术动向。

(3) 对青少年活动中心的办学理念与实践形态进行主题提炼研究。

(4) 从"区域校外教育""办学理念"、实践形态三个维度整合,基于理论与实践提出——区域青少年活动中心基于"三性三化"机制,建构"广域课程体系"这个主题整体发展思路,形成本课题的主题概念设计。

(5) 形成本项目概念设计文本。着重解决什么是"广域课程"以及与其他综合性课程的区别与联系;"三性三化"的基本内涵与要求。

2. 整体设计与学培阶段

要点:"区域青少年活动中心基于'三性三化'机制,建构广域课程体系"的整体设计研究,形成本项目总体实施(实践)框架,建构区域青少年活动中心基于"三性三化"实践形态,形成本项目的整体实施框架与方案。

(1) 进一步设计与明确基于"三性三化"机制,建构广域课程体系整体运作框架。进一步细化"三性"与"三化"的特征,以及基于特征的评价标准。

(2)区域校外教育机构发展战略——"基于'三性三化'机制,建构广域课程体系"实施的基本思路的研究。确立"三性三化"的实施原则。

(3)整体设计与学培阶段着重解决以下三个问题:

○ 广域课程的实施与验收五环节(申报、认可、开发、实施、评估)的确立。

○ 研究中心与学校、社区、家庭的校外教育生态共同体的形式、运作方式等。

○ "三性三化"的机制建构、实施原则的研究。

(4)对本项目整体实施培训,使全体中心人员明确本项目基本框架。

(5)举办"基于'三性三化'机制,区域校外教育机构的发展战略"研讨会,展现本项目整体框架研究成果。

3. 模块设计与操作实施阶段

要点:按照本项目整体设计的三个模块开展理论与实践研究。

(1)组织与开展基于"三性三化"的广域课程体系(即适合宝山区青少年活动中心与学生的广域课程体系)研究。

○ 组织与指导中心各教学部门、教研组建构广域课程的"模块—课程群—(具体)课程"三层级课程体系。

○ 按照中心(校本)三级广域课程体系梳理现有的广域课程与拟开发的广域课程,运用双向建构法(中心与教师、教师与学生两个层次的双向),指导青少年活动中心形成区域校外教育广域课程体系谱系表。

○ 开展项目推进培训,为全体教师实施本项目做先期专业准备。

○ 指导青少年活动中心各教研组依托校本的"广域课程谱系表",开发新的广域课程,完善已有广域课程。按照课程设置的基本要求,活动中心各教研组完成广域课程的开发。

○ 指导青少年活动中心实施与落实广域课程开发与实施"五环节"。(申报、认可、开发、实施、评估)

○ 青少年活动中心组织全体教师与教研组进行"广域课程"阶段成果与经验交流会或现场观摩展示活动。

(2)组织与指导中心各教研组与管理部门形成基于"三性三化"的广域课程体系运行机制。

○ 开展依托区青少年活动中心的特殊地位,建构区域校外教育机构与中小学的教育合作关系,进行一定的组织架构、教育生态共同体的探索。

○ 开展由青少年活动中心牵头,组织科技(人文)教育辅导员,以及校外科技(人文)教育社工制度的探索。

○ 开展校外教育与学生社会实践整合的研究。

○ 开展"家庭科技教育基地"项目的探索与实践。

（3）开展分析与提炼上述实践,形成基于"三性三化"的广域课程体系运行机制的表述。

（4）形成本阶段"三性三化"的机制建构、实施原则的实践研究成果,并组织交流研讨会。

4. 项目结题与总结阶段

要点：全面策划本项目总结,形成项目成果的表达。

（1）项目组提出本项目总结的思路。

（2）项目组提交本项目总结的方案以及课题总结提纲。

（3）项目组撰写本项目的理论部分。

（4）指导完成教师的项目实践总结文章。

（5）完成本项目论文初稿。

（6）完成本项目结题报告。

（7）最终完成本项目论文与结题报告。

第二节 广域课程的概念与内涵

一、广域课程的概念

广域课程是学科课程基础上的综合教程。尽管"广域课程"这个概念被介绍进来,但是根据文献检索发现,其实对广域课程的基本概念以及实施都缺少清晰的定义以及不符合概念规则,主要有以下表现：

1. *缺乏概念的确定性*。五种类型不具有对广域课程的确定性,即不是对广域课程从课程上进行区分,而是从学习方式上,例如体验式、项目式等学习方式,其他课程也能学习。思维、兴趣不是广域课程的本质属性。

2. *被定义项没有恰当归类*。违反这一规则,称为归属不当。如对广域课程的分类中出现"广思课程"。原界定的概念缺乏归类。

3.定义项与被定义项的外延必须是全同关系。如果定义项外延大于被定义项,称为定义过宽。反之则为定义过窄。

我们认为,广域课程是指为了特定的学习目标,将相关领域的学习内容联系生活,依据学科与学生经验加以组织与排列,关联与整合,通过有系统的教与学,而形成的一种开放型弱度框架课程。广域课程是综合性的学科课程,但其课程内容的领域广阔,具有综合性。广域课程是一种较为综合化的课程组织形式。一般包含某一完整的知识分支,也可包括两个或两个以上知识分支中的内容。是将各科教材依性质归到各个领域,再将同一领域的各科教材加以组织和排列,进行有系统的教学。与相关课程、融合课程相比,其综合范围更加广泛。

二、广域课程的内涵

广域课程具有丰富的内涵:

1.广域课程的"广域"涉及领域宽广,即大领域。一般包含某一完整的知识分支,也可包括两个或两个以上知识分支中的内容。其可以是学科内的广域、学科间的广域、领域间的广域(人文、科学、社会学科整合)、面向生活的广域、科学与技术的广域、文化的广域、儿童经验的广域。

2.广域课程具有明显的课程目的,正是这个目的组成相应的广域课程(内容)。广域课程不是融合课程(内容内在逻辑),而是一种整合(具有整体性,合目的性),不是新学科。

3.广域课程应该与学科取向、儿童取向、社会取向相统一。广域课程实际上是"学科本位综合课程"与"经验本位综合课程"融合的产物,并非纯粹学科本位的。

4.广域课程是一种较为综合化的课程组织形式。与相关课程、融合课程相比,其综合范围更加广泛。领域是一个系统,(学习)领域有大有小,因此出现了众多的广域课程。有在同一领域整合的广域课程,也有在不同领域整合的广域课程。

5.广域课程在内容上是统整型的,课程组织方式上是弱度框架。

广域课程是将各科教材依性质归到各个领域,再将同一领域的各科教材加以组织和排列,进行有系统的教学。避免传统的学科课程的褊狭与经验课程的盲目,构成语言领域、社会领域、数理领域、艺术领域之类的广域型。

三、相关课程、融合课程与广域课程的区别

在这一课程综合的领域中包含了相关课程、融合课程、广域课程。其中,相关课程是指在不打破学科原有界限的前提下,将互有关联性的两门或两门以上的学科在教学中联系起来的一种课程模式。融合课程是指将有着内在联系的不同学科合并成为一门新的学科,如将生物学和化学综合为生物化学,将地理学、生态学和物理学等学科的某些领域合并成为地球科学等。广域课程是指打破了学科间的科际界限,将几门相邻学科合并成为一种学习领域的课程模式,如社会科、自然科、语言、普通科学等。

为了保证广域课程真正地把分科知识综合起来,主要有两类课程编制方式可供选择:原理性类型和历史性类型。原理性类型又称主题程序,是以横跨两门或两门以上学科的概念、法则和定理,作为综合的要素。另一种综合方式是历史性类型,首先选择各种题目和问题作为起点,再根据它们在各个历史时期的发展情况加以展开,以明了它们各种各样的表现形式和它们对各种不同需要的适应。

第二节 广域课程的特征与整合

一、广域课程的特征

广域课程具有其特定的特征,正是这一特征决定了广域课程的性质。

一般而言,广域课程具有四个基本特征:

1. 指向性。这是指广域课程具有一定范畴,即领域。这个领域指向性具有合目的性。某一广域课程为什么要开发,应该具有明确的目的,试图解决什么问题,即学生发展目标是什么。这个目标应该具体而清晰,不能是单学科的目标。课程内容正是依据这个预设的目标进行选择与组织,形成课程的广域性。

2. 整合性。广域课程具有内容、价值取向的整合性。首先广域课程内容上应该是跨学科的,不能是简单的单学科,只局限在某一学科之中。学科不等于(科学)领域。我们在建构广域课程体系时,大致划分为四大领域:社会领域、理科领域、艺术领域、体卫领域。每一领域涉及很多学科,例如体育、智

力体育、医学、生理学、卫生学等。广域课程的整合性还强调整合的学科内容应该具有逻辑性,不是简单的拼凑,大杂烩,必须主线明确,拓展有据,课程内容组织有序。

3. 结构性:广域课程形式上具有结构性,即清晰的、稳定的关联性。课程要素——课程目标、内容、形式、过程、资源等符合广域课程的指向性与整合性,组成广域课程的要素形成的结构稳定,形成关联的课程结构,例如课程目标—课程内容结构具有跨学科、跨领域的关联。课程内容—课程形式具有匹配性的关联。

4. 开放性:课程内容在明确的广域前提下,具有过程上的开放性,课程内容与课程形式展开于课程过程之中的开放,即我们提出的课程形式(包括传授)的弱度框架。

广域课程的课程特征描述:
1. 课程内容领域拓展:多领域拓展
2. 课程内容关联性:统整型
3. 课程教与学方式:生成性强
4. 课程指向:联系生活、联系学生经验、学科知识
5. 课程形式:主题型、历史型、场域型、核心型
6. 课程整合:相邻知识整合、性质相近学科、人文、自然和社会学科整合、教育内容与文化发展整合、学生与文化整合

根据对校外教育机构现有的课程进行梳理,宝山区青少年活动中心对课程的属性和特征设计了调研表,教师们可以结合广域课程的特征,填写调研表判断自己的课程属性。

二、广域课程的要素

广域课程有着课程要素—结构—功能的系统。

(一) 要素一:广域课程的整合方式

1. 相邻知识系列的整合,如代数、几何、三角等知识系列的整合;植物、动物、生理卫生、生态环境等整合。

2. 相近学科的整合,基于相邻知识系列有机联系起来的,如物理、化学、生物整合形成"整合理科",历史、地理、道德等整合成"社会科",音乐、美术、舞蹈等整合形成"艺术科"等。

3. 人文、自然和社会学学科的整合,为解决当代环境污染、核威胁、"精神

家园"丢失等社会问题而逐步发展起来的整合层面。如,为了理顺和帮助人类正确理解人、社会、科学和技术之间的价值与非价值、正功能与负功能、意义的确定性与不确定性共存的复杂关系的"STS课程"。

4.文化的整合。长期以来形成和流行的学科课程,对文化发展在具有选择性的同时也强化了封闭性,使得学校里的教育内容与文化发展之间出现了严重的割裂。有鉴于此,整合课程便着力构建课程的开放与选择相统一的机制,从而保证新知识能及时进入课程与已有知识形成有机整体,实现教育内容变化与文化发展之间的整合。

(二)要素二:广域课程的课程目标

广域课程的课程目标是让学生在多领域课程的自由选择学习中,引发兴趣,拓展知识面,更好地认识世界、认识自我。通过多领域、混场域的课程内容,致力于培养学生的科学精神、科学思维,注重培养学生高阶思维,催生学生创造潜力。

(三)要素三:广域课程的课程内容

广域课程是将各科教材依性质归到各个领域,再将同一领域的各科教材加以组织和排列,进行有系统的教学。跨学科整合意味着教育者在广域课程的开发中,不再将重点放在某个特定学科或者过于关注学科界限,而是将重心放在特定项目上,强调利用多门学科相互关联的知识解决问题,实现跨越学科界限、从多学科知识综合应用的角度进行广域课程的开发实践研究。

(四)要素四:广域课程的课程形式

广域课程在形式维度上的广域表现在多元化的组织方式:

a. 主题型广域课程:又称原理性广域课程。

b. 历史型广域课程:按事物、问题的历史展开的广域课程。

c. 场域型广域课程:按学习场域组织的广域课程。

d. 核心型广域课程:以中心学习内容与其环绕的内容组成的广域课程。

(五)要素五:广域课程的实施过程

广域课程的实施过程是从学生融入主题或场景后,对课程内容提出或通过讨论生成问题,通过小组讨论等对问题开展研究探讨,制定解决策略,通过对策略方案的实施分析实施后的结果,经过对分析结果的总结归纳,开展展示与分享,再融入主题或场景,进一步开展循环的教学实施过程。

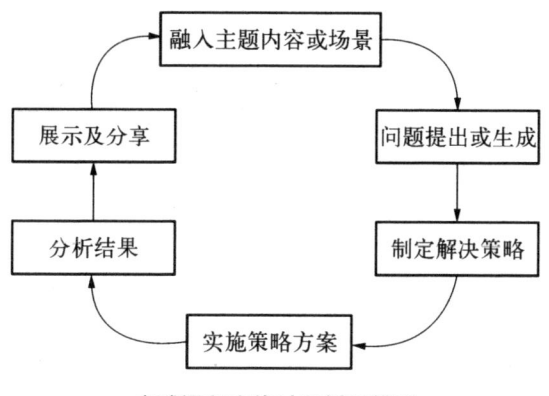

```
          融入主题内容或场景
         ↗              ↘
   展示及分享          问题提出或生成
      ↑                    ↓
   分析结果            制定解决策略
         ↖              ↙
           实施策略方案
```

广域课程实施过程循环模型

(六) 要素六：广域课程的教学策略

跨学科、跨领域、混场域的广域课程教学策略运用基于问题解决，通过实践事例、小组教学、教师质疑等形式开展，针对校外教育的特定教学场景优势，可使用个性化指导、灵活设置时间表、学生自主管理、合作伙伴支持的教学策略，完成广域课程的教学实施。

(七) 要素七：广域课程的评价方法

广域课程主要评价学生的学习态度、学习参与和学习成果。评价学习态度和学习参与采用问卷调查的形式，学习成果通过测试、教师观察方式进行评价。将评价与教学结合，将更能体现广域课程的教学成果，课程评价注重过程性评价和形成性评价。

第二章 综合素养发展与校外教育广域课程

○ 第一节　校外教育的综合素养价值取向
○ 第二节　校外教育广域课程的价值
○ 第三节　校外教育广域课程的学生发展案例

第一节 校外教育的综合素养价值取向

一、学生综合素养的发展价值

人的综合素质的全面提高是社会发展的一般要求和趋势,尤其是知识经济社会初见端倪,提高人的综合素质尤为重要。综合素养是指人的适应能力、生存能力、社交能力、创新能力、实践能力,以及在健康、体育、艺术、语言等方面基础发展、特长发展与关键能力发展的总体水平(王鋐,2017)。综合素质是一个人的知识水平、道德修养以与各种能力等方面的综合素养。综合素养的培养是以正确价值理念为引领,培养学生适应社会发展需要的各项综合能力,培养学生批判性思维、解决问题的能力、团队协作的能力,培养其成为全面发展的人。综合素养是解决生存与发展中问题与任务的知识、能力与品格综合表现的心理个性特征。它不是单一的能力,或几个能力,也不是知识水平、道德品质、身体素质的简单之和,而是知识水平、个性品格、身体素质与各种能力等的素养系统。综合素养强调综合表现,不是单一的简单作用,其区别于学科素养。综合素养也不同于核心素养,核心素养是普适性、共同性的。综合素养不一定是共同的,可以是某一方面的综合素养,例如体育综合素养强、艺术综合素养强等,强调范畴性。

只有夯实综合素养,才能使学生获得终身可持续发展。教育不能急功近利,"教育"是"育人"不是"制器"。培育学生综合素养是教育的重要目标。综合素养的培养需要调动一切教育手段,对学生进行整合教育,促进学生全面的发展。综合素养培育不仅要让学生具有深深的爱国情怀,更具有放眼世界的胸襟;不仅要具有科学精神与能力,也要具有人文精神与能力。教育应该让儿童在丰富的文化沃土里茁壮成长,实施"绿洲教育",培养对自然、社会、自我有着博大胸怀和高度责任的健康下一代。这就是我们校外教育的价值取向。通过校外教育丰富的课程让学生学会学习、学会做事、学会共处、学会生存,成为具有宽广的人道胸怀和渊博的科学知识(包括技能、经验、文化等人类文明)的学生。校外教育注重培养学生具有珍爱生命、注重人道、富有爱心、承担责任、践行道德、人格健全的人文精神和具有科学意识、热爱科学、掌握科学方法、努力学习、富于创造、善于探究的科学精神。

综合素养培育主要通过全面的、丰富的基础性教育，对学生进行基础的科学教育和人文教育，重科学、扬人文，使学生在知识、能力、人格三方面得到发展。我们应该在素质教育背景下对传统的校外教育进行反思。在应试文化的影响下，升学的激烈竞争从学校教育蔓延到校外教育，曾经校外补课机构大肆泛滥，学生课业负担严重，使学生无法从自己的个性、兴趣和才能出发来发展适合于自己的特长。相当一部分学生出现过早的特长化，定向定制的儿童塑造，使儿童缺少必要的人类文化的熏陶。相当多的儿童被剥夺了成长中的文化滋养。强调综合素养的培育，以教育丰富性促进学生的个性发展，充分释放学生潜能。校外教育应该成为一个开放的教育系统，必须以综合素养培育为己任，为学生提供丰富而全面的教育。

校外教育的教育价值取向指向综合素养发展。校外教育的特点是注重"学生本体"功能，在多元场域中培养学生对知识的深度理解和广度迁移，从而更好地促进学生综合素养的发展。广域课程建设有助于发挥校外教育机构的育人潜力，有助于提升学生综合学习能力和综合素养，有助于校外教育课程设计垂直连贯、水平整合，将零散的、分化的学科领域聚集起来，利用同一学段内不同学科对于各素养的不同作用，实现彼此合作、共同促进。

传统的学校教育由于专业或者学科分得太细太早，急于培养有用之材，忽视丰富人的精神世界，加之传授为主，内化不足，所以，培养出来的学生虽然具有一定的知识、技能，但往往知识面狭窄，能力畸形，缺乏深厚的素养，特别是作为现代人的综合素养。在广阔无垠的茫茫宇宙之中，人类是一个特殊的群体。区别于任何特殊群体的是，人类有一个广阔而丰富的精神世界，并不断地创造着人类的精神文明。人类的精神世界，始终在探索这样一些问题：事物的真相和原理，人生的意义和目的，人的机遇和命运，人的喜怒哀乐，悲欢离合，等等。这些问题原本是融为一体的，后来，作为一种知识形态大体被分为三个部分：科学和技术，文学和艺术，哲学。科学探索的是真，提示事物的真相和原理，艺术探索的是美，为人们提供美的享受，增强人们的审美、爱美和创造美的能力。

我们校外教育必须坚持全面发展与个性发展统一，既坚持促进中小学生德智体美全面发展，又重视个性特长培养，鼓励学生在优势领域卓越发展。坚持知行统一，加强校外教育体验教育、实践教育，引导学生理论结合实际，坚持当前发展与长远发展统一。针对学生身心成长的阶段特点，有序安排校外教育活动，避免短期化和功利化倾向，促进学生综合素养的终身发展。我们大力在校外教育中推进广域课程就是为了培养学生综合素养,校外教育中的广域课程是培养学生综合素养的有效途径。

校外教育在大力培养学生综合素养中的一个重要的任务就是促进学生创新素养的发展。创新素养是新思维、新能力对过去旧事物所产生出的一种改造升级的修习涵养的过程。也可以理解为是对未来社会青年提出的一种新的、更高的要求。创新是一个民族、国家不断前进的动力源泉。创新素养是以新思维、新发明和新描述为特征的一种概念化修习涵养的过程。创新素养主要涵盖创新人格、创新道德素养等在内的创新品格,以及发散思维、聚合思维、批判性思维等在内的创新能力。校外教育应该充分利用其优势培养学生创新素养,创新素养是校外教育的价值取向,表现在校外教育内容与教育方式上落实创新素养。

二、校外教育机构广域课程现状调查的启示

我们从区域内校外教育课程的现状出发,从学生综合素养的视角,构建校外教育机构的广域课程框架,形成基于学生综合素养发展的校外教育广域课程实施路径。我们组织了校外教育机构的课程设置现状的调查。

本次调查以校外教育机构的一线教师、在校学生为调查对象,运用文献法、问卷调查法、访谈法等研究方法,分析校外教育机构目前存在的主要问题,并提出应采取的改进策略和建议。明晰当前我国校外教育课程建设领域亟待解决的问题,并提出通过机构层面的课程建设,低重心、有针对性、自下而上地解决课程问题,进而恢复校外教育机构的课程"造血"功能。

这次调查的目的是对全国青少年儿童参加校外教育机构活动现状进行调查,针对校外教育机构课程设置的现状、全国青少年儿童对校外教育机构课程的需求,并尝试提出建设科学、规范的课程体系的优化策略,以推动校外教育机构的可持续发展。

调查对象。调查对象是校外教育机构与相关师生。调查的对象为由学校之外的政府主导的体制内的,有组织、有计划培养少年儿童多方面的兴趣、发展个性、促进少年儿童综合素养不断提升的教育活动的校外教育机构。这些校外教育机构包括各级少年宫、青少年活动中心、少科站、实践基地等,其中少科站、少年宫和青少年活动中心因其规模大、综合性、服务能力强等特点成为最重要的一支校外教育力量,对校外教育发展起着引领示范作用。调查以全国青少年儿童、校外教育机构聘任教师为调查对象,对其发放问卷进行调查,并对校外教育机构的聘任教师进行访谈:主要侧重课程理念、课程顶层设计、教学实践中课程目标、内容、实施、评价等课程要素的情况,全面、客观地透析校外教育课程建设中的实存问题。

调查方法与工具。本课题以《全国校外教育机构现有课程设置调查问卷(教师问卷)》《全国校外教育机构课程需求(学生问卷)》为研究工具,对全国青少年儿童、校外教育机构聘任教师进行问卷调查,问卷调查采取整体随机抽样方法,向青少年儿童发放调查问卷后获得有效答卷数 2207 份;向教师发放调查问卷后获得有效答卷 116 份,数据分析运用 Excel 和 SPSS 等软件。

调查结果分析如下:

(1) 地域分布

通过收集的问卷发现:经济较为发达、人口数量众多的地域,学生参与校外教育活动的人数多。不同地域对校外教育需求是不同的,全国不同省区市之间校外教育课程数量、类型具有差异。但是,受访教师认为在校外教育中需要推行课程建设,通过课程建设可以规范校外教师的课堂教学行为、提升校外教师课程开发能力、提高校内外教育的协作效能。(见图 2-1)

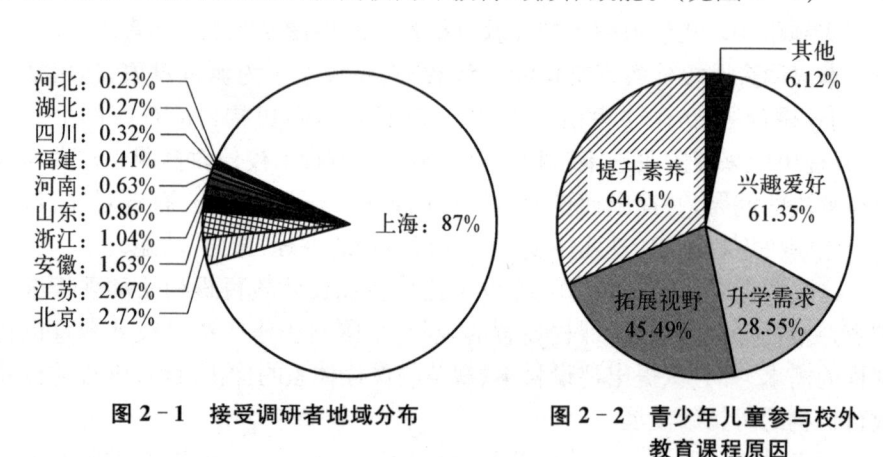

图 2-1 接受调研者地域分布

图 2-2 青少年儿童参与校外教育课程原因

(2) 目标分类

调查发现,选择参加校外教育机构课程学习的主要原因集中在增强综合素养、满足兴趣爱好以及拓展视野;在参加课程学习之后,受调查者感受最深的是在丰富课外知识、学习新技能、知识储备量增加并且获得一技之长的同时,青少年儿童的自信心也获得增长。由此可见,校外教育课程的建设需要以满足青少年儿童的兴趣爱好为前提,以提升青少年儿童的知识技能为主,从而帮助青少年儿童实现自我。(见图 2-2)

在幼儿园阶段,由于学生年龄较小,认知水平较低,主要以培养学生的兴趣为主;小学阶段,激发学生的兴趣仍是校外教育的重要目标,同时能力的提高也作为另一主要目标;在初中和高中阶段,能力提高已成为主要目标,兴趣培养为目标的课程大大减少,这与学生的发展水平有关。这也体现了校外教育课程与学校教育的区别所在。(见图2-3)

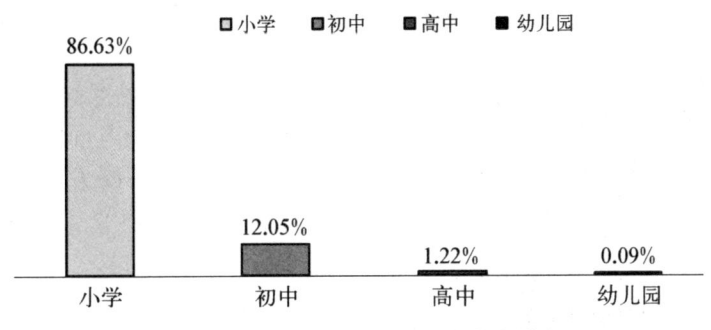

图2-3 青少年儿童参与校外教育学段

通过调查发现,小学阶段参与人数较多,对校外教育关注度和需求量最大。那么在课程设计上,根据学生不同需求和课程不同的定位,可以将校外教育课程分为:普及型课程、提高型课程和专业综合型课程。其中,普及型课程面向全体参与者,以满足学生的兴趣和求知欲望为目标;提高型课程面向对课程有浓厚兴趣的参与者,以拓展学生知识面、培养专业技能为目标;专业综合型课程面向有专业倾向的未来专业后备人才,以提高他们的科学素养和人文素养为目标。不同课程类型课程均可按照普及型课程、提高型课程和专业综合型课程,进行重组排列。

(3) 课程设置

《关于进一步加强和改进未成年人校外活动场所建设和管理工作的意见》指出:自改革开放以来,"各类未成年人校外活动场所积极拓展教育内容,创新活动载体、改进服务方式,广泛开展思想道德建设、科学技术普及、文艺体育培训、劳动技能锻炼等教育实践活动,有力地促进了未成年人德智体美全面发展"。各校外教育机构的一项重要工作就是开办不同类别的兴趣特长班,培养少年儿童的兴趣爱好,为国家储备各类人才。

根据开展的校外教育内容,可将校外教育课程分为人文类(群文、少先队、经典诵读、小记者等);艺术类(舞蹈、声乐、影视、戏曲、器乐、美术等);科学类(应用物理、应用化学、应用数学、生物环境等);技术类(工程技术、电子技术、信息技术等);体育类(武术、球类、棋牌、航海模型运动、车辆模型运动、航空模型运动等)以及其他六个领域。

通过调查发现,青少年儿童选择人文艺术类的校外学习课程比重大。这是由于该类课程教学资源丰富、可展现学生表现力,因此需求量大;其次是体育拓展类,很多家长注重学生身体健康发展,在运动方面比较关注;还有,随着网络技术不断发展,科学培养学生的信息素养、科学素养也逐步被重视起来(见图2-4)。

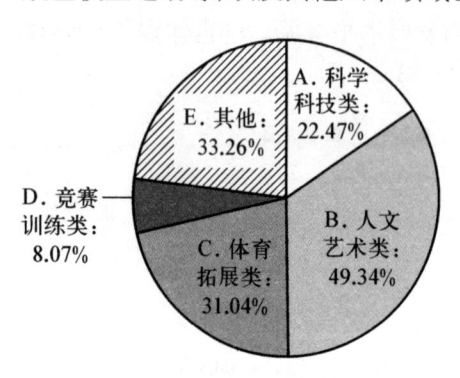

图2-4 青少年儿童选择校外教育课程类型

但是在调查中发现,很多课程内容是存在交叉重叠的。如"发明创造"与"科技创新""人工智能"与"信息科技""钢琴"与"西乐";再例如"影视艺术"包含摄像技术、信息技术、美术设计等;"工艺"与"绘画"(其中,工艺是工艺美术的简称,范围更广一些涉及各种门类,如绘画、建筑之类)等都存在一定程度的重合与包容。由此可见,校内的课堂以知识技能学习为主,校外教育的课程应该要偏向于实践应用。此外,受访教师表示:校外教育本身应该是一个专业技能要求非常高的地方。课程实施形式不能是单一的课堂教学,需要利用场馆资源、社会资源,打开学生视野。课程开发要关注跨学科融合,将多种学科知识跨界融合,真正让学生活学活用。

因此,缺乏课程整合,不利于校外教育机构课程资源的优化整合。这就需要校外教育机构按照不同的线索,如学习领域、科目、主体,对课程结构进行统整,优化课程结构。与此同时,打破各部门之间的壁垒,发挥协调调度的作用,这对避免课程随意化、优化课程结构尤为重要。

(4) 课程形式

不同课程目标、课程资源及发展诉求不同,其课程形式自然是迥异的,关键要做到契合课程目标,逻辑清晰、层次分明,并且坚持学科逻辑与心理逻辑的统一。因此,依据各个课程目标,进行有机整合后,按照:主题型(以某一主题、原理为学习内容展开的课程)、核心型(以中心学习内容与其环绕的内容组成的课程)、场域型(按学习场域资源组织开展的课程)、历史型(按事物发展、问题的历史脉络展开的课程),构建具有校外教育培训机构特色的课程结构模式。调查发现,有69.83%的人选择"主题型",39.66%的人选择"核心型",34.48%的人选择"场域型",15.52%的人选择"历史型"。(见图2-5)

校外教育机构现有的课程形式

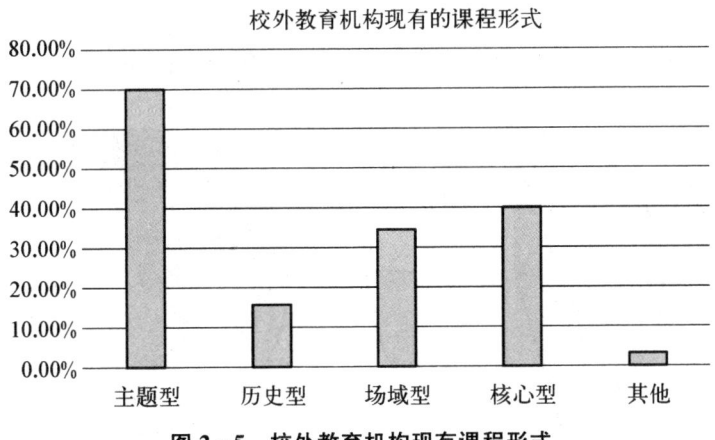

图2-5 校外教育机构现有课程形式

(5)课程实施

校外教育根本目的在于满足青少年儿童多样化、个性化的需求,不可能依靠单一的课程实施模式来完成。学习者需求千差万别,有的以休闲体验为目的,有的想学习一门特长,还有的想提高自身素养,甚至是为发展自己的未来职业,这就需要采用不同层次、水平的实施方式来满足青少年儿童的要求。

另外,组织形式灵活多样,校外教育并不是按照年龄、学力水平组合,许多课程都是混编,不同年龄层次及学力水平的儿童一起学习,这就加大了课程实施的复杂程度,需要在课程实施中协调好教师、家长、学生及其学习内容等多方面的多重关系,根据具体的课程目标及现实情境灵活选用不同的课程实施方式。

通过对学习者和教授者有关课程实施方式的调查发现,主要以讲授式、体验式、探究式为主。校外教育课程在实施过程中避免把课程实施变成"满堂灌",应该在尊重教师课程实施的主导作用的同时,始终把儿童视作课程实施的主体,尊重儿童的发展规律与学习特点,发挥儿童的主观能动性,并最终实现每个儿童的全面、多样化的发展。教师围绕儿童来展开教学,不断激发儿童的内在潜能,激趣导学、以学定教,从儿童学习兴趣、学习风格出发选择适切的实施方式。

此外,不同的课程实施方式适用于不同课程类型、教学情境,课程类型(性质),课程实施方式的选择关键要保持与课程性质的一致性,通过对课程结构的把握"以课定教"。(见图2-6、图2-7)

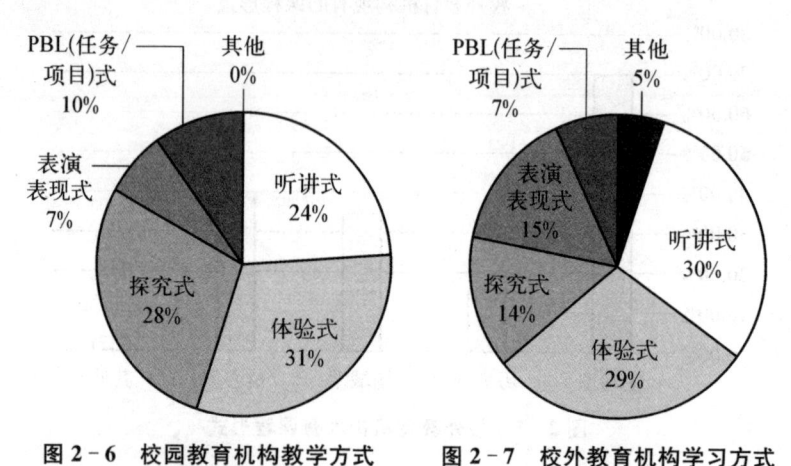

图2-6 校园教育机构教学方式(教师反馈)

图2-7 校外教育机构学习方式(学习者反馈)

（6）课程开发

本研究发现,青少年儿童在选择校外教育课程时更看重专业教师的专业能力以及在学习过程中提升自身的思维能力,这表明,校外教育课程需要输出的专业性同时适应且具有提升性。(见图2-8)

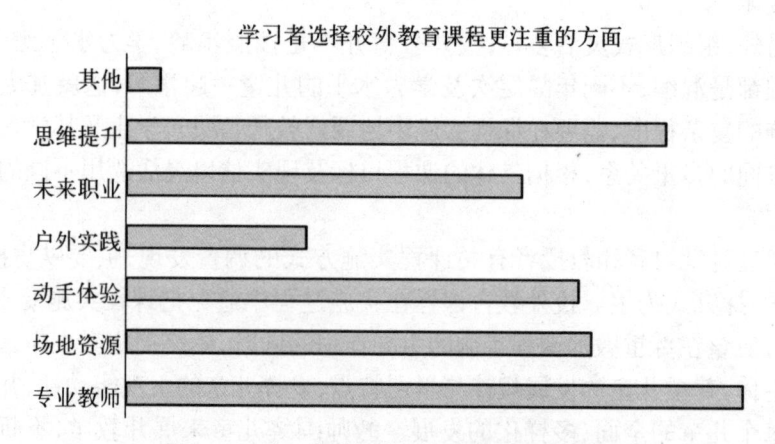

图2-8 学习者选择校外教育课程重视方面

结合教师对校外教育机构课程开发的建议,可以发现:目前教师们意识到教好每一门课外课程,需要多领域系统的课程设计,尤其需要懂得多门学科知识,如交叉学科或者兼具文理知识。整合后的课程,须规范教材,建立教师团队,增强师资力量,发挥校外教育特色教育功能,更好地培养学生综合素养,实现人的全面、个性发展,适应未来社会的需求。

总之,没有科学的课程设置和有效的课程实施,就没有校外教育整体高质量持续发展的内在动力。我们将积极探索优化校外教育机构课程设置,运用现代教育观和先进的课程理念,特别是学生发展核心素养理论,避免低水平重复、创新性不强、选择性不足等问题,提升校外教育课程设置的质量,促进校外教育机构科学、健康和有序的发展。

上海宝山区校外教育课程需求问卷调查(学生)

亲爱的同学们:你们好!为了了解宝山区青少年参加校外学习的现状及对校外课程的需求,更好地促进我区校外教育课程开发与建设,特开展此项调查,本问卷采用无记名方式,你们的回答也无正确和错误之分,请根据你们的实际情况放心作答,真诚地感谢你们的支持!

上海市宝山区青少年活动中心
上海市宝山区科普促进会
2021 年 6 月

一、基本情况

1. 你所在的学校属于:
 A. 公办　　　　B. 民办
2. 所在学段:
 A. 幼儿园　　　B. 小学　　　　C. 中学　　　　D. 高中
3. 性别:
 A. 女　　　　　B. 男

二、校外教育机构课程参与的情况

4. 近三年,你是否在校外机构(青少年活动中心、少科站、少年宫)参加过学习或培训?
 A. 是　　　　　B. 否
5. 近三年,你共参加了几个课外校外兴趣社团?
 A. 0 个　　　　B. 1—2 个　　　C. 3—4 个　　　D. 5 个以上

6. 目前,你在校外教育机构学习什么类型课程?
   A. 科学技术类　B. 人文艺术类　C. 体育拓展类　D. 竞赛训练类
   E. 其他

三、对校外教育机构课程的满意程度和选择理由

7. 在校外学习的课程内容你喜欢吗?
   A. 非常喜欢　B. 有部分喜欢　C. 不喜欢　D. 非常不喜欢
8. 你对目前上海校外教育机构开设课程情况满意吗?
   A. 非常满意　　B. 比较满意　C. 一般　　　D. 不太满意
   E. 很不满意
9. 你选择参加校外教育课程的理由是什么?(最多选2项)
   A. 满足兴趣爱好　　　　B. 升学需求　　C. 拓展自己的视野
   D. 增强自己的综合素养　E. 其他

10. 在你选择校外教育课程时,更注重以下哪几个方面?(最多选3项)
    A. 有专业的场地资源　　B. 注重思维上的提升
    C. 有很多动手实践的机会　D. 有野外实践等机会
    E. 有专业的老师授课　　F. 课程对自己未来专业选择/发展有帮助
    G. 其他。请简述:
11. 参加校外教育机构课程学习你的感受是(可多选)
    A. 丰富课外知识　　　　B. 多一份才艺　　C. 结交更多朋友
    D. 增强自信心　　　　　E. 增强体质　　　F. 不觉得有好处
    G. 其他　　　　　　　　H. 其中最主要的是(填写选项字母,只填一个)
12. 你现在参加的校外教育机构的学习方式主要是以下哪种方式?
    A. 听讲式　　　B. 体验式　　　C. 探究式　　　D. 表演表现式
    E. PBL(任务/项目)式学习　　F. 其他

四、对校外教育机构开设广域课程的看法

(广域课程是指向学生综合素养发展的,设定多维学习目标,将领域拓展的学习内容联系生活,依据学科与学生经验加以组织与排列,关联整合,通过系统的教与学,而形成的一种开放性课程。)

13. 校外教育机构开设广域课程你会乐意参加吗?
    A. 非常乐意　　B. 乐意　　　C. 可以参加　D. 无所谓

E. 不乐意

14. 你希望开设什么样的广域课程?

15. 你对校外教育机构开设广域课程有什么建议?

谢谢您的参与!

校外教育现有课程设置调研(教师)

尊敬的老师,您好! 为了掌握全国校外教育课程的基本情况和专业发展需求,增强教师专业发展指导的针对性和有效性,现面向全国校外教育教师开展调研。调查问卷无须署名,请您根据实际情况按要求填写,谢谢支持!

上海市宝山区青少年活动中心

上海市宝山区科普促进会

2021 年 6 月

一、基本信息

1. 您的性别

A. 男　　　　　　B. 女

2. 您的年龄

A. 25 岁以下　　B. 26—30 岁　　C. 31—35 岁　　D. 36—40 岁

E. 41—45 岁　　F. 46—50 岁　　G. 51—55 岁　　H. 55 岁以上

3. 您的最高学历是:

A. 大专　　　　　B. 大学本科　　C. 硕士　　　　D. 博士

E. 其他

4. 您的最高学历所学专业的学科是:

A. 理学　　　　　B. 工学　　　　C. 医学　　　　D. 管理学

E. 教育学　　　　F. 人文和社会科学　　　　　　G. 其他

5. 目前,您的专业职称是:

A. 初级　　　　　B. 中级　　　　C. 高级　　　　D. 未评定

6. 您最近五年任教的课外校外教育项目是:(可多选)

A. 创造发明　　　B. 工程技术　　C. 电子技术　　D. 应用物理

E. 应用化学　　　F. 应用数学　　G. 生物科技　　H. 人工智能

I. 环境科技　　J. 信息科技　　K. OM/DI创意实践
L. 科技创新　　M. 科技模型　　N. 科普英语　　O. 摄影摄像
P. 天文　　　　Q. 劳技　　　　R. 群文　　　　S. 少先队
T. 传统文化(非遗)　　　　　　U. 舞蹈　　　　V. 彩泥
W. 茶艺　　　　X. 影视艺术　　Y. 钢琴　　　　Z. 工艺
AA. 合唱　　　BB. 经典诵读　　CC. 书法　　　DD. 绘画
EE. 动漫画　　FF. 民乐　　　　GG. 手风琴　　HH. 陶艺
II. 西乐　　　 JJ. 戏剧　　　　KK. 体育　　　LL. 卫生健康
MM. 综合管理(科研、师训等)
NN. 其他项目(请填写)_____

二、目前校外教育机构课程建设与教学情况

7. 在校外教育领域,您所执教的课程一个完整的培训周期是:(如执教多门课程,请以您认为最重要的一门课为填写依据):

　　A. 一年以下　　B. 1年　　C. 2年　　D. 3年
　　E. 4年　　　　F. 5年　　G. 5年以上

8. 在校外教育领域,您所执教的课程,是否有相对固定的教材:

　　A. 是　　　　B. 否

9. 在校外教育领域,您正在使用的课程教材来源是:

　　A. 单位制定　　B. 自主选择

10. 您正在使用的教材是否能满足您的需要?

　　A. 很好地满足了我的需要
　　B. 基本能满足我的需要,还需要我做一些补充
　　C. 不能满足我的需要
　　D. 打算另行编写或者找寻替代的教材

11. 如果是自主选择,目前您会选择哪种教材?

　　A. 他人编写　　　　　　　　B. 他人编写为主,自主补充一些资料
　　C. 自己编写的　　　　　　　D. 自己编写为主,部分参考他人

12. 您所在的校外教育机构,现有的课程形式有哪些:

　　A. 主题型:以某一主题、原理为学习内容展开的课程。
　　B. 历史型:按事物发展、问题的历史脉络展开的课程。
　　C. 场域型:按学习场域资源组织开展的课程。

D. 核心型：以中心学习内容与其环绕的内容组成的课程。
E. 其他：

13. 您在开展校外教育机构课程时，常用的教学方式是
A. 传授式　　　B. 体验式　　　C. 探究式　　　D. 表演表现式
E. PBL(任务/项目)式学习　　　F. 其他

14. 如果由您领衔，您最想开发的校外教育机构课程，属于：
A. 同领域，即同一领域学科内容的整合。
B. 多领域，即若干领域部分内容的整合。

三、校外教育机构课程开发情况的调查

15. 您认为在校外教育机构领域，开展的课程需要：
A. 有科学的体系　　　B. 有整体的规则布局　　　C. 有统一的教材
D. 有固定的项目教室　　　E. 有专业的实施设备　　　F. 其他

16. 您觉得在开发校外教育机构课程的过程中，会遇到哪些瓶颈？
A. 师资队伍　　　　　B. 课程资源　　　　　C. 场地器材
D. 经费投入　　　　　E. 没有遇到问题　　　F. 其他

17. 校外教育机构课程开发急需解决的问题是什么？

18. 您对校外教育机构课程开发有何建议？

感谢您的参与！

校外教育教师课程开发实施的优势及不足访谈问题

1. 您是否了解广域课程？广域课程在你们校外的实施情况是如何的？是否有不自觉使用的情况？

2. 如果需要您自主开发课程，您认为是否存在困难？主要的不足之处是什么？（政策？资金？方法指导？资源保障？缺乏经验……）

3. 你对今后校外教育机构的课程设置有什么想法？

4. 您所在的校外教育机构的供给侧问题，教育教学设施是否能跟上？

第二节 校外教育广域课程的价值

一、校外教育适应基础教育均衡发展

适应基础教育的均衡发展,打造高品质区域校外教育。教育均衡发展是我国教育发展的重要战略。上海市政府特别强调城乡基础教育一体化建设工程,提出城乡基础教育一体化建设工程要适应城市化发展和人口数量、人口结构、人口分布变化的趋势,要促进城乡教育一体化和基本公共教育服务均等化,扩大优质教育资源,提高基础教育整体水平。为此,上海市政府采取了一系列政策举措,加快郊区义务教育事业发展,促进城乡义务教育一体化发展。

《国家中长期教育改革和发展规划纲要》明确规定,"充分利用社会教育资源,开展各种课外及校外活动。加强中小学校外活动场所建设"。《国务院关于基础教育改革与发展的决定》也指出,"要将青少年校外活动场所建设纳入社区建设规划。各地要多渠道筹集资金,建设一批青少年学生活动场所和社会实践基地。建立健全各级青少年学生校外教育联席会议或相应机构,加强对青少年学生校外教育工作的统筹和协调"。《上海市中长期教育改革和发展规划纲要》指出,要"紧紧围绕'为了每一个学生的终身发展'这一核心理念,坚持育人为本、德育为先,凸显各级各类教育的育人功能",提出"建设若干个区域性中小学生创新实验室和50所高中专题创新实验室,为具有创新兴趣和创新潜质的学生搭建多样化的创新实践体验平台"。我们通过旨在打造高品质的宝山区青少年活动中心,发挥其区域校外教育的中心作用,为区域教育均衡发展、内涵发展做出特殊贡献。

校外教育目的是其教育活动的出发点和归宿,也是确定校外教育机构课程与教学目标、选择教育内容与方法、评价教育效果的根据。青少年正处在更多自我探索世界,发展自己更多方面能力的时期,单纯的课堂教育无法满足青少年的好奇心和爆满的求知欲。但学校教育存在着严重脱离学生生活、教学重知识轻能力、缺乏适应社会需要能力的积极培养等不足。校外教育作为基础教育中不可或缺的一环,始终秉持学生专业成长、关注学生个性发展、注重学生素质培养的特色育人功能。改变学生"能力发展口号叫得响,能力

培养办法缺失"的教育现实,从知识本位向能力本位的转变,发展学生能力适应社会需要与个体发展需要的综合素养,这是校外教育的特有的教育作用。

随着校外教育地位凸显,校外教育课程化已经十分紧迫。校外教育需要创新,转变教育方式、课程供给方式,这是提高校外教育质量的关键。把学生发展作为教育转型发展的方向,让学生在校外教育的孵化基地中得到充分成长。探索校外教育的转型创新模式,转变传统校外教育育人方式,打造多元丰富的课程供给形式是校外教育的发展方向。在校外教育价值取向上,强调发展学生综合素养,重在发展学生的关键能力,特别是解决问题的能力以及实践能力。利用校外教育的优势,增强学生从情境兴趣向个体兴趣发展,促进核心知识向技术、技能转化,增强关键能力,为学生的终身发展奠定厚实的基础。青少年在未来社会所面临的生活及需要解决的问题,都具有开放性、综合性和复杂性的特征。我们急需应用多角度、多维度、系统性的知识和能力,创设新的课程体系,乃至学习环境,以此培养学生综合性解决问题的能力或素养,并在这个过程中发展学生应对新生事物的创新能力。校外教育改革深化正在指向"学生培养模式上",回归对学生发展规律的尊重,并以此建构青少年活动中心的教育体系是我们的逻辑出发点,确立以能力为取向的、着重综合素养培养的广域课程,这是当今校外教育的一个重要任务。

二、校外教育改革创新课程供给方式

校外教育应该为实现学习者全面而有个性的发展,使每一位学习者都有机会接受更加适合的教育做出贡献。校外教育作为基础教育中不可或缺的一环,始终秉持学生专业成长、关注学生个性发展、注重学生素质培养的特色育人功能。校外教育不是学校教育的翻版,也不是学校课程的简单延伸,而是为学生提供专业成长和个性发展的重要学习平台,有着其特有的作用。

校外教育较之于学校教育,不是以学科课程为主,课程设置上具有很大的灵活性与社会适应性,又兼具学生个体选择性。校外教育正好可以弥补学科课程的不足,广域课程具有校外教育的适切性。一是广域课程的广域性有利于学生根据自身条件在多样性(丰富性)中进行选择性学习。二是可以广域课程弥补学校以学科课程为主的不足,通过广域课程满足学生个性化学习。三是广域课程有利于培养学生综合素养。四是校外教育机构有适应广域课程的丰富的课程资源。

在校外教育中,青少年可以自由地选择参加自己感兴趣的活动,在活动中学习知识、技能，还可以将课堂上的知识在生活与活动中应用，加深对知识的理解，又可以开阔眼界获得新知识与新技能。校外教育可以实现因材施教，能给青少年更多尝试的机会，开发青少年儿童的潜能，增强他们的动手能力与创新能力。

近年来，通过供给侧改革，校外教育的主要形式由零散的教育活动开始逐渐转向了系统化课程。这种活动课程化的转变让校外教育的育人目标更加聚焦于学生发展核心素养，育人方式更加符合儿童发展规律。随着单科学习走向课程融合，跨学科学习的需要，广域课程等综合课程发展加快。同时校外教育在培养人才方面的优势凸显，学生校外学习的层次提高，校外教育的课程建设日益完善，学生对科技、艺体、人文社科课程要求越来越高，因此校外教育的课程研究与实践得到重视。我们中心在校外教育课程建设上，一方面做好常规性课程，另一方面对广域课程进行深入的研究与实践。我们认识到，校外教育不应该是学校教育的简单重复，而应该是为学生的个性化特长发展提供学校不能提供的条件。因此，广域课程成为青少年活动中心这样的校外教育机构开展教育的重要课程形式。

三、校外教育培养学生综合素养路径

研究表明：我们在未来社会所面临的生活及需要解决的问题，都具有开放性、综合性和复杂性的特征。我们迫切需要以多角度、多维度、系统性的知识和能力，创设新的课程体系，乃至学习环境，以此培养学生综合性解决问题的能力或素养，并在这个过程中发展学生应对新生事物的创新能力。以往我们较多是以科技活动为主要载体，缺少课程意识，活动内容常过于单一，缺少课程要素与框架。如何发挥校外丰富教育资源的优势，突破校内教育学科课程，并与此互补，彻底打破学科间的壁垒，真正做到"跨学科"整合、"多学科"融合，以此来提升学生的综合素养，让学生通过主动建构完善综合性学习，成为校外教育的重点突破方向。

现代课程强调课程与儿童、文化的整合。课程的人文、自然和社会学学科的整合，帮助我们的学生正确理解人、社会、科学和技术之间的复杂关系。通过构建课程的开放与选择相统一的机制，从而保证新知识能及时进入课程与已有知识形成有机整体，实现教育内容变化与文化发展之间的整合。我们研究的校外教育机构广域课程，就是追求实现儿童与文化的整合，让教育内容成为儿童自由和谐全面发展的优化的环境、土壤和养料。

校外教育的专业发展壁垒如何破解,建设丰富的课程体系,是校外教育亟待解决的问题。我们看到以往青少年活动中心较多是以科技等活动为主要载体,缺少课程意识,活动内容常过于单一,缺少课程要素与框架。同时校外教育较之于学校教育,不是以学科课程为主,课程设置上具有很大的灵活性与社会适应性,又兼具学生个体选择性。

广域课程对于引导学生形成科学的世界观具有积极的意义。广域课程建设还有助于发挥校外教育机构的育人潜力,有助于校外教育课程设计垂直连贯、水平整合,将零散的、分化的学科领域聚集起来,利用同一学段内不同学科对于各素养的不同作用,实现彼此合作、共同促进,有助于提升学生综合学习能力和综合素养。

第二节　校外教育广域课程的学生发展案例

案例一:

学生课程学习案例

上海市求真中学　查易文

三年前,我偶然一次机会进入了上海市宝山区青少年活动中心学习,参加了成老师的青少年科技素养培训班。出乎意料的是这里的课程十分丰富而且有趣,近三年的时间里,我学习了"火星农场"相关课程,这个课程里有关于天文和植物的科普学习。通过一系列的课程学习,我不仅学会了种植植物,还接触、了解了广袤的宇宙星空,领略了大自然的精彩神奇,更是激发了我对于自然生命及探索星空的热情和兴趣。

还记得三年前我第一次上课时的情景,那节课老师在讲星图,当时对着老师手中的星图我什么也不懂,但是又对其充满了好奇,课上我津津有味地听着老师讲述关于星座的故事,对照着星图上的圆点记录星座的形状和方位。经过几节课的学习,我对星空从一开始的一无所知到逐渐了解,之后我已经可以自己在晚上分辨哪个是猎户座,哪颗是牛郎星,哪颗又是织女星。在课堂上,我不仅学习了许多关于星空的科学知识,还在课程中学到了许多成老师新添的创意体验内容,让我们对星空进行临摹绘画。作为一个画画小白的我原本无从下笔，但在老师的指导和周围同学们的鼓励下，我完成了人生第一幅星空绘画，绘画水平有了显著提升，得到了老师的肯定和表扬。这样的学习方式让我们更加牢记所学的星空知识，而且体验深刻开心有趣。

随着课程的推进，我们对星空的学习也接近尾声，取而代之的则是扎根于地面，不断向上生长的"植物"。树木可以说是我们生活中最常见的植物：马路边的行道树；河边的柳树；果园里的果树……当然最常见的还是路边的行道树，可是真正能够说清树木名称的又有多少？经过了三节课时的理论学习，我们穿上"红背心"开始了连续两次的户外实地考察。在马路边我们探究了法国梧桐树为什么会作为行道树？它有什么特点？哪些树可以作为行道树？也对其中几棵行道树进行了全身体检和样本采集，发现了行道树因受种植空间狭小，土壤、灯光等污染，产生了许多"疾病"。经过了理论和实践学习，我们还用所学习过的知识制作道路沙盘，设计行道树和道路的最佳"组合"，体验了一把团队合作的乐趣，最终我们小组的创意设计作品"弹性城市"得到了老师和专家们的肯定和表扬。

在宝山区青少年活动中心学习的三年，我收获了不少新的科学知识，锻炼了思维能力、实践能力、团队合作能力，提升了综合素养，还增加了对宇宙星空的探索兴趣和对自然的热爱。

案例二：

学生发展案例

上海市宝山实验学校　朱锦添

我从小就对大自然充满兴趣，一直希望探索更多大自然的奥秘。两年前，我第一次接触到了宝山区青少年活动中心成老师的少年植物大师课程，这门课给我提供了一个很好的学习机会和探索的平台。在课上，我不仅学会了以科学的视角观察植物、解剖植物以及制作不同植物的标本，还体验了如何像一个真正的科学家那样研究植物。经过系列课程的学习，我发现原来一片简单的树叶、一朵不起眼的小花、一棵再普通不过的大树，那些就在我们身边、原来都习以为常的植物们，其实蕴含着许多大自然的智慧。我还尝试将课堂上学到的知识用在生活中，养成了留心观察身边植物的好习惯，遇到神奇的小生命们还会给它们拍照，欣喜地和成老师分享我的新发现。渐渐地，秋日里漂亮的悬铃木落叶、公园里的蒲公英种子、小区花园里的南天竹果实等都成为我自然百宝箱中的珍藏。在成老师的课上，我学会了调查植物、分类和鉴定植物的科学方法，这些知识技能的学习为我之后参加相关的科普实践活动打下了基础。2021年我积极参加了"上海市宝山区中小学生物多样性调查活动"，在宝山区公园、地铁站、小区周围累计拍了302张照片，鉴定了76种植物，获得了区级一等奖的成绩。

朱镜源图片物种名称索引										
Kingdom	FamilyID	GenusID	SPID	FamilyName	CFamilyName	GenusName	CGenusName	LName	NameAuthor	CName	LevelName
10	1323283	1288579	629641	Canidae	犬科	Canis	犬属	Canis lupus familiaris	Linnaeus, 1758	家犬	Subspecies
10	1323204	1299579	848865	Felidae	猫科	Felis	Felis 属	Felis catus	Linnaeus, 1758	家猫	Species
9	903	37009	37009	Acanthaceae	爵床科	Ruellia	芦莉草属	Ruellia brittoniana	Leonard	蓝花草	Species
9	628	44443	44444	Alismataceae	泽泻科	Alisma	泽泻属	Alisma plantago-aquatica	Linn.	泽泻	Species
9	724	12176	12177	Amaranthaceae	苋科	Alternanthera	莲子草属	Alternanthera sessilis	(L.) R.Br. ex DC.	莲子草	Species
9	724	12065	12067	Amaranthaceae	苋科	Celosia	青葙属	Celosia cristata	L.	鸡冠花	Species
9	724	12183	12184	Amaranthaceae	苋科	Gomphrena	千日红属	Gomphrena globosa	L.	千日红	Species
9	886	31168	31169	Apocynaceae	夹竹桃科	Catharanthus	长春花属	Catharanthus roseus	(Linn.) G. Don	长春花	Species
9	886	31356	31359	Apocynaceae	夹竹桃科	Mandevilla		Mandevilla laxa	(Ruiz et Pav.) Woodson		Species
9	886	31309	31317	Apocynaceae	夹竹桃科	Trachelospermum	络石属	Trachelospermum jasminoides	(Lindl.) Lem.	络石	Species
9	798	26395	26474	Aquifoliaceae	冬青科	Ilex	冬青属	Ilex cornuta	Lindl. et Paxt.		Species
9	641	44809	44812	Araceae	天南星科	Anthurium	花烛属	Anthurium andraeanum	Linden	花烛	Species
9	862	29369	29372	Araliaceae	五加科	Fatsia	八角金盘属	Fatsia japonica	(Thunb.) Decne. et Planch.	八角金盘	Species
9	1613	49834	49835	Asparagaceae	天门冬科	Chlorophytum	吊兰属	Chlorophytum comosum	(Thunb.) Jacques	吊兰	Species
9	1613	49848	49849	Asparagaceae	天门冬科	Hosta		Hosta plantaginea	(Lam.) Aschers.	玉簪	Species
9	1613	50354	50360	Asparagaceae	天门冬科	Liriope	山麦冬属	Liriope platyphylla	Wang et Tang	细叶山麦冬	Species
9	1322825	42669	42677	Asteraceae	菊科	Dendranthema			(Ramat.) Tzvel.	菊花	Species
9	1322825	41256	3000444	Asteraceae	菊科	Euryops	黄晶菊属	Euryops pectinatus 'Viridis'		黄晶菊	Species
9	1322825	43903	43904	Asteraceae	菊科	Helianthus	向日葵属	Helianthus annuus	Linn.	向日葵	Species
9	1322825	43713		Asteraceae	菊科	Tagetes		Tagetes erecta	L.	万寿菊	Species
9	1322825	43980	43981	Asteraceae	菊科	Zinnia	百日菊属	Zinnia elegans	Sess& & Moc.	百日菊	Species
9	739	8189	8190	Berberidaceae	小檗科	Nandina	南天竹属	Nandina domestica	Thumb.	南天竹	Species
9	892	32212	32215	Boraginaceae	紫草科	Ehretia	厚壳树属	Ehretia macrophylla	Wall.	粗糠树	Species
9	672	49727	49733	Cannaceae	美人蕉属	Canna		Canna indica	L.	美人蕉	Species
9	910	38583	38596	Caprifoliaceae	忍冬科	Abelia	糯木属	Abelia × grandiflora	(Andr&) Rehd.	大花六道木	Hybrid
9	730	12687	12685	Caryophyllaceae	石竹科	Dianthus	石竹属	Dianthus chinensis	Linn.	石竹	Species
9	799	26089	26198	Celastraceae	卫矛科	Euonymus	卫矛属	Euonymus alatus	(Thunb.) Siebold	卫矛	Species
9	799	26089	26096	Celastraceae	卫矛科	Euonymus	卫矛属	Euonymus fortunei	(Turcz.) Hand.-Mazz.	扶芳藤	Species
9	1213	16235	16237	Cleomaceae	白花菜科	Cleome	乌足菜属	Cleome spinosa	Rojas Acosta	醉蝶花	Species
9	889	32019	32020	Convolvulaceae	旋花科	Calystegia	打碗花属	Calystegia hederacea	Wall. ex Roxb.	打碗花	Species
9	889	32069	147741	Convolvulaceae	旋花科	Ipomoea	牵牛属	Ipomoea hederacea	(L.) Jacq.	牵牛牵牛	Species
9	764	20163	2013358387	Crassulaceae	景天科	Aeonium		Aeonium 'Zwartkop'	(Thunb.) Makino		Form
9	915	15465	15471	Cucurbitaceae	葫芦科	Gynostemma	绞股蓝属	Gynostemma pentaphyllum			Species
9	601	5220	5221	Cupressaceae	柏科	Metasequoia	水杉属	Metasequoia glyptostroboides	Hu & W. C. Cheng	水杉	Species
9	601	5208	5211	Cupressaceae	柏科	Taxodium	落羽杉属	Taxodium ascendens	Brongn	池杉	Species
9	789	27296	27324	Euphorbiaceae	大戟科	Euphorbia	大戟属	Euphorbia milii	Ch. des Moulins	铁海棠	Species
9	789	1297324	1281712	Euphorbiaceae	大戟科	Triadica	乌桕属	Triadica sebifera	(L.) Small	乌桕	Species
9	1122	23186	23199	Fabaceae		Lespedeza	胡枝子属	Lespedeza bicolor	Turcz.	胡枝子	Species

随着学习的逐渐深入，我还经历了项目化学习的跨学科综合课程，不仅学习了解了有关行道树的科学知识，还以小组合作的形式挑战"百年出行——上海城市行道树景观设计"的项目，化身为小小设计师畅想设计新中国成立百年时的未来城市。在课堂上，成老师邀请了市绿化管理指导站的专家老师以及清华大学的研究生来为我们讲授有关植物和城市设计的专业知识，为我们介绍世界上其他国家城市设计的经典案例，对我们拓展眼界、打开思路起到了很大的作用，老师还鼓励我们大胆创想，发挥创意。

我与组员们很快画出了概念图。在草图中，我们加入了很多科技的元素，例如雨水循环利用系统和悬浮的城市道路：设计了一个雨水收集器，雨水通过这个装置集中到地下处理池，净化后的雨水可以分类使用。上海其实是一个很缺水的地方，循环利用雨水可以节约水资源；城市的道路上有一棵古树，我们就将原本树木狭小的空间拓展成中央隔离带形式，增加绿化，扩大树木根系的生长范围。同时打造悬浮的城市道路，减少路面和车辆对于土壤和植物根系的压迫，我对我们的创意感到十分骄傲和自豪，这是我们共同的集体智慧。

在这个项目中，我担任了组长一职，在制作的过程中，由于组内成员的年龄差距较大，一开始时我还有些担心组员们没有理解我的想法，可是我发现，他们都有很多新奇的创意和点子，远好于我原来的，于是我就给了他们很多自由发挥的空间,让他们施展自己的才华。这就让我懂得了,在团队协作中,不仅是组长,每一个组员都在发挥自己独特的作用,我需要发掘他们的闪光点,合理分工,这样才能让整个团队在协作时事半功倍。

这次项目活动无疑是对我领导能力和团队的协调能力的一个考验。在老师的帮助、同学们的配合下,我很好地胜任了组长这个角色,也让我解决问题的能力得到了很大的提升。

与传统的学校课程不同的是,在青少年活动中心的学习给了我许多实践创新的机会,提高了我团队协作、探究问题和解决问题的能力。在疫情期间,我还和伙伴一起克服了许多困难,积极参与了2022年的环球自然日的活动,并获得了上海赛区的三等奖。是否获奖并不是最重要的,重要的是在这个过程中,我感觉自己成长了许多。我非常感激老师对我的引领和指导,如同一座灯塔,带领我逐渐认识并爱上这美丽的大自然。

案例三:

学生课程学习案例

所属学校: 庙行实验学校

学生姓名: 王文霏

学龄: 6年

教师的话: 体验激发兴趣,课程伴随成长。

一次短短的体验课,在学生的心中埋下一颗对布艺兴趣的小种子。在不断的学习过程中,我们不断浇水灌溉,呵护其成长。从最初体验的浅尝辄止,到后来布艺创作过程中项目式的深度探究,布艺课程根据学生的不同需求,设计不同层次和维度,满足学生成长的整体需要。学生将校内学习到的艺术、劳动教育、科学等学科知识,在校外广域课程中实践运用,解决实际问题,真正了解学习的意义。

学生的话:

体验课程——初闻扎染。还记得是在三年级,第一次来到宝山区青少年活动中心体验布艺课程。那时的我,不过把它当作任务来看,觉得扎染不过是一块布,几根橡皮筋而已——试问在天真烂漫的童年,又有谁会喜欢单调枯燥的色调而放弃五彩斑斓的梦呢?彼时的我怎么也想不到,之后的我会对它的历史、工艺和其背后的文化价值如此着迷。回看当时的作品,如彩蝶斑斓,如花儿明媚——五颜六色,像小孩脆脆的笑声。

初级课程——又识扎染。步入初中的我,才开始领略到这个古朴典雅的世界和这深沉浪漫的东方韵味。也许是因为兴趣,我开始查找有关扎染的资料。原来它是非遗项目,原来它所用的染料都是源于草本,原来它有1 000多种不同的图案,原来它不仅仅感动中国人,原来……此后,我终于明白为什么我染布的颜色那么淡,蓝白交错不分明,颜色不均匀……那之后,我一点一点地改进,染出来的布也一点一点变好,手也一次一次变蓝,连指甲也染上了颜色。我依旧乐此不疲。在板蓝根染料的吹拂下,我领略了靛蓝布匹的繁华与静谧,艳丽与平淡,喧闹与宁静——妈妈说,你可真是入迷了。

扎染的步骤。首先,染料是关键,500毫升水+150克碱剂+150克靛蓝泥染料+75克还原剂。注意,步骤不能错!接着,静置20分钟,染料氧化为蓝绿色即可。在静置的时间里,可以开始用橡皮筋,或绳,或线,将一块棉白纺布扎成想要的图案。染料氧化完毕后,将已扎成的布放入染料中,根据自己的颜色深度需求将布染色。拿出后沥干,待氧化(由绿色变为蓝色)。然后用盐水清洗,晾干,熨烫。最后就完成了。其中需要注意的是,染料要搅匀,否则染出来的颜色不均匀。布最好选棉白布或棉麻混纺白布,否则染出来效果不佳。在扎布的时候要尽可能地扎紧,否则扎了跟没扎一样。盐水清洗时注意颜色变化,否则会将布洗成白色……我还将扎染的古典技法与一些现代元素融合,想要使扎染工艺让更多人知道并喜欢。那现代的张扬与扎染的古朴竟不违和,可见扎染的可塑性之强。

中级课程——再试扎染。如今,我已是八年级的学生,已掌握了一定的科学知识和实验方法。在学习单的引导下,我们以小组的形式做了有关扎染的实验,并记录了下来,与我一次一次的扎染心得合成属于我的扎染笔记。我们用控制变量法来试验出影响染布颜色深度的因素。我们做出了三个猜想,一个是染色时间,一个是氧化时间,一个是染料浓度。其中也遇到了许多困难,就比如说在验证染色时间与氧化时间时,染料有时会出现不均匀的情况,无法控制所有的染布都是浸在同一个浓度的染料中;又如在控制染料浓度的时候,染料会出现过饱和的情况,无法晕开。这些问题最后都得到了解决,我们也得出了结论,影响染布颜色深度的因素是染色时间和染料浓度,与氧化时间无关。

蓝白相间,仿佛点染世间宁静;青白交错,好似青花瓷般淡雅,纹路繁华,却又显得落落大方,如天空宽容平和,包罗万象,波澜不惊的,是扎染。在靛蓝的陪伴下,我参加了许多比赛并且获得很多荣誉证书。感谢老师带我走进扎染世界,带我品味含蓄的东方美,带我领略中国传统艺术。仅及肩膀的小女孩已经长高了。

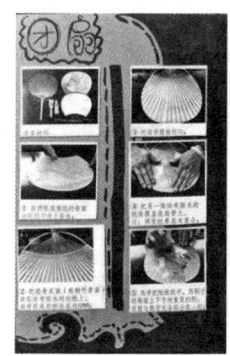

上海市教育学会宝山实验学校 邹嘉诚

案例四:

学生学习课程案例

所属学校:宝山区第二中心小学

学生姓名:陈慧菁

学龄:3 年

教师的话:知行合一,学以致用。

弘扬中华优秀传统布艺文化,鼓励在传承非物质文化遗产的过程中守正创新,在传统布艺作品中,融合声、光、电等科技元素,设计并制作出符合现代人审美的布艺作品。利用校外教育的资源优势,为学生提供展示和交流的平台,充分体现学生德智体美劳的全面发展。

学生的话:

近三年的时间里,我接触了扎染,了解了植物也能染色,我学会了穿针引线,更是激发了自己对于中国传统文化以及非遗的兴趣。

还记得一开始上课,从来没接触过针线的我连打结也不会。通过几节课的学习,我可以染布,还能制作实用又好看的香囊了。妈妈说:"以后你能自己钉纽扣,简单修改衣服了。"有用的技能又增加了!

课余,我还用课上自己染的扎染布,制作成各式各样的耳饰,大家都夸我心灵手巧。母亲节的时候,我将亲手制作的耳环送给妈妈和外婆,感谢她们对我的陪伴和养育之情,她们成为家里最靓丽的一道风景。

在学习了基本的布艺知识后,老师鼓励我们将中华优秀传统布文化守正创新,并且提供了很多展示的机会,这些都是学校学习所没有的经历。虽然在创作的过程中,碰到过很多困难,但是也锻炼了我解决问题的能力,培养了我锲而不舍的精神。今年的科普进家庭活动,我参加了旧物改造项目。我选择把家里的手持化妆镜进行改造。结合我课上学到的布艺知识,我把崇明土布修剪拼贴,装饰化妆镜。我还想再加入高科技的 LED 灯,可是要找到适合小镜子的不插电的 LED 灯并不是件容易的事情。经过漫长的寻找、尝试,我终于做成了独一无二的智能发光化妆镜。崇明土布传统纺织技艺属于上海市非遗项目,我把它融入平平无奇的化妆镜,又结合了现代高科技产品,让旧物焕发了新生,也让非遗技艺得到了传承和弘扬。经过不懈的努力,我的作品获得了上海市二等奖。

同时,我又将我在宝山区青少年活动中心学习的本领带回到学校。我带着我做的团扇赢得了大队委竞选,将学到的扎染知识应用到生活中,制作扎染口罩参加学校科技节比赛,期望未来能够创作出更多更有趣的布艺作品。

上海市教育学会宝山实验学校 邹嘉诚

案例五：

学生学习课程案例

学生姓名：赵睿杰
所属学校：上海市淞谊中学
学龄：6 年

我在就读三年级的时候来到宝山区青少年活动中心开始学习机器人编程课程。那时的我,不过把编程学习当作一件烦琐的事情来对待。试问在天真烂漫的童年,又有谁会喜欢单调枯燥的编程而放弃五彩斑斓的梦呢？彼时的我怎么也想不到,之后的我会这样着迷,回看当时的作品,虽然幼稚,却包含了无数只属于我的童年碎片。

我刚刚接触《小小程序员》课程的培训,我在机器人编程方面的兴趣就被慢慢打开,慢慢领略到这个由逻辑主宰的数字世界。随着数学知识的不断增长,我逐渐能够领略机器编程中独具的魅力。也许是因为兴趣,我开始查找有关编程的资料,认真听取每一次机器人课程。机器人课程给我最大的影响是让我想要持续不断地提升自己,我努力地编写程序、改进程序,编出来的程序也更加清晰、完整。我从学习的过程中领略了编程语言的繁华与静谧,艳丽与平淡,喧闹与宁静。

在学习《小小程序员》课程中期,给我印象最深的是《小眼睛大世界》一课,那是我第一次强烈感受到机器人的神奇和编程的魅力。这与在学校的学习不同,平时我们在学校学习电脑课是枯燥无味的理论学习和单一的电脑操作。然而在青少年活动中心学习,老师引导我们自主探究查找资料,通过编程让机器人能获取外界环境的变化。那时,老师让我们尝试在不同的环境下去发掘数据变化的规律,我们的课堂不局限在教室内,我们可以到室外,也可以在光线较暗的地方。看到机器人在不同的环境下反馈的数据不断发生变化,并成功找到了相应的数据变化规律,我难以抑制那种兴奋之情,就是在那一刻,我感觉自己非常渴望深入了解、学习机器人,对我的学习给予了很大的鼓舞。

如今,我已是八年级的学生,已在校内掌握了一定的英语知识和数学方法。在机器人课程的持续深入学习下,我们自由组合成立研发小组,做了很多有关机器编程的课题实验,并记录了下来。我们目前已可以小组自主创新程序设计,从最基本的观察机器接线,到初期程序设计再到数据采集与程序调校,接着是对程序的不断改进,最后是完成整体程序。编程课不仅是停留在青少年的课堂里,我还参加了许多机器人比赛并且获得很多荣誉证书,这些都归功于老师带我走进了机器编程世界。回首过去,从最基础的模块化编程到后期的语言编程,我收获了许多:分析问题和解决问题的能力,抽象归纳总结的能力,逻辑思维能力,严谨仔细的能力,创造力和想象力。这无不使我受益匪浅。

案例六:

学生学习课程案例

学生姓名:黄一珉

所属学校:庙行实验学校

学龄:2年

近两年的时间里,我在宝山区青少年活动中心参与学习了《小小程序员》机器人编程课程,了解了很多机器人编程的知识技能,掌握了各种机器人改装、机器人编程的操作方法,更是激发了我对机器人编程的浓厚兴趣。

还记得一开始学习《小小程序员》课程,那时从来没有接触过机器人的编程,内心既期待又害怕,担心编程学习太难没法很好理解。但是通过几节课的学习,我逐渐可以按照老师的要求对机器人进行编程,不断完成一个个目标,并从中获取机器人编程的技能方法。课程开始初期,我一直把编程学习当作学习任务看待,老师要求做的事情,我就跟着做,但是发现这种在平时学校学习的方式在活动中心没法适用。活动中心的课程全程需要自己去尝试发现问题和研究解决问题,这就很好地改变了我长期依赖老师的习惯。

在学习《小小程序员》课程的过程中,给我留下深刻记忆的是《巡迹车》一课。在课上,活动中心老师上课的方式不同于在学校课堂上按部就班的知识讲解,老师让我们做了各种各样的问题发现和资料查找,然后成立研发小组开始进行课堂程序研发比赛。这种方式让我感觉又紧张又刺激,激起我很强烈的探究欲望,我们小组为了能让巡迹小车提速,不断调试优化程序参数和改装机器人,即使下课我们小组还是留下来一直调试到很晚,不舍得离开活动室。校外科技课和学校的社团还有一个很大的不同,学校没有很好的比赛场地和调试改装设备,活动中心有很好的专业设备,可以发挥我们动手和自主学习能力。

随着学习的不断深入,我越来越喜欢《小小程序员》课程,这项编程课不仅是编程,它还涉及了数学、工程、物理等多个学科知识。就拿巡线机器人来举例吧。学习的过程中我们需要自己制作场地,为机器人巡线做好轨道设计,同时还要小组合作改装机器人,要改装成能完成任务的机器人,之后要计算传感器环境识别的数据。最后,就是编写和调试程序,直到机器人能成功完成任务。这些经历都是我成长中的宝贵财富,我通过机器人课程让自己从原来的被动学习,慢慢开始变得主动去探究知识,去解决问题。

此外,我也开始查找其他关于机器人编程的资料,我开始学习 C 语言代码的编程。面对复杂繁多的代码我也不会感觉枯燥乏味,伴随着键盘和鼠标的敲击声,一个又一个的作品被我完成,我感受到了用编程解决问题的快乐。

现在我已经是六年级的学生了,已经掌握了一些程序的制作方式。现在上课的时候,我会把心得体会记录下来。例如在做智能小车直角转弯的动作时,我会把参数和问题记录下来,之后再次遇到同样的问题,就不需要做重复的调试,减少很多重复性的实验。在老师帮助下,我也参加了许多的比赛,得到了很多荣誉证书。这些收获都离不开活动中心老师的专业指导和兴趣启蒙。

案例七：

心之所向　砥砺前行

上海市吴淞中学　孙一鸣

阔别赛场一年之久，又到了一年一度的市青少年车辆模型锦标赛举办之时，面对更加繁重的学业，我仍选择重返赛场。

上一届锦标赛有曾为全国青少年锦标赛冠军的吴天睿这一强力选手加入，我也因决赛发车时决策的失误而只获得第二名。因此，这一场比赛被教练和队友称为我的"复仇之战"。

这届比赛规则与去年有所不同，首先是车辆动力降低，其次赛道变为小平路赛道。而训练时间只有两天，在两天内要找回开车的手感，又要找到最适合的车架设定，可谓是一项艰巨任务。幸好还记得一些技巧与设定，以及有教练的帮助，很快就调整到了最佳状态，只待第二天比赛。

天公不作美，夜晚下起了雨，直至早上九点才停下来。全湿的赛道意味着两天辛苦找到的设定变为一场空，极短的赛前练习时间让我只能上去试两三圈就下来重新调整设定。反复测试数次，终于找到比较好的设定，预赛开始前的最后一步——祈祷，祈祷赛道快点干。

预赛第一轮开始，太久没有参赛导致我十分紧张，突然似乎不会开车，打滑掉头、上路肩、走线过大……各种不该有的失误频繁出现，我也明显感受到自己没有进入过去比赛时应有的状态，甚至走下操控台时腿都抽筋。第一轮结束，成绩不佳，总排名只有第三，在我看来更是失败的一轮预赛。第二轮预赛我重新调整好状态，终于感受到了一点平静专注的状态，但仍有小失误，总成绩最后上升到第二名，因此决赛在第二发车位。

中午休息期间，吃完饭后去了一次洗手间，来回时我故意将脚步放得很慢。一开始仍在思考很多，担心决赛状态、车架状态，思考自己是不是真的没能力赢……而看着赛道，看着天空，渐渐地便不再想，一瞬间我感受到了那种平静专注的状态，于是不再去空想任何事情，要做的只是享受接下来的比赛。

中午休息到决赛有很长一段时间，赛道基本全干，再次换上最自信的设定，装上最新的轮胎，便开始反复涂胎水与暖胎。

等待是枯燥的，但很快就到了决赛时间。

检录完成，所有车辆测试计时器正常运行后被放至大直道上交叉排开。我的发车位为第二位，前有全国冠军吴天睿，后有十分厉害的队友陈冠言，这使中间的我压力巨大。站上操控台，将一切调整至最佳状态，便放空自己，等待发车音响起。

"5，4，3……嘟"发车音响起，场上车辆同时起步。头车起步位置在弯前，我选择直接大油门冲进去尝试强切内线超车，虽没有成功但一下拉近距离。稳稳咬住前车紧跟至直道前的回头弯，我再次强切内线打算超车或门对门碰撞将头车撞出路线，但头车很快反应过来，及时守住路线，我来不及刹车导致车头撞前车。头车被撞出路线,我这违规碰撞需要等待前车行驶后再继续行驶,三车陈冠言便顺势超越。此时我的压力减少很多,只需要全力进攻前车即可,但吴天睿毫无失误。跟至第三圈中段时已进入慢车圈,吴天睿撞上突然打滑的慢车,我直接超越并拉开很长一段距离。此时我长呼一口气,基本可以确定吴天睿不会再超越我,"复仇"成功了。

但我的目标可是冠军,陈冠言成为头车后有很长一段时间前后都无压力,已经与我拉开一个直道多的距离,花了四圈才将距离缩小至一个弯道。他同样没有失误,一个弯道的差距也让我很难进攻,但陈冠言由于压力,行车线路一直出错,总是将车开上路肩,而上一次路肩就会失去一段时间的抓地力,只要有一个弯道转弯方向过大或者速度过快就会打滑。在六圈的追击后,陈冠言终于有一次失误打滑,我顺势超越,快速拉开距离,成为头车后我激动得快喊出来。最后四圈,所需要做的便只有不要失误,然后享受比赛的最后时刻。

比赛结束,场边掌声响起,这绝对是一场精彩无比的决赛。进入1/10电动房车界的第四年,我终于在市锦标赛中拿下冠军。

而精彩时光总是短暂,更何况预赛决赛轮数减少,无法与高手比个痛快。

接触车辆模型近七年,赛场就如同一片净土,而车辆模型让我寄托部分感情和精神,以此来稍稍远离尘世。站上操控台,便什么杂念都没有了。

案例八:

兴趣是最好的老师

上海市存志附属宝山实验学校　陈思呈

2019年,那年我十一岁,还是个五年级的小学生。偶尔在青少年活动中心看到车模社团上课,就被深深吸引了。所以当妈妈问我新学期的充电计划时,我哭着求妈妈要参加车模社团,妈妈很支持我,但也很为难,网上根本抢不到名额。非常感谢李镇宏老师,妈妈在活动中心门口请求能得到李老师的帮助,我记得他当时微笑地看着我说:"我记得你,你参加过工程师大赛,也是老运动员了。"于是他就帮我联系了申智斌老师,申老师也是我的赛车启蒙恩师,在得到可以面试机会后李老师叮嘱我必须对赛车活动要有所了解。回家后我们在网上找了很多资料,包括赛车的种类,机械原理,各种零部件材料,还有训练方法以及优秀的赛车手,等等,也幸亏提前做了这些功课,我顺利通过笔试、面试,心里别提多开心了!虽然说实话对机械原理啥的还不是很明白,但我觉得我可以慢慢学习,底气是从3岁就开始玩乐高机械组的经历。

妈妈希望我能开心地玩着就能学到本领。一开始我也觉得是这样。进社团几个月后,申老师说宝山区有比赛了,我也报名参加1/8遥控电动平跑车。拿到网上购买的新赛车时很兴奋,憧憬着能拿个好名次。可没多久就发现自主训练找不到合适的铺着地毯的训练场地,这可怎么办,没几天周末就要比赛了,终于想到小区附近有个舞蹈室,虽然没有地毯但地板至少能练习,保安爷爷很喜欢我,平时关系也不错,妈妈陪我一大早六点钟就去练车,能训练一个小时很幸福,毕竟小学生是要上学的,这样也就训练了2天吧,结果第三天就被举报了,我们被赶了出来,保安爷爷也被批评了。

比赛日很快到来,这也是我第一次去乐之中学。毕竟训练过2个小时了,车感也有一些了,对比赛充满自信。赛场上选手很多,都是学校组织由老师或者教练带队,只有我是由妈妈陪着来的。赛前熟悉场地时我又兴奋又紧张,终于能感觉小车子在地毯上的摩擦了,可开着开着发现我的小车子开始走偏,还扭来扭去,忽然就停住不动了。大冬天的我,手心额头后背居然都是汗,因为毕竟才参加社团,学习时间很短,主要练习的是对赛车的操控,对故障完全不懂。我们只能在赛场上找老师或教练请教,说可能是舵机出问题,用工具调整下应该会好,可是这么专业的工具我们也没有啊,只能又满赛场地借工具。调整一下果然好一点了,可没开一会儿又坏了。

比赛可不会等我修好车。准时开赛,忐忑的我硬着头皮拿着遥控器走上了战场,那一刻只能祈祷奇迹。奇迹当然不会发生,我尽量控制着不断跑偏的赛车在赛道上驰骋,在第二圈进入弯道时被别的车碰了一下,小车就发脾气不走了,我怎么扭遥控器也不听话。我就不信了,拔腿跑进赛道原地检查调整,小车不情愿地又动起来,我又回到操控台继续比赛,明显感觉比之前更偏了,没跑出10米又被撞了,这次我是飞跑进赛道又开始了原地检查调整,之后飞快地跑回操控台。接下来的比赛就是无数次的满场飞奔修车,五分钟的比赛终于结束了,我看了下成绩,小车只跑了5圈,浑身是汗的我很沮丧。但发现我居然不是末位,因为有几位选手由于车子坏了直接退赛,而我做到了完赛。

回到家后我和妈妈对这场比赛做了总结和回顾。问题:工具不全,对故障不了解,没有排除故障的能力,没有训练场地和训练时间不足。解决方案:配备专业工具包,进一步深入赛车学习,第一步先做到能拆装换零件。优点:

遇到变故能临场发挥，不放弃，至少能让车跑足5分钟完赛。第二学期申老师出乎意料地给我一张三等奖的奖状，不但表扬了我在平时和赛场的表现，还鼓励我好好学习，下一场比赛一定会更精彩。这场比赛让我看到了自己的问题，竞技体育不是只有好玩，还必须深入学习多种学科和技能。为了我喜欢的赛车，也为了不辜负老师的期望，我开始了进阶训练，哪怕在接下来的三年疫情中也不敢懈怠。

我的严教练是位值得敬重的好教练。虽然如他的名字一样，训练时对我们很严格，因为赛车和零件都不便宜，要胆大心细尽量避免操作或维修失误的损耗。周末训练都是一整天，要对车子进行了解、拆分、维修、保养、设定以及熟悉赛车的操控技术，控制好手部的精细动作，还要学习对不同的场地、季节、天气做出应对，学习关键的赛场节奏把握和团队协作，等等。我知道自己只是个普通的孩子，不是特别聪明的那种，所以不管周末还是酷热的暑假或是寒冬的假期，只要时间允许我一定在训练场，从不请假。兴趣是最好的老师，能让我迎难而上，冷静应对各种未知打怪升级。一次次的训练和比赛，在犯错中反省，在成长中自信。2年后的2021年在上海市车辆模型锦标赛1/10电动房车比赛项目中我收获了二等奖。更难忘在酷暑中备战2022全国赛的艰苦训练，虽然由于疫情最后取消了比赛非常遗憾，但还是很感恩教练老师队员们的鼓励教导和陪伴，感恩爸爸妈妈对我的支持，感恩我努力成长的每一天。

春姑娘给大地带来了万物复苏的消息，不管世事如何变幻，只要不放弃，办法总比困难多。我相信更精彩的明天一定在那里，就像太阳可能会被云雾遮蔽，但只是暂时的，云开日出时自会大放光芒。

第三章 校外教育的广域课程框架

○ 第一节　校外教育广域课程体系
○ 第二节　校外教育广域课程的基本框架
○ 第三节　校外教育广域课程体系的建构

第一节 校外教育广域课程体系

一、"三性三化":校外教育课程生态化

(一)校外教育课程生态化的必然

当今国际教育的新发展之一是教育生态思想及其课程教学的实践,当代主流的教育观念无不与教育生态观相关,特别是后现代生态观对当代教育思想发展有着重要影响。关注宏观教育生态,关注学生发展与生态的"相互依存",关注教育生态的"多样性""开放性""整体性",同时关注微观教育生态系统的建构,将诸如"协同合作""伙伴关系"等教育生态观念贯穿其间,使之成为具有积极意义的教育生态。我们清醒认识到校外教育在培养人才,转变学生培养模式上的不可替代的功能,创新"校外机构、学校与家庭、社区"联动的学生特长培养机制,以"三性三化"的广域课程不断丰富校外教育的实践形态,构建"课内外校内外融合发展的未来创新人才区域培养生态体系"。我们将抓住校外教育深化改革的大好机遇,不断理性探索,立足实践望有成,促进校外教育整体提升,形成具有明显特色的区域校外教育。

现代课程强调课程与儿童、文化的整合。课程的人文、自然和社会学学科的整合,帮助我们的学生正确理解人、社会、科学和技术之间的价值与非价值、正功能与负功能、意义的确定性与不确定性共存的复杂关系。长期以来流行的学科课程,对文化发展在具有选择性的同时也强化了封闭性,使得学校里的教育内容与文化发展之间出现了严重的割裂。着力构建课程的开放与选择相统一的机制,从而保证新知识能及时进入课程与已有知识形成有机整体,实现教育内容变化与科学技术发展之间的适应,这就凸显了校外教育机构广域课程开发上的优势。现代工业化导致了文化对人的异化,反映在学校教育中,就是教育内容对儿童需要的漠视、疏离和束缚,教育内容的割裂带来的儿童发展的片面化,从而形成了学校教育内容与儿童自由和谐全面发展的对立。广域课程追求实现儿童与文化的整合,让教育内容成为儿童自由和谐全面发展的优化的环境、土壤和养料。

教育生态化是我国教育改革与发展的路向。"营造良好教育生态"是从单一的教育内容与方式走向生态型教育与培养模式的转型,符合宝山教育追求优质的理想。以"努力办好人民满意的教育"的要求为导向,通过校外教育课程改革以及校外教育多方联动机制,在区域层面上建构良好的校外教育生态,推进区青少年活动中心与中小学校、中心与社区、家庭的多元联系,形成公益性的校外教育生态共同体,创新"校外机构、学校与家庭、社区"联动的学生特长培养机制,建构宝山区青少年校外教育运作机制,提高本中心的区域校外教育生态建构的能力与实效,提升本中心管理者和教师的教育生态理念和行动能力,促进宝山区校外教育生态化发展。

校外教育课程生态化是校外教育发展的重要路径。传统的校外教育总体上课程生态化水平不高,主要表现在不仅缺乏完整的课程要素或者课程结构不完善,更为关键的是课程缺乏生态化的评估,即课程是否符合生态化的要求。生态化课程应该具有适宜性、丰富性、开放性、差异性、共生性、整体性等特征。校外教育课程要通过生态化过程达到生态化课程的要求。我们宝山区青少年活动中心以"面向未来的校外教育大融合"为导向,建构区域性"三性三化"广域课程体系基本框架与课程体系,积极营造良好的校外教育生态,推进区青少年活动中心与中小学校、与社区、家庭的多元联系,形成公益性的校外教育生态共同体,形成区域广域课程体系,建构宝山区青少年校外教育运作机制,提高区域校外教育生态建构的能力与实效。

(二)"三性三化"广域课程体系

"三性三化"广域课程在顺应课程综合化的同时,体现了课程的生态化。宝山区青少年活动中心积极构建"三性三化"广域课程体系,追求"品质化、国际化、特色化"的校外教育品牌,秉承陶行知先生教育思想,以"服务宝山、立足上海、面向全国、走向世界"的发展视野,倾力打造"生态性、公益性、体验性"青少年素质教育的综合实践基地。

"品质化"是校外教育以创新为品质核心发展学生特长,强调开发学生潜能,把普通学生送上发展平台,让资优生凸显才华。"国际化"是以课程的国际视野、活动的国际化、专家的国际化、交流的国际化来打造校外教育国际影响力。"特色化"是校外教育的体制、课程、活动上创新,形成适应区域教育发展,具有特色的校外教育。

同时,我们以"生态性、公益性、体验性"落实课程管理与校外教育。"生态性"强调我们的校外教育要不断地增强适宜性、丰富性与共生性等生态特征,使校外教育不断生态化。"公益性"强调学生校外教育机会的公平性、非营利性,满足有需求学生的校外学习。"体验性"强调校外教育的实践体验性,转变校外教育的教育方式,为学生提供相对学校更为丰富与独特的校外教育资源,让学生获得较学校更为丰富多彩的学习经历,发展学生综合素养与创新能力。

  课程整合重要的一环是学校课程与校外教育课程的整合。以往学校与校外机构在课程管理上没有形成明确的协调机制,各自为政。当前,适应基础教育的均衡发展,打造高品质区域校外教育,关注学生的发展是上海校外教育转型发展的重点之一。让学生充分发展是校外教育活动的出发点和归宿,也是确定校外教育的课程教学目标、选择教育内容与方法、评价教育效果的根本依据。校外教育不是学校教育的翻版,也不是学校课程的简单延伸,而是有着其特有的作用。学校教育是基础性的教育,是让每位学生学习必备的知识、能力与品格,是较为共性的学习内容。但是学生具有差异性,为了满足不同学生的个性化发展,需要提供因材施教的学习内容,支持学生的发展,必定要通过校外教育机构提供学校不能提供的科技、艺术类的学习课程,以满足学生选择性学习的需求。校外教育机构利用其特有的课程资源,尤其是适宜青少年的科技活动课程的资源,满足区域校外教育的需要,以及学校、家庭开展广域课程的需要,开设广域课程、促进学生综合素养的提高是校外教育机构应承担的义务与责任。

  "三性三化"广域课程体系的建构对区域校外教育课程化提出了明确发展方向,既体现了宝山区校外教育的品格——公平、均衡,也体现了其品质——高品位、高适切性。我们以校外教育课程的"三性三化"实现我们的校外教育品牌化。

  在推进宝山教育现代化的建设中,本中心将坚持以"3+1+1行动"为抓手,不断升级"五大"项目原创品牌,构建和完善"四类42项"区级科技艺术项目教研组体系,创设和完善本中心"三院"建设工程(即"宝山区青少年科学研究院""宝山区青少年艺术创作院"和"宝山区青少年体育运动院"),科学构建本区中小幼学生综合实践素质培训体系,做好双新课程实践实训基地工作。构建"课内外、校内外融合发展的未来创新人才区域培养生态体系",培养一批拔尖人才,最终发展成为本市校外教育优质资源的集聚区、全国校外教育交流展示的平台和窗口。

  以"3+1+1行动"为抓手,着力构建适合未来创新人才可持续成长的区域培养生态体系,营造多层面(包括校园、社区和家庭)创新文化氛围,让学生自主学习、主动发展、可持续成长。我们将努力建设成为全国一流校外教育机构:一是,全国科技体育示范基地、上海市科技体育示范区(包括上海国际车辆模型竞技运动赛场、悦林湖航海模型运动国际赛场、国家校园航空模型飞行营地、顾村公园定向运动赛场);二是,全国科学教育实验区、全国科技创新教育示范基地、全国中小学生综合实践基地、全国"STEM+"教育发展示范区;三是,家庭创客联盟全国总部、全国"家庭创客行动"示范区、家庭创客嘉年华活动主办地;四是,全国青少年科技辅导员师资培训基地、上海市校外教育师资培训基地、上海市前沿科学前沿技术创新课程平台师训基地;五是,夏照帆院士专家工作站、上海市青少年科学研究院示范基地、上海市高校青少年科技教育实践站、上海市科创教育基地等。

二、广域课程的"三层级-四大领域"架构

(一)广域课程的整合梯度

我们依据广域课程的基本认识,构建广域课程整合梯度。广域课程的课程建设的关键是整合,这个整合有五个层面:

第一个层面:是相邻知识系列的整合。这是最直观、最基础、最容易实现的整合,比如代数、几何、三角等知识系列的整合,植物、动物、生理卫生、生态环境等知识系列的整合,等等。

第二个层面:是性质相近学科的整合。这是基于相邻知识系列有机联系起来的、比较容易实现的整合,比如物理、化学、生物整合形成的"整合理科",历史、地理、道德等整合形成的"社会科",音乐、美术、舞蹈等整合形成的"艺术科",等等。

第三个层面:是人文、自然和社会学学科的整合。这是当代为解决环境污染、核威胁、"精神家园"丢失等社会问题而逐步发展起来的整合层面。比如,为了理顺和帮助人类正确理解人、社会、科学和技术之间的价值与非价值、正功能与负功能、意义的确定性与不确定性共存的复杂关系的"STS课程"。

第四个层面:是文化的整合。长期以来形成和流行的学科课程,对文化发展在具有选择性的同时也强化了封闭性,使得学校里的教育内容与文化发展之间出现了严重的割裂。有鉴于此,整合课程便着力构建课程的开放与选择相统一的机制,从而保证新知识能及时进入课程与已有知识形成有机整体,实现教育内容变化与文化发展之间的整合。

第五个层面：是儿童与文化的整合。现代工业化导致的是文化对人的异化，这反映在学校教育中，就是教育内容对儿童需要的漠视、疏离和束缚，教育内容的割裂带来的儿童发展的片面化，从而形成了学校教育内容与儿童自由和谐全面发展的对立。整合课程追求的最高理想，就是实现儿童与文化的整合，让教育内容成为儿童自由和谐全面发展的优化的环境、土壤和养料。

(二) 广域课程的"三层级-四大领域"

我们开展基于"三性三化"的广域课程体系的研究与实施，由区青少年活动中心的各教育部门、教研组建构广域课程的"课程模块—课程群—(具体)课程"三层级课程体系。"四大领域"是根据我们青少年活动中心的课程资源、现有课程设置基础与未来发展趋势，确定了广域课程的四大学习领域：社会领域、理科领域、技术领域与体育艺术领域。这四个领域覆盖了德育、智育、体育、美育与劳育的内容，并融合于广域课程之中。

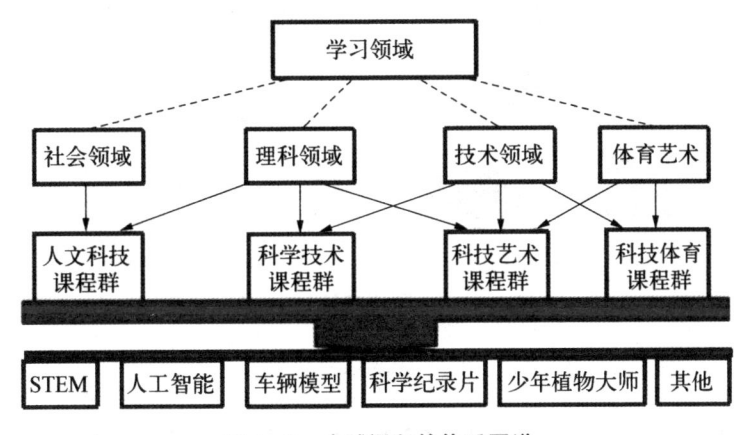

图 3-1 广域课程的体系图谱

(三) 广域课程学"三字经"

广域课程的主体是学生习得，学生如何学好每一门广域课程是课程的关键问题。美国著名华人学者丁肇中教授就曾经深有感触地说："任何科学研究，最重要的是要看对自己所从事的工作有没有兴趣，换句话说，也就是有没有事业心，这不能有任何强迫。"学生通过这些活动培养敢表、乐表的心理品质，锻炼表真、表好、表新的基本能力，使学生达到在一定角色上善表的实践，显现最佳行为或状态。学生的表现不仅仅是结果，更重要的是在学会表现中的学习过程,帮助学生潜能转化为智慧生成。正是丰富的活动增强了广域课程的内容统整性与架构的弱度性,更提升了校外教育的品质。

我们依据不同领域的广域课程,在总体上提出了"以理论与实践碰撞为突破的科技竞赛、以艺术与科技融合为基础的文化展演、以自媒体与原创共舞为传承的经验传媒",学生学习广域课程的"三字经"——"竞赛、展演、传媒"。广域课程学习中的竞赛、项目、展演等活动可以激发学生的学习兴趣,让学生充分表现。以此为基点的校外教育广域课程的学习方式,把学生的自主学习与合作学习整合,以适应广域课程的学习。

图3-2 广域课程的"三字经"

第二节 校外教育广域课程的基本框架

我们在广域课程的概念与特征的基础上,建构了广域课程的基本框架,把理论认识转化为理性实践,以便于课程的开发与实施。

一、校外教育广域课程的新分类法

(一)课程框架整体分析框架

英国教育学家巴兹尔·伯恩斯坦(B. Bernstein)以一个崭新的视角研究

学校课程,认为"一个社会如何选择、分类、传递和评价它认为有公共性的知识,反映了权力的分配和社会控制的原则"。伯恩斯坦身上完全具有后现代的精神,不再把课程的知识内容看作是理所应当的,力图对课程内容从选择、教学、评价的全过程进行质疑和解构。首先伯恩斯坦把课程分为两种类型,并引入"分类"(classification)和"构架"(framing)来分析两种课程之间的区别。通过对两种课程的对比,伯恩斯坦认为课程内容的选择范围和教授形式是由一定的编码系统决定的,并操纵在知识权威手中。最后伯恩斯坦得出课程知识是社会控制和权力分配的结果。

"分类"指课程内容之间的联系,这种联系指内容之间的差异强弱的程度。内容之间的界限明显,独立性强,则课程分类强,反之则课程分类弱。"如果各项内容处在一种彼此封闭的联系中,这也就是说,各种内容得到非常清楚的界定,而且彼此之间相互独立"这种为集合课程。"各种内容并不是各自为政,而是彼此之间处在一种开放的联系中"这种为整合课程。

整合课程"相对于某些联系的概念,并不从属于前面分离的科目或课程,它模糊了科目之间的界限"。整合编码是一种弱化知识边界的编码,即课程构架、形式。通过某个核心的理念和概念,从抽象层次上把多种科目联系起来。在内容的选择上,整合编码模糊了科目的概念,而强调内容的内在联系。课程不再是独立的,而是相互融合、相互交叉的知识内容,使人们更加注重各个科目的内在深层结构,而不是表面结构。在教学上,知识的学习对学生更具有现实意义,知识不再是神圣的书本,而是根据学生的生活组织教学。教师和学生的知识选择范围不受限制,从而消解了科目的概念。

集合性编码具有较强的分类和构架,整合性编码具有较弱的分类和架构。

集合编码的内在结构具有一种机械紧密的特点。而整合编码在文字上是具体和清晰的,是一种开放的有机联系,并通过界限的模糊和松散形式而获得实体性。

联合国教科文组织国际教育局《处于争论和教育改革中的课程问题——为21世纪的课程议题做准备》的报告提出两者应该兼顾。所以,课程的教育目标很清晰,即兼顾个人发展和社会发展要求——既为社会发展服务,也为个人发展服务。培养能力成为改革的主题,教与学应当齐头并进,课程框架应当走向整体,重视教育的多样性与包容性,推进教育的信息化。

(二) 广域课程的结构维度

我们依据伯恩斯坦 1978 年提出的 classification 与 framing 两个维度,对广域课程进行分析、类型化,以便做出关于广域课程的界定。

Classification(分类维度)是指课程内容的区分度,即教学内容彼此间是分离、闭锁的,或者开放的。如果教学内容彼此间是分离、闭锁的,学习者就必须集聚适当的一组内容学习。这就是"收束型"。如果教学内容是开放的,就是"统整型"。

Framing(框架维度)是指教学内容授受的情况,即能在多大程度上有机地组织所要教授的内容。如果教学内容完全由教育者强制性地授予被教育者的,什么内容当教,什么内容不应当教,界限分明,这是"强度框架"起作用的课程。相反,界限不明确的,谓之"弱度框架",意味着师生选择和组织所授受内容的自由度高。

在建设广域课程时,首要的是把握其课程结构,我们采用"两维分析",做出了关于广域课程的结构分析,认为青少年活动中心的广域课程应该是统整性强与弱度框架。

广域课程的内容维度上"广域"内涵丰富,概括起来课程内容主要有两个方面:一是同领域广域课程,同一领域学科内容的整合,二是多领域广域课程,若干领域部分内容的整合。"广域"具体表现为七个方面:学科内的广域、学科间的广域、领域间的广域(人文、科学、社会学科整合)、面向生活的广域、科学与技术的广域、文化的广域与儿童经验的广域。

为便于广域课程的开发与实施,广域课程应该从内容维度与形式维度上建构。由此,基于内容维度与形式维度的耦合,广域课程有八种基本类型。

为便于广域课程的开发与实施,我们从教育哲学的内容与形式统一观将广域课程框架分析分为两个维度:

1. 内容维度:

(1) 同领域广域课程:同一领域学科内容的整合

(2) 多领域广域课程:若干领域部分内容的整合

2. 形式维度:

(1) 主题型广域课程:又称原理性广域课程

(2) 历史型广域课程:按事物、问题的历史展开的广域课程

(3) 场域型广域课程:按学习场域组织的广域课程

(4)核心型广域课程：以中心学习内容与其环绕的内容组成的广域课程

(三)广域课程的分类

按照三层级广域课程体系梳理现有的广域课程与开发的广域课程,运用双向建构法——中心与教师、教师与学生两个层次的双向,建构区域校外教育广域课程体系谱系表。我们认为校外教育的广域课程在内容上是统整型的,课程构架方式上是弱度框架,这内容维度与形式维度是耦合的,并在这观念基础上,我们对广域课程做了"二维四型"分类,从而分为八种广域课程。

	1 同领域广域	型号	2 多领域广域	型号
A 主题型	主题型同领域广域课程	A-1	主题型多领域广域课程	A-2
B 历史型	历史型同领域广域课程	B-1	历史型多领域广域课程	B-2
C 场域型	场域型同领域广域课程	C-1	场域型多领域广域课程	C-2
D 核心型	核心型同领域广域课程	D-1	核心型多领域广域课程	D-2

二、广域课程基本判别标准

依据广域课程定义与特征,确定其课程判别标准,即判定某课程是否属于广域课程,以此推进广域课程的建设。广域课程基本判别标准如下：

(1) **大领域**。同一学习领域多分支或者不同学习领域的学习内容组成。(领域是一个系统,系统有层次)单一学科课程不是广域课程。

(2) **内容关联**。要整合,不是涉及。广域课程的整合不是简单的涉及其他学科知识,而是在广域课程主题内容上有关联。

(3) **有区分度**。能与相关课程(不打破学科原有界限的课程)、融合课程(界限消失合并为一门新学科的课程)区分。

把握广域课程的基本判别标准有利于教师开发真正的广域课程,并合理实施。

三、广域课程群的规划

我们依据"二维四型"分类法,形成了广域课程群。

（一）广域课程群

	科学技术课程	人文科技课程	科技艺术课程	科技体育课程
1		小小工程师 头脑奥林匹克 视频创作		航空模型
2	立体思维	女书非遗		结构模型
3	智能机器人		陶模泥塑 金石篆刻 翰墨书法	车辆模型
4	乐高搭建		五彩纸艺	无线电通信
5	三维设计		科普动漫	结构承重
6	工程挑战	新闻摄影	七星奇石	航海模型
7	智能硬件	火星农场	少儿茶艺	遥控飞机
8		博物学社	创意舞蹈	激光手枪
9	创意编程	小小建筑师	弦乐创作	
10	3D打印			
11	软件设计	少年植物大师	布同凡响	激光步枪
12	生物实验			
13	趣味化学			
14	天文探秘			
15	程序设计			

（二）广域课程的简介

宝山区青少年活动中心现有四大类42门广域课程。

第一类：科学技术课程

1. 立体思维

选自《立体思维建构》自编教材。通过了解创意思维活动的历史，学习了解每一个益智道具和益智类小魔术的知识和原理,掌握各种基础益智玩具的解密方法,能够遇到难题时,从不同角度考虑问题;能够自己或者结合团队去完成各项挑战,有自己的创意和主见。

2. 智能机器人

选自《智能机器人的设计与制作(初级)》自编教材。根据要求完成机器人巡线、机器人踢球、机器人爬坡等制作和编程任务,主要由机器人入门、机器人搭建、机器人编程和机器人调试等四个章节构成。

3. 乐高搭建

选自《基础搭建》自编教材。通过建筑结构的设计与制作、动力小火车的设计与制作、电子万花筒的设计与制作、简易机器人的设计与制作,学会基础搭建。

4. 三维设计

选自《SOLIDWORKS》自编课程。由设计入门——软件介绍以及基本界面操作、视图的运用、草图的绘制、基本建模、实例设计等单元构成。

5. 工程挑战

选自《创意搭建挑战——云霄飞车》自编教材。由单个规定任务开始,完成多个组合任务、触发任务、整体搭建任务等部分组成,通过课程培训,学习者可以实现云霄飞车的整体搭建并有机会参加未来工程师大赛的选拔。

6. 智能硬件

选自《米思齐基础入门课程》《Arduino 入门及提高》等自编教材。按循序渐进的原则,分为主控篇、数字输入输出篇、模拟输入输出篇和米思齐项目篇等四个章节。

7. 乐高机器人

选自《乐高机器人搭建与编程指南》自编教材。由第一部分认识EV3、第二部分结构与传动、第三部分传感器模块、第四部分程序模块、第五部分实例探索等主题单元构成。

8. 创意编程

本课程作为工程类课程,利用米思齐软件进行编程。学生利用所学的编程知识,完成机器人快速移动,足球定点射门等项目。

9. 视频创作

掌握微视频创作基础,学会科学探究的方法;掌握后期制作方法,创作一部短视频。

10. 3D打印

选自《3D One 软件入门教程》自编教材之《3D打印三维建模基础》。通过 3D One 基础建模绘制印章、花瓶、钻石、建筑、儿童乐园等，掌握三维设计，设计自己的作品。

11. 软件设计

选自《数字化设计与制作——入门》自编教材。包括 AUTOCAD 软件介绍、基本命令讲解、AUTOCAD 制图技巧训练、激光雕刻机工作原理及基本操作方法、设计 1~2 件个性化作品，并制作模型。

12. 生物实验

选自《身边的生命科学探索》自编教材。主要由显微镜使用、临时装片制作、微生物培养和观察、自制酸碱指示剂等专题单元构成。

13. 趣味化学

选自《趣味化学》自编课程。主要由厨房中的化学、食品中的化学、身边的化学现象和神奇的化学魔术等贴近学生生活的趣味化学实验组成。

14. 程序设计

程序设计是一门实用性、技术性课程，能训练学生的逻辑思维、数学算法等能力，能为学生将来的职业规划与发展打下扎实的基础。虚拟机器人这款软件则是学习程序设计的一件利器，它能让学生在电脑上搭建机器人，并根据实际任务，为机器人编写程序指令，最后将机器人的活动过程以 3D 动画效果显示在电脑上。让学生在快乐中学习，让他们爱上编程。

15. 天文探秘

选自《探秘星空》自编教材。主要由认识宇宙、美丽的太阳系、有故事的星座等单元组成，具体内容包括认识望远镜的结构，掌握望远镜的观测方法；了解恒星、行星、卫星、流星等天体；探秘神奇的宇宙现象；走近模拟星空天象厅；走近伟大的天文学家等。

第二类：人文科技课程

1. 火星农场

本课程以真实的火星生存情境为课程背景，让学习者以"火星开拓者"的身份，模拟处于一个与真实的火星大致相同的环境里，在资源缺乏、条件极端的情况下，"如何在火星上获取足够的食物生存下去？"这一问题成为摆在学习者面前的巨大挑战，他们需要利用各项知识和工具，想办法获取持续的食物来源,即实现"建造火星农场"这项终极目标。

火星环境缺氧、缺水、低温,倘若想要在其上面生存,可能会面临的挑战及需要做好哪些准备是课程探讨的主要问题,"如何在火星上生存",这个问题是以"火星"和"生存"作为两个关键点展开,课程内容设计主要由火星、植物、农场、建造4个板块组成,每个板块又细分为4个活动,共计16节课时完成,涉及领域包括生命科学、地球与宇宙空间科学、营养学、植物分类学、生态学、工程实践等多领域内容。

2. 小小工程师

选自《机械世界》自编教材。通过搭建生活中常见的工具和机械装置,探索生活中的科学原理,初步理解杠杆、轮轴、滑轮、齿轮等重要的机械概念。

3. 头脑奥林匹克

选自《OM创意思维训练》自编教材。由趣味即兴语言及表演题、动手类即兴题、创意制作、使用废旧材料等制作相关比赛道具及装饰品等专题单元组成。

4. 新闻摄影

选自《新闻眼摄影系列课程》自编教材。由新闻摄影的价值、含义、特性、流程;数码相机的使用与养护;新闻摄影构图技巧和新闻摄影基础布光方法等主题单元构成。

5. 博物学社

选自《小小博物学家》自编课程。通过理论学习、户外实践、DIY制作等方式初步了解水土气、植物、动物、微生物等环境相关知识,引导青少年了解自然、敬畏自然,增强青少年保护环境的自觉性。

6. 女书非遗

选自《女书非遗才学班》自编教材。主要由初级和中级课程组成,初级课程由走近女书——基础知识讲解;女书传承——女书作品鉴赏;书墨时光——女书"福"字书写;禅茶小歇——学员作品点评、欣赏;名家临摹——女书名家作品鉴赏与临摹;女书礼仪——传统女性礼仪知识;禅音女书——色空鼓演奏体验;女书秘扇——团扇创作等主题构成。

7. 小小建筑师

选自《基础搭建》自编教材。包括乐高百变工程、管道游戏等主题式基础搭建活动。

8. 少年植物大师

选自《探秘植物》自编教材。主要由认识植物结构篇、植物生长与繁殖篇和植物的生存智慧篇三大专题单元组成,具体内容包括认识显微镜的结构,掌握显微镜的操作;探秘组成植物的根、茎、叶、花、果实等基本结构组成;探秘植物的成长与繁殖的奥秘;探秘特殊植物的生存智慧;制作植物标本、打造家庭小型植物园等。

第三类：科技艺术课程

1. 科普动漫

选自《小小绘本 大大创意》《旁白与对白的设计》等自编课程。由多格漫画作品创编、少儿插画作品创作、绘本作品创编和定格动画等四个单元课程构成,绘画内容以民族动漫经典作品为例。

2. 五彩纸艺

选自《创意纸艺》自编教材。以折纸为主要基础技能,学习各类纸的制作工艺,如衍纸、纸雕、剪纸、撕纸等,能够创作出立体、综合性纸艺作品。

3. 布同凡响

选自《布的艺术》自编教材。分别为布的初识、布上生花、布的染织、平面拼布、立体布艺和综合拓展等六个主题单元。

4. 七星奇石

选自《创意彩石绘画》《探索地球宝藏——石科普》自编教材。由创意彩石绘画"彩石动漫画、彩石植物画、彩石风景画、彩石动物画";探索地球宝藏——石科普"矿石科普、挖掘矿石、创意拼石、石盆景、石玩衍生品的制作"两个主题板块构成。

5. 陶模泥塑

选自《陶瓷艺术》自编教材。由设计陶瓷生活日用品、捏塑各类人物及动物造型、釉下及釉上彩绘风景画、人物和拉坯制作碗与杯子等主题单元组成。

6. 金石篆刻

选自《篆刻教程》。分三个阶段训练,即篆书书法、打印稿、上石篆刻训练。能做到熟悉篆字、明晰结构。

7. 翰墨书法

选自翰墨书香系列之《书法中级教程》。特长生班以章法为主,注重整体创作,强化训练,习字内容以四书五经等国学经典为范本。

8. 少儿茶艺

选自《少儿茶艺》自编教材。由茶叶基础知识、各类茶的冲泡方法、茶艺技巧、茶艺礼仪等主题单元构成。

9. 创意舞蹈

选自《传统少儿舞蹈的现代化创编》等自编教材。由即兴魅力创作、形体律动、艺术瑜伽、亲子彩巾操、少儿模特、中国舞和器械创作律动操等单元内容构成，并创作完成1—2个形体艺术表演作品。

10. 弦乐创作

本课程包含音乐创编基础、弦乐基础技法解析、室内乐作品导赏、模拟乐团排练实景等内容。通过模拟乐团合奏排练，理解古典音乐作品的本质。学会倾听、学会合作、学会尊重、学会分享。

第四类：科技体育课程

1. 航空模型

选自《空模普及类教案》自编教材。由纸模型飞机、纸模型火箭、弹射模型飞机、橡皮筋模型飞机和电脑模拟飞行等专题单元构成。

2. 结构模型

选自《K'NEX创意搭建》自编教材。由结构设计、结构搭建、工具使用、设计制作著名建筑模型作品、设计制作创新结构模型等主题单元构成。

3. 车辆模型

选自《MINI-Z极速体验》《青少年科技体育实用指南》自编教材。由车辆模型基础知识介绍、遥控操作训练、车辆模型实践技巧等主题单元构成。

4. 无线电通信

选自《校园无线电通信》自编教材。由无线电通信技术、电台英语通信语言、摩尔斯电码语言、电台抓抄、电报收发技术、对讲机通信和户外应急通信基地建设等主题单元构成。

5. 结构承重

选自《结构承重》自编教材。由纸结构承重；木桥梁结构；创意结构设计与制作等主题单元构成。

6. 航海模型

选自《航模普及类教案》自编教材。以船模初级遥控类和动力艇提高类项目为主。初级遥控类以半浸桨单体快艇、双体快艇、水上足球赛等活动为主，动力艇提高类以mini-eco、mini mono为主。通过学习掌握船舶相关知识原理、工具的正确使用方法,理解航海模型竞赛的项目规则,学会航海模型的制作、操控、调试。

7. 遥控飞机

主要分为室内模拟器飞行和室外固定翼操控两大板块。主题内容包含固定翼模型飞机的基本构造和功能介绍,模拟器安装,仿真机组装、调试、维护、维修,充电设备使用及飞行安全问题等多个单元。

8. 激光手枪

激光射击是光电射击系统的简称,当激光照射在特制的感应靶上时,感应靶内置的光学处理硬件,迅速定位光斑位置,并通过蓝牙系统将位置坐标信息传输到控制平板上,从而通过计算显示射击的环值,实现激光模拟射击功能。激光射击的比赛设备完全模拟了真实的器材,比赛形式也与正式比赛相近。

9. 激光步枪

采用脉冲发射安全激光,由蓝牙系统定位激光坐标信息,计算射击环值,其安全性和精准性不亚于实弹射击的真实体验。本课程将射击项目训练与心理健康品质养成教育相结合,促进青少年主动学习的能力,掌握射击运动的技能,培养坚强的毅力和沉着冷静的性格,提升青少年的意志和品质。

第三节 校外教育广域课程体系的建构

一、广域课程体系建构的总体架构

世界正面临着百年未有的大变局,人才的培养竞争日趋激烈,这对我们的教育提出了巨大的挑战。校外教育作为基础教育的一部分,在学生创新精神与能力、探究与反思、解决复杂问题等能力培养方面具有不可替代的作用。校外教育机构必须开发更多优质教育活动资源,以满足和丰富青少年儿童成长的愿望和需求。为加强活动中心资源"公益性、生态型、体验性"建设,实现"特色化、品质化、国际化"发展,朝着立足宝山,面向上海,服务全国,走向世界的目标,我们必须努力开发和设计科学系统的广域课程。

发挥校外丰富教育资源的优势,突破校内教育学科课程的范式,并与此互补,彻底打破学科间的壁垒,真正做到"跨学科"整合、"多学科"融合,以此来提升学生的综合素养,让学生通过主动建构完善综合性学习,成为校外教育的重点突破方向。空间维度的突破,打造处处可学的泛在课程域。真正落实把课堂还给学生、把场所还给学生、把空间还给学生的教育理念,在建设多维学习空间的过程中,强调特色课程场馆化、特色场馆课程化。将每一处精心设计的场馆利用起来,通过建设课程场馆、课程场所、课程场景,实现课程学习的情境化、可视化。广域课程在实施方式上更为丰富,通过以社团、研究院、嘉年华、竞赛、项目、展演等活动的综合实施,促进学生的表现性学习,呈现出角色的最佳表现。广域课程的竞赛、项目、展演等活动可以激发学生的学习兴趣,让学生充分表现。

我们利用校外教育在社会层面拥有内容丰富的教育资源;在实践层面拥有独特的场域优势和完备的师资优势,从课程内容、形式、等级三个维度上探索校外教育广域课程的建设。

校外教育广域课程建构的总体架构如下:

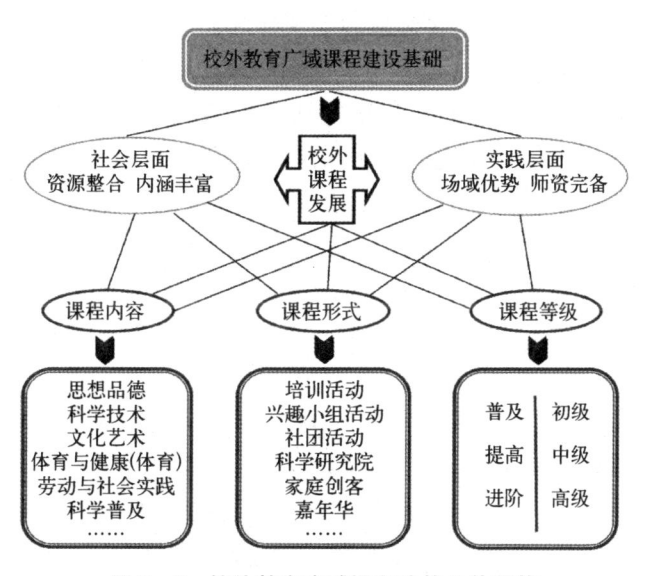

图 3-3 校外教育广域课程建构总体架构

二、广域课程体系建构的路线图

我们深入开展青少年活动中心的广域课程体系建设,在实践中形成了基于学生综合素养的广域课程开发的路线图。

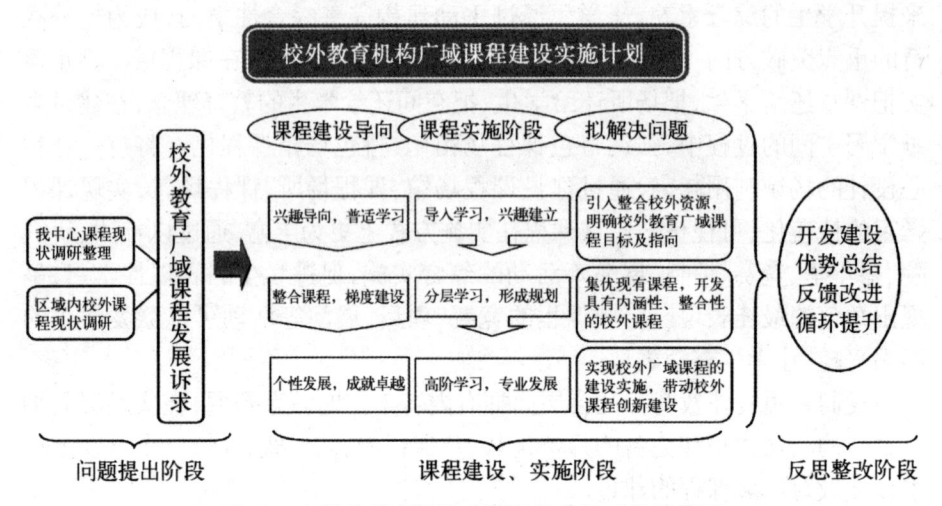

图 3-4　校外教育机构广域课程建设实施路线图

我们发扬校外教育开展各类科技文艺活动的优势,将学生活动课程化的同时,统整活动的教育内容,开发与优化为广域课程,使广域课程在实施方式上更为丰富,通过以竞赛、项目、展演等活动的综合实施,促进学生的表现性学习,呈现出角色的最佳表现。广域课程的竞赛、项目、展演活动是学生发展的有效课程学习方式。

第四章 校外教育广域课程的建设

○ 第一节　校外教育广域课程的开发
○ 第二节　校外教育广域课程的实施

第一节 校外教育广域课程的开发

一、广域课程的选题

校外教育课程是校外教育实施的主要途径,目前,校外教育的课程类型较为多样,课程类型呈现出广泛性、灵活性、实践性、综合性的特征。但是课程的特色还不够明显,尤其是基于学生自身发展需求和学生特点的特色课程的数量还相对较少,课程设置具有较强的趋同性。这一方面体现了课程开发具有较强的专业性特征,另一方面也表明课程开发的内容设计需要区域内建立研讨机制,共同开发,形成区域内的特色。因此,区域广域课程的开发,在现有的课程基础上,考虑到课程发展的时代要求、青少年活动中心发展的需求以及教师个人的可持续专业成长需要,是一项值得深入思考和研究的课题。

为此,在原有的课程基础上,我们将原有的课程进行汇总与归纳,按照广域课程的建设要求,进行再开发、再修改和完善。

(一) 广域课程选题的理论基础

当前有关科学素养、学习特征的研究取得明显的进展,这些新的研究成果对广域课程的开发提供了有益的借鉴。广域课程的开发既要遵循课程开发的逻辑,又要以适切的教与学的理论为依据,才能更好地认识广域课程开发过程中的统一性与多样性、整体性等诸多问题。

1. 有关科学素养的界定。用素养取代知识、能力,成为近年来教育改革的热点,培养学生的素养,已经成为教育改革的核心目标。素养是一个人的科学知识、学习态度的总体反映,它强调的不仅是知识和技能而是获取知识的能力,体现的是解决复杂情境中问题的能力和应用证据解决新问题的能力。对于学生科学素养的培养,要经过深度的学习体验、自主的学习和丰富的知识建构。这对广域课程内容的设计具有重要的启发借鉴价值。

2. 科学素养的习得机制研究为广域课程内容设计提供新思路。学生科学素养的发展需要建立在结构化的知识体系上和丰富的活动体验基础上。

这需要对广域课程进行清晰的梳理,形成连贯而有深度的内容框架。学生科学素养的发展,需要建构深度的知识体系,经历系列的探究体验活动,这需要我们设计广域课程内容时注重内容的完整性、结构性和情境性。

3. 关于学习特征的研究成果为广域课程设计提供了新视角。学习科学领域近30年间兴起的认知学徒制、活动学习理论、学习共同体理论等都强调学习的情境性和社会性。学习不仅仅是一个个体的认识过程,更是一个社会合作的过程,要经历探究、合作、展示等集体交流过程,注重异质交流、智慧分享。学习者在掌握知识的过程中,形成认知监控能力、反思能力,同时在集体的讨论和展示中,学习者的学习动机得到维持。广域课程注重活动和体验,在内容设计上要注重学习活动的有效设计。这与活动学习理论的核心理念,强调学习具有情境性、社会性是一致的。

(二)广域课程选题的基本判别标准

前面已经介绍了广域课程的定义和特征,以及广域课程开发的理论基础。依据广域课程的定义与特征,广域课程的基本判别标准如下:

1. 大领域。同一学习领域多分支或者不同学习领域的学习内容组成(领域是一个系统,系统有层次)。单一学科课程不是广域课程。大领域的标准体现了当前背景下课程发展的趋势,突破单一学科的局限,体现了跨学科与课程整合的趋势。

比如,单一领域的物理、英语等学科的学习,并不是我们所谓的广域课程。只有当一个课程整合了多个分支或多个领域,才能称之为广域课程。广域课程要求整合物理、化学、生物、地理、历史、社会、计算机等等不同的学科领域的两个或多个,这是广域课程开发的基础。

2. 内容关联。要整合,不是涉及。广域课程的整合不是简单的涉及其他学科知识,而是在广域课程主题内容上有关联。课程不是简单学科的堆积和叠加,而是有统整,有主次,内容需要有逻辑关系,能够融会贯通,前后一致,具有整体性。

第一条标准要求有多个学科领域的整合,那么第二条标准,则是要求内容要高度相关联,而且关联度越高,越符合广域课程的开发标准。

3. 有区分度。能与相关课程(不打破学科原有界限的课程)、融合课程(界限消失合并为一门新学科的课程)区分。

可以说,以上三条标准层层递进。首先要有不同学科领域的内容,其次这些内容要相关联,同时我们的广域课程开发,还要不同于传统意义上的课程。

(三) 广域课程的选题

广域课程的选题，应吸收前沿的最先进的文明和科技艺术体育等领域的成果，增加更加趣味性的课程内容，引导学生积极参与和探索。

选题具有一些需要遵循的教育规律，现提炼其中的一般和普适性的规律，形成广域课程在选题过程中需要思考和遵循的几条共有的要素：

第一，广域课程的选题，应充分引用现代的、先进的、前沿的科学技术、人类文明的成果，紧跟时代的步伐。比如现代信息技术、生物科技、材料科学、纳米技术等，将最新的科技知识、世界潮流、最新的话题等引入到广域课程的开发中来。学生可以了解科技发展、人类发展的进程与进展，了解新科学新技术的发展状况。

第二，广域课程的选题应体现教育内涵的渗透，比如时代发展的新形势下的核心价值观、人文关怀方面的内容等，应与广域课程紧密结合起来，充分体现广域课程的育人目标与价值。

第三，广域课程的选题，应突出实践性和体验性的特点，应为学生的深度体验活动创设条件。让学生在具体的实践过程中去体验学习的过程，充分发挥学生参与意识，并在活动中加强对学生的创新意识、动手操作能力以及相互合作意识的培养。

给予学生动手操作与实践体验的机会和时间，让学生在玩中学，学中玩，共同体验，共同探究。广域课程与课内知识学习的一个最大的不同特点是广域课程注重实践性，学生可以在社团活动中，动手做实验、做模型，学生之间相互合作，通过完成一项任务，来体验科技活动，掌握相应的科技知识。因此，广域课程设计要充分考虑实践体验性。在具体内容设计中，要在准确掌握不同年龄段应掌握的科技概念基础上，尽可能利用校内、校外的学习资源，设计有序列的活动。要按照活动学习的特点，组织材料，开发材料，把知识的掌握与科技活动结合起来，以活动体验，加深对知识的理解。在内容开发上，除了要考虑活动与知识之间的关联性之外，还要讲究活动之间的梯度、序列化，以便学生在社团活动中能有深度的体验。

在实践过程中，要做到以下几点：① 广域课程要给学生独立自主的学习空间，尽可能让学生自主完成一项任务，一项制作，或者一个作品，要体验完整的过程，要给予学生动手操作与实践体验的机会和时间。② 要给学生表达和交流的机会，激发学生之间的合作、交流，培养学生的合作意识和反思意识，要把个体的学习与集体的学习集合在一起，加深学生的体验，共同合作，共同探究。

第四，当前跨学科的趋势越来越明显，人类面对的科技问题，都涉及很多的知识，因此，多学科、混合学科的学习已经成为当前课程变化的重要特征，如目前出现的STEM课程，PBL项目就代表了这样一种知识发展的综合趋势，这种综合所产生的整合力量往往是单一学科所无法取代的。广域课程承担着对学生综合素养培养的重任，更应该注重内容设计的综合性，整合多学科的资源，构建完整的知识体系，通过有序的活动，引导学生在活动中体验多学科知识的整合特征，让学生在学习过程中获得智慧的提升、能力的锻炼和学习的成长。

在具体的内容设计上，科技社团在内容开发过程中，可以适当应用科普场馆。科普场馆具有专业性、系统性和直观性等特点，对学生科技知识的综合学习具有重要的意义，已经被国外科技教育的研究成果所证实。可以根据广域课程的主题，最大限度地应用区域范围内的科普场馆，与现有的内容进行整合，形成系列化的社团内容框架。这些资源包括：高校的专家资源以及高校里的实验室、资料室等；上海科技馆、河口科技馆等专题型或者普及型的科普场所；中小企业的生产、加工、制造等流程的展示与科普等。关键在于，广域课程在综合应用这些校外资源过程中，要始终围绕广域课程的主题，进行内容的整合，通过与校外教育资源的融合，激发学生的学习兴趣，强化学生的深度体验，最终培养学生的跨学科学习能力和知识应用能力。

第五，广域课程的选题，应与学校的书本知识进行有效的衔接与拓展，在学生原有的书本知识基础上，进行拓展和延伸。例如：生物课程可以与小学语文课文《春蚕》一课相结合，在学生掌握课本知识的基础上开展养蚕实践活动，可以开发出"蚕的生活习性研究""蚕的生长过程研究""养蚕的经济价值""丝绸之路"等课程，通过搜集资料、调查研究、动手养蚕、记录养蚕心得等多种渠道开展课外实践探究活动，在研究中获取知识、形成探究能力、提升科学素养。

(四) 注意的问题

在现行的课程中，我们发现一些课程在选题方面存在如下问题：

1. 课程内容与科学精神、科学素养的培养脱节。有些课程片面强调知识结构化，技能的训练，比如不少教师学科情结严重，在课程选择上不自觉地向学科看齐，使得课程照着学科课本照本宣科，课堂上老师往往呈现"照着说""接着说"的特征，忽视了对学生科学精神的培养，以及课程内容的渗透性，形成了穿新鞋走老路的态势。

2. 教师与学生能在课程中注重学生的动手操作和体验,但往往忽视其中蕴含的科学原理的传授和探究。比如模型课堂主要以动手为主要形式,但是教师一味地讲授操作方法,传授搭建技能,缺少与学生之间的启发与互动,造成学生只有娴熟的技能而忽视基础知识的获得以及课外知识的迁移。

3. 课程设计忽视知识、学科的整合,不能有效开展跨学科的学习资源整合,不能有效整合校内、校外,不能把科普场馆资源与社团活动整合起来。教师普遍重视现成性资源而轻生成性资源,偏显性资源而轻隐性资源,抓文本化资源而放非纸质性资源,一说到学科资源整合,就往往将一些现成的资料进行生搬硬套,忽略了课程设计的完整性、逻辑性、层次性。

二、广域课程的申报

从活动中心发展需要的角度出发,我们鼓励每一位教师参与广域课程的开发。为此,我们面向全体教师,鼓励教师进行广域课程开发的申报,以便了解教师现有课程的基础,以及教师课程开发的意向。

(一) 基础调研

为了了解教师现有课程的基础,把握课程设计的方向,我们设计了《宝山区青少年活动中心课程调研表》,主要了解教师现有课程的开发情况,与广域课程的整合情况,以及今后我们课题研究需要注意的问题和努力的方向。

该基础调研面向全体教师开展,摸清全体教师的课程开发现状的基础,以及教师进行课程开发的意愿,主要了解课程开发的目标和主要内容,以及与广域课程建设的相关性。

宝山区青少年活动中心课程调研表

课程名称			课程开发者	
课程实施日期		课程来源 (括号内打√)	1. 自主开发(　) 2. 引进(　) 3. 改编(　) 4. 其他(　)		
课程简介(主要内容、目标等):				

续 表

课程属性	1. 学科课程(　　　) 2. 广域课程(√) 3. 其他(　　　　)
课程特征描述：(认可的√，其他的要作说明) 1. 课程内容领域拓展：(1) 同一领域拓展(　　　) (2) 多领域拓展(　　　) 　具体说明领域： 2. 课程内容关联性：(1) 收束型(　　　) (2) 统整型(　　　) 　具体说明： 3. 课程教与学方式：(1) 规定性强(　　　) (2) 生成性强(　　　) 4. (多选)课程指向：(1) 联系生活(　　　) (2) 联系学生经验(　　　) (3) 学科知识(　　　) 5. 课程形式：(1) 主题型(　　　) (2) 历史型(　　　) (3) 场域型(　　　) (4) 核心型(　　　) 　(5) 其他(　　　) 　理由： 6. 课程整合：(1) 相邻知识整合(　　　) (2) 性质相近学科(　　　) 　　　　　 (3) 人文、自然和社会学科整合(　　　) (4) 教育内容与文化发展整合(　　　) 　　　　　 (5) 学生与文化整合(　　　) (6) 其他(　　　)	
评审意见	
评审人	评审时间

注释：

广域课程：是指向学生综合素养发展的，设定多维学习目标，将领域拓展的学习内容联系生活，依据学科与学生经验加以组织与排列，关联整合，进行系统的教与学而形成的一种开放性课程。

收束型、统整型：Classification(分类维度)是指课程内容的区分度，即教学内容彼此间是分离、闭锁的，或者开放的。如果教学内容彼此间是分离、闭锁的，学习者就必须集聚适当的一组内容学习。这就是"收束型"(collection type)。如果教学内容是开放的，就是"统整型"(integration type)。

(二) 发动宣传

在收集了广大教师的课程调研表之后，我们大致对教师现有的课程有了一定了解，并通过多种渠道多种方式，在全单位范围内，进行宣传发动。

1. 通过全体教职工大会进行组织动员，让全体教师知晓本项工作的重要意义。由中心主任亲自进行讲解并布置任务，明确广域课程开发的背景、意义和要求，发动全体教师进行积极申报。并对教师上交的课程申报表进行初步的评价，对教师后续的课程开发指明方向。

2. 通过教研组活动研讨的形式，进一步明确教师广域课程开发的使命，通过相互切磋交流，拓宽课程开发思路，收集课程资源，为做好课程开发打下基础。

3. 通过课题组讨论等形式,让参与课程开发的老师了解广域课程的内涵及特征、明确阶段任务、构建课程框架形式等。

以上过程层层推进并相互补充,集思广益并确保课程开发的有序开展。

(三) 开办教师培训班

围绕广域课程的开发,进行教师培训活动。在进行课程开发有关的基本知识培训基础上,进一步让教师明确课程开发的含义、课程开发的意义、课程开发的步骤、课程开发的注意问题,等等,再让教师了解校外教育机构广域课程的特征、要素和设计要点,学习和分析已有校外教育机构中成功的课程案例,并归纳提炼课程的特征、要素和设计要点,形成教师对校外教育广域课程的认知基础。

教师在前期培训的基础上,结合自己的教学学科与教学活动,对自己的课程进行优化设计,填写《上海市宝山区青少年活动中心广域课程开发申报表》(见附件)。从课程的目标、内容、过程、结果与评价等方面进行进一步整理和设计。

附件:上海市宝山区青少年活动中心广域课程申报表

教师姓名	
课程名称	
适用对象与年级	总课时
课程简介 (200字内)	
背景分析 (500字内)	
广域课程目标	

续 表

广域课程内容		（详细介绍课程主要内容、培训模块，及模块间逻辑关系）
广域课程实施	周次	实 施 内 容	学时
	1		
	2		
	3		
	4		
	5		
	6		
	7		
	8		
	9		
	10		
	11		
	12		
广域课程特色		
广域课程实施的环境要求和硬件要求		
学习评价活动/成绩评定		

续 表

主要参考文献	
备 注	
课程评审意见	

三、广域课程的编写

理论上,广域课程有助于克服分化与琐碎之弊端,打破原有学科组织的界限,将过去分割的知识统整为一个整体。有利于学生概要地掌握科技文化常识,开阔视野,对自然界和人类社会的发展过程有一个全面、完整的表象。这样的课程对于引导学生形成科学的世界观具有积极的意义。但其弱点是:可能因为笼统的概括,忽视细节而使学生不能做精深的研讨。同时由于范围的广泛和笼统,难免缺乏逻辑性。

为了保证广域课程真正地把分科知识综合起来,主要有两类课程编制方式可供选择:原理性类型和历史性类型。

原理性类型又称主题程序,是以横跨两门或两门以上学科的概念、法则和定理,作为综合的要素。前面已经介绍过了,广域课程的一大特征,就是大领域。大领域就涉及两门或两门以上的学科,以主题的方式,将学科的概念、法则和定理,或者这些概念、法则和定理的应用,进行整合或综合。这种课程编制的方式,是各个主题相对独立的,但又是紧密联系的。比如,当我们研究生命的时候,可能会分为动物、植物、微生物等,这些分类虽然界限明确,但在整个课程中又有内容关联。

另一种综合方式是历史性类型,首先选择各种题目和问题作为起点,以问题为导向,再根据它们在各个历史时期或不同时期的发展情况加以展开,以明了它们各种各样的表现形式和它们对各种不同需要的适应。历史性类型虽然以时间的走向为流程,但在编写过程中,同样注重围绕问题开展,进行学科整合或综合。这种课程的编制方法是让前一个课题"自然地"引出后一课题,就好像后者是从前者中"浮现"在师生面前一样。例如,在学习某地城市的历史时,自然引发了对该市经济的兴趣;在对该市经济的学习中,又不能不对其地理、文化、民族、人口、政治等都有所了解。

(一) 建构广域课程内容设计的框架

宝山区青少年活动中心广域课程的内容开发虽然有一定的基础,但整体上仍需要进一步强化。尤其在课程内容设计的序列化、系统化方面还需要进行更深入的探索。

内容设计是广域课程有效开展的关键,如何设计内容,形成符合学生学习兴趣的广域课程,是当前中小学广域课程内容研究的关键。在对当前科技社团内容的分析基础上,结合课题组的实践,我们提出校外教育广域课程内容设计的基本框架。

1. 广域课程的总体目标

目标主要阐述广域课程活动所要达到的目的。目标是整个广域课程活动的引领和方向,广域课程活动的内容要紧紧围绕目标进行开展。一个广域课程应该有明确的目标,通过广域课程要培养学生什么样的能力和素养,要有明确清晰的界定。每个广域课程都是通过系统的活动,培养学生某个方面的能力和素养,广域课程的总体目标就是要明确阐述广域课程对学生能力和素养的影响,达到的水平和层次。中小学广域课程的总体目标包括四个层次:

(1) 本广域课程中学生操作能力的培养,体现在以下方面。

学生动手能力是学生发展的需要。动手能力的培养没有固定的模式,它包含在各类活动中。学生操作能力的培养,包括培养学生动手的兴趣、学生动手的潜能、学生动手的方法等。教师可采取准确的示范和讲解、给予学生必要而适当的练习、及时而有效的反馈等方式,提高学生的操作能力。

(2) 本广域课程中学生科技、艺术、人文等知识的掌握程度,达到的层次。

知识的学习是进阶式递进的。布鲁姆将认知领域目标分为知识、领会、运用、分析、综合、评价六个层次。在广域课程的开发过程中,要对学生的知识掌握程度和层次,有一个比较明确的要求。

(3) 本广域课程中学生对科技理念、科学思想等的体验程度。

布鲁姆等人在其教育目标分类系统中将教学目标分为认知、情感和动作技能三大领域。情感领域的教学目标根据价值内化的程度而分为接受、反应、评价、组织和个性化等五个等级。

(4) 本广域课程中学生通过科技活动所形成的探究能力、合作意识以及批判质疑能力等的发展水平。

广域课程目标框架

	知识	技能	核心素养
过程与方法			
目　　标			

中小学广域课程的总体目标对广域课程活动系统有序地开展具有决定作用，对照目标，形成具体的操作活动，学生通过参与这些活动，就能实现活动目标，因此一个真正高质量的广域课程必然有其明晰具体、可操作、可检测的活动目标。中小学广域课程活动目标的描述应做到如下三点：

(1) 明晰具体。围绕广域课程主题，从上述四个层次，形成具体、清晰的目标。每个目标的描述要清晰，要有具体的指向，同时目标的描述还要有具体的层级。目标对课程的开发具有重要意义，是课程开发的指向标。

(2) 可操作性。每个目标都包含有对具体活动的描述，目标表述的是学生参加这些活动后在动手操作、认知领域、科学理念和合作意识等方面习得的程度，这些目标隐含着一种具体的可以操作的活动。因此广域课程目标的制定必须围绕相应的主题进行具体的描述。

(3) 可检测。每个目标都应该有相应的检测指标，以便学生在广域课程活动后，可以真实地检验到学生能力发展的状况，形成对广域课程成效的反思。

2. 广域课程的内容框架

每一个广域课程都是按照主题内容设计并组织的，在这个主题下面，可以按照社团内容的内在逻辑，进行更细致的分解，形成系统化、序列化的内容

框架。就广域课程而言,内容框架的设计主要包括两种类型:

(1) 递进式广域课程设计框架案例

主要通过层层递进的方式,分解内容,形成一个由浅入深,由局部到整体的内容设计框架。

比如在下图中,关于机器人的机械结构,是按照准备阶段、活动阶段、总结阶段有序推进的,内容的安排均是有一定流程的,并层层递进。这样的单元内容属于递进式框架。在递进式框架结构中,每一个单元的内容需按照顺序进行,不能进行顺序调整和更换。

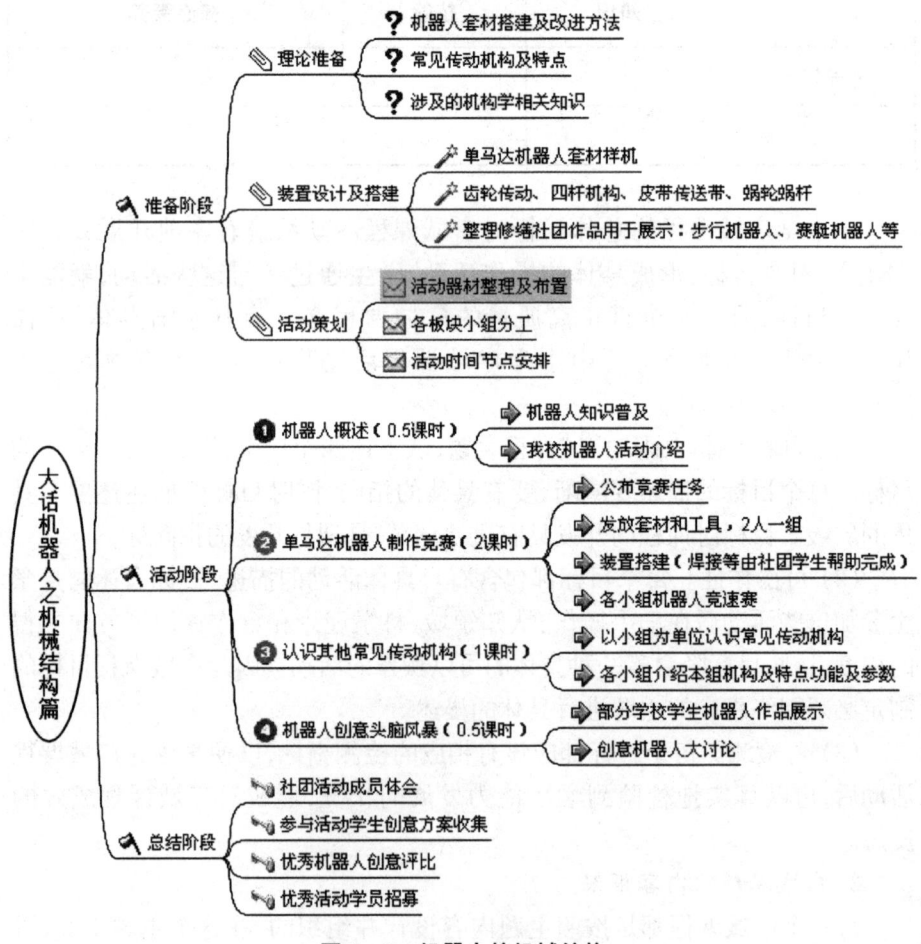

图 4-1 机器人的机械结构

(2) 并列式广域课程设计框架案例

主要是通过列举的方式,把广域课程主题所包含的内容,分成若干模块,这些模块之间没有层次性,都是从一个个侧面,分解主题。

比如在下图中,围绕校园里的自然触碰,作者设计了藤蔓精灵、魅力田园、植物妈妈有办法、我爱我家四个单元,这四个单元相互独立,形成了并列式的内容框架。在这四个单元中,单元学习的顺序可以进行调整,没有严格的顺序上的限制。

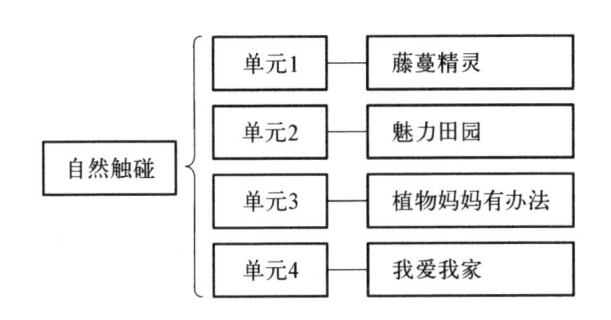

图4-2 校园里的自然触碰

在广域课程内容设计过程中,要根据主题,对内容进行细致的划分。一个成熟的广域课程内容,至少应该有5次主题活动内容,每个主题之间应该有相互的关联性。

内容框架形成之后,要逐步充实内容,补充相应的资料,形成完整的资料。

3. 广域课程的单元设计

当完成广域课程整体的内容设计后,要根据学生的接受水平和时间安排,进行单元设计,把广域课程的内容,分成若干单元,每个单元按照设计思路、单元目标、重点难点、活动设计、学情分析五个板块进行系统化的设计,这样广域课程才能深入落实。单元设计是目前广域课程中较为忽视的,这导致一些广域课程在活动中缺乏内容支撑,带有随意性。一个广域课程内容开发的成功与否,在很大程度上取决于单元设计的合理与否。

广域课程单元设计:

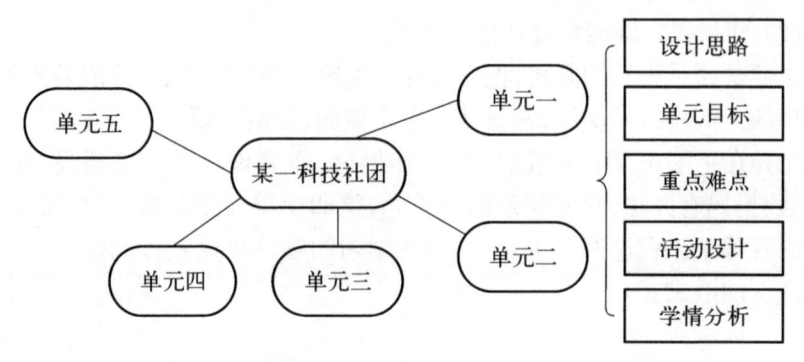

图 4-3 广域课程单元设计

（二）形成中小学广域课程内容开发的路径

鉴于目前中小学生广域课程的研究较少、专著不多的现状，广域课程的开发还有很大的空间和潜力。具体而言，中小学生广域课程开发主要有如下路径：

1. 在现有课程内容的基础上进行内容的拓展、延伸、深化。

目前一些课程的内容陈旧，不能跟上时代的变化，不符合现在学生学习的兴趣，对于这些课程，要结合新的科技动态和学生的兴趣，对原有的内容进行深入的分析、拓展，保留一些有价值的内容，增加补充新的内容，这种补充可能体现为：在原有内容的基础上，补充活动案例，也可以增加一些新的内容。对于广域课程内容开发而言，不可能一劳永逸，而是要不断更新，关注当前科技发展的动态。因此，即便是同样主题的社团，也可以根据内容的深浅，开发出适合不同年龄段和年龄层次的具有层次性的社团，从而做到社团内容具有层次化、系统化。

比如，顾村中心校周斌老师的社团，便是基于自己多年来的兴趣爱好，不断的积累和探究，将自己的活动心得不断进行尝试和优化，从而开发了关于"校园生物"的主题社团活动，活动总课时 100 多个，对学生系统了解和掌握身边的生物提供了很好的案例。

2. 从新的科技发展中，进行新的广域课程内容设计。

广域课程的内容可以从创新性方面进行开发。随着科技日新月异的发展，新技术、新设备、新科技不断涌现。将科技发展最前沿的信息、方式、知识等融入科技社团内容中，形成新的科技社团内容。近年来，创客教育悄然兴起，备受关注，随之而来的新技术新工具不断出现。创客课程的开发可以基于多种媒介和途径，3D 打印技术，Scratch 编程课程、乐高机器人、创意电子设计 Arduino

等,结合手机 App 编程,让学生掌握软硬件结合的开发技术。

3. 根据地域特色,挖掘地方优势资源,形成广域课程的内容。

比如,宝山区具有深厚的陶行知教育的文化底蕴,其中陶行知先生"做中学,学中玩,玩中学"的理念在科学教育中具有很高的价值。宝山区应该在科技活动中积极思考如何传承陶行知先生的教育思想,把陶行知的科学教育思想融入广域课程内容的开发中来。另外,宝山区也是部队资源非常丰富的一个区,如何利用好身边丰富的部队资源,形成科技教育的重要合力,也是社团内容拓展的重要方面。

(三)形成广域课程编写的主要元素

在前期课程框架和课程路径探讨的基础上,形成广域课程开发的背景、目标、内容、实施路径和方法、评价等基本的要素,积累广域课程开发的初稿。在此基础上,还可以进一步补充和完善教师授课的教案、学生学习的学习单、教材、其他有关课程资料的积累,等等。

(四)广域课程进一步的讨论和修改完善

广域课程的开发是一项系统而循序、不断修改完善的过程。初稿形成后,一方面,开发者要"回头看",重新审视自己的课程,从系统性、科学性、趣味性、操作性等方面进行反思,并适时进行调整。另一方面,开发者要"向上看",听取水平更高的课程专家、专业人士的建议,不断地进行多方讨论,反复进行修改和完善,争取精益求精、日臻完善,为今后广域课程的实施打下坚实的基础。

综合以上介绍,广域课程的开发是课程建设的基础。只有把课程设计好,在课程建设之初,明确课程建设的目标,架构课程的主要内容,把包括课程开发的背景、目标、内容、实施、评价等基本要素在内的课程框架都设计好、准备好,才能有之后的课程实施的顺利进行。

第二节 校外教育广域课程的实施

一、校外教育广域课程的教学

广域课程旨在将各学科整合到一个系统、完整的领域,从而形成一个新的学科,使学科的连续性和关联性得到提升和加强。广域课程的开发方式,能够给学生提供较为完整的知识概念,并能在学科与主题之间建立广泛和深层次的联系,使得学生能习得真实生活情境下解决问题的能力。

广域课程具有学科融合的特征,包含了比较系统的知识体系,涵盖了比较多元的学科领域,比如,自然科学、社会科学等,与学科之间将知识的累加和拼凑不同,广域课程是基于某种主题对同一知识领域内容的重新整合形成新的知识领域。广域课程的整合面比较宽,不仅包含学科知识,人类所有已知的知识和认知领域皆能整合,因此,广域课程适用于学科课程的整合开发,为学生在生活与学科之间搭建桥梁。

在国家课程改革持续推进的大背景下,上海基础教育在积极寻求课程变革,然而如何打破分科界限、摒弃学科的做法在落地实施上存在较大困难。广域课程的目标是不再局限于单一学科的学科知识与技能掌握,强调培养学生发现问题、解决问题的能力,指向学生综合能力发展的广域课程,开辟新的课程教育模式和体系。在校内分科教学明晰的教学环境下,校外教育的独有教学环境及师资配置,为广域课程教学与实施提供了更大可能。

1. 广域课程的实施过程

校外教育的广域课程的实施有其优势,相比于校内教育,其单一学科的知识或经验往往难以应对现实中的问题,需要超越单一学科的综合思维或者技能。广域课程的教学实施,能够使得学生建立较为系统的、综合的原理概念,并了解不同概念之间的联系关系,同时帮助学生习得真实情境下,解决复杂问题的能力,提升学生的综合素养。

广域课程作为综合课程的形式之一,它的实施过程主要有六个阶段,形成一个循环的学习习得过程(见图1)。

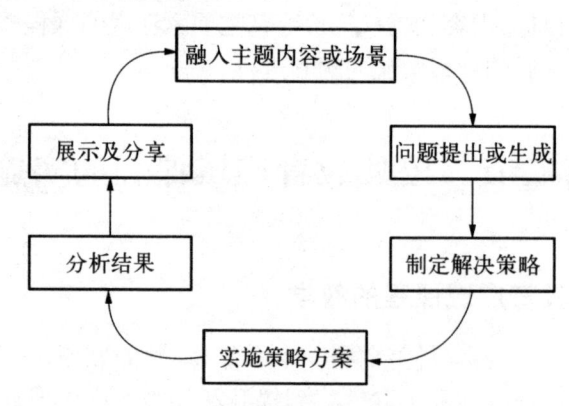

图1 广域课程实施过程循环模型

（1）融入主题内容或场景：广域课程是基于某一主题形成的课程形式，比如，人与自然、人与社会、人与自我主题，根据课程的特定主题，设计课程学习内容，人与自然主题可以包括，自然界的环境变化、生命体及人与自然之间的关系的认知。比如，火星农场、布艺是怎么样练成的等主题，通过引导学生观察、感受、想象及体验，来获得对大自然的某种特定物质特性的了解，如植物的生长及结构，动物的身体结构及习性等。基于学生生活经验基础之上的广域课程主题场景，符合学生的年龄阶段特征与兴趣指向。在整个主题的序列中，广域课程的设置是层层递进、螺旋上升的，从幼小到中学，梯度上升，符合学生的身心发展规律。通过对自然主题的认识，设计数学知识、语言表达、科学探究、审美能力等，不同的主题进行灵活设置，使得学生能在循序渐进的过程中体会事物的丰富性，建立更加完备的知识结构。

（2）问题提出或生成：在一定程度上，教学的过程是学生进行再创造的思维探索过程，由学生的话语表达所建立起的知识联结，课程中的问题提出或生成以学生为主教师引导模式。教师在教学过程中充当引领者的角色，建立平等的对话模式，将话语权传递给学生，课堂中知识的生成与构建应当是师生共同完成的，不是教师的一言堂。学生作为教学的主体，是问题提出或者生成的主导者，教师提供的是穿针引线，提供启发性思考。学生作为知识构建的主体，并非信息传递的被动接受者，在教师的引导和协助下，能够发现问题、学会提问、敢于质疑、勤于反思、用于思辨，学生的主体性在这一环节中得到充分体现，允许学生的声音多样、多元，多维度的思考和提问在这一环节中得到充分释放，教师作为教学氛围的搭建者，为学生提供兼容的环境，给予他们发声的空间。

（3）制定解决策略：教学实施中，在学生提出或生成问题后，以小组合作自主探究的组织形式，开展策略研究。通过小组合作的形式，有助于培养学生的组织沟通、合作交流和团队协作的能力，以小组形式开展的自主探究可以充分调动并发挥学生的主动性、创造性和综合实践能力。学生是课程开展过程中的主体，是主题活动的出发点及落脚点。这一组织形式下，学生的想象力得到充分的激发，学生的话语权被充分尊重，学生通过小组合作的形式，形成学习的共同体，培养其在小组形式下分享观点、讨论思考的能力，促进学生的沟通、合作等综合能力的提升。小组形式的学习共同体，不仅能展现各个组员的个性特征，也能更好地实施分工，进行有层次、有深度的学习和探讨,学生的主体性在小组中得到进一步强化,让课堂回归学生,使得学生在课堂中成为主导,而非传统教学模式下的被动接受者。

(4) 实施策略方案:基于小组合作自主探究形成的策略方案,在进一步开展实施中,检验其有效性。对于实施过程来说,有着极为重要的功能,实施方法与路径是否得当,直接决定了策略是否有效,这就要求小组成员之间对于策略的充分认识,对于实施过程的配合到位,能够在实施中完成各自的分工及角色,这一环节,不仅能进一步展现学生的主体性,更能检验实施过程中,问题发生当下的即时反应能力、修整应对能力、协调互助能力等。

(5) 分析结果:从制定到实施策略的过程中,需要将过程中所有的现象、问题、数据等结果进行一一记录,并在小组内进行充分沟通及讨论,形成该策略从制定到实施的过程性资料,并在此基础上,开展结果分析,汇总问题、分析数据,将问题进一步研究、结果进一步优化,并形成可展示、可分享的资料。

(6) 展示及分享:思维的发展要求学生和教师都能跳出舒适区,在展示及分享的过程中,学生将过程中面临的挑战、分歧、否定和实施等情绪,用语言、图像、视频等形式,开展具有逻辑性的表达,这一过程调动了学生的思考、表达和倾听能力。这一环节中,也是一个思维提升的过程,学生和教师同时可以充当"提问者",对于分享内容进一步提出质疑,引发思考,将知识与思维进一步提炼及升华,这个对话形成的过程需要教师与学生之间充分信任,课堂氛围是平等、安全及开放的。学生自愿提出意见、开展讨论,形成思考的过程,在良好的课堂氛围下,学生可以更安全地分享自己的观点。

教育的过程是一个共享过程,学生和教师在一个共同的空间下,开展对话与问题探讨。老师需要尊重学生,开展公平、公正的教学活动,创立安全的教学环境,让学生敢于表达自己的观点,形成一个安全、有序的求知共同体。学生的经验形成与主题之间形成交互的过程,教师的角色是引导、创造及调度者,学生之间是良性合作、共享和平等的分享者。

2. 广域课程的教学模式

广域课程的内容具有跨学科、跨领域、混场域的特点,在教学策略的选择及运用上需基于真实问题情境,提升学生解决问题的能力。针对校外教育特定教学场景的优势,通过建设共建、共治和共享的课程形态及教学策略,完成校外教育广域课程的教学实施过程。

(1) 构建学生为主体、教师为引导的教学模式

该教学模式为学生提供"再创造"的学习环境,形成学生为主体的课堂教学环境,学生作为教学过程的主体,在教学环境中,非从属者或被命令者,而是与教师为平等的对话及沟通关系。学习的过程及经验、知识的习得是由教师创建的环境下,学生们共同合作探索发现的,知识和能力的获得充分体现了学生的主体性,学生能感受到发现知识、习得知识和能力的乐趣。

(2) 搭建小组合作自主探究的组织模式

该组织模式充分调动学生的组织协调能力、合作沟通能力,自主是核心,合作是保障,通过自主探究,学生的习得性经验将更为深刻,该模式可以充分调动并发挥学生学习的主动性和创造性。作为课程的主体,学生通过小组合作,能培养其良好的沟通能力、协作能力和自信表达的能力。该组织模式,重视小组成员的数量,成员的个性特征、特长等因素,要积极探索更为科学、合理的小组组织形式,形成有层次、有深度的学习共同体。

(3) 共建平等、开放的课堂模式

在课程实施过程中,学生需要体现其主体性。那么,营造一个平等、开放、安全、舒适的环境,可以更好地将学生的主体性体现出来,这一环境的创设,对老师有着较高的要求。教师需要充分尊重学生,公正平等地教学,在课堂环境内,学生的声音应被充分听到、尊重,教师应接纳每一种在课堂中呈现的声音,在这样的环境下,学生能学会彼此尊重,也能接受反驳,有勇气敢于提出问题、发表想法。

二、校外教育广域课程的评价

1. 广域课程评价原则

(1) 全面性原则:广域课程是一个综合性的课程体系,评价应该全面覆盖教学内容、教学质量、学生满意度、教学效果、社会认可度、资源投入和教学改进等方面,以全面了解广域课程的现状和问题。

(2) 客观性原则:评价应当客观公正,评价方法和指标应该科学合理,避免主观臆断和偏见。评价过程应当公开透明,确保评价结果准确可信。

（3）多元化原则：评价应该采用多种评价方法和指标，以获得全面准确的评价结果。例如，问卷调查可以了解学生对课程的满意度，访谈可以了解教师对教学内容和方式的看法，学生成绩可以反映课程的教学效果。

（4）实用性原则：评价结果应该具有一定的实用性，为广域课程的改进和提高提供有针对性的建议和措施。评价结果应该被相关人员和机构认真对待，采取具体措施来改进课程。

（5）反馈性原则：评价结果应该及时反馈给相关人员和机构，为他们提供有价值的信息和建议。反馈结果应该是具体、清晰和实用的，以便被评价者理解和采取具体措施。

（6）保密性原则：评价过程应该保护被评价者的隐私和权益。评价结果应该保密，并且评价人员应该遵守相关法律法规和道德规范，以确保评价过程的公正和可信。

（7）真实性原则：真实性是指在评价过程中，给予学生真实的学习任务，评价学生基于真实任务下的真实表现，侧重考查学生在活动中的实际表现过程，真实性原则有助于客观地了解学生的学习情况。

2. 制定评价标准和指标

广域课程评价标准的制定不仅能规范评价方式，更能科学、全面、系统地建立评价制度。标准是评价的前提和基础，而评价又能对教学过程起到指导的作用，评价的主要作用是以提升学生的学习能力和学习成果为核心目标，多样的评价手段能进一步明晰学习目标，加强学习能力。

广域课程以多学科融合为特点，教师要综合考虑各学科的国家课程标准的知识技能、过程方法及情感态度等层面的基本要求，还要考虑结合学生的个性特点及学习风格灵活调整评价标准。广域课程的评价标准设计了一级指标及二级细化指标（见图2），并对应相对的权重设置，体现了广域课程的特性，一级指标涵盖课堂环境、课程结构、教学内容、学生表现，二级指标中课堂环境细化为空间布局、教学设备、教学场域、教学引导、课堂管理；课程结构细化为课程目标、课程内容、课程资源、课程评价、课程总结；教学内容细化为教学价值、教学准确性、跨学科性、内容连贯性；学生表现细化为问题理解、活动探究、解决方案、沟通交流、学习评价。

3. 构建多元化评价方式

一级指标	权重	二级指标	指标说明	相对权重
课堂环境	10%	空间布局	广域课程物理环境、座位布局满足学生实践需求	10%
		教学设备	广域课程中有各类教学设备设施,满足学生学习需要	15%
		教学场域	广域课程包含各类教学场所,满足学生开展学习的场域需要	15%
		教学引导	广域课程中,教师能够及时有效引导学生进入积极思考和讨论	35%
		课堂管理	教师能够合理地把控课程纪律、教学进程、课程内容	25%
课程结构	25%	课程目标	广域课程目标培养学生知行合一,提升学生综合实践能力,以及解决实际生活中问题的能力	20%
		课程内容	广域课程能够培养学生的学习兴趣和个性发展,使学生成为主体,围绕以"学生为本"开发广域课程	30%
		课程资源	社会层面,为学生提供整合的学习资源;实践层面,校外机构为学生提供了场域、项目、师资等资源	20%
		课程评价	教师对广域课程的教学目标、内容及实施过程能进行自我评价及作出及时调整	15%
		课程总结	教师能总结学生的学习成果,培养学生的创新思维,提升学生学习兴趣	15%
教学内容	30%	教学价值	广域课程能提升学生的综合素养,培养提升学生的关键能力指标	20%
		教学准确性	教师对广域课程概念的理解以及教学内容具有科学的把握,开展教学指导有理有据且教学过程流畅	25%
		跨学科性	广域课程具有跨学科特征,培养学生综合素养的全面提升	35%
		内容连贯性	课程内容、任务解决、作业反馈具有连贯性	20%
学生表现	35%	问题理解	学生能够在教师指导下或协作学习中进行积极思考与讨论、明确理解需要解决的问题	15%
		活动探究	学生能够积极参与到小组活动中,主动探究问题	20%
		解决方案	学生能够通过思考与协作寻找解决问题的方案	30%
		沟通交流	学生能自信地在团队中将解决方案或成果进行展示与汇报	20%
		学习评价	学生通过学习,将成果展示并进行评价	15%

图 2 广域课程评价指标

多元评价是建构主义理论、人本主义理论和多元智能理论等多方面理论在教育评价上的运用，多维度、多主体评价学生是发展性评价的一种方式。多元评价体系对改变单一主体、单一方式的评价策略，构建面向学生的核心素养的评价体系，注重发展性评价、过程性评价具有重要的作用。认识到每一位学生都有发展的可能性，挖掘学生的潜能与个性特征，关注每一位学生在学习过程中的体验与表现，评价成为师生经验的鲜活表达与反馈，而非冰冷的数字。同时，引入多元主体，作为课程评价的主体，多元的评价主体随之带来的是多维的评价视角，以全方位的评价维度看待有生命力的学生、立体的学生。

多元评价方式包含着内容的多元、方式的多元、形式的多元、主体的多元以及手段的多元等。正是这些不同层面的"多"构成了多"元"的核心。内容的多元是指不仅知识是评价的重要载体，学生在学习过程中的动机、态度、情感、技能、思维都能够成为评价的关键元素。同时，除了逻辑运算、语言表达，音乐绘画、表演创作、空间感知或者动手操作都应该成为评判学生的平等视角。方式和形式的多元是指在实际的课程教学评价中，可以结合终结性评价与发展性评价，融合书面形式的纸笔测验与实验、操作、作品展示等类型的"主题式评价"，依据具体的学习内容与各具特点的学习方式，发挥真实性评价或表现性评价的优势，即让学生在真实或虚拟的生活情境中，运用所学知识技能解决问题或实验创造，以检验学生知识、技能的掌握程度，以及解决问题的能力、实践应用的能力和合作创新等多种高阶复杂思维的发展。

主体的多元指的是，教师不是评判学生学业成就的唯一主体，采用自评与他评相结合的方式，家长、同伴以及学生自己都可以成为评价的主体，引入第三方评价等。切实发挥评价的诊断、激励与导向作用，以促进教师教学与学生的学习为目标。手段的多元是指，不仅可以通过纸笔测验、日常观察等传统的方式作出评价，还可以借助信息技术与人工智能手段，通过问卷、访谈等形式搭建评价模型，利用大数据的优势构建评价的电子信息网络，进一步优化评价系统，形成相对成熟、科学的评估方式，以促进各主体作出更加理性客观的评价。综上，多元评价通过多维度的评价指标、多元化的评价方式满足学生个性化、多样化的需求，其实质是价值的多元，是对不同学生所表现出的不同的兴趣、特长以及智力的基本尊重，同时也是对二元对立的超越，从更宽的领域以及更全方位的视角展开评价。

广域课程主要评价学生的学习态度、学习参与和学习成果。评价学习态度和学习参与采用问卷调查的形式,学习成果通过测试、教师观察方式进行评价。将评价与教学结合的评价方式,将更能体现广域课程的教学成果,课程评价注重过程性评价和形成性评价。广域课程的实施效果评价,从教师、学生、师生互动三个维度展开:

(1) 教师:课堂环境的呈现是否符合广域课程的评价标准,教学活动的开展是否按课程目标、内容与进度开展,教师是否有积极的态度,是否采取多种教学方法,课程资源的选择是否符合广域课程的特性,课程中是否有课程评价及课程总结的环节。针对课程内容,评价教学的内容是否准确、是否具有跨学科等特性。

(2) 学生:围绕学生的综合素养,选取科技艺术类、科学技术类、人文科技类、科技体育类等任一门课程,每门学科重点选择相关学生开展跟踪调查,测评学生在课程学习后的表现。并在课程中开展观察评价,通过学生问题理解、活动探究、解决方案等提出、制定评价学生表现,通过其沟通交流能力评价课程的质量。测评方面,根据综合素养的界定,包括人文底蕴、科学精神、学会学习、健康生活、责任担当、实践创新等方面,提高学生的问题分析与解决能力。

(3) 师生互动:是否建立了平等、开放、共享的学习空间,是否有深度的学习互动与教学生成内容,是否形成小组学习氛围及制定、实施开展策略的环境等。

三、校外教育广域课程的资源

校外教育广域课程的建设具有较强的优势,依托原有的课程体系,进行分类整合后,形成具有宝山区青少年活动中心特色的科技体育课程群、科技艺术课程群、科学技术课程群及人文科技课程群,通过对原有70多门课程的资源重新整合,进一步将广域课程的内涵融入新课程的建设、开发、实施和评价中,形成校外教育独有的广域课程体系。

广域课程对原有课程的整合,并不是否认原有的学科课程,也不是对知识价值的背弃,而是基于校外教育的师资优势、场域优势、课程设计优势等,开展弱化纯知识教学的教育新模式探索,是基于真实情境下的真实问题导向的教学模式外延,打破原有的接受式授课模式,将学科、知识等进行科学的整合后,形成梯度式、螺旋式递进的新课程体系。

广域课程的目标不是单一学科知识与技能的掌握,更加注重培养学生能力为核心的课程目标,主要以表达沟通能力、人际交往能力、问题解决能力和创新思维能力等学生综合能力的培养提升为主,并最终激发学生的思维品质提升。

广域课程多学科的课程融合特征,将增加不同学科之间独有的视角及解读,让教师和学生都能在认识事物、分析推理和解决问题等方面获得全新的视角。在实际的整合中,广域课程的课程目标采取"学科目标＋整合目标"的形式,既能涵盖学科本身的目标,也能超越学科形成整合的目标,如塑造学生的科学精神与人文涵养,锻炼学生的创新创造力,培养学生的团队合作等品质。

1. 中心资源课程实施整合

首先,广域课程课程资源指的是为广域课程所准备的各种资源和材料,主要包括以下几个方面:

(1) 教材和教辅材料:广域课程教材是广域课程的核心资源,教辅材料包括课件、练习册、参考书等。教材和教辅材料应当贴合广域课程的教学内容,全面、准确、易懂,以便学生快速、有效地掌握知识。

(2) 教学设备和软件:广域课程的教学设备和软件应当能够支持教学内容的呈现和学生的互动。例如,电子白板、多媒体教室、教学软件、实验室等。

(3) 师资力量:广域课程的师资力量是关键因素之一。广域课程需要拥有一支教学水平高、知识面广、教学经验丰富的师资队伍,以确保教学质量和效果。

(4) 实践教学场所:广域课程通常需要开展实践教学活动,例如实验、实训、实地考察等。因此,实践教学场所的配备是非常必要的,例如实验室、工作室、实习基地等。

(5) 网络资源:广域课程通常会涉及大量的网络资源,例如在线学习平台、数字图书馆、在线数据库等。网络资源的质量和数量直接关系到广域课程的教学效果和学生的学习体验。

以上是广域课程常见的课程资源,不同课程的资源可能会有所不同。课程资源的充分利用可以提高广域课程的教学质量和效果,提高学生的学习积极性和满意度。

其次,广域课程的条件资源是指广域课程的教学环境、师资力量、课程管理、教学质量保障以及资金和技术支持等方面的条件和资源。以下是广域课程常见的条件资源:

(1) 教学环境:广域课程需要一个适合教学的环境,包括宽敞明亮的教室、实验室、工作室等,以及完备的教学设施和设备,例如多媒体教室、电子白板、投影仪、电脑等。

（2）师资力量：广域课程需要有一支优秀的师资队伍，包括具有丰富教学经验和教学技能的教师和行业专家等。师资力量应当与广域课程的教学内容和目标相匹配，以保证教学质量。

（3）课程管理：广域课程需要有一个完善的管理机制，包括课程设置、教学计划、教学材料的准备和管理等。课程管理应当贯穿于广域课程的整个教学过程中，以确保教学目标的实现和教学质量。

（4）教学质量保障：广域课程需要建立健全的教学质量保障体系，包括教学评价、课程改进、教师培训等。教学质量保障应当贯穿于广域课程的整个教学过程中，以确保教学质量和教学效果的提高。

（5）资金和技术支持：广域课程需要有足够的资金和技术支持，以保证教学设施、教学材料、教学设备等的更新和改进，以及教学过程的顺利进行。

以上是广域课程常见的条件资源，条件资源的充分利用可以提高广域课程的教学质量和效果，提高学生的学习体验和满意度。

本中心开发与实施广域课程从五个层面整合：相邻知识系列的整合，性质相近学科的整合，人文、自然和社会学学科的整合，教育内容变化与文化发展之间的整合，儿童与文化的整合。通过这些整合，让教育内容成为儿童自由和谐全面发展的优化的环境、土壤和养料。

本中心将建构广域课程的"课程模块—课程群—（具体）课程"三层级课程体系，从社会、理科、技术、卫生体育四大领域开展课程群建设，最终以丰富的广域课程体系，为学生带来跨学科的实践性课程体验。

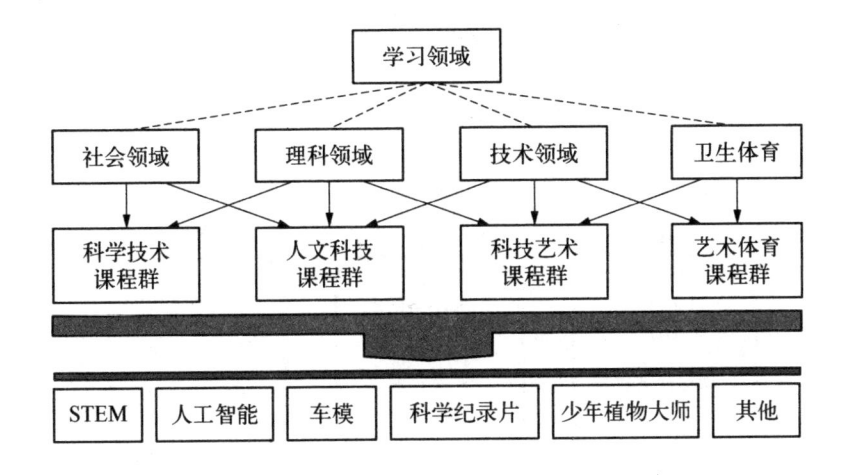

同时，按照中心(校本)三级广域课程体系，梳理现有的广域课程与拟开发的广域课程，运用双向建构法(中心与教师、教师与学生两个层次的双向)，建构区域校外教育广域课程体系谱系表。我们认为校外教育的广域课程在内容上是统整型的，课程构架方式上是弱度框架，这内容维度与形式维度是耦合的，并在这观念基础上，我们对广域课程作了"二维四型"分类：

	1 同领域广域	型号	2 多领域广域	型号
A 主题型	主题型同领域广域课程	A-1	主题型多领域广域课程	A-2
B 历史型	历史型同领域广域课程	B-1	历史型多领域广域课程	B-2
C 场域型	场域型同领域广域课程	C-1	场域型多领域广域课程	C-2
D 核心型	核心型同领域广域课程	D-1	核心型多领域广域课程	D-2

在深入开展本中心的广域课程体系建设的同时，利用校外教育在社会层面拥有的丰富教育资源；在实践层面拥有独特的场域优势和完备的师资优势，从课程内容、形式、等级三个维度上探索研究校外教育广域课程建设的基础。

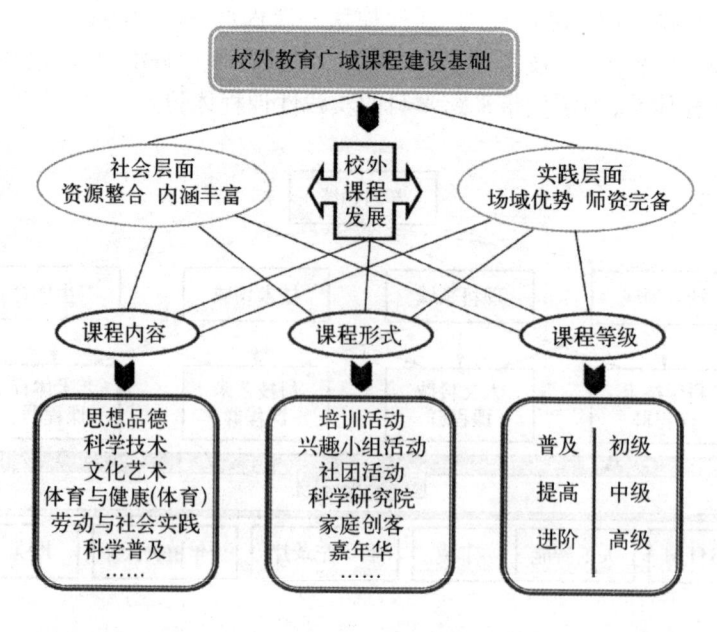

基于现有校外教育活动丰富的优势,统整活动内容,致力于将学生活动课程化,将单一的活动进行专业化、系统化的提升,形成具有显性特征的广域课程体系,夯实中心专业课程建设及品质提升。

2. 校内外资源优势调动

广域课程的校内外组织资源指的是在广域课程教学过程中,所涉及的各种内外部组织资源。以下是广域课程常见的校内外组织资源:

(1)学校资源:学校内部的教学资源和设施应该能够满足广域课程的教学需求。例如,多媒体教室、实验室、工作室等。此外,学校的数字化教学资源也可以被用于广域课程的教学,例如数字图书馆、在线学习平台等。

(2)行业资源:行业资源可以为广域课程的教学提供实际案例和教学资源。例如,企业可以提供实习基地、实践机会和教学资源,政府可以提供政策支持和相关数据,研究机构和协会可以提供专业知识和技术支持。

(3)教师资源:广域课程需要具有丰富教学经验和教学技能的教师和行业专家来教授课程。校内教师需要拥有广泛的知识背景和教学经验,校外专家应该具有丰富的行业经验和实践经验,以确保教学内容与实际应用紧密相连。

(4)学生资源:广域课程的学生应该具有良好的基础知识和实践能力,具有较强的自学能力和创新精神。学生的素质和能力的提高需要依靠广泛的学科背景和实践经验的累积,以提高学生的创新能力和实践能力。

(5)合作伙伴资源:广域课程需要不断寻求合作伙伴的资源,例如其他高校、研究机构、教育培训机构等。合作伙伴的资源可以为广域课程的教学内容和教学方式提供新的思路和支持,以提高教学质量和学生的职业发展。同时,广泛的合作伙伴可以丰富广域课程的内容和形式,以吸引更多的学生参与到广域课程的学习中来。

广域课程需要利用各种内外部组织资源,以提高教学质量和效果,促进学生的实践能力和职业发展。广域课程应当与各种资源进行紧密的协调和合作,以确保资源的最大化利用和教学质量的持续提高。

2020年1月在宝山区政府、区教育局的大力支持下,宝山区青少年活动中心正式成立,组建了东、西两大分中心,占地总面积达138亩,建筑面积2.4万平方米,是本市占地面积最大的区级校外教育机构。中心现设有人文素养培训馆、综合体育馆,探索馆、科技挑战城、区青少年科学研究院科技创新实验基地,市"科创"课程实训基地等,为区域内学生提供了丰富的场域资源以满足不同的课程需求。同时,正在建设中的"大上海国际汽车模型赛场"更是兼具国际赛场级别与交流功能,将进一步服务区域甚至全国、全世界的学生。

宝山区青少年活动中心追求"品质化、国际化、特色化"的一流校外教育品牌,秉承陶行知先生教育思想,以"服务宝山、立足上海、面向全国、走向世界"的发展视野,倾力打造"生态性、公益性、体验性"青少年素质教育的综合实践基地。"品质化"是校外教育以创新为品质核心发展学生特长,强调开发学生潜能,把普通学生送上发展平台,使资优生凸显才华。"国际化"是以课程的国际视野、活动的国际化、专家的国际化、交流的国际化来打造校外教育国际影响力。"特色化"是校外教育的体制、课程、活动上创新,形成适应区域教育发展,具有特色的校外教育。同时,我们以"生态性、公益性、体验性"落实课程管理与校外教育。"生态性"强调我们的校外教育要不断地增强适宜性、丰富性与共生性等生态特征,使校外教育不断生态化。"公益性"强调学生校外教育机会的公平性、非营利性,满足有需求学生的校外学习。"体验性"强调校外教育的实践体验性,转变校外教育的教育方式,为学生提供相对于学校丰富与独特的校外教育资源,让学生获得丰富多彩的校外学习经历,培养学生综合素养与创新能力。

除中心原有的资源优势外,更与上海市各类场馆开展可持续的合作及共建,如上海科技馆、东方绿洲、上海自然博物馆等,借助其丰富的场馆资源及内容资源,为中心更好建设广域课程作好充分的准备。

3. 人力资源充分组织调动

区域青少年活动中心也是本区中小幼学校科技、艺术和体育等的"专业指导中心、实践活动中心、教育培训中心、科学研究中心和资源/课程开发中心",具有独特的、不可替代的区域教育集约功能。面向区域学校,承担科技、艺术和体育等领域课外校外教育活动的指导、培训、研究、评价、组织、协调和服务等职责,面向学生,开展课外校外教育活动,培养一支特长学生梯队;面向教师,开展教研、科研和师训工作,建设一支骨干教师梯队;面向学校,指导学校办学特色建设,建设一批科技、艺术和体育办学或项目特色学校;面向社会,指导学校与社会教育资源对接,及开发、整合和应用。

(1) 构建学科融合的教师队伍

打破传统"术业有专攻"的观点,加强培养教师梯队的多领域人才,高度专业化与系统化的学科体系会演化为教师寻找突破与创新的枷锁,它将教师的课程设计与开发领域局限于单一学科内部而忽略学科之间的关联,广域课程教师将注重学科与儿童经验、与生活的联系,从课程的知识本位到教师成为引领者,而非主导者,将课堂的主体交还给学生,积极推进教师从授受到勇于实践、主动创造的角色转变。教师要不断打破学科固化,成为新形势下广域课程经验的创造者,是学习活动的组织者,是跨学科教学的引导者。要积极打破学科之间对立的思维观念,树立辩证统一的跨学科理念,走出对课程整合理解与操作的偏颇与误区,建立对课程整合的正确认知与理解,接纳多学科知识整合的理念,包容儿童经验。

而在对教师的访谈中发现,广域课程的实施不仅解放了学生,使学生成为课堂的主人,也极大地颠覆了教师的角色。教师从主导者转变为引导者、合作者、协调者。2017年,美国国际教育技术协会所发布的教育者标准中,更加强调教师作为社会特定职业从事者的复杂高阶素养,教师不仅承担着知识的传授与重构的职能,同时更重要的是从事着人际交往、实践创造与不断自我更新的工作。要培养能够处理综合问题、面对复杂情境能适应未来社会能力的公民,教师自身必须要有跨学科的素养与能力。教师要能够将自身专业的学科知识转化为课程教学设计与组织的工具与手段,拓宽视域,了解多学科多领域的知识结构以整合重组形成课程开发的资源素材,不断学习课程整合的理论知识、参与课程整合的实践,在理论与实践的交融中培养跨学科理念,打破学科固化的藩篱。

(2) 创建教师专业研修机制

依托中心的平台资源,为中心教师及基层教师创建教师专业研修机制,提供更好的学习、沟通和服务平台,为教师开展学科间交流提供专业平台与智库资源,机制的建立不仅能帮助教师们汇集智慧,集众议之长、合众意之优,更重要的是为教师研修提供知识共享的友好环境与文化氛围。

教师研修机制的创建是保障广域课程有效实施的前提,教师研修机制是一种常态化的学习机制,以研修活动为载体,应当为中心和基层教师的发展提供制度支撑。机制建立,可以确定研修的时间与频次、场地与设备、主题与重点以及交流与感悟等,都有一个相对固定的制度化流程。构建学习平台,开展互动学习,提升教师专业素养,创新研修团队,形成系统化与具有操作性的细则以供教师参考,保障教师研修共同体能够以常态化的形式在日常的课程开发与设计、课例展示与评价过程中切实发挥效用。

通过创建专业的机制,教师不断提升对课程整合等知识的深刻理解,以项目为支撑,在实践探索的过程中巩固教师跨学科素养的结构性知识。教师不再是单打独斗的一个人,而是能够借助团队的力量,发挥更大的团队智慧。同时,教师专业研修机制的建立,还能潜移默化地促进教师队伍文化建设,形成共建、共享、共生、共长的教师同侪文化氛围。

(3) 打造专业平台,培养教师跨学科教学能力

以现有教师梯队的入门情况来说,教师都拥有一门专业的学科作为背景,而广域课程的建设实施,要求教师能够从多学科的视角分析问题、用多领域的知识解决问题,教师所固有的知识体系则需要不断更新重构,形成广域课程中的跨学科能力为核心的素养体系。跨学科能力通常是指个体能够整合不同学科的知识以应对复杂综合的情境并解决问题的能力。面向儿童经验的课程整合不仅需要学生掌握跨学科能力,如解决问题的能力、合作沟通能力等,更需要教师进一步统整经验体系,培养跨学科教学能力。教师跨学科教学能力要求教师能够采用某些手段或工具来整合相关知识开展课程教学,即教师能够以现实情境与需要解决的问题为依托,融合不同学科、领域的知识,有计划地组织课程教学活动。同时,教师更加应关注的是核心问题与大概念,以培养学生的高阶思维能力。

教师跨学科教学能力的培养不是对学科知识的摒弃,而是在继承学科本体性知识的内部逻辑的前提下,打破学科之间的壁垒,整合不同学科的知识,而这只构成了跨学科教学的前提条件。在课程整合的基础上运用多种方法组织学生开展探究、交流谈论、实践操作、解决问题的过程,成为教师跨学科教学的主体部分。如果说学科知识与跨学科知识的理解与整合能力共同构成了教师跨学科教学能力的主体要素,那么对跨学科理论的结构性知识的掌握则为教师跨学科教学能力的培养与实践提供了理论支撑。发挥校外丰富教育资源的优势,突破校内教育学科课程的浓重,并与此互补,彻底打破学科间的壁垒,真正做到"跨学科"整合、"多学科"融合,以此来提升学生的综合素养,让学生通过主动建构完善综合性学习,已成为校外教育的重点突破方向。

四、校外教育广域课程的管理

我们深入开展青少年活动中心的广域课程体系建设,利用校外教育在社会层面拥有内容丰富的教育资源;在实践层面拥有独特的场域优势和完备的师资优势,从课程内容、形式、等级三个维度上探索研究校外教育广域课程建设的基础。宝山区青少年活动中心现已开设宝山区青少年科学研究院、宝山区青少年艺术创作院和宝山区青少年体育运动院80余个社团,"八类76项"

区级科技艺术项目教研组。每年举办青少年科技主题系列竞赛(包括120多项市区级科技竞赛,280多项区级科普活动等),有30多万人次参加,每年获国际奖30余个,全国奖300余个,市级奖5 000余项。

同时,依托校园创新文化、科技教育创新联合体、STEM$^+$教育三大行动方向,辅以人才培养及家庭创客培养模式,建设具有区域特征的生态教育链,形成校外教育机构与学校、社区和家庭的教育生态共同体。现已诞生10 000个家庭创客;举办了家庭创客嘉年华系列活动40余场,约30万人参与;举办专题化"家庭创客沙龙"20余次;开发家庭创客系列活动包10余个;开设家庭创客系列培训活动1 000余次;形成以"特色优势、学段贯通、资源共享、人才共育"的未来创新人才培养机制与联合体运作模式。

成立无土栽培、3D打印与电子技术等18家科技教育创新联合体,通过跨校、校企联合,有效衔接校内外教育资源,形成社会化育人生态。同时,中心依托区域校外教育的"研究院""创作院""运动院"建设,多维发展学生的创新能力,人文素养及科学素养。

在实践中我们形成了广域课程开发管理的"七部曲":

1. 组织与开展具有适合宝山区青少年活动中心与学生特点,基于"三性三化"的广域课程体系的学习与研究。开展项目培训,为全体教师实施广域课程作先期专业准备。

2. 按照我们活动中心三级广域课程体系梳理现有的广域课程与拟开发的广域课程,运用双向建构法(中心与教师、教师与学生两个层次的双向),指导青少年活动中心形成区域校外教育广域课程体系谱系表。

3. 组织与指导中心各教育部门、教研组建构广域课程的"模块——课程群——(具体)课程"三层级课程体系。

4. 活动中心确立广域课程开发与实施的"五环节"制度(申报、认可、开发、实施、评估),并加以实施与落实。

5. 组织教师依据校本"广域课程谱系表",按照课程设置的基本要求,开发新的广域课程,完善已有广域课程。

6. 组织对已完成开发的广域课程进行课程学术鉴定,对通过鉴定的广域课程准予投入实施。对需要完善与修订的广域课程进行个别化专业指导,待修订后再行鉴定。

7. 活动管理

广域课程的活动管理是指对广域课程各种活动的组织、规划、实施、监督和评估等方面的管理工作。以下是广域课程常见的活动管理工作：

（1）活动规划：广域课程需要制定合理的活动计划，包括教学活动、实践活动、课外活动等。活动计划应当贴合广域课程的教学目标和学生需求，充分利用各种教学资源，确保教学质量和教学效果。

（2）活动组织：广域课程需要有专门的管理团队和活动组织人员，负责活动的组织和实施。活动组织人员需要对活动的目标、内容、时间、地点、参与者等进行全面的规划和管理，确保活动的顺利进行。

（3）活动实施：广域课程的各种活动需要严格的实施计划和方案，确保活动的质量和效果。活动实施需要考虑到各种因素，例如活动内容、场所、安全、参与者、时间等。

（4）活动监督：广域课程的活动监督是指对活动的过程进行实时监控和管理，以确保活动的顺利进行。活动监督需要关注活动的安全、效果和质量等方面，及时发现和解决问题。

（5）活动评估：广域课程的活动评估是指对活动的效果和质量进行评估和反馈，以便对活动进行优化和改进。活动评估需要对活动的目标、内容、参与者、效果等方面进行评估，并及时向相关人员提供评估结果和建议。

综上所述，广域课程的活动管理是广域课程教学过程中非常重要的一部分，需要综合考虑各种因素，充分利用教学资源，确保教学质量和教学效果。活动管理需要有专门的团队进行管理和组织，各项工作需要密切协调和配合，以确保活动的顺利进行和有效管理。

同时，在实践中，我们依据"三性三化"广域课程的基本原理，形成了区域广域课程体系运行机制：

1. 依托区青少年活动中心的特殊地位（生态位），建构区域校外教育机构与中小学的教育合作关系，形成了一定的组织架构——教育共同体。

2. 建立由青少年活动中心牵头组织科技（人文）教育辅导员，以及校外科技（人文）教育社工的制度。

3. 开展校外教育与学生综合实践活动整合，为学校提供学生发展兴趣、增强科技创新能力、人文素养、提升学生综合素养的课程、活动与阵地。

4. 开展区域家庭创客活动，拓展"家庭科技教育基地"，形成以青少年活动中心牵头的社会、学校、家庭三结合的科技创新教育生态。

本中心在开展广域课程的建设中，由资源、师资、机制三方面对广域课程的实施进行保障。校外教育的资源保障包含场域资源保障和设备物质资源，为各项目的开展提供多元灵活的教学场域,丰富的设施设备等;校外教育的师资保障包含权威的专家导师团队和专业的校外教师团队,为课程的开发建设和实施评价提供全面的师资保障;校外教育的机制保障包含组织和制度保障,在中心领导带领下,在中心高效的制度规范下,实现团队合作,保障广域课程的开展和实施。

第五章 校外教育的广域课程实例

○ 第一节　科技艺术类：以"布艺是怎么练成的"课程为例

○ 第二节　科学技术类——以"小小程序员"课程为例

○ 第三节　人文科技类——以"火星农场"课程为例

第一节 科技艺术类：以"布艺是怎么练成的"课程为例

"布艺是怎么练成的"课程案例

一、课程背景

(一) 布艺课程与广域课程

近年来,有关"中国优秀传统文化"和"学科融合"的教育教学政策和文件接连发布。2014年教育部制定《完善中华优秀传统文化教育指导纲要》(以下简称《纲要》),《纲要》中指出要运用多种方式在教育教学过程中坚定文化自信,弘扬优秀传统文化。[①] 2015年教育部发布《关于"十三五"期间全面深入推进教育信息化工作的指导意见(征求意见稿)》,提出要"探索STEAM教育、创客教育等新教育模式,使学生具有较强的信息意识与创新意识,养成数字化学习习惯"。[②] 2017年中共中央办公厅、国务院办公厅印发了《关于实施中华优秀传统文化传承发展工程的意见》(以下简称《意见》),强调要不断增强中华优秀传统文化的生命力和影响力,《意见》中提出：到2025年,中华优秀传统文化传承发展体系基本形成,研究阐发、教育普及、保护传承、创新发展、传播交流等方面协同推进并取得重要成果,具有中国特色、中国风格、中国气派的文化产品更加丰富,文化自觉和文化自信显著增强,国家软实力的根基更为坚实,中华文化的国际影响力明显提升。[③] 2022年教育部印发《义务教育课程方案(2022年版)》规定,各学科用不少于本学科总课时的10%开展跨学科主题学习(实践)活动。自此,基于"中国优秀传统文化"和"学科融合"两大核心的新教育理念和教学方法如雨后春笋般遍地生根发芽,也将成为未来教育发展的大趋势。

---

① 完善中华优秀传统文化教育指导纲要[N]. 中国教育报,2014-04-02(003).DOI：10.28102/n.cnki.ncjyb.2014.001293.
② 教育部发布《关于"十三五"期间全面深入推进教育信息化工作的指导意见(征求意见稿)》[J].中国远程教育,2015(09)：50.
③ 关于实施中华优秀传统文化传承发展工程的意见[J].中国勘察设计,2017(02)：30-34.

广域课程作为新时代校外教育在"学科融合"方面的实践探索，打破校内教育学科疆域，将相关学科交叉融合，相互协调配合，最终形成一个横跨学科内、学科间和学科外的完整知识体系。"布艺"即指布上的艺术，是中华优秀传统文化的瑰宝，它是集民间剪纸、刺绣等制作工艺为一体的综合艺术。布艺不仅仅拥有悠久的文化历史和丰富的文化内涵，也是与学生生活经验紧密联系的一种艺术形式，学生能在广域课程的教育理论指导下开展布艺实践，理解事物的本质，思考"衣服的起源"、"面料的选择"、"纤维的鉴别"、"染色的影响因素"等等问题，从广域的角度来看待布艺文化。课程《布艺是怎样练成的》是一项整合历史、生物、化学、艺术等学科内容的广域课程。由此可见，布艺的天然属性使得布艺课程符合新时代教育教学的发展需求，也是校外教育开展广域课程的有效载体。

(二) 布艺课程与校外教育

布艺是中华优秀传统文化的重要组成部分，对于加强中华优秀传统文化相关的学科项目建设具有重要的文化价值和传承意义。经查阅《上海市校外教育项目课程指南》（以下简称《指南》），"工艺项目课程指南"中明确指出，工艺项目课程涵盖了剪纸、面塑、扎染等非物质文化遗产或传统工艺，以及运用纤维、纸、玻璃等综合材料进行创作的现代工艺，其中提到的"扎染"便是布艺中的一种较为普遍的染色工艺方式。可见，目前校外教育的教学内容中已开始涉及布艺相关领域的内容，并做出了初步的尝试。

"工艺项目课程指南"基本理念中特别强调"注重课程内容的创新与整合"和"注重传统文化的继承和创新"。可见，工艺项目中的"继承""整合"和"创新"是工艺项目课程开发的"关键词"。在教材编写的原则中指出，应体现社会主义核心价值观，以工艺项目核心素养为指导。积极弘扬中华优秀传统文化、革命文化和社会主义先进文化，吸收各国文化艺术成果，体现民族文化自信和国际视野；应注重与学校美术教育的有效衔接，优势互补，形成有机融合。反观目前工艺类课程内容虽然丰富，却都以技能传授为主，跨学科属性和项目化属性不明显，很难体现项目课程开发"关键词"。故此，本中心开发"布艺"方面广域课程，丰富了校外教育工艺项目的内容。

(三) 布艺课程与核心素养

2014年《教育部关于全面深化课程改革 落实立德树人根本任务的意见》明确界定了核心素养，即学生应具备的适应终身发展和社会发展需要必备的品格和关键能力。2016年发布的《中国学生发展核心素养》，对课标修订、课程建设、学生评价等事项都有可操作性指导意义。"中国学生发展核心素养"整体框架以全面发展的人为核心,分为"文化基础""自主发展""社会参与"三方面,综合表现为"人文底蕴""科学精神""学会学习""健康生活""责任担当""实践创新"六大素养。[①] 核心素养已然成为新课改的"关键词"。

《指南》对于工艺项目核心素养和课程目标也做了详细的阐述,按照项目课程内容划分为初级、中级和高级三个层次,对之后"布艺"项目课程开发具有一定的借鉴作用和指导意义。广域课程以问题解决的形式,将其运用到与实际相关的情境中,旨在培养学生解决问题能力、创新应用能力,促进高阶思维能力发展,这为学生发展核心素养提供了前提与保障。

广域课程与核心素养的有效对接需要从教学目标、教学内容和教学评价三方面进行全面对接。以校外教育中艺术为重点的广域课程——《布艺是怎样练成的》课程进行实践探索研究,学生在积极的体验、创造、研究的过程中发展动手能力、创造能力和研究能力,增强自主探究学习的意识,养成深度学习的习惯,逐步形成对中华优秀文化的文化自信,掌握科学的研究方法并培养严谨的思维逻辑,实现个性化发展。通过开展以体验、创新和研究为核心的项目式学习(Project-based Learning,简称 PBL),并且根据不同的教学活动进行教学评价,从而合理评价学生在审美感知、艺术表现、创意实践和文化理解等方面的核心素养,并通过实践教学验证教学模式的有效性,以积极构建适合我国国情的校外教育广域课程体系。这一研究的开展将解决布艺在校外广域课程中实践的必要性、可行性和有效性的问题,促进布艺课程的实施及推广,也为校外教育或学校学生社团提供切实可行的布艺课程案例。

(四) 布艺课程开发与调查研究

1. 学生的发展需求

2016 年第一次调查研究随机选取了上海 9 所学校的学生,共计回收学生问卷 353 份。其中 147 位男生,206 位女生。男生占总比例的 41.64%,女生占总比的 58.36%,女生较多。

2018 年第二次调查研究随机选取了上海 7 所学校的学生,共计回收学生问卷 314 份。其中 163 位男生,151 位女生。男生占总比例的 51.91%,女生占总比的 48.09%,男生和女生比例相对比较平均。

[①] 刘露,胡清芬,刘艳等.我国学生发展核心素养的实证调查[J].中国教育学刊, 2016,(6).

2020年第三次调查研究随机选取了上海8所学校的学生,共计回收学生问卷394份。其中165位男生,229位女生。男生占总比例的41.87%,女生占总比的58.13%,女生较多。

根据调查数据表明,2016年,31.44%的学生在曾经的学习经历中,有过布艺课程的学习,68.56%的学生表示未有过这样的学习经历。没有接受过布艺学习的学生要比接受过布艺学习的学生多一倍多。由此可见,学校对于布艺教学还是相对忽视的。2018年,46.81%的学生在曾经的学习经历中,有过布艺课程的学习,53.19%的学生表示未有过这样的学习经历。至2020年,69.28%的学生表示曾有过布艺课程的学习,30.72%的学生表示未有过这样的学习经历。经过五年的发展和推广,近70%的学生有过布艺学习经历,增长率达37.84%,可见布艺项目的普及度有了很大幅度的提高!

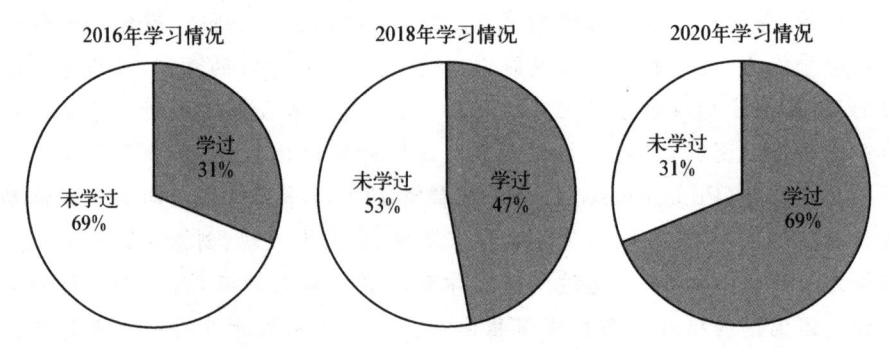

图5-1 2016年、2018年和2020年学生问卷调查学习情况比例统计

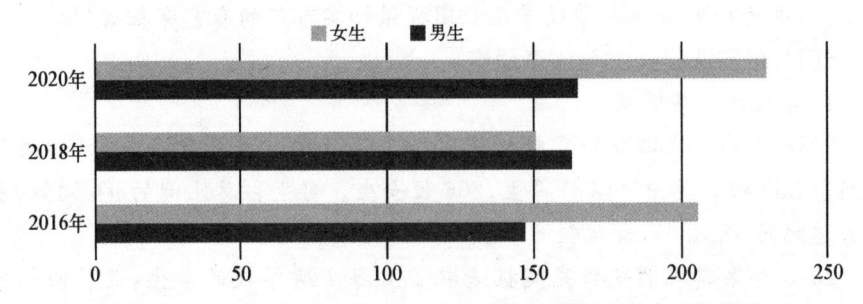

图5-2 2016年、2018年和2020年学生问卷调查男女人数统计

当被问及"您接触过以下哪些新型教育模式"时,54.31%的学生接触过STEAM教育,23.86%的学生接触过创客教育,21.83%的学生接触过其他教育模式。因此,可以推断超过半数的学生对STEAM教育有所了解,这为本

次调研奠定了良好的基础。

2. 学生的学习兴趣

2016年第一次调查研究,师生对于"图案设计"和"制作工艺"较为感兴趣,而对"文化内涵"最为忽视。

2018年第二次调查研究,40.44%的学生认为通过"图案和造型设计"最能凸显布艺的创意,33.76%的学生认为通过"制作工艺"最能凸显布艺的创意,24.20%的学生认为可以通过"文化内涵"凸显布艺的创意。在课程内容设计中,学生对"织染"(32.48%)、"玩具玩偶"(31.85%)和"布贴画"(25.48%)这三个方面的教学内容最为感兴趣。

2020年第三次调查研究,37.05%的学生表示最愿意学习织染方面的内容,18.02%的学生表示最愿意学习布贴画方面的内容,30.96%的学生表示最愿意学习玩具方面的内容,13.96%的学生表示最愿意学习旧衣改造方面的内容。由此可见,学生最愿意学习的内容排序依次是织染、玩具、布贴画、旧衣改造。通过三次调查研究结果相似,学生对"织染"方面的教学内容最为感兴趣。我们可以根据调查研究结果开发符合学生的年龄特点和兴趣爱好的课程,着重针对织染方面进行课程设计。(图5-3)

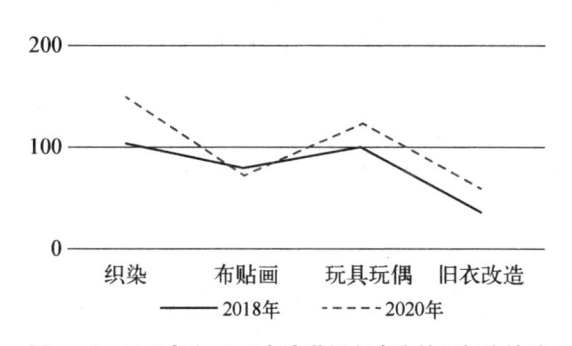

图5-3 2018年和2020年布艺课程内容的兴趣度统计　　图5-4 学科兴趣程度统计

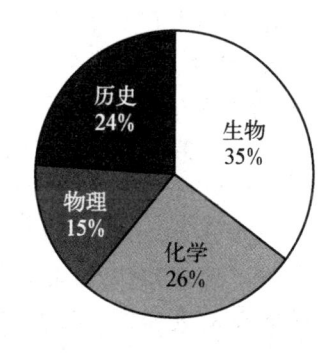

当被问及"您对布艺和以下哪个学科结合开展跨学科学习活动最感兴趣"时,34.77%的学生对生物感兴趣,26.14%的学生对化学感兴趣,15.23%的学生对物理感兴趣,23.86%的学生对历史感兴趣。由此推断,单一的学科课程不符合学生的发展、年龄特征和心理需求。学生对学科兴趣程度依次是生物、化学、历史和物理,在之后的课程设计中,将着重生物、化学和历史学科与布艺的有机结合。(图5-4)

3. 学生价值观分析

2016年第一次调查研究在学生对于布艺课程的兴趣度调查中发现，31.73%和41.36%的学生表示非常有兴趣或者感兴趣，这占总体学生受访群体的73.09%，绝大部分的学生都对布艺学习持积极的态度。只有16.15%和10.76%的学生表示不感兴趣和无所谓。

2018年第二次调查研究在学生对于布艺课程的兴趣度调查中发现，30.57%和43.95%的学生表示非常有兴趣或者感兴趣，这占总体学生受访群体的74.52%，绝大部分的学生都对布艺学习持积极的态度，只有16.24%和9.24%的学生表示不感兴趣和无所谓。

2020年第三次调查研究在学生对于布艺课程的兴趣度调查中发现，55.33%和35.53%的学生表示非常有兴趣或者感兴趣，这占总体学生受访群体的90.86%，绝大部分的学生都对布艺学习持积极的态度，只有9.14%的学生表示不感兴趣和无所谓。可以看出，经过多年的推广，越来越多的学生对布艺产生了兴趣或者有意愿学习这门技艺，并且愿意尝试基于跨学科学习的布艺课程，这为课程的开展奠定了良好的基础。

当被问及"您对'项目式学习（简称PBL）'这一名词的含义了解吗"这一问题时，仅有6.59%和19.79%的学生非常了解和了解，33.75%和39.84%的学生表示只是听过或不清楚其含义。可见，"项目式学习"在日常学习中很少运用，普及率较低。

2016年第一次调查研究，分别有30.23%和52.71%的学生表示"非常愿意"和"愿意"利用课余时间对布艺进行学习和制作。

2018年第二次调查研究，分别有24.20%和44.59%的学生表示"非常愿意"和"愿意"利用课余时间对布艺进行学习和制作。18.47%和12.74%的学生分别表示"不愿意"和"无所谓"利用课余时间对布艺进行学习和制作。

2020年第三次调查研究，分别有46.44%和40.1%的学生表示"非常愿意"或"愿意"利用课余时间来进行基于"项目式学习"的布艺课程，这占总数的86.54%，数据相当可观，学生的学习热情十分高涨。总体而言，三次调查研究结果总体呈现积极态度。（图5-5）

关于课程设计中评价环节的设计，25.88%的学生愿意以"选答反应"来进行评价；10.91%的学生愿意以"构答表现"来进行评价；43.91%的学生愿意以"作品表现"来进行评价；19.29%的学生愿意以"行为表现"来进行评价。

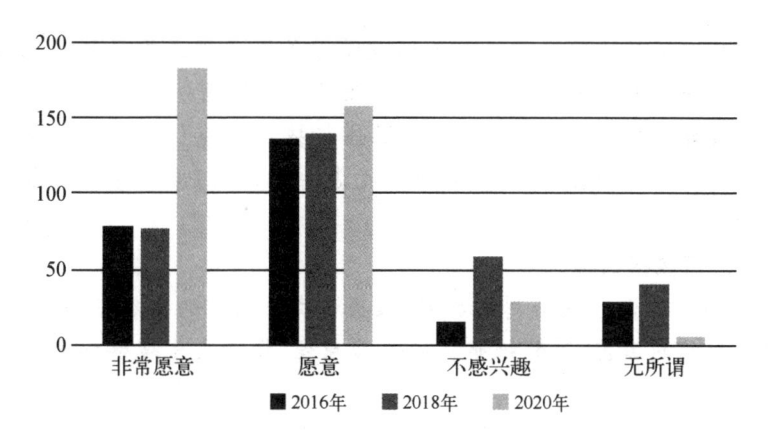

图 5-5 对利用课余时间学习布艺课程的愿意度人数统计

可见，学生更愿意以作品的形式来进行课堂评价。（图 5-6）

当被问及"您认为通过学习基于项目式学习的布艺课程有助于提升以下哪些核心素养？（可多选）"，热门核心素养依次是"艺术感知"（65.23%）、"创意表达"（60.66%）、"审美判断"（60.15%）、"创意实践"（58.88%）、"科学思维"（54.31%）和"文化传承"（50.76%）。（图 5-7）

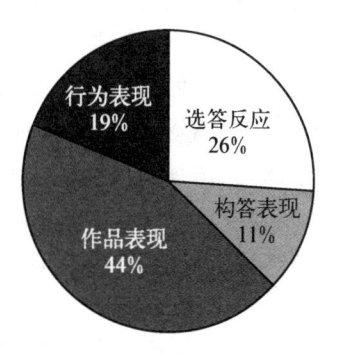

图 5-6 对课程评价方式的选择统计

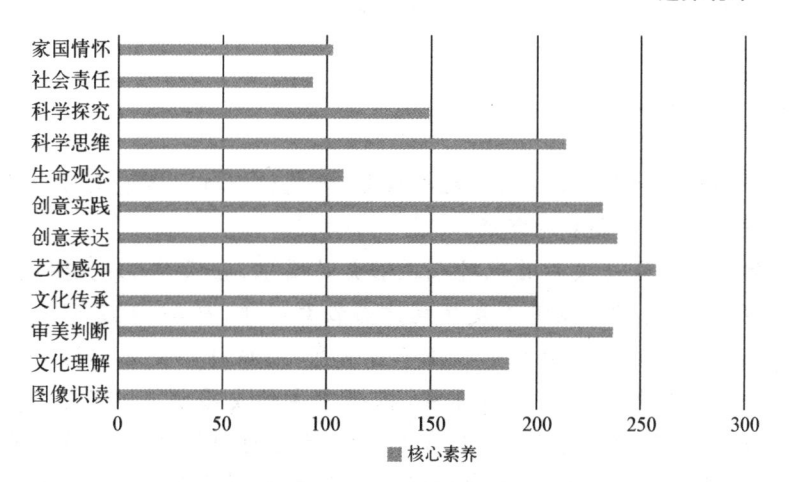

图 5-7 有关核心素养提升的统计

通过整个课程的学习,"您认为通过学习基于项目式学习的布艺课程有助于提高以下哪些技能?(可多选)",学生认为的技能分别依次是"学习与创新技能""生活与职业技能"和"信息、媒体与技术技能"。而21世纪技能中"学习与创新技能"所指向的正是《布艺是怎样练成的》中所体现的相关学科核心素养。

二、布艺课程目标

(一)探索人类使用布料的原因,收集人类使用过的自然界的制衣材料,体验经纬交织的工艺,了解织布机的工作原理,提升文化理解和家国情怀等核心素养。

(二)知道中国是蚕丝之乡,了解蚕的生长过程和蚕丝制作工艺,观察并记录蚕的生长过程,通过探究蚕丝缫丝工艺,制作一条迷你蚕丝被,体会中国传统工艺的智慧,提升生命观念、文化传承等核心素养。

(三)查阅布料染色工艺的相关资料,体验多种布料染色工艺,运用科学方法探究影响蓝染效果的因素,以科学的角度探究艺术创作的原理,提升科学探究、证据推理等核心素养。

(四)小组合作完成主题的学习,体验扎染几何图形的技术要点,掌握缝纫机的基础使用,运用自染布料制作一系列文创产品,提升创意表达、创意实践等核心素养。

(五)组建学生公司,合作设计贴合市场需要的布艺产品销售企划,在设计海报、召开发布会的过程中,了解设计公司的产品开发和销售的过程,运用美国学者费尔德曼提出的鉴赏方法欣赏和评价他组的产品,提升审美鉴赏、语言能力等核心素养。

三、布艺课程框架

(一)布艺课程特征

1. 教学理念的科学性:聚焦核心素养,满足校外教育布艺项目中学生个性化、多样化的学习和发展需求。

教学理念充分反映新时代对人才培养的要求,全面体现先进的教育思想和教育理念,遵循学生身心发展规律与教育规律,符合《教育部关于全面深化课程改革落实立德树人根本任务的意见》的精神和要求。构建以核心素养为导向校外教育布艺项目课程,根据学生的发展特点,形成上下有序的课程体系,并包含教学设计、教学用书和学习材料等教学资料。基于设计者、营销者和消费者等多重身份去发现问题并解决问题,深化对知识的意义建构,深刻理解学习的目的,有效提升自身的创造性和跨学科解决问题的综合能力,倡导在创作的过程中通过协作、交流与共享等多样的形式开展表现性评价,满足学生个性化、多样化的学习和发展需求,确保研究成果的科学性和前瞻性。

2. 教育模式的时代性:关注学科融合,深化校外教育布艺项目育人方式的变革。

教学模式采用跨学科学习等为代表的创新教育模式,注重学习与现实世界的联系以及学科之间的相互支撑,相互补充,共同发展,符合教育部制定的《义务教育美术课程标准(2022年版)》的精神与要求。布作为日常生活中接触最多的一种物质,其美观性和实用性具有学科融合的特征。基于布的材料、布的纺织、布的印染、布的工艺、布的营销,将课程内容与学生生活和社会发展紧密联系在一起,在学习过程中,增强自主探究学习的意识,掌握科学的研究方法并培养严谨的思维逻辑,打破常规学科界限,创设基于现实情境的项目式学习和跨学科学习,注重历史、生物、化学、艺术和劳动教育等跨学科知识的迁移和运用,解决实际问题,深化劳动教育育人方式的变革。

3. 教学内容的民族性:植根地域文化,实现校外教育布艺项目中中华优秀传统文化的传承和发展。

教学内容植根于地域文化的历史土壤,系统落实中华优秀传统文化传承与发展,充分体现民族特点,确保立足中国国情、具有中国特色,符合中办、国办印发的《关于实施中华优秀传统文化传承发展工程的意见》的精神与要求。植根上海地域文化的布艺是加强中华非物质文化遗产教育,构建中华优秀传统文化传承体系,推动文化传承创新的重要资源。因地制宜开发布艺课程,融入现代纺织技术,逐步形成对中华优秀文化的文化自信,是实现中华优秀传统文化传承和发展最切实有效的办法。

(二) 布艺课程对象

本课程按照学段分为《布艺是怎样练成的(初级)》和《布艺是怎样练成的(中级)》,根据不同学段学生的认知水平,设计不同的教学内容,满足不同学段学生的需要,且小学课程和中学课程具有连贯性和可持续性。

初级课程为小学学段课程。着重感受材料,认识材料和体验材料,从历史探索,科学养蚕,到非遗创作等方面进行知识与技能的学习,在搜索资料、观察记录、动手制作的过程中,学习一定的科学探究方法和艺术创作手段。

中级课程为中学学段课程。着重工程原理、科学实验、现代纺织等方面进行进一步的探究学习,掌握问题解决的方法。

(三)布艺课程框架

《布艺是怎样练成的》根据发现发明的逻辑顺序以及发展过程,分为五个主题单元:

第一单元 谁是时尚原始人
探索原始人的服饰,体验经纬交织的工艺。
第二单元 谁是可爱养蚕人
了解蚕的生长过程和蚕丝制作工艺。
第三单元 谁是染色达人
体验多种布料染色工艺,运用科学方法探究影响蓝染效果的因素。
第四单元 谁是巧手匠人
体验扎染几何图形的技术要点,掌握缝纫机的基础使用。
第五单元 谁是创意广告人
了解产品开发和营销的过程,学会科学的鉴赏方法。

本课程以"布"为主题元素,贯穿五个主题单元,从无到有,从素到彩,从简到繁,从原始需求到现代艺术,主题实施符合人类发现发明的逻辑。本课程倡导以学生为主体,基于跨学科学习模式,采取自主探究,在讨论、观察、比较、实践、创作、分享的过程中,认识中华优秀传统文化,掌握科学探究的一般方法,深化知识的建构。具体课程框架如下:

《布艺是怎样练成的(初级)》					
单 元	章 节	周	课 时	计划成果
谁是时尚原始人	探寻自然制衣材料	1	探秘原始人的服饰	设计一套服装
		2	制衣材料大PK	比较制衣材料

续　表

《布艺是怎样练成的(初级)》					
单　元	章　节	周	课　时		计划成果
谁是可爱养蚕人	探秘蚕的一生	3	蚕的科学养殖		科学养殖蚕宝宝
^	^	4	蚕的生长日记		绘制蚕的生长日记
^	^	5	蚕的艺术创作		制作蚕宝宝挂件
谁是染色达人	探寻染衣材料	6	植物敲拓染		植物拓印方巾
^	^	7	绚丽多彩的人工染料		人工印染帆布袋
^	^	8	草木染之蓝染		蓝染丝巾
谁是巧手匠人	探秘几何绞缬	9	扎染叠叠乐		扎染方巾
^	^	10	当扎染遇上香包		扎染香包
谁是创意广告人	文创产品发布会	11	海报设计		海报设计
^	^	12	产品发布会		成果发表
《布艺是怎样练成的(中级)》					
单　元	章　节	周	课　时		计划成果
谁是时尚原始人	探索经纬交织的技艺	1	经与纬的纵横交错		手工编织
^	^	2	体验飞梭的魅力		织机制作
谁是可爱养蚕人	探究古法蚕丝制作技艺	3	简易缫丝机		缫丝工艺和原理
^	^	4	迷你蚕丝被		制作迷你蚕丝被
谁是染色达人	探究影响蓝染效果的因素	5	探究影响蓝染效果的因素——实验设计		实验设计

续表

《布艺是怎样练成的(中级)》

单元	章节	周	课时	计划成果
谁是染色达人	探究影响蓝染效果的因素	6	探究影响蓝染效果的因素——浓度	浓度实验
		7	探究影响蓝染效果的因素——温度与时间	温度与时间实验
谁是巧手匠人	探究现代纺织技术	8	抱枕 DIY	抱枕
		9	营服图案的创意设计	营服 T 恤
		10	基础拼布	拼布
谁是创意广告人	文创产品销售企划	11	文创产品文案推广	文案策划
		12	文创产品销售策略	销售策略

四、布艺课程内容

《布艺是怎样练成的》课程共分为初级和中级两册,初级建议面向小学五年级学生,中级建议面向初中七年级学生。课程主题根据发现发明的逻辑顺序以及发展过程,共分为五个单元:(一)谁是时尚原始人;(二)谁是可爱养蚕人;(三)谁是染色达人;(四)谁是巧手匠人;(五)谁是创意广告人。课程内容从原始编织到现代缝纫,从科学养蚕到煮茧缫丝,从植物染色到蓝染研究,并涉及市场营销和宣传设计等内容。学生通过整个课程的学习,充分了解布的起源、布的工艺、布的研究、布的营销,组建学生公司,体验从创业者、设计者、营销者等不同角度来思考问题,充分激发自主探究学习的兴趣。课程评价主要采用表现性评价,采用自评互评与老师评价相结合的方式,对不同的教学活动进行教学评价,从而合理评价学生在历史、艺术、生物、化学和劳动教育等学科方面的核心素养,并通过实践教学验证教学模式的有效性,以积极构建适合我国国情的布艺项目课程体系。

五、课程实施
（一）课程实施的内容与任务

《布艺是怎样练成的(初级)》		
单 元	单 元 内 容	课时题目(内容与任务)
单元一：谁是时尚原始人	探寻自然制衣材料 探索人类使用布料的原因，收集人类使用过的自然界的制衣材料，体验经纬交织的工艺，了解织布机的工作原理。	探秘原始人的服饰 小组合作选择自然原始材料设计一套时尚又实用的服装。
^	^	制衣材料大PK 小组合作选择一种布料进行触感、功能等进一步研究。
单元二：谁是可爱养蚕人	探秘蚕的一生 了解蚕的生长过程，观察并记录蚕的生长过程，通过观察，归纳蚕的主要生长阶段，绘制蚕的生长日记，逐步提升生命观念、文化理解等。	蚕的科学养殖 小组合作设计制作养殖蚕宝宝的计划书。
^	^	蚕的生长日记 小组合作完成一本"蚕宝宝生长日记"，日记内容真实、数据准确、形式有创意。
^	^	蚕的艺术创作 每人运用蚕茧制作一个中国结挂饰。
单元三：谁是染色达人	探寻染色材料 查阅布料染色工艺的相关资料，体验多种布料染色工艺，比较植物染料和人工染料的利弊。	植物敲拓染 每人完成一条植物拓印方巾的制作。
^	^	绚丽多彩的人工染料 小组合作比较天然染料与合成染料的利弊。
^	^	草木染之蓝染 每人制作一条蓝染丝巾。

续 表

《布艺是怎样练成的（初级）》			
单元四：谁是巧手匠人	探秘几何绞缬 小组合作完成主题学习，学会几何图形的染制方法，掌握手工缝纫的基本技能，设计并制作一系列文创产品。		扎染叠叠乐 每人染制一条几何图案方巾。
^^^	^^^		当扎染遇上香包 每人制作一个扎染香包。
单元五：谁是创意广告人	文创产品发布会 通过设计海报、召开发布会，运用费尔德曼鉴赏方法欣赏和评价文创产品。		海报设计 小组合作完成一幅文创产品的海报设计并分享。
^^^	^^^		产品发布会 小组合作设计发布会，展示文创成果。
《布艺是怎样练成的（中级）》			
单 元	单元内容		课时题目（内容与任务）
单元一：谁是时尚原始人	探索经纬交织的技艺 初步了解织布的原理，理解经纬交织工艺的奥秘，深入了解织布机原理，学习织布机的使用，逐步形成对中国传统纺织技艺的文化理解和文化自信。		经与纬的纵横交错 每人用织物密度镜观察布料的纺织方式，用绳子或毛线实践体验经纬交织技艺。
^^^	^^^		体验飞梭的魅力 每人完成做一个简易织布机，并美化织机。
单元二：谁是可爱养蚕人	探究古法蚕丝制作技艺 知道缫丝的发展历史和原理，制作简易缫丝工具。了解蚕丝被的制作方法，实践制作一条迷你蚕丝被。了解缫丝技术的悠久历史，感悟古代劳动人员的智慧，对桑蚕文化产生一定的兴趣。		了解缫丝的工艺流程和原理 复述缫丝的工艺流程和原理。
^^^	^^^		迷你蚕丝被 每人实践制作一条迷你蚕丝被。

续 表

\multicolumn{3}{c}{《布艺是怎样练成的(中级)》}
单元三：谁是染色达人	探究影响蓝染效果的因素 分析蓝染作品染色失败的原因，运用科学探究的五个步骤，设计实验步骤，拟定解决蓝染产品染色问题的方法，掌握科学的研究方法，理性看待艺术创作；运用跨学科知识解决现实问题，提升核心素养。	探究影响蓝染效果的因素——实验设计 小组合作分析蓝染作品染色失败的原因，设计实验并解决染色问题。
		探究影响蓝染效果的因素——浓度 小组合作探究浓度对蓝染效果的影响，进一步掌握控制变量法。
		探究影响蓝染效果的因素——温度与时间 小组合作探究温度与时间对蓝染效果的影响，熟练掌握控制变量法。
单元四：谁是巧手匠人	探究现代纺织技术 了解抱枕套、服装和拼布作品的基本制作方法，运用裁切机和缝纫机等现代技术手段进行创意实践，逐渐形成对布艺的文化理解。	抱枕 DIY 每人制作一个创意抱枕。
		营服图案的创意设计 小组合作完成一件创意设计营服图案并制作。
		基础拼布 每人运用裁切机和缝纫绣花一体机制作一个拼布作品。
单元五：谁是创意广告人	文创产品销售企划 了解设计公司的产品开发和销售的过程，知道文创产品推广文案的设计思路和设计方法。	文创产品文案推广 小组合作完成一份文创产品的推广文案并分享。
		文创产品销售策略 小组合作细化推广文案的销售策略并分享。

（二）课程环境需求

课程实施环境设计以学生的实践、探究的兴趣和体验为基础，创设学生的学习生活，为学生提供充分的实践和思考空间，尽可能让学生在动手实践中感受科技的奥秘和艺术的乐趣,体验科学与艺术的密切关系;认识科技对社会发展的作用和影响,从小培养学生从科学的视角关注身边美的事物。

通过布艺文化创新实验室的建设与运作,建成一个跨学科学习平台,让全校师生及师生家庭成员和社区周边在科技布艺、传统布艺、创新布艺、布艺展示、创意比赛活动中,感悟中华文化,探索乃至建立一个科技布艺文化的自主可持续性发展的教育模式。特提供"基于广域课程的布文化创新实验室"整体解决方案,供课程配套使用。

1. 硬件建设

硬件建设主要指"专用教室建设、专用设备和材料配置"等。其设计应根据学校使用需求确定,学校需求一般有"班级课程学习和学生社团活动"等两种情况,本项目适用班级课程学习,硬件建设经费主要用于专用设备和材料等配置。

(1) 专用教室

本项目专用教室可以依托中小学标准配置的美术教室或劳技教室,开展布工艺的体验、展示、分享等教学活动,或选择其他专用教室(80平方米及以上),并另外配置计算机。

(2) 区域功能

专用教室区域功能设计包括:① 创意头脑风暴与讨论区域;② 传统工艺制作区域;③ 数字化设计与教学区域;④ 现代实践创新区域等。

其中,第①②区域可以整合为同一场地,第③④区域可以整合为同一场地,也可按照下图区域设置:

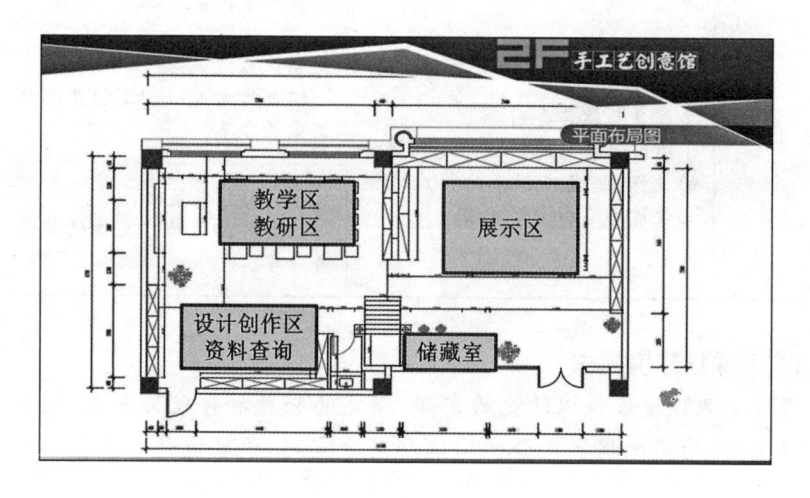

(3) 专用设备材料配置

专用设备材料主要由"绣花设计软件、缝纫机、裁切机"等组成,以上图区域布局为例:

教学区:中央(缝纫机/裁切机)、左侧墙面(电子黑板)、窗台边矮柜(电熨斗、电磁炉)

创作区:中央(电脑)、绣花软件、挂烫机等

展示区:展示区绣花机、学生优秀作品等

绣花机 　　　　智能试衣镜 　　　　数码直喷印花机

2. 专用教室使用制度

(1) 布艺文化创新实验室学员守则

布艺工作室是用于布艺专业实践和教学的专用场所,为实现规范管理,特制定如下学员守则:

一、自觉遵守作息时间,不迟到,不早退;进入工作室有序就座;严禁喧哗、嬉笑、打闹和饮食;严禁携带手机、玩具等影响教学的物品入内;严禁在工作室的任何位置涂抹乱画。

二、不看与上课内容无关的书刊,不随意讲话,不随意进出教室,不使用

手机等电子设备,不做与上课无关的事,不出现影响课堂秩序的行为。认真参加课堂讨论,认真完成每一次作业,积极参加课堂活动。

三、课堂活动开始前,未经许可,不得擅自动用各种设施设备(缝纫机、裁切机、实验仪器、电脑等)及陈列品,严禁擅自开启水、电等设施设备。爱护公物,对人为损坏的物品,按有关规定赔偿。

四、课堂活动过程中,使用者在使用设施设备(缝纫机、裁切机、实验仪器等)时,需严格遵守设施设备的操作规则,严禁擅自移动、拆卸、安装、调换,如造成遗失、损坏等不良后果,取消该使用者的使用权利,并自行承担相应的责任及可能需产生的费用;使用者在使用电脑时,不得私自擅改系统,严禁随意安装任何软件,删除、卸载机器内已经安装的各种软件;严禁上机时间不按任课老师要求,打游戏、上网聊天、浏览有不健康内容的网站等;使用者在使用布艺工具时,必须严格遵守安全操作规程,待使用完毕后,应即时清理并物归原位。

五、课堂活动结束后,及时关闭门窗、水、电等设施设备电源(关灯、关空调等)。保持物件的整齐摆放与卫生清洁,按规定收集废弃物,如:线头、废布等,整理好个人用品,值日生须做好地面、公共台面、设备工具的卫生清洁工作,待管理老师检查后,方可离开。

(2) 布艺文化创新实验室管理条例

布艺工作室是用于布艺专业实践和教学的专用场所,为实现规范管理,特制定如下管理条例:

一、进入布艺工作室时,使用者严禁携带零食、饮料等,应保持工作室的干净整洁。

二、在使用布艺工作室的设施设备(缝纫机、裁切机、实验仪器等)时,使用者要爱护工作室的各类设备,发现损坏和丢失要立即向管理老师报告,配合调查原因,并追查责任。

三、在使用布艺工作室的电脑时,使用者不得私自擅改系统,严禁随意安装任何软件,删除、卸载机器内已经安装的各种软件;使用者可选择在布艺工作室任一电脑上建立相应个人文件夹,个人所有的作品均可放入该文件夹,未按规定在桌面上存放的资料将定期清理。

四、在使用布艺工作室的工具时,使用者必须严格遵守安全操作规程,待使用完毕后,应即时清理并物归原位。

五、离开布艺工作室时,及时关闭门窗、水、电等设施设备电源(关灯、关空调等)。保持物件的整齐摆放与卫生清洁,按规定收集废弃物,如线头、废布等,整理好个人用品,做好地面、公共台面、设备工具的卫生清洁工作,待管理老师检查后,方可离开。

六、布艺工作室设施设备在不影响教学前提下方可出借,须在布艺工作室使用登记表上详细记录借用时间、借用人和仪器状态,并按时收回,归还时需当面验收,如有人为破坏或遗失,按有关规定赔偿。

七、布艺工作室正常开放时间为正常工作日(上午8:30至11:30,下午13:00至16:00)。在上述时间之外如需使用工作室及设备,需提前联系管理老师,未提前申报擅自使用者,后果由使用者自行承担。

3. 布艺工作室使用登记表

负责人:

序号	借用时间	借用人	物品	归还情况	备注
1					
2					
3					

六、课程评价

本课程评价打破"标准化评价",使用"表现性评价",依据基于跨学科学习等创新教育教学模式中的教学目标对教学过程及结果进行价值判断,评价内容涵盖整个学习过程的评价。标准化评价与表现性评价比较详见下表:

评价过程	标准化评价	表现性评价		
	选答反应	构答反应	作品表现	行为表现
评价信息生产/获取	多项选择 是非判断 匹配 填空 简答	图表/图解 思维导图 流程图	研究论文 艺术展览 艺术项目	口头汇报 展示表演
评价信息录存	试题数据库	档案袋		
评价决策机制	参照标准的自动匹配	基于评价量规的评价方案		

本课程通过开展基于跨学科学习的创新教育教学模式融合体验、创造和研究为核心的教学活动，从学生的历史、艺术、生物、化学和劳动教育等多维度全面进行量化评价。

本课程关注学生的学习过程，采取表现性评价鼓励学生发表观点，以团队合作的形式完成文创作品的设计、制作和营销。结合自评、互评和师评三种形式，全面地评价学生的技能和核心素养的培养。以评价量规以及自评表和阶段性评价为支撑，全面评估学生的学习情况。最终形成较为完整的、个性化的学习档案。

七、课程成效

（一）课程价值

1. 开发基于创设真实情境的布艺创新课程，有效实现学科间的有机融合，丰富校外教育广域课程体系。

以布艺创新课程为例，课程以地域文化中的"布艺"为载体，采用单元主题教学模式，确立若干个与布相关的教学主题，创设真实情境，学习者通过运用跨学科知识解决实际问题。课程在弘扬和传承上海地域纺织文化的同时，注重跨学科知识的迁移和运用，打破常规学科界限，提升问题解决的能力。

2. 整合区域资源，建立校外实践基地，实现校内外实践的有机融合，合力共建广域课程联合体，开展有效推广。

通过课程的深入实践和推广，学校逐步形成对广域课程的有效认知，改变了校外教育的观念，理解了广域课程的重要性。以布艺创新实验室为例，它是学生交流、沟通、分享、创造的学习空间。通过定期举办专家讲座、创新沙龙等形式的活动,传播新技术、新科学,在体验、创造、研究的过程中,促进核心素养的培养,也是促进基础教育学习变革的数字策略之一。通过多渠道拓展实践场所,尝试构建校内外协同育人机制。

3. 适应新时代教育发展与变革,满足新时代校外教育对跨学科专业素养的需求,逐步提升相关教师的专业素质和能力,有利于教师、学校和区域的发展。

以布艺专业能力(布艺)提升活动为例,教师在活动过程中正确认识与适应新时代下教师的角色,能够在布艺教学活动中开展跨学科学习的实践应用,研发具有学校特色的布艺课程和评价方案。

4. 丰富学习资源,满足个性化需求,提升学习成效,助力个性化成长。

跨学科学习是当前教育改革的主流,也是校外教育广域课程的有效载体。创设基于现实问题的真实情境和运用跨学科知识解决实际问题,有利于学生核心素养的培养以及个性化发展。通过以布艺为载体的跨学科学习课程实践探索将解决学校教育学习内容单一的问题,将成为推进教育改革的关键,也将成为未来校外教育的发展趋势,并助推学校逐步构建起能够满足开展跨学科学习的智能一体化学习空间。

(二)课程获奖

本课程于2021年入选上海市学生素质教育优质资源平台——进校服务课程和上海市科创教育(中学)优质课程。课程荣获2020年华东校外教育短课程设计交流活动全国一等奖,课例《"宝山100"营服图案的创意设计》荣获第五届长三角地区校外教育教师教育教学基本功展示活动特等奖和2020年上海市校外教师业务技能展示评比活动一等奖;微课课例《当扎染遇上香包》发表于"学习强国",受益人次达2 100人以上,荣获2021年首届校外教育优秀"微课"征集活动评选三等奖,荣获2022年首届跨学科课程设计大赛三等奖。

附录:案例

案例一:艺术+科技 科技与艺术的有机融合

以该课程(中级)第三单元《谁是染色达人》的第一课《探究影响蓝染效果因素——浓度》为例。本课以蓝染工厂产品质量问题进行情境创设,学生在项目学习、设计实验、实践操作中解决产品质量问题,充分达到手脑并用、知行合一的效果,并且思考科学技术与艺术创作之间的关系。本课充分体现学生为主体的教学理念,充分激发学生自主探究学习的兴趣,特别是在课程评价方面以学习单的形式记录学生的学习过程,从而合理评价学生在学习过程中核心素养的培养,以促进终身发展。

课程导入:近期收到消费者投诉电话,反映我们最新生产的三批蓝染方巾染色质量不过关,各位研究员帮忙和我们标准产品比较看看,究竟这些产品出现了什么染色问题?

问题样品(云染方巾):染色操作手册

1. 50 g靛泥加入2 500ml的水。
   (泥:水=1:50)
2. 在水中依次溶解碱剂、靛泥和还原剂,充分搅拌至溶解,溶解后使溶液静置反应15分钟以上。
3. 等待染料反应时,运用各种工具制作花型,固定尽可能紧。
4. 染料静置15分钟以上后会呈现绿色,将待染布浸入染料染色。染色时间5分钟以上,根据需要的颜色深度进行调整尝试。
5. 染色后挤干多余染料取出,拆开布料静置,待布料颜色由绿色氧化成蓝色。
6. 用清水洗净浮色晾干就可。

课程实践:工厂非常重视产品质量问题,即时调取了工人操作手册,请研究员们参照染色工艺标准,找出不规范的操作,记录在实验手册上,设计实验方案并验证。

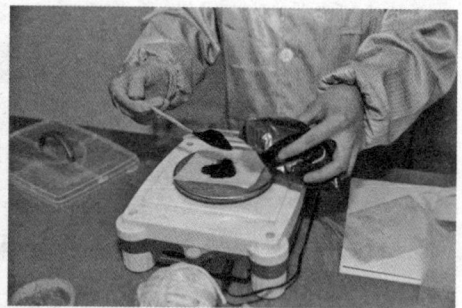

图5-8 课程实施照片

课程评价：

评 价 量 规

评分 阶段	优 秀	良 好	一 般
证据推理 30%	仔细阅读操作手册，快速分析比较发现全部染色操作过程中的问题。	阅读操作手册，分析比较发现部分染色操作过程中的问题。	没有阅读完操作手册，没有发现染色操作过程中的问题。
科学探究 40%	针对拟解决方法，运用控制变量法设计实验，且实验步骤设计极为清晰、合理，可操作性强。	针对拟解决方法，运用控制变量法设计实验，且实验步骤设计较为清晰、合理、可操作性较强。	针对拟解决方法，运用控制变量法设计实验，且实验步骤设计较为清晰，但可操作性一般。
合作交流 30%	积极参与组内交流，交流展示实验设计时，思路清晰，语言流畅。	组内交流较为顺畅，交流展示实验设计时，思路较为清晰，语言较为流畅。	组内交流不畅，无法交流展示实验设计。

评 价 表

在下列各项中选择适合的表现等级并在选项后打钩"√"。
表现等级分☺☺☹三档，"☺"代表优秀，"☺"代表良好，"☹"代表一般。

评 价	评 价 内 容	评价等级
自 评	我查阅布料染色工艺的相关资料，体验多种布料染色工艺，运用科学方法探究影响蓝染效果的因素。	☺☺☹
你认为自己在这一单元的学习后哪些核心素养有所提升？			
审美感知□	科学探究□	文化理解□	劳动习惯和品质□
互 评	他查阅布料染色工艺的相关资料，体验多种布料染色工艺，运用科学方法探究影响蓝染效果的因素。	☺☺☹
你认为他在这一单元的学习后哪些核心素养有所提升？			
审美感知□	科学探究□	文化理解□	劳动习惯和品质□

案例二：线上+线下 线上线下的深度融合

以该课程（中级）第四单元《谁是巧手匠人》的第二课《营服图案的创意设计》一课为例，从课前、课中和课后三个环节具体阐述在教学中的策略运用。

1. 课前："基于项目任务的有效预习"策略

教师充分分析教情学情，基于线上教学和线下教学的不同优势，重构课程目标和内容，完善教学方法、教学内容以及教学评价等方面的内容，并且在学习空间中发布课前学习资料。学生根据自身的学习情况和需求，进行个性化学习，明确学习任务，激发学习兴趣和内在动力，为个性化成长提供支撑。

在课前，教师基于现实问题创设真实情境，以宝山校外教育特色品牌活动"宝山100"科技创新培训营的营服设计为任务背景。学生进一步自主探究，通过公众号等平台了解活动背景，并搜集相关创作素材，尝试设计营服的初稿，为课堂教学做好充分的准备。

图 5-9 微课截图　　　　　　图 5-10 课前预习情况

（二）课中："基于小组合作的创意实践"策略

教师利用学习空间的信息化优势，及时收集作业，掌握学生学习情况。学生可在学习空间中在线交流探讨，分享作品成果，增强交互学习体验。

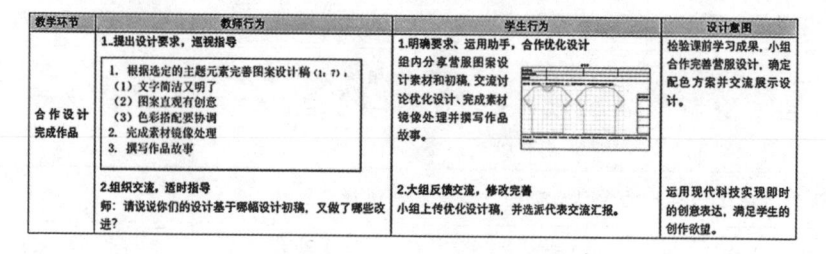

教学环节	教师行为	学生行为	设计意图
合作设计完成作品	1.提出设计要求，巡视指导 1. 根据选定的主题元素完善图案设计稿（人、T）： （1）文字简洁又明了 （2）图案直观有创意 （3）色彩搭配要协调 2. 完成素材镜像处理 3. 撰写作品故事 2.组织交流，适时指导 师：请说说你们的设计基于哪幅设计初稿，又做了哪些改进？	1.明确要求、运用助手，合作优化设计 组内分享营服图案设计素材和初稿，交流讨论优化设计，完成素材镜像处理并撰写作品故事。 2.小组反馈交流，修改完善 小组上传优化设计稿，并选派代表交流汇报。	检验课前学习成果，小组合作完善营服图案设计，确定配色方案并交流展示设计。 运用现代科技实现即时的创意表达，满足学生的创作欲望。

图 5-11 部分教学设计

在课中，引导学生小组合作，线上分享课前学习成果，通过欣赏作品，分析文字和图形的设计要素，优选营服图案设计，完成营服的创作。最终，学生根据营服设计的要求，"淘汰"了一些不符合要求的设计，如：第一组的太阳、第四组的飞机，等等。可见，学生在一定程度上转变了设计思路，在创意实践的过程中，对创作的过程和方法进行了深入的探究，并将独特的创意转化为艺术成果。

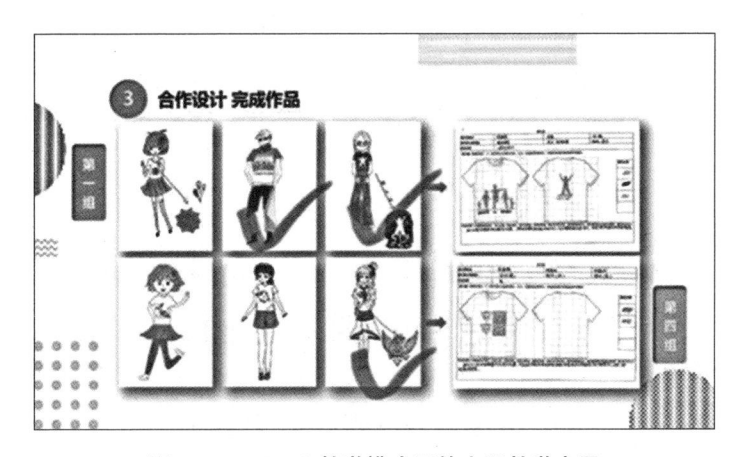

图 5-12 OMO 教学模式下的实际教学应用

（三）课后："基于学习资源的引导支撑"策略

教师利用学习空间进行课后拓展的进度追踪，构建面向过程的学习评价，形成较为完整的学习档案，实现个性化学习。学生可在学习空间保存和回顾整个学习过程，有效整合个人学习情况。

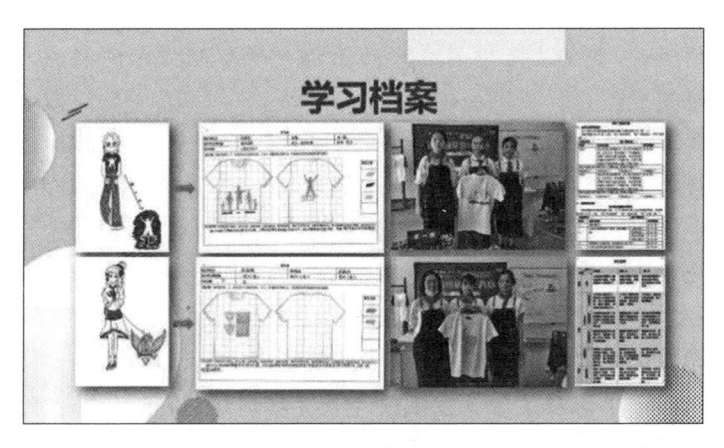

图 5-13 学习档案

在课后,学生参照评价量规对课前预习和课中实践进行实事求是的自评和互评,评价自己在核心素养方面的提升,并按课后拓展要求,搜集创作材料,为下节课系列营服的设计做好铺垫。以学习单为引导,步步深入优化设计方案,在交互学习空间上传学习成果,可保留整个设计过程,记录学习成果,有效推进表现性评价,以及推动教学评价与新技术的深度融合;利用微课资源以及网络资源,根据自身不同的需要自主选择,可不受时空限制地进行预习和复习,并且反复获取如操作步骤学习等较为单一的知识点,从而促进知识与技能的熟练掌握,真正落实因材施教,充分发挥新技术的优势,服务个性化学习。

第二节 科学技术类——以"小小程序员"课程为例

《小小程序员》课程开发案例

一、课程背景

(一)《小小程序员》课程与广域课程

近年来,随着社会科学技术的不断更新迭代,我们人类的进步发展也从原先的信息化时代正向人工智能时代快速迈进,随之而来是我们日常生活环境发生着日新月异的变化。新时代、新技术的到来,给我们国家各行各业都带来了新的机遇和挑战。在不久的将来,社会发展很快将正式进入人工智能和机器人的时代,我们生活中的方方面面都会受智能技术的影响,这种发展趋势越来越明显。

我们教育的课程也将不断与时俱进,传统的学科细分的课程已然不能适应时代发展的潮流,跨学科融合的广域课程将不断涌现,紧接着人工智能相关的技术也会融入教育的方方面面,促进教育的不断创新与发展。校外教育的课程相比校内课程优势主要体现在不受校内场域、师资、环境的局限,一直都走在课程探索的前沿,尤其是在信息技术领域校外教育的编程类课程在不断融合多学科,注入新理念。

《小小程序员》课程是经过多年校外教育培训经验,根据校外教育特点开发的一门跨学科广域课程。广域课程是新时代教育综合改革背景下的"学科融合"实践探索，其目的是打破校内校外学科壁垒，将相关学科进行交叉融合，相互协调互补，最终形成一门注重培养学生实际应用，真实场景下进行问题解决的课程。《小小程序员》课程内容以信息技术的编程学习为主线，课程除了编程外，还涉及了数学、物理学、工程学等领域知识，通过一系列真实场景的任务解决来达成学习目的与效果。

(二)《小小程序员》课程与校外教育

目前，上海中小学现有的信息科技相关课程体系、课程内容、课程实施的方法策略都过于陈旧落后。其课程主要还是偏向于理论的学习，停留在应知应会缺少实践操作和问题解决。由于课程内容的过时，教学实施方法策略保守、课程目标还停留在了解和认知，显然已不能满足在当下培养学生全面的综合能力，对启蒙和培养孩子的综合素养能力是远远不够的，显然已跟不上现代化科技教育的脚步。

《小小程序员》这一广域课程现阶段非常适合在校外教育推广使用。校外教育和校内教育在学生年龄、教学场域、师资情况等方面差异较大。校外教育可以实行混龄教学、学科融合、户外实践、以赛促学、专业实验等多种教学方式，可采取的教学活动比较灵活多样。本课程中编程学习是一项重要的实践类技能课，学习的过程需要专业的设备和功能性实践场地，在这些个性化的硬件资源条件方面，校外教育机构相比校内要更丰富。因此，在课程开发使用的初期阶段，本课程非常适合在校外教育领域推广使用。

《小小程序员》课程与校外教育的科技实践活动能很好地衔接辅助。校外教育主要以丰富的竞赛、讲座、社会实践活动等形式呈现。近年来，人工智能、机器人相关的竞赛全球范围盛行，要想很好地融入参与这些活动并在活动中收获好的成果就必定离不开基础课程的支持。《小小程序员》课程就是为了让更多青少年能参与校外教育的人工智能和机器人赛事活动而开发的一门广域课程。

(三)《小小程序员》课程与综合素养

2019年7月8日，《中共中央国务院关于深化教育教学改革全面提高义务教育质量的意见》中提出："坚持德智体美劳'五育'并举，全面发展素质教育。""五育"并举，融合育人，已经成为当前基础教育发展的重要趋势。校外教育课程承担着重要的育人功能，在学生素养培养方面有其不可替代的价值。近年来，随着上海成为全国的科创中心城市，宝山又是上海科创中心主阵地，新的宝山教育提出了未来数字化学校的宏伟蓝图。宝山的中小学迫切需要在新的教育改革背景下，开发适应当前校外教育机构在融合育人中的专业课程。

《小小程序员》课程经过培训、竞赛等教育实践活动积累的经验总结，发现其对培养中小学生个人的综合素养有很好的成效。主要表现在学生遇到问题能主动查阅资料，制定合理的方法策略，尝试综合性应用知识，最终达成问题解决的目标。学生在整个学习和问题解决的过程中能充分发挥自身的学习潜能、团队协作、创新思维、科学素养等综合能力。这就是课程赋予学生综合素养提升的价值体现。

(四)《小小程序员》课程的调查研究

1. 学生的发展需求

2017年第一次开展《小小程序员》课程学生发展需求的调查研究，我们在上海全市随机选取了15所学校的学生，共计回收学生问卷521份。其中347位男生，174位女生。男生占总比例的66.6%，女生占总比的33.4%，男生填写问卷的占比较多。

2021年第二次开展《小小程序员》课程学生发展需求的调查研究，我们在上海全市随机选取了20所学校的学生，比第一次增加了3所小学和2所初中，共计回收学生问卷738份。其中427位男生，311位女生。男生占总比例的57.85%，女生占总比的42.14%，男生和女生参与问卷调查比例差距缩小。

从上述两次调查研究中可以明显分析出，最近几年女生参与机器人编程学习的兴趣和意向在不断提升。男生参与的热情依旧比较高，但是整体比例有所降低。

2. 学生的学习兴趣

2017年第一次开展《小小程序员》课程关于学生兴趣热度的调查研究，85.3%男生对于机器人编程学习较为感兴趣，仅有33.5%女生有兴趣学习机器人编程，问卷调查的结果非常明显，女生对机器人编程学习兴趣不高。

2021年第二次调查研究，男生中有89.6%的学生和女生中有73.7%的学生有意向参与《小小程序员》课程，调查中明显能反映出近两年女生意愿学习机器人课程的比例有大幅度提高，男生依旧和往年持平。第二次调查研究还重点了解学生具体想要学习机器人课程哪方面的知识。其中，56.3%学生想要学习编程，37.1%想要学习机器人操作，6.6%想要了解机器人理论知识。这次的调查可以很直观地发现时下学生对于学习编程的兴趣比较强烈。

3. 学生价值观分析

2017年第一次调查研究《小小程序员》课程关于学生对机器人编程课程的价值评价问题。73.5%学生关心机器人竞赛成绩,15.8%学生关心机器人课程对个人成长的帮助,10.7%学生无所谓机器人学习成果。从这次的调查结果可以看出,机器人课程作为一门校外教育兴趣课程,学生参与机器人培训的目的更多是想要参与培训后的竞赛并在比赛中获奖,这可能对他们自身升学会有所帮助。

2021年第二次调查研究同样涉及关于学生对机器人课程的评价。54.1%学生关注机器人课程对自身能力的提高,33.6%学生关心机器人竞赛成绩对升学的帮助,12.3%学生抱着试试看的心态来学习机器人。第二次的调研结果可以发现学生从几年前关心竞赛成绩到慢慢转变为关心机器人课程对自身能力技能的提高,他们不再为了升学价值而学习机器人,纯粹是觉得机器人课程对于他们未来自身发展有帮助才学习《小小程序员》这一机器人课程。

4. 课程调研结论

经过前后两次的问卷调查,我们发现近年来女生对于机器人编程学习的热度有较大幅度的提升,想要学习参与机器人编程课程培训的整体学生数量也在提高,校外机构和中小学校对于机器人编程课程需求也非常强烈。为此,《小小程序员》课程的开发迎合了时下教育发展的需要和满足了广大学生的需求。

二、课程目标

(一) 课程总目标

《小小程序员》课程的总目标是培养学生的科学创新意识和合作探究能力,让学生在项目实践中不断地成长,交流合作,互帮互助,共同进步;在游戏化的环境中主动学习,激发内在对编程学习的潜在兴趣,在知识技能获取过程中建立"科学、技术、工程、艺术和数学"的多学科融合的思维方式,并形成用STEAM教育理念解决实际问题的能力以及跨学科的综合型的能力。

(二) 课程分目标

在《小小程序员》课程实施过程中,知识与技能、过程与方法、情感态度与价值观等方面的目标是一个不可分割的整体,应注意融合与协调,努力实现三者的有机统一。

1. 理解智能机器人技术的性质,了解智能机器人技术的发展历史和一些最新成果以及生活和生产中的应用,能正确认识智能机器人技术对人们日常生活及社会产生的正反两方面的影响,具有正确操作机器人基本技能。

2. 了解传感器在智能机器人工作中的作用,理解红外、光敏、触碰等传感器的工作原理和在智能机器人中的应用。

3. 了解智能机器人程序设计的基本知识,初步掌握智能机器人设计的一般程序和基本技能,能对设计的过程、方案和成果做出比较全面的评价。

4. 能从程序设计的角度理解循环、判断、子程序、算法等一般概念,了解测试程序、参考值应用、条件判断等基本知识,以及这些知识在机器人程序设计中的应用。

三、课程总体设计

(一) 课程纲要

根据宝山区中小学校实际情况和区域机器人课程的总体目标,编写《小小程序员》课程,在进行课程开发设计的过程中,充分结合时下热门的STEAM教育理念,注重在真实环境下培养学生实际问题解决能力。

1. 入门阶段:

学生在入门阶段,主要了解智能小车机器人主要组成部分和主要部件的功能,并且尝试简单的程序编写,学生正式开启程序控制机器人运行,人与机器进入互动交流的学习模式。入门阶段的内容设置要趣味性、易操作相结合,从而达到兴趣引导,激发学生学习好奇心。

以《Hello World》一课为例,让学生了解智能小车显示模块、控制器的功能和作用,通过简易的显示学生姓名的程序,让学生与机器人在互动中感受机器人编程的魅力,同时了解显示模块和控制器之间的联系和使用方法。

2. 提高阶段:

学生进入提高阶段,主要学会常用数字和模拟两种类型传感器的测试实验与应用,通过编写测试程序、应用程序,探索传感器数据的变化规律,尝试使用传感器数据达成机器人完成简单功能的扩展任务。提高阶段的内容设置循序渐进、跨学科融合,从而达到举一反三、综合应用,充分激发学生深入探究的欲望。

以《小眼睛大世界》一课为例,让学生认识各类常用传感器,同时学会传感器的扩展安装,以及通过传感器测试程序获取传感器数据,让学生在探究中提高传感器应用和程序设计能力。

3. 创新阶段:

学生经过入门、提高阶段的课程学习后,可以逐步进入在真实环境中去解决问题和创新实践,通过完成多个传感器协同使用的程序编写,不断提高学生的编程水平,让学生真正沉浸在编程、调试和解决问题的创新实践中。

以《巡迹车》一课为例,让学生同时使用多个灰度传感器,完成多个传感器模块的配合使用,让学生不断深入探索程序框架、参数调试、算法应用等问题,发挥学生探究和创新精神。

(二)课时安排:

《小小程序员》科目建议的课时总量为24课时,每节课2课时,每课时40分钟。

四、课程内容

《小小程序员》是一门以机器人编程入门为主针对小学高年级设计的综合性课程,本课程基于智能小车型机器人作为编程学习载体进行开发,课程内容主要围绕机器人硬件学习和"流程图模块化编程"的软件学习相结合,两部分内容相互融合,涉及了单片机技术、计算机信息技术、传感器应用等知识。课程内容架构由"走进机器人""探索机器人""玩转机器人"三个单元组成,单元学习以主题任务式由浅入深循序渐进,其中每个单元又分成四节小学习任务课。

第一单元主题:"走进机器人"。

单元简介:第一单元内容主要是让学生软硬件结合认识机器人各部件及编程模块。在认识机器人控制器、传感器、电机驱动卡、电机等重要硬件组成部件的同时融合音乐、数学计算、物理学知识如基础串并联电路、万用表的使用、直流电动机。在编程学习中,学习机器人编程软件中显示、主电机、延时等待、发音等基础功能图形化模块,单元目标是通过软硬件认知初步能用简单编程实现机器人基础功能。

课程内容:

第一节:《Hello World》。Hello World主要让学生认识机器人,学习机器人基础输出设备"显示器",通过编程软件中"显示模块"实现人机互动。

第二节:"小小作曲家"。初识蜂鸣器功能,通过"发音模块"解决机器人声音的控制。与音乐科学结合,编程"生日快乐"歌曲,开启编程学习中"顺序机构"逻辑思维的建立。

第三节:"动起来"。学习电机与齿轮箱的匹配的关系,融合物理学通电线圈电磁感应知识,入门电机与电器驱动板的控制技术。通过"主电机""延时等待"两模块结合实现机器人行走、转弯、停止的功能。

第四节:"走四方"。以"机器人走正方形"为主题任务,结合应用数学知识对电机速度、延时时间和行驶距离的关系进行探索,并用编程的方式解决走正方形任务,起步编程学习中"循环结构"逻辑思维的建立。

第二单元主题:"探索机器人"。

单元简介:本单元内容是以联系生活中的常用智能设备为主题,通过探索常用光敏传感器、红外避障传感器、声控传感器来实现设备智能化,融入物理学中光学、声波原理,在探索中了解模拟传感器和数字传感器的特点,并进行数据采集和处理,在问题解决中,融入计算机编程"分支结构"的编程逻辑思想。单元目标:能应用传感器进行编程。

第一节:"小眼睛大世界"。主要是让学生认识各类常用传感器和传感器的功能,并学会传感器的安装,通过循环中套用"模拟输入"和"数字输入"获取传感器数据。

第二节:"光电闹钟"。以设计"光感式闹钟"为主题任务,结合物理光学知识,探究光敏传感器在不同光感环境下的数据变化,通过软件中"模拟输入"模块与传感器互通,运用设置"临界阈值",融合于计算机编程"分支结构"的逻辑思想中。

第三节:"小保安"。以设计保安机器人为主题任务,结合物理学射线的反射原理了解红外触感器的数据特点。通过软件中"数字输入"模块与传感器互通,在分支结构下能区分"与""或""非"逻辑关系。

第四节:"楼道灯"。以生活中楼道灯为主题任务,同时应用声控和触碰传感器模块来实现多传感器控制。

第三单元主题:"玩转机器人"。

单元简介:本单元内容是学生根据主题任务开展合作分工项目式学习,在开展项目式学习的过程中结合前两单元所学知识和融合数学、物理、工程等学科知识,自主探究使用触碰传感器、数字指南针、灰度触感器、红外测距传感器等硬件设备,对机器人功能进行改装,实现"多功能"小车的目的。单元目标是学生能自主进行智能小车改装,传感器选择与安装、编程和调试来解决问题。

第一节:"碰碰车"。以将机器人改装为"碰碰车"为任务目标,学生小组合作自主开展项目化学习。通过使用多个传感器协同应用,熟悉传感器配合使用的逻辑优先关系。

第二节:"指南车"。以将机器人改装为"指南车"为任务目标,学生小组合作开展项目化学习。通过使用电子罗盘传感器,用数学、物理、工程等学科融合的思维方式来解决问题,从而掌握智能小车方向角度控制的方法。

第三节:"巡迹车"。以将机器人改装为"巡迹车"为任务目标,学生小组合作开展项目化学习。通过使用多个灰度传感器,熟悉不同位置的灰度传感器协同配合控制的方法。

第四节:"赶羊进圈"。以将机器人改装为"赶羊进圈"小车为任务目标,学生小组合作开展项目化学习。通过对机器人外部结构的改装,用数学、物理、工程等学科融合的思维方式来对机器人行走路径进行规划,从而得到最佳"赶羊进圈"控制方式。

五、课程实施

(一)课程实施原则

在《小小程序员》科目的实施过程中,以小组化的合作形式展开教学活动。其实施原则:

1. 学生主体原则。从学生自身能力情况和发展需要的实际出发,精心设计和组织学生的学习活动。

2. 多教学方式原则。根据学生的身心发展规律和技术学习特点,指导学生采取自主学习、探究学习、合作学习、网络学习等多种学习方式。

3. 跨学科融合原则。促进学生综合素养的培养,问题解决能力的提高,积极的情感态度与价值观的形成,以及对科学研究兴趣的发展。

(二)课程实施途径

1. 采用线下学生合作教学

《小小程序员》课程通过近年来的教学实践反馈,发现线下学生小组合作教学的互动性比线上教学要好很多。《小小程序员》课程在教学的实施过程中,可以两至三名学生一组,也可以在混龄课堂中让高龄带低龄学生进行自由组合。学生线下合作可以相互帮助配合,教师也可以很好地与学生互动,在互动交流中让学生逐渐爱上编程的学习。在管理学生方面,线下教学也可以很好地把控学生学习情况和学生的接受水平,从而每节课能为学生安排合理的教学内容,使学生在合作中不断提升自身的能力水平。

2. 采用线下学生个性辅导教学

《小小程序员》课程会涉及工程、机械、编程、数学、物理等多学科知识,知识内容的难度和综合性较高。在课堂教学的过程中学生经常需要经历查阅资料、动手实践和实验测试等教学活动。教师可根据不同学生学习认知情况采用有针对性的个性化辅导。当个别学生遇到问题困难时,教师可以根据学生遇到的不同问题,给予学生不同的问题解决提示,让学生充分发挥自主学习能动性，在一个个问题解决中不断提升个人综合素养的全面性。

3. 在特殊情况下采用线上教学

《小小程序员》课程不仅仅局限于在线下上课，在受疫情影响、远程教学交流等特殊情况下，该课程也可以开展线上教学。我们可以选择腾讯视频、钉钉等软件平台，与学生开展在线培训活动。《小小程序员》课程虽然是基于Kimo智能小车开发的课程，但是课程内容同样适用于其他编程软件，目前国内已出现好几款虚拟机器人软件，在这些虚拟的平台上同样可以开展《小小程序员》的线上课程，例如：scratch虚拟机器人、鲸鱼虚拟机器人等软件。

4. 制作微课方便学生自学

《小小程序员》课程还可以通过制作微课的方式进行课程传播，便于学生在碎片化的时间里开展自学活动。制作微课可以借助视频剪辑软件进行编辑配音配文，完成制作的视频一般时长不超过10分钟，授课教师可以选择相对比较容易上手的内容录制视频作为入门课程，课程中的重点和学生可能遇到的知识难点也可以录制视频，学生可以反复观看视频，提高学习效果。

(三) 课程实施环境

宝山区青少年活动中心是宝山区教育局直属校外教育机构。中心在机器人教育方面有专门功能活动室，活动室设备齐全，功能分区合理，活动室最多可容纳25名学生。

(四) 教学方法

机器人课程教学方法主要包括引导探究、任务驱动和项目式学习等。

1. **引导探究**：《小小程序员》课程融合了数学、物理、工程、机械、信息技术等多种学科内容。教师在实施教学过程中，需要引导学生自主查阅资料，自主探究学习，要鼓励学生多提出问题，多交流讨论寻找解决方案，并通过实践编程实验测试来完成任务目标。在实践中，学生不断探究科学知识，发现问题、解决问题，从而促进学生的独立探究和合作学习能力。

2. **任务驱动**：《小小程序员》课程是由一个个任务串联而成系统课程，每个任务前后关联难度由浅入深。教师在实施教学的过程中，需要将大的任务目标合理分解成小目标，系统地组织学生完成一系列的任务，鼓励学生积极主动地参与和合作。在任务中，学生可以发挥自己的个人特长，同时也学会分工协作、培养团队精神、任务管理等综合素养。

3. **项目式学习**：《小小程序员》课程的每一个项目都是结合生活中的实际问题。授课教师可以组织学生独立或合作完成既定项目目标和实施机器人项目实践的过程管理,以培养学生的动手能力、协作能力和创新能力。在项目中,学生面对实际问题,从设计到实施,不断思考、实践和改进,从而培养学生的动手实践能力。

4. **创设问题情境**:《小小程序员》课程教育融合多门学科,通过 STEAM 教学活动将分散知识根据跨学科逻辑问题实现序列化、结构化整合。在《小小程序员》机器人教学活动中,以情境融入问题探索,能够重构学生已有的知识,提升其主动思考的问题解决意识。传统课堂中,教学活动侧重于概念、方法的掌握,未能重视问题情境的体验,使得学生虽习得知识,却仅是死记硬背,难以用于实践,问题处理能力差。创设问题情境的教学方式注重对学生知识应用能力的培养,强调问题与情境的对应关系,融合"五育"目标挖掘情境资源以多角度呈现跨学科知识,使抽象内容具体化以符合学生认知。例如:在"巡迹车"一课中,教师通过创设巡迹车竞速大比拼活动,让学生沉浸在一名无人驾驶赛车手的身份中,充分发挥学生的竞技热情。

综上所述,《小小程序员》机器人编程课程作为一门广域课程,能够有效地提高学生的科学文化综合素养和实践能力。在教学中,为了达到培养学生知识技能与综合素质的目的,可以同时采用引导探究、任务驱动、项目式学习、创设问题情境等教学方法,确保《小小程序员》课程的教学效果和实用性。

(五)课程课时与具体进度计划

《小小程序员》课程内容架构由"走进机器人""探索机器人""玩转机器人"三个单元组成,每个单元学习内容由浅入深循序渐进,在每个单元中又细分成四小节学习任务课。

本课程以"智能小车"编程为主线,通过改造智能小车,实现小车不同功能,从而达成预期任务解决目标。在实施课程过程中倡导以学生为主体,基于跨学科学习模式,采取合作探究,在讨论、观察、比较、实践、创作、分享的过程中,学习机器人相关专业知识,掌握通过编程解决任务的一般方法,在"玩中学,学中创,创中研"的过程中,深化知识的建构,提升核心素养。

《小小程序员》					
单 元	章 节	周	课 时	计划成果
走进机器人	Hello World	1	认识显示屏、显示模块	给小车取名
	小小作曲家	2	认识蜂鸣器、发音模块	小车唱生日快乐歌

续 表

<table>
<tr><th colspan="5">《小小程序员》</th></tr>
<tr><th>单 元</th><th>章 节</th><th>周</th><th>课 时</th><th>计划成果</th></tr>
<tr><td rowspan="2">走进机器人</td><td>动起来</td><td>3</td><td>认识马达、电机模块</td><td>小车可以行走停下</td></tr>
<tr><td>走四方</td><td>4</td><td>探索循环模块、延时模块的功能</td><td>小车走正方形</td></tr>
<tr><td rowspan="4">探索机器人</td><td>小眼睛大世界</td><td>5</td><td>探索数字、模拟传感器</td><td>小车感应环境变化</td></tr>
<tr><td>光电闹钟</td><td>6</td><td>探索光敏传感器</td><td>把小车变闹钟</td></tr>
<tr><td>小保安</td><td>7</td><td>探索红外避障传感器</td><td>把小车变保安</td></tr>
<tr><td>楼道灯</td><td>8</td><td>探索声音传感器</td><td>把小车变楼道灯</td></tr>
<tr><td rowspan="4">玩转机器人</td><td>碰碰车</td><td>9</td><td>探索多个触碰器传感器</td><td>制作一部碰碰车</td></tr>
<tr><td>指南车</td><td>10</td><td>探索指南针的功能</td><td>制作一部指南车</td></tr>
<tr><td>巡迹车</td><td>11</td><td>探索光敏灰度的功能</td><td>制作一部巡迹车</td></tr>
<tr><td>赶羊进圈</td><td>12</td><td>探索机器人改装</td><td>制作多功能智能车</td></tr>
</table>

(六) 课程实施教学案例

<table>
<tr><th colspan="3">《小保安》(上)教学设计</th></tr>
<tr><td>所属课程</td><td>《小小程序员》</td><td>教学对象　小学三年级以上学生</td></tr>
<tr><td>内容来源</td><td>Kimo机器人</td><td>课时安排　1课时</td></tr>
<tr><td>教学目标</td><td colspan="2">(1) 通过小组合作方式主动分析教学机器人的硬件，了解避障传感器的功能、接线，并发现避障传感器的特点，从而培养学生对于陌生事物的探究意识，逐步提高观察能力、分析能力、思维创新能力以及团队协作能力。
(2) 学生上机实践编写"迎宾机器人"的程序，学会使用避障传感器编写简单的迎宾机器人的任务，体验编程所带来的成功与喜悦，从而激发学生学习兴趣。</td></tr>
</table>

续　表

《小保安》(上)教学设计	
教学重难点	**重点**：掌握使用避障传感器编程的方法。 **难点**：编程分支结构的方法和技能。
教学内容	本次课程设计为《小保安》第一节课。学生发散性地讨论未来机器人如何实现迎宾机器人功能，学生产生兴趣将教学机器人变成一台迎宾机器人。之后教师引导学生了解教学机器人上的红外测障传感器功能和特点，掌握传感器测试程序的基本框架结构，学生尝试编写程序，最终把教学机器人变身为一台简易的迎宾机器人。
教学情分析	《小保安》是第二章节"探索机器人"的第三节课，学生在准备开始进入学习这一课前，已经历了第一章节的"走进机器人"的学习，已具备了机器人硬件和软件编程的一部分基础知识。对于机器人传感器的类型和传感器的数据测试有了一定的知识储备，因此学生可以举一反三地尝试去探索红外避障传感器的数据检测和尝试完成小保安任务。

教　学　过　程			
教学环节	教师活动	学生活动	设计意图
任务导入	➤ 问题1：同学们，现有"小保安"机器人有什么功能特点？	➤ 学生讨论交流保安机器人的功能和特点（报警、能识别物体经过）。	启发学生对保安机器人的探索欲望，发现常规小保安机器人的功能特点。
启发思考	➤ 提问：制作保安机器人必备条件？ ➤ 提问：机器人保安的特点，如何让机器人充当保安？	➤ 交流讨论并在笔记本上记录：哪些硬件是小保安机器人必要设备。 ➤ 回答问题：机器人需要装备红外避障传感器，当机器人前方有物体或环境声音响的时候会报警。	引导学生联系生活中的安防机器人，观察安保机器人常规功能特点，明确保安机器人需要有红外避障传感器。
活动一：传感器测试实验	➤ 提问：哪些场景使用红外避障传感器？它的工作原理或者功能是什么？	➤ 交流：洗手烘干机、自动感应门等场景会使用红外避障传感器。红外传感器通过红外光线的发射与接收来检测前方物体。	让学生掌握基本的传感器测试方法。

续表

教学过程			
教学环节	教师活动	学生活动	设计意图
活动一：传感器测试实验	➤ 引导学生观察红外避障传感器的组成部分。 ➤ 提问：1.红外避障传感器的组成部分？2.红外避障传感器是数字传感器吗？ ➤ 引导学生完成红外避障传感器的接线。 ➤ 测试程序任务：给学生 5—7 分钟的时间完成测试程序。注意：完成检测，将数据记录在实验单上，并在黑板上填写数据。 ➤ 提问：红外避障传感器反馈值是如何变化的？	➤ 观察：红外避障传感器的组成部分。 ➤ 查阅资料并交流：红外避障传感器普遍为数字传感器。红外传感器由红外发射管和红外接收管组成。 ➤ 动手实践：给机器人安装红外避障传感器。 ➤ 实践：编写红外避障传感器测试程序，对前方物体检测，并记录数据。 ➤ 观察数据表并交流：发现当红外避障传感器前方有物体时返回值为1，没有物体反馈为0。	
活动二：报警功能编程	➤ 引导学生思考：如何让机器人识别物体？需要用到几个红外避障传感器？ ➤ 提问：为什么至少需要1个红外避障传感器，如果使用多个红外会发生什么情况？	➤ 思考交流：至少需要1个红外避障传感器。当反馈值为1时，报警器响，当反馈为0时，不需要报警。 ➤ 讨论：让机器人识别物体需要用几个红外避障传感器最佳？	让学生在编程中探索传感器的功能特点，掌握传感器使用方法。

续　表

教　学　过　程			
活动二：报警功能编程	▶ 引导学生先使用1个传感器进行编程，完成后尝试用多个红外避障传感器编程。	▶ 实践：上机编写程序。	
探究与拓展	▶ 引导学生思考：如何让机器人更精准识别物体经过？	▶ 交流机器人使用多个避障传感器的方法，并尝试改写调整程序	引导学生进行更深层次探究

（七）课程实施学生案例

学生姓名：赵××

所属学校：宝山淞谊中学

学龄：6 年

我在就读三年级的时候来到宝山区青少年活动中心开始学习机器编程课程。那时的我，不过把编程学习当作一件烦琐的事情来对待。试问在天真烂漫的童年，又有谁会喜欢单调枯燥的编程而放弃五彩斑斓的梦呢？彼时的我怎么也想不到，之后的我会这样着迷，回看当时的作品，虽然幼稚，却包含了无数只属于我的童年的碎片。

我刚刚接触《小小程序员》课程的培训，我在机器人编程方面的兴趣就被慢慢打开，慢慢领略到这个由逻辑主宰的数字世界。随着数字知识的不断长进，我逐渐能够领略机器编程中独具的美感。也许是因为兴趣，我开始查找有关编程的资料，认真听取每一次机器人课程。机器人课程给我最大的影响是让我持续不断地想要提升自己，我努力地编写程序、改进程序，编出来的程序也更加清晰、完整。我从学习的过程中领略了编程语言的繁华与静谧，艳丽与平淡，喧闹与宁静。

在学习《小小程序员》课程中期，给我印象最深的是《小眼睛大世界》一课，那是我第一次强烈感受到机器人的神奇和编程的魅力。这与在学校学习不同，平时我们在学校学习电脑课是枯燥无味的理论学习和单一的电脑操作。然而在青少年活动中心学习，老师引导我们自主探究查找资料，通过编程让机器人能获取外界环境的变化。那时，老师让我们尝试在不同的环境下去发掘数据变化的规律，我们的课堂不局限在教室内，我们可以到室外，也可以在光线较暗的地方。看到机器人在不同的环境下反馈的数据不断发生变化并成功找到了相应的数据变化规律，我难以抑制那种兴奋之情，就是在那一刻，我感觉自己非常渴望深入了解学习机器人，对我的学习给予了很大的鼓舞。

如今，我已是八年级的学生，已在校内掌握了一定的英语知识和数学方法。在机器人课程的持续深入学习下，我们自由组合成立研发小组，做了很多有关机器编程的课题实验，并记录了下来。我们目前已可以小组自主创新程序设计，从最基本的观察机器接线，到初期程序设计再到数据采集与程序调校，接着是对程序的不断改进，最后是完成整体程序。编程课不再只停留在青少年的课堂里，我还参加了许多机器人比赛并且获得很多荣誉证书。是老师带我走进了机器编程世界。回首过去，从最基础的模块化编程到后期的语言编程，我收获了许多：分析问题和解决问题的能力，抽象归纳总结的能力，逻辑思维能力，严谨仔细的能力，创造力和想象力。这无不使我受益匪浅。

学生姓名：黄××
所属学校：庙行实验学校
学龄：2 年

近两年的时间里，我在宝山区青少年活动中心参与学习了《小小程序员》机器人编程课程，了解了很多机器人编程的知识技能，掌握了各种机器人改装、机器人编程的操作方法，更是激发了我对机器人编程的浓厚兴趣。

还记得一开始学习《小小程序员》课程，那时从来没有接触过机器人的编程，内心既期待又害怕，担心编程学习太难没法很好理解。但是通过几节课的学习，我逐渐可以按照老师的要求对机器人进行编程，不断完成一个个目标，并从中获取机器人编程的技能方法。课程开始初期，我一直把编程学习当作学习任务看待，老师要求做的事情，我就跟着做，但是发现这种在平时学校学习的方式在活动中心没法适用。活动中心的课程全程需要自己去尝试发现问题和研究解决问题，这就很好地改变了我长期依赖老师的习惯。

在学习《小小程序员》课程的过程中，给我留下深刻记忆的是《巡迹车》一课。在课上，活动中心老师上课的方式不同于在学校课堂上按部就班的知识讲解，老师让我们做了各种各样的问题发现和资料查找，然后成立研发小组开始进行课堂程序研发比赛。这种方式让我感觉又紧张又刺激，激起我很强烈的探究欲望。我们小组为了能让巡迹小车提速，不断调试优化程序参数和改装机器人，即使下课我们小组还是留下来一直调试到很晚，不舍得离开活动室。校外科技课和学校的社团还有一个很大的不同，学校没有很好的比赛场地和调试改装设备，活动中心有很好的专业设备，可以发挥我们动手和自主学习能力。

随着学习的不断深入，我越来越喜欢《小小程序员》课程，这项编程课不仅是编程，它还涉及了数学、工程、物理等多个学科知识。就拿巡线机器人来举例吧。学习的过程中我们需要自己制作场地，为机器人巡线做好轨道设计，同时还要小组合作改装机器人，要改装成能完成任务的机器人，之后要计算传感器环境识别的数据。最后，就是编写和调试程序，直到机器人能成功完成任务。这些经历都是我成长中的宝贵财富，我通过机器人课程让自己从原来的被动学习，慢慢开始变得主动去探究知识，去解决问题。

此外，我也开始查找其他关于机器人编程的资料，我开始学习 C 语言代码的编程。面对复杂繁多的代码我也不会感觉枯燥乏味，伴随着键盘和鼠标的敲击与移动，一个又一个的作品被我完成，我感受到了用编程解决问题的快乐。

现在我已经是六年级的学生了，已经掌握了一些程序的制作方式。现在上课的时候，我会把心得体会记录下来。例如在做智能小车直角转弯的动作时，我会把参数和问题记录下来，之后再次遇到同样的问题，就不需要做重复的调试，减少很多重复性的实验。在老师帮助下，我参加了许多比赛，得到了很多荣誉证书。这些收获都离不开活动中心老师的专业指导和兴趣启蒙。

(八) 课程实施教学评价

1. 课程评价表

在评价量表的设计过程中，也结合了 STEAM 课程的特点，从五大评价维度去设计，这五大维度分别是：动手操作能力、跨学科融合能力、解决问题能力、创新创造能力和合作学习的能力，尤其在设计评价学生作品的评价表的时候更有突出的体现，它们是一一对应的关系。动手操作能力的培养与科学相对应，让学生在探究的过程中进行学习，能够保质保量地完成相应的内容，既了解了每一个项目的原理知识，更能很好地认识它；跨学科融合能力主要是与技术方面的能力相对应的，在教学的过程中，教师更多的是要引导学生全面的发展，在学习技术的过程中，还能很好地将其他学科方面的知识融入其中；在解决问题能力的方面，主要是与工程相对应的，学生不仅要学习机器人编程方面的知识，还要将学到的知识应用到生活的实践中去，能够更好地解决实际生活中遇到的问题，目的是让他们在这个锻炼的过程中，勇敢地面对生活中的困难与挫折;和创新创造能力相对应的是学生的艺术情怀,学生对作品的创新创意的改造、对美的认识和需要、对艺术的独到见解,发散思维的培养等方面,提供了有利的途径,通过二次开发,让学生对作品又有了一些新的认识;最后是合作学习能力方面,合作不仅仅是学生分工完成任务的过程,而且让同学们之间取长补短,吸取他人的优点,大胆提出自己的想法,互相学习,共同进步。在后续量表的设计过程中,也遵循了以上五大原则来进行设计,最重要的是评价应对学习内容和心理测试的有效性具有指导意义,最终是要促进学生的全面发展。

2. 课堂评价

(1) 学生自我评价:

学生评价主要关注学生过程性评价,过程性评价是新课程教学改革的重点,关注学生求知、探索和努力的学习过程。传统的评价方式过分重视静态的、可量化和浅层次的学习成果,评价内容片面、评价方式单一,不利于学习者的全面发展。过程性评价重视动态的、难以量化和高层次的学习过程和学习效果,通过在学习进程中对学习者进行实时评价,将评价过程与学习过程融合在一起,为学习者提供及时的反馈、引导、激励和调节等方面的学习支持。在过程性评价中,也应该注重对校本课程的评价。该评价体系兼顾自由价值与社会效益,强调个性、能力与品格的协调发展,尤其是学习服务能力、创造性思维与问题解决能力的培养,实现了过程评价与结果评价、课程教学与现实世界的有效结合,能为我国中小学校本课程评价体系的建构提供借鉴。

学生自评学习行为量表

项目	评价内容	评价分数(1—5分)	个人评价	小组评价
擅长动手	我擅长动手,有很强的观察能力和思维能力。			
融合多学科	我在学习的过程中,能够融入更多其他学科的内容,综合性地进行学习。			
解决实际生活中的问题	我能积极地思考老师提出的问题并将所学知识联系实际,用于解决实际生活中遇到的问题。			

续 表

项　目	评　价　内　容	评价分数 (1—5分)	个人 评价	小组 评价
思维的创新性	我的想象空间很强，对作品总是能做出创新创意的改造。			
善于与人合作	我能很好地与小组内部的同学合作与交流，共同完成任务。			

（2）教师对学生评价

教师评价是确保和提升教师队伍质量的一个非常重要的途径。然而，什么样的教师评价才能更好地促进教师队伍质量的提升是一个亟待探索的关键问题。斯坦福大学李·舒尔曼教授基于30多年的研究与实践，给出的答案是：教师评价要特别强调教学情境，评价的应当是教师的实践智慧；教师评价需要超越传统的纸笔测验，通过观察教师的专业实践来获取评价信息；评价者需要运用丰富的实践智慧进行专业判断。教师评价镶嵌于教学情境；没有独立于教学的教师，同样，也不该有脱离于教学情境的教师评价。重视判断并不意味着失去客观，在评价中要善用教师表现性评价，同时，更要重视教师间的相互学习。在每一个小项目之中，教师都会为每个小组创作的作品分别打分汇总最后的成绩，同步跟踪学生的学习情况和平时表现，督促学生的学习；对于教师而言，设计教师评价的环节，可以让教师进行课后的教学反思，能有效地提高教学的质量和效率，对于教学活动做出及时的调整，促进学生的发展。

学生过程性学习评价表

评价 类别	评　分　标　准			教师评价 小组类别						
	5分	3分	1分							
动手操作能力	能够通过图纸自主完成搭建	能够通过图纸搭建大多部分	能够通过图纸搭建少部分							

续 表

评价类别	评 分 标 准			教师评价 小组类别						
	5分	3分	1分							
跨学科融合能力	在知识的应用中能融合多个方面的领域	在知识的应用中能融合某些方面的领域	在知识的应用中能融合少部分方面的领域							
解决问题能力	学生能很好地解决实际生活中的问题	学生能较好地解决实际生活中的问题	学生不能很好解决实际生活中的问题							
创新创造能力	对于作品学生能进行大胆的创新,有自己独到的想法	对于作品学生能进行一些创新,有自己的想法	对于作品学生的创新能力不强							
合作学习能力	学生在学习的过程中能很好地进行组内的交流与合作	学生在学习的过程中能较好地进行组内的交流与合作	学生在学习的过程中不能较好地进行组内的交流与合作							

课堂评价量表(教师评价)

六、课程成效

(一) 课程价值

1. 学生竞赛成果

《小小程序员》课程完成开发后,就在校外教育的周末兴趣培训班中投入使用。学生经过一个周期课程的培训,他们能快速上手使用各类机器人设备,即使是应对难度较高的竞赛机器人也能很快适应,并在各类机器人大赛中都取得了非常优异的成绩。

随着课程不断优化和完善,课程对宝山区学生科技竞赛成绩的提升也越发明显。2020年—2022年在RoboCup青少年机器人世界杯、青少年人工智能大赛,以及其他各类机器人大赛中总计获得138项一等奖、365项二等奖,其中学生每年获一等奖的数量在不断提高。

2. 普及学校推广

近几年,宝山区加快教育数字化转型发展,引进人工智能科学技术与中小学基础教育学科结合,力求解决学校办学过程中长期遇到的重复低效问题,持续优化完善教学过程的合理性,不断提高教学质量和成果。为此,学校迫切需要人工智能相关的课程进校园,促进师生紧跟时代发展步伐,用更先进的技术方法助力教育发展。

《小小程序员》课程涉及的内容由浅入深,非常适合在学校普及使用。课程从开始仅在校外教育活动中心使用,经过反复打磨修改后将其推荐在5所小学、2所初中开始试点使用。根据试点学校反馈,对于课程的认可度普遍较高。故此,我们又将课程进一步向机器人联盟成员单位学校推荐使用。目前,全区已有20余所中小学校加入本课程的科技社团推广使用。

3. 学生与教师个人发展方面

本课程对学生动手能力、创造能力和研究能力的提升非常明显。学生在经过一个周期课程的培训后,他们会从传统课堂的被动接受知识转变为自主式探究学习。同时,通过编程学习,学生不仅可以掌握科学的研究方法还能形成严谨的逻辑思维,对于真实场景下的现实问题也能积极去尝试解决。

本课程对教师的科学素养、科学技能的提高也有很好的反馈。在针对使用本课程教师的调研中,他们反映最多的是对于编程能力的提高非常有效。以往教师学习编程使用的参考教材都是专业性高,自学理解难度也高,这就导致很多教师不愿学习编程,也不愿从事科技创新教学工作。然而教师通过本课程,可以在为学生授课的同时自学编程,并且学会的技能是可以直接指导学生参与各类科技竞赛的。因此,宝山区机器人教师团队从原先的12名扩容至23名,师资队伍力量得到了很大的增强。

(二) 课程获奖

本课程于2021年入选上海市学生素质教育优质资源平台——进校服务课程和上海市科创教育(中学)优质课程。以《小小程序员》课程为背景的论文《浅析关于中小学开展机器人教育策略研究》荣获2020年华东校外教育小论文评比活动一等奖,相关论文《在混龄课堂上提高学生机器人编程学习效果的研究》发表于《青少年创客教育资源包丛书》。

第三节 人文科技类——以"火星农场"课程为例

课程案例——"火星农场"

一、追根溯源——课程开发背景

(一)教育需要:天文科普课程跨界融合创新新视野

2021年6月3日国务院发布《全民科学素质行动规划纲要(2021—2035)》,习近平总书记指出:"科技创新、科学普及是实现创新发展的两翼,要把科学普及放在与科技创新同等重要的位置。"青少年是科学兴趣、好奇心最浓厚的阶段,是学生个体创新素质的决定阶段,是培养科技创新后备队伍的关键时期。

宇宙中璀璨的星空永远是人类最大的向往和追求方向。近年来中国天文及航天领域取得了举世瞩目的成绩,然而,天文学科在国内的发展状况较其他学科略滞后,天文学科尚未被纳入国家九年义务教育课程中。如何从学生综合素养培养的视角出发,对校外天文科普教育课程体系进行新的构架,让天文知识通俗易懂、生动有趣地走进青少年的学习生活,突破传统课堂教学的时间空间限制,强调跨学科整合,充分发挥学生的主观能动性,发挥天文科普的育人价值,更好地培养学生的综合素养,实现人的全面发展、个性发展、为终身学习奠基,成为一个值得深思的问题,同时也是新时代教育背景下校外教育课程的发展要求。

(二)学生需求:适应未来社会发展综合素养的新诉求

教育是一种有目的的培养人的活动,它的目的在于影响和促进人的发展。21世纪是信息技术迅猛发展的世纪,知识更新速度之快大大超乎人们的想象,在知识快速更迭的信息社会,学习能力比知识本身更加重要,学生的学习也不仅仅局限于课堂与教室中,学生的自我发展与个性化学习需求日益高涨。就学习过程来说,教师仅仅是引路人,学生才是学习的真正主人,学生只有从内心愿意主动去学习和思考,学习能力才能不断提升。课程整体设计在学习中起着非常重要的作用,设计开发适合学生年龄特征、符合学生认知规律,集趣味性、知识性、活动性与探究性于一体的科普实践课程能满足学生终身发展的需要。

火星一直在人类的想象中占据着重要的位置,古人诧异于它的红色,以及年复一年循着周期跌宕起伏的亮度。人们对于火星的痴迷和好奇从未消退,就在50年前,一架经过火星的航天器拍下了它第一张照片,显示火星拥有模糊的大气层。现在经过数十年的火星探索,人们发现火星曾经存在过开放的水域这一生命存在的基本要素,2017年的国际宇航大会上,Space X 创始人埃隆·马斯克(Elon Musk)公布了将利用最新载人飞船BFR实现人类移民火星的计划,他宣传:"再过十年,人类就能够登上火星,并且建造城市!"也许十年的火星计划显得有些野心勃勃,但的确科学家也预测"一万年以后,火星极有可能成为人类的第二故乡"。一时间,人们对于火星的关注与探索兴趣与日俱增。本课程以模拟的火星生存情境为课程背景,让学习者以"火星开拓者"的身份,模拟身处于一个与真实的火星大致相同的环境里,在资源缺乏、条件极端的环境下,"如何在火星上获取足够的食物生存下去?"这一问题成为摆在学习者面前的巨大挑战,他们需要利用各项知识和工具,想办法获取持续的食物来源,即完成"建造火星农场"这项终极目标。"火星农场"课程不仅仅是简单地把天文、生物、艺术、工程等学科进行简单的线性叠加,而是把原本独立、分散的不同领域的学科知识和技能以问题解决为基础,以多样的学习活动支持学生在解决问题的过程中实现不同学科知识与方法在不同情境中的整合、运用和迁移,并进一步形成新思路、新方法、新技术和新产品。

二、课程价值

(一) 作为适用于区内中小学的天文科普课程的有益补充

目前,上海中小学现有的成体系的天文科普相关课程还比较缺乏,已不能满足当下培养学生全面的综合能力的现实需求。本课程作为针对青少年人群的天文科普项目化课程,具有一定的创新性,有助于发挥天文科普教育在学生发展中的重要作用,是适用于区内中小学的特色天文科普课程的重要补充。

(二) 发展学生的综合能力素养,与中小学科技竞赛相衔接

本课程不仅涉及天文与生物相关的理论知识,而且与实践探究紧密结合,注重提升学生的思维能力、动手实践及科技创新能力,是提升学生综合能力素养的有效途径,具有明显的科学性、开拓性、实践性和综合性特点。学生

在经历课程学习后参加科技类竞赛的成绩显著提升,本课程还可以为将来开发设计更优质的天文科普项目化课程提供参考。

(三) 组建项目专业教师团队,促进教师专业成长

通过组建跨年段、跨学科之间的教师开发团队,通过项目组教师设计研讨、专家论证、课例实践、案例分析等过程共同开发研究针对青少年人群的天文科普项目化课程,解决区域内缺少相关课程,专业师资缺乏等问题。以边培训、边开发、边实践、边总结的方式迈小步跨大步,助力教师的专业成长发展,帮助教师快速上手参与本课程开发与实施。以本课程为载体,更好地培养具有未来创新精神和实践能力的青少年科技后备人才。

三、课程理念

指向学生综合素养发展的校外教育机构广域课程"火星农场"从学生感兴趣的主题出发,针对小学高年级、初高中不同年龄段学生开展,围绕"火星农场"这一主题设计活动,通过活动提供丰富、综合、跨学科的学习经历,为学生自主学习、合作学习和终身发展奠定基础,落实立德树人根本任务。课程的内涵具有以下三大特征:

1. 遵循学习者立场,关注终身发展;
2. 面向生活世界,强化实践感知;
3. 突出实践经历,关注合作学习三大特征。

四、课程设计原则

(一) 广域性原则

"火星农场"课程设计具有"广域性"特点,指向学生综合素养发展,设定多维学习目标,将领域拓展的学习内容联系生活,依据学科与学生经验加以组织与排列,关联整合,进行系统的教与学。

(二) 主体性原则

"以学生为本"的理念贯穿于"火星农场"课程设计的始终,一切编写策略的应用,都以"培养学生能力、适应学生需求"为出发点。课程设计时刻关注学生的认知发展水平和心理发展水平,对学生进行学前的访谈和调查,深入认识学生的所需、所想,站在学生的角度进行思考,重新审视学习的目标、内容、实施和评价部分,并合理估计学生的"最近发展区",设置合理的学习梯度和恰当的学习目标。

(三) 科学性原则

科学性和严谨性是任何自然科学研究中要坚持的首要原则,在教学设

计上采取通俗有趣的叙述和对话方式向学生传递知识,但是语言风格的变化不该影响课程内容的科学性和严谨性。在设计课程及教学活动时,要保证基本的科学术语、原理和方法的准确性,并且在阐述一个科学现象或科学发明时,除了做到通俗易懂之外,更重要的是要表现出其中涵盖的科学思想和逻辑。

(四)系统性原则

科学这门学科是由众多科学事实现象和理论组成的科学知识体系,是在人们不断探究的过程中逐步发展形成的,因此在"火星农场"课程关键问题的设置时要考虑一个由简至繁、由表及里、由浅入深循序渐进的过程,问题前后要具有逻辑性,内容之间要成链状,知识的深度呈阶梯型上升,以一根主线将所有的琐碎的内容串联起来,呈现一个逻辑严密的完整系统。

(五)科普性原则

所谓科普,就是用大家易于理解、接受和参与的方式,对自然科学和社会科学的知识进行普及,传播科学的思想,弘扬科学的精神,倡导科学的方法,进行科学技术应用推广的活动。科学与社会生产生活和个人身心发展有着密切的联系,掌握一定的科学知识是必不可少的。在课程设计的过程中,注意与学生的实际生活相联系,提倡学生关注科学、健康生活的生活方式,增加有关科学家和科学史的相关内容。

(六)趣味性原则

课程中有些内容比较抽象,如何将有趣的科学传递给学生,让学生在乐中学、寓教于乐是需要思考的。在设计课程及教学实践时,注意语言的应用,根据不同的主题设计不同的情景,以角色代入的形式让学生产生代入感,以让学习变得轻松有趣快乐;同时,还充分利用图片、视频、图画等形式展现不易理解的内容,做到图文并茂,增强视觉吸引力。

(七)探索性原则

科普实践探究的课程,贵在"以问导思",学习能力、探究能力、核心素养的培养和提升都是潜移默化的。课程设计要从核心素养和科学大概念出发,而教学实践则从小处着手,设计多种有启发性的问题,让学生在情景中发现值得探究的问题,引发学生思维的迁移,设计学习支架支撑学生分析问题和解决问题,其中以图式化的方式呈现课程设计具有引导学生思考、探索的属性,它既是学习的导航图,更是思维、方法和情感价值的导航图。

五、设计课程框架

"火星农场"课程框架

课程开发背景	以模拟的火星生存情境为课程背景,让学习者以"火星开拓者"的身份,探索了解真实的火星环境,面对资源缺乏、条件极端恶劣的环境,学习利用多学科知识、技能及综合能力,解决真实问题,获取持续稳定的食物来源,完成"建造火星农场"这项终极挑战任务。
课程目标	1. 科学知识目标:了解火星的环境基本情况,知道火星环境存在缺氧、缺水、低温等极端问题,分析得出要在火星上生存需解决食物问题,解决途径是要实现食物的可持续生产,梳理解决该问题所需的相关基础知识与技能,比如探究植物在太空环境中生长的条件因素,掌握基本的植物栽培技术,食物与营养等。 2. 科学探究目标:能够提出真实性问题,为进一步学习奠定基础。学习主动获取信息,通过分析、调查、探究等一系列活动,逐步构建起自己对事物的认识,并且能够在之后的学习中灵活加以迁移,培养基于自然事实进行归纳与概括的科学思维。 3. 科学态度目标:对探索太空及生命现象保持好奇心和研究热情,乐于参加观察、实验、制作、调查等科学活动,并能在活动中克服困难,学会从多角度思考问题,尊重他人,与他人积极合作,积极参与交流和讨论,打破对既定事实的固定观念,勇于修正和完善自己的观点。 4. 科学、人文、社会与责任目标:通过对火星农场的设计与规划,了解科学技术对人类生活方式和思维方式的影响,认识到科学技术对推动人类未来发展的重要作用,同时认识到宇宙的广阔,科技的局限性,认识到地球家园的美好和稀有,在探索未来宇宙空间的历程中始终不忘珍惜保护好我们共同的地球家园。
课程性质	具有跨界融合、拓展性、科普实践的广域课程
授课时间	45分钟1课时,一共有16课时 具体根据学生年龄段与学校实际情况而定
授课年级	初级阶段:适合小学阶段(三至五年级) 中级阶段:适合初中年龄段(六、七年级) 高级阶段:适合高中年龄段(高一、高二年级)
课程内容	课程内容设计主要分为探索火星、植物生长、营养健康、建造农场4个单元,每个单元又具体分为4个内容,共计16课时完成,涉及领域包括生命科学、地球与宇宙空间科学、营养学、工程实践等多方面内容。
课程资源	硬件设施、软件设施 课程相关配套材料
课程实施途径	适合在学校社团或校外青少年科普实践活动中实施

六、课程内容

课程名称	单元划分	主要内容
火星农场	第一单元 探索火星	瞭望火星
		火星情报员
		制作火星名片
		火星科普展
	第二单元 太空种子发芽记	生命的种子
		种子快发芽
		植物栽培法
		太空种子成长册
	第三单元 火星营养餐	六大营养素
		挑选营养丰富的植物
		建立食物网络
		设计火星营养餐
	第四单元 设计火星农场	设计面向未来的火星农场
		方案设计及优化
		制作火星农场模型
		火星农场发布会

七、课程实施途径

与本课程相适宜的实施途径有:

1. 实践教学:通过实践、实验、实地考察等方式,让学生在实际操作中掌握知识和技能。

2. 项目式学习:通过团队合作,完成一个具体的项目,提高学生的学习兴趣和实践能力。

3. 个性化教育：根据学生的个性、兴趣、能力和需求，制订个性化的学习计划和教育方案，提高学习效果。

4. 场所教育：在社区、街道、活动中心等场所开展教育活动，提高学生的社会参与能力和实践能力。

5. 游戏化学习：通过游戏化的方式，让学生在游戏中学习知识和技能，提高学习兴趣和效果。

八、课程实施方法

与本课程相适宜的实施方法有：

1. 互动式教学法：教师与学生进行互动，通过讨论、问答、演示等方式让学生参与到课堂中。

2. 小组合作学习法：将学生分成小组，通过合作探究、讨论、分工合作等方式学习。

3. 项目式学习法：让学生在实际项目中学习，通过解决实际问题来提高学习效果。

4. 实践教学法：通过实践操作、实验、实地考察、制作模型等方式进行教学。

5. 个性化学习法：根据学生的个性、兴趣、能力和需求，制订个性化的学习计划和教育方案，提高学习效果。

九、课程评价

课程评价主要以关注学生的关键能力发展为指向，以过程性的行为表现、作品成果等为载体，通过观察、交流汇报、成果展示等形式检验和评价学生的阶段学习情况。评价方式以学生自评、小组互评、教师评价等共同组成，对其在学习活动中的能力、情感、态度、价值观等方面予以综合评价。通过多元评价方式促使学生不断认识自我、发现自我、激励自我，实现能力素养的全面提升。

"火星农场"课程表现评价表

序列	评价内容	自评	组评	师评
1	调查能力：从多种渠道、多种途径获取有关任务的相关信息，通过筛选、整理，提取有效信息。	☆☆☆	☆☆☆	☆☆☆
2	问题探讨：能通过观察，提出科学问题，发现其逻辑关系，梳理清晰的问题系统。	☆☆☆	☆☆☆	☆☆☆

续　表

"火星农场"课程表现评价表

序列	评价内容	自评	组评	师评
3	小组合作：形成合作团队、各组员分工明确，有领导力、有责任心，协作有效，合作氛围浓厚。	☆☆☆	☆☆☆	☆☆☆
4	方案设计：根据搜集到的资料设计方案，绘制设计图，设计图包括整体外观、内部结构和功能区域划分，综合考虑材料选择、工具使用、工程结构、成本核算、视觉效果、创新点等。	☆☆☆	☆☆☆	☆☆☆
5	实践制作：火星农场作品完整清晰、布局合理，功能齐全，能满足植物在火星上生存的环境条件，作品美观，具有创意。	☆☆☆	☆☆☆	☆☆☆
6	展示汇报：要素齐全、表达规范、图文并茂，PPT和展板有特色。	☆☆☆	☆☆☆	☆☆☆
7	交流与评价：陈述方案的设计思路和创意，语言简洁生动有逻辑；能客观地解答他人的提问，可以对他人作品提出质问和建设性意见，具有实事求是、真诚和包容的态度。	☆☆☆	☆☆☆	☆☆☆
8	其他突出表现	☆☆☆	☆☆☆	☆☆☆
9	整体评价	☆☆☆	☆☆☆	☆☆☆

十、课程教与学的方式建议

(一) 呈现合理的学习目标——激发成就动机、提升问题意识

确立学习目标是有效学习的第一步。学习目标好比是指南针，可以优化学习过程，促使学生在整个学习过程中保持高度的注意力，并且不断调试自己的学习方法。在编写课程资源时，在章节的开头，以"情境故事"的形式呈现学习背景，让学习成为一次探险的旅程，以此激发学生的求知欲。同时在每一节中以"本课重点"突出和提示学习注意重点学习内容。在每节中留出一块"问题与思考"，让学生在学习过程中可以随时记录产生的问题、灵感和想法，提升问题思考能力。

(二) 加强图、文、表的结合呈现——提升观察力与理解力

天文学科有其特殊性，理论知识较多，相对较为枯燥难懂。从学生的认知角度出发,图、表对于减轻学生的认知负荷有着极其重要的作用,因此在编写课程材料时,注重图、文、表的结合,同时,通过分角色对话提问的方式,引领学生自行观察和思考图表中的信息,提升信息的提取、捕捉和处理能力。

（三）增强思维方法的指导性练习——提升科学思维能力

在章节的开始部分,采取"问题系统"的方式,引导学生围绕核心问题主动构建自己的问题系统,在章节的小结部分,采用"思维导图"的方式,以单元主题为中心点,将整个章节的内容整理成一个系统。在绘制的过程中,学生需要思考各学习内容间的层级关系和内在联系,有利于学生对于所学知识的整体认识,还有助于提升学生的逻辑思维能力。学生在这个过程中,经历的是一次对学习内容的整体梳理,也是对自己学习能力的一次升华。

（四）提供有效学习程序和合作指导——提升团队合作能力

学生在面对一些复杂的学习任务时,往往会遇到许多意想不到的困难,比如面对一件周期比较长的学习项目,该如何规划时间?小组分工该如何进行?应该先做什么后做什么?学习工具和材料该如何获取?如果本来设想的工具和材料无法获得寻找什么代替?资金预算该怎么做?成本如何控制?学习成果该如何体现?如何寻求家长的支持?在学材设计方面,如果能对学生可能出现或面临的问题进行预判,然后有针对性地设计一些指导性的信息,如任务规划表、任务清单、小组分工建议单、学习指南等,可以帮助学生有序、高效地完成相关任务,获得成功的合作体验,有助于学生发展合作素养。

（五）增强拓展性练习及学习评价部分——提升评价反思力

在课程资源上,添加部分思维辨析性强、拓展延伸的小讨论、小任务,来帮助学生在实践中反思和检验自己的学习成果,同时,在资源中呈现过程性评价的指引,引导学生进行实时的自我记录。评价学习效果是学习的重要环节,可以避免学生对成功和失败的选择性记忆,而是把关注点转移到自己在学习过程中的成长和变化,有助于获得学习体验感和反思力。

附件1：单元教学设计案例

第一单元：《探索火星》

（一）单元设计说明

本单元通过创设情境,设计系列的学生活动,让学生了解真实的火星环境,为后续面对资源缺乏、条件极端恶劣的环境,如何进行"太空种子发芽记""火星营养餐""设计火星农场"做好知识的铺垫。提高学生利用多学科知识、技能及综合能力,解决真实问题,提高综合思维能力。

(二) 学情分析

中小学生对火星作为行星的共性特征有一定的初步了解,但是对于火星的具体环境了解甚少,所以通过探索火星,了解火星的环境特征十分重要。本单元通过一系列的活动设计,让学生深入了解火星的环境特征,激发学生思考在火星这样特殊环境下如何把火星作为第二个人类家园。

(三) 单元教学目标

1. 学会用不同的方式识别观测火星,通过火星观测,激发学生观星的热情。

2. 通过"火星情报员"活动设计,探究火星在太阳系的位置,运动规律,大气的组成成分,物理特性等,探索火星的基本环境特征。

3. 通过制作火星名片,参加火星科普展,给学生展示交流的学习机会,学生互评、师生探讨,学生自行设计、布展,发挥学生的创造力,拓展学生天文视野。

(四) 单元教学重难点

单元重点:

1. 学会用肉眼、望远镜等多种方式观测火星

2. 通过资料调查、情报研究等方式了解火星的主要环境特征

3. 制作火星名片,做火星科普展布展展示交流

单元难点:

1. 学会用肉眼、望远镜观测火星

2. 火星科普展布展

(五) 单元教学准备

望远镜、科普布展纸张、彩色笔、胶带、多媒体课件

(六) 单元教学实施过程

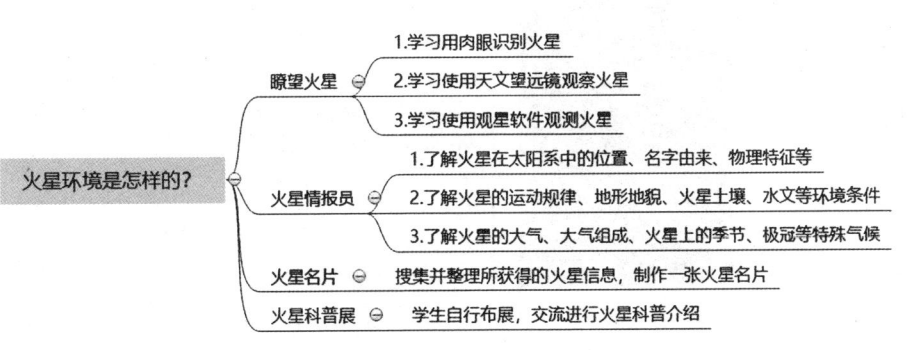

火星环境是怎样的?
- 瞭望火星
  1. 学习用肉眼识别火星
  2. 学习使用天文望远镜观察火星
  3. 学习使用观星软件观测火星
- 火星情报员
  1. 了解火星在太阳系中的位置、名字由来、物理特征等
  2. 了解火星的运动规律、地形地貌、火星土壤、水文等环境条件
  3. 了解火星的大气、大气组成、火星上的季节、极冠等特殊气候
- 火星名片　搜集并整理所获得的火星信息,制作一张火星名片
- 火星科普展　学生自行布展,交流进行火星科普介绍

第一单元《探索火星》教学设计				
所处位置：第一课时《瞭望火星》				
学习内容分析	在喧嚣的城市,学生能够静下心来,对火星战神做一次细致的巡视？学生"怎么看""看什么"是这节课的重点,学生通过肉眼、望远镜、观星软件的不同方式观测,与星空的距离拉近,天文观测过程中激发学生的天文探索热情。			
学情分析	生活在城市的中小学生对星空有一定的向往,但是由于光污染严重,很多学生是没有观测火星的经历的,所以学生对于观测火星的兴趣还是很浓厚的。通过老师的专业指导,学生能够看到火星,了解有关火星的天文现象,教会学生学会身边的天文知识,为后续火星的开发做了很好的铺垫。			
学习目标	学会用肉眼、望远镜、观星软件观测火星			
重点难点	重点：学会用望远镜观测火星及了解火星冲日现象 难点：学会用肉眼及望远镜观测火星			
教学模式与教学策略	问题式教学；互动式教学			
教学环境及资源（媒体）	星特朗6SE,Stellarium和星图等观星软件,多媒体课件			
活动环节	学生活动	教师活动		设计意图
一、情景引入	1. 学生自主回答对火星的最初了解及分享观测经历。 2. 观看火星观测视频。	火星长什么样子？什么时候能看到火星？火星冲日是怎么回事儿呢？ 通过播放星空辞典第21期,火星最佳观测时期《火星冲日》视频,让学生走进观测火星的世界。		创设情境,让学生了解火星,激发学生探索火星的天文热情。

续　表

第一单元《探索火星》教学设计

二、提出问题	思考与交流： 1. 思考观测火星的方式有哪些？ 2. 如何用裸眼观测火星？ 3. 如何用望远镜观测火星？ 4. 可以用哪些软件观测火星？	提问： 观测火星有哪几种方式？ 如何用裸眼观测火星？ 如何用望远镜观测火星？ 可以用哪些软件观测火星？	通过设问，让学生思考不同的观测方式下，如何观测到火星？学生带着问题去探索，提高学生分析问题解决问题的能力。
三、明确任务	分三组完成肉眼、望远镜、软件观测火星的任务，整理观测过程中的方法、遇到的问题及解决的方案。	协助各小组学生完成肉眼、望远镜、软件观测火星的任务，选择晴朗的夜晚，带领学生在操场上进行实际观测。	通过实践活动，完成观测火星；学生通过实践活动探索，完成观测火星任务；通过观测火星，拉近学生与火星的距离，提高学生探索火星的热情。
四、查找资料	学生通过查找资料，学习不同方式观测火星的方法，以及通过查阅资料解决观测过程中遇到的问题，设计解决的方案。	协助学生自己通过查阅资料探索观测火星的方法，协助解决观测火星所遇到的问题。	通过学生查阅资料，找到具体观测方法，在教师的引导协助下，完成观测任务。
五、分享交流	学生分享交流观测经验。	教师引导学生分工合作，对学生的观测探索给予肯定。	通过交流分享，展示交流，让学生在学会观测火星后，学会展示沟通交流，提高学生的天文综合素养。

第一单元《探索火星》教学设计

所处位置：第二课时《火星情报员》	
学习内容分析	通过数据及图文材料了解火星的主要环境特征、运行规律等，分析火星被称为"第二个人类家园"的原因。
学情分析	学生对火星的环境了解一些，但不是很深入，通过火星情报员的设计让学生更深入地了解火星的基本特征。

续 表

第一单元《探索火星》教学设计			
学习目标	1. 了解火星在太阳系中的位置、名字由来、物理性质等 2. 了解火星的运动规律、地貌、土壤、水文等环境条件 3. 了解火星的大气组成及环境的特殊性		
重点难点	重点：火星的主要环境特征 难点：火星被称为"人类第二家园"的原因？		
教学模式与 教学策略	互动式教学		
教学环境及 资源（媒体）	多媒体课件		
活动环节	学生活动	教师活动	设计意图
一、情景引入	学生结合教师引导，回答火星可能的环境条件。	美国宇宙探索技术公司（SpaceX）总裁兼创始人埃隆·马斯克曾提出火星移民计划（Mars migration program）。据英国《泰晤士报》2009年1月4日报道，马斯克说，他的长远目标是把人类从地球移居到其他星球，并保证这一过程足够安全、价格低廉。你们认为这一计划是否可行？火星是否具备宜居的条件？你有哪些可以支持观点的证据？	创设情境，激发学生探索热情。
二、提出问题	学生分析数据，总结火星适宜人类居住的可能条件。	提供八大行星的相关数据材料 表1 太阳系八大行星主要数据 1. 分析地球存在生命的条件。 2. 结合材料分析火星为什么被称为"人类的第二个家园"？	结合数据分析火星的主要环境特征，推测火星可能适宜的环境条件，提高学生的综合分析能力。

续 表

第一单元《探索火星》教学设计

三、明确任务	小组分工,查找资料,回答教师提出问题,深入探究火星。	教师提出问题 1. 火星在太阳系中的位置、名字由来、物理性质等 2. 火星的运动规律、地貌、土壤、水文等环境条件 3. 火星的大气组成及环境的特殊性	学生自主探究火星的环境特征,深入了解火星,对火星成为第二个人类家园有了更深入的思考。
四、分享交流	小组分析交流,学评。	教师引导学生有序分享学习成果,师生互评。	通过评价交流提高学生的综合思维能力。

第一单元《探索火星》教学设计

所处位置:第三课时《火星名片》	
学习内容分析	学生结合前两节课对火星的主要环境的探索,自主设计火星名片,加深学生对火星的深入了解,解放思想,激发学生的创造力。
学情分析	学生对于制作名片很感兴趣,但是如何制作一张合理又有创意的名片是很有难度的。通过制作名片,发挥学生的想象力,结合所学,使学生更深入地了解火星。
学习目标	制作一张火星名片
重点难点	火星名片中如何体现火星的主要特征
教学模式与教学策略	互动式教学
教学环境及资源(媒体)	名片纸张,多媒体课件,彩色笔

活动环节	学生活动	教师活动	设计意图
一、情景引入	学生思考如何制作一张火星名片。	Hello,地球人,我们是火星人,这是我的名片。同学们,你能帮助火星人制作一张火星名片吗?那如何制作一张有创意又合理的火星名片呢?	教师提出火星名片制作的设想,学生思考如何制作一张既合理又有创意的火星名片,激发学生的创作热情。

续 表

第一单元《探索火星》教学设计

二、提出问题	学生思考火星有哪些特点。	名片需要有哪些基本信息？我是谁？我来自哪里？我的家庭成员有哪些？我的家是什么样的？我的年龄？	回顾火星的基本环境特征，学生把所学知识学以致用，发挥想象力，提高动脑动手能力。
三、明确任务	学生制作火星名片。	小组分工合作，组织学生制作火星名片。	通过制作火星名片，发挥学生的想象力，提高动手实践能力。
四、分享交流	学生展示交流火星名片。	教师组织学生展示交流火星名片。	通过展示交流，学生在更深入了解火星的同时，提高学生的语言表达能力。

第一单元《探索火星》教学设计

所处位置：第四课时《火星科普展》	
学习内容分析	火星展板布置分四大模块，1.火星情境体验；2.火星探索历程；3.与火星相关的文化创作；4.火星名片展。通过四大模块的布展，让学生把火星的知识通过布展普及给更多的人。
学情分析	学生很多没有参与过布展，板面的设计与制作很锻炼学生的创造能力，布展过程中学生分工合作，提高学生的组织沟通能力。
学习目标	掌握火星的环境特征 了解火星探索历程 了解与火星的相关文化
重点难点	重点：掌握火星的相关知识，完成科普展 难点：科普展展板设计
教学模式与教学策略	互动式教学
教学环境及资源(媒体)	展板，电脑，彩色笔，胶带

续 表

第一单元《探索火星》教学设计			
活动环节	学生活动	教师活动	设计意图
一、情景引入	学生思考四大火星展板模块设计	2021年5月15日"天问一号"着陆巡视器成功着陆于火星乌托邦平原南部预选着陆区,中国首次火星探测任务着陆火星成功。通过前三节课的学习与制作,我们同学对火星有了一定的了解,本次课我们将做一个火星的科普展,火星展板布置分四大模块,1.火星情境体验;2.火星探索历程;3.与火星相关的文化创作;4.火星名片展,通过四大模块的布展,让学生把火星的知识通过布展普及给更多的人。	通过火星探测的报道,让学生通过展板设计把对火星的所学普及给更多的人。
二、明确任务	学生分四组分别完成展板设计	组织学生分四组,分别完成不同模块的展板内容,提供技术支持与相关帮助。	通过分工设计,提高学生的组织分析能力,发挥想象力,创意设计展板。
三、查找资料	学生查阅资料,设计展板内容	引导学生查阅资料,把火星的展板设计得更加科学,突出重点,而且有创新。	通过资料查询,拓展知识面的同时提高学生的分析能力。
四、分享交流	学生讲解火星科普展板,传播火星科普知识	引导学生展开交流展板,提高学生的展示交流能力。	通过展板展示,学生增加沟通交流能力,普及科普火星知识,让更多的人热爱天文。

第四单元:《设计火星农场》

(一)单元设计说明

本单元的学习建立在设计火星农场的背景下,让学生结合前三个单元的学习内容,设计出一座合理的火星农场,以应对火星资源缺乏的极端条件,并以小组为单位,通过学习场景模型的基础知识,将设计的火星农场建造出来。在学习多学科知识、技能,解决真实问题,提高综合思维能力的同时,懂得热爱自然,保护环境的重要性。

(二)学情分析

学生通过前三个单元的学习,已经对火星的生存条件、如何种养植物,以及人类生存所需的营养有了一定的了解。本单元通过一系列的活动设计,让学生设计一座火星农场,利用已有知识,思考在火星这样特殊环境下如何把火星作为第二个人类家园。但是学生在如何解决火星的极端条件的问题时,思路可能比较狭隘,还需要一定的交流和引导。同时,在建造模型方面,缺乏大量的工具运用知识及实践经验。

(三)单元教学目标

1. 通过"设计火星农场"活动,分析火星生存的有利及不利条件,并设计一座适合人类居住的火星农场。

2. 通过"建造火星农场"活动,了解场景模型制作的方法,知道一些常用工具的使用方法。制作一个火星农场的场景模型。

3. 通过"发布会"活动,介绍并了解不同的火星农场,感悟人与环境相协调的重要性,激发热爱自然,爱护环境的情感。

(四)单元教学重难点

单元重点:

1. 设计一座适合人类居住的火星农场。
2. 制作一个火星农场的场景模型。
3. 作火星农场发布会展示交流。

单元难点:

1. 设计一座适合人类居住的火星农场。
2. 制作一个火星农场的场景模型。

(五)单元教学准备

PVC板、泡沫板、水、造型土、石膏布、乳胶、沙子、碎石、模型树、草粉、天然土、颜料、刷子、铜丝、刻刀、彩色笔、胶带、多媒体课件等。

(六) 单元教学实施过程：

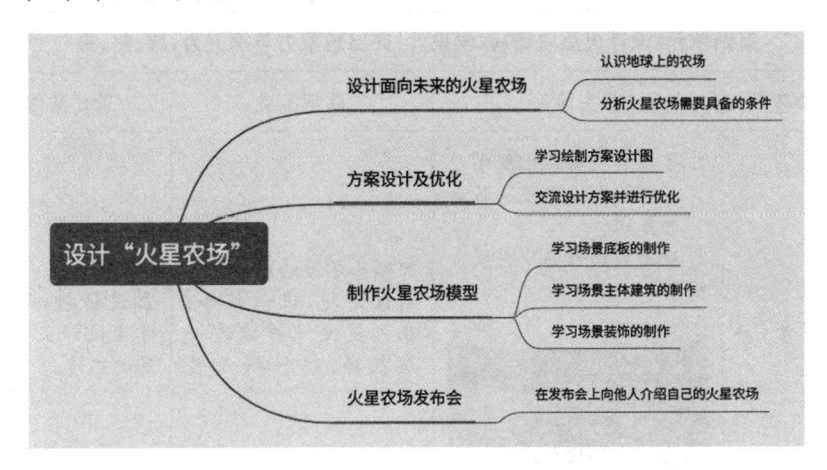

```
                              ┌── 认识地球上的农场
         ┌── 设计面向未来的火星农场 ┤
         │                    └── 分析火星农场需要具备的条件
         │
         │                    ┌── 学习绘制方案设计图
         ├── 方案设计及优化 ────┤
         │                    └── 交流设计方案并进行优化
设计"火星农场"┤
         │                    ┌── 学习场景底板的制作
         ├── 制作火星农场模型 ──┼── 学习场景主体建筑的制作
         │                    └── 学习场景装饰的制作
         │
         └── 火星农场发布会 ──── 在发布会上向他人介绍自己的火星农场
```

(七) 教学设计案例

第四单元《设计火星农场》教学设计(突出想象力与探究力)跨、整、融	
所处位置：第一课时《设计面向未来的火星农场》	
学习内容分析	孩子是未来的主人，他们是未来的建设者、实践者。未来环境规划里的想法和设计，都需要孩子去打造。该活动希望通过设计火星农场和青少年、中小学生的素质教育深度结合，让孩子们了解环境、引导他们树立与环境和谐相处的意识。
学情分析	学生通过前三个单元的学习，已经对火星的生存条件、如何种养植物，以及人类生存所需的营养有了一定的了解。但这些知识在学习时相对割裂，需要通过本单元的学习将其有机融合在一起。
学习目标	1. 了解普通农场及其作用。 2. 分析建立火星农场所需条件。
重点难点	重点：了解普通农场的布局。 难点：分析建立火星农场所需条件。
教学模式与教学策略	问题式教学；互动式教学
教学环境及资源(媒体)	多媒体课件

续表

第四单元《设计火星农场》教学设计(突出想象力与探究力)跨、整、融

活动环节	学生活动	教师活动	设计意图
一、情景引入	1. 学生自主回答已经学习了哪些有关火星及种养的知识。 2. 观看科幻作品中火星视频。	回顾已学习的内容。创设情境,出示任务:在火星设计并建造一座农场,供科研人员居住。	创设情境,激发学生设计火星农场的热情。
二、提出问题	思考与交流: 1. 火星农场有什么特征? 2. 火星农场与一般的农场有何区别? 3. 如何设计火星农场?	提问: 什么是农场? 农场的作用是什么? 一般情况下,农场中有哪些动植物? 在火星建造的农场与普通农场有什么区别?	通过设问,让学生思考什么是农场。学生带着问题去探索,提高学生分析问题解决问题的能力。
三、明确任务	分三组完成认识农场的任务,整理出农场的作用、常见动物、植物。罗列火星环境与地球的不同,分析火星农场与普通农场的区别。	协助各小组学生完成认识农场的任务,整理出农场的作用,常见动物、植物。帮助罗列火星环境与地球的不同,分析火星农场与普通农场的区别。	通过实践活动,完成火星农场设计的初步任务。学生通过实践活动探索,提高对建造火星农场的认识,激发学生探索火星的热情。
四、查找资料	学生通过查找资料,认识上海周边农场,了解农场及其作用。通过查阅资料分析火星环境对农场建造带来的困难,设计解决的方案。	协助学生自己通过查找资料,认识上海周边农场,了解农场及其作用。协助分析火星环境对农场建造带来的困难,设计解决的方案。	通过学生查阅资料,罗列火星环境的问题,在教师的引导协助下,完成分析。

续表

第四单元《设计火星农场》教学设计（突出想象力与探究力）跨、整、融		
五、分享交流	学生分享交流经验。	教师引导学生分工合作，对学生分析后的正确结论给予肯定。	通过交流分享，展示交流，让学生学会展示沟通交流，提高学生的天文综合素养。

注：上表最后一列"设计意图"合并到第三列。

第四单元《设计火星农场》教学设计	
所处位置：第二课时《方案设计及优化》	
学习内容分析	针对火星的环境条件，设计一座合理的火星农场。对农场的规划布局、建筑名称、功能等做出详细的设计及说明。
学情分析	学生通过上一课时的学习，已经对火星农场的功能需求、环境条件有了初步的认识。在本课时的学习中，需要将这些知识有机地结合起来，设计出一座合理的火星农场。
学习目标	1. 学习设计图的绘制。 2. 设计火星农场。 3. 交流并优化火星农场。
重点难点	重点：学习设计图的绘制 难点：设计火星农场
教学模式与教学策略	互动式教学
教学环境及资源（媒体）	多媒体课件

活动环节	学生活动	教师活动	设计意图
一、情景引入	思考作为一名工程师，要如何设计一座火星农场。	创设情境：你是一名火星工程师，请绘制出火星农场的设计图。	创设情境，让学生设计火星农场，激发学生的学习热情。

续 表

	第四单元《设计火星农场》教学设计		
二、提出问题	思考与交流： 1. 思考什么是设计图。 2. 设计图要包含哪些要素？ 3. 火星农场里要有哪些设施？ 4. 设计里是否还有不足或不合理的地方？	提问： 思考什么是设计图。 设计图要包含哪些要素？ 火星农场里要有哪些设施？ 设计里是否还有不足或不合理的地方？	通过设问，让学生思考设计图该如何绘制，火星农场应该是什么样。学生带着问题去探索，提高学生分析问题解决问题的能力。
三、明确任务	学习设计图的绘制要素。分三组完成设计火星农场图纸。整理设计过程中预设的问题及解决的方案。交流并优化自己的设计方案。	协助各小组学生学习设计图的绘制要素。帮助学生完成设计火星农场图纸。整理设计过程中预设的问题及解决的方案。交流并优化自己的设计方案。	通过实践活动，完成设计火星农场，通过交流，优化设计方案，提高学生探索火星的热情。
四、查找资料	学生通过查找资料，学习绘制设计图的方法，以及通过交流讨论，罗列火星环境带来的问题，设计解决的方案。	协助学生自己通过查阅资料，学习绘制设计图的方法。帮助学生通过交流讨论，罗列火星环境带来的问题，设计解决的方案。	通过学生查阅资料，找到具体制图方法，在教师的引导协助下，完成设计任务。
五、分享交流	学生分享交流设计图。	教师引导学生分工合作，对学生设计的合理之处给予肯定。	通过交流分享，展示交流，让学生在学会设计农场后，学会展示沟通交流，提高学生的天文综合素养。

第四单元《设计火星农场》教学设计	
所处位置：第三课时《制作火星农场模型》	
学习内容分析	学生根据前一节课设计的火星农场，学习并制作火星农场的场景模型。加深对火星的深入了解，解放思想，激发学生的创造力。

续 表

第四单元《设计火星农场》教学设计			
学情分析	学生对于制作模型很感兴趣,但是他们缺少对制作方法和工具使用的认识,也缺少制作的经验。部分同学可能有变废为宝一类小制作的经验。通过制作模型,发挥学生的想象力,结合所学,使学生更深入地了解火星。		
学习目标	制作一个火星农场模型		
重点难点	在火星农场模型中体现设计的布局及功能。		
教学模式与教学策略	互动式教学		
教学环境及资源(媒体)	PVC板、泡沫板、水、造型土、石膏布、乳胶、沙子、碎石、模型树、草粉、天然土、颜料、刷子、铜丝、刻刀、彩色笔、胶带、多媒体课件等。		
活动环节	学生活动	教师活动	设计意图
一、情景引入	学生思考如何制作一座火星农场?	火星农场的设计图已经有了。现在,你成为火星的建筑工,请你将这座农场建造出来吧。	教师提出火星农场制作的要求,学生思考如何将自己的设计图制作成模型,激发学生的创作热情。
二、提出问题	思考我们要用到哪些材料。我们该如何分工?	提问: 我们要用到哪些材料? 这些工具你会用吗? 我们该如何分工? 怎么才能做得更逼真? 有没有可能把它的功能体现出来?	认识我们所用的材料和工具,学生把所学知识学以致用,发挥想象力,提高动脑动手能力。
三、明确任务	学生制作火星农场模型。	小组分工合作,组织学生制作火星农场模型。	通过制作火星农场,发挥学生的想象力,提高动手实践能力。
四、分享交流	学生展示交流制作进度。	教师组织学生展示交流制作进度。	通过展示交流,使学生在对制作的方法有更深刻认识的同时,提高学生的语言表达能力。

续 表

第四单元《设计火星农场》教学设计			
所处位置：第四课时《火星农场发布会》			
学习内容分析	发布会分为：讲解作品、听众提问、互相评价等三个环节。让学生把农场设计的理念通过发布会普及给更多的人。		
学情分析	学生很多没有参与过发布会，演讲与舞台的表现方式很锻炼学生的表达能力，现场的提问环节能给予学生更多的参与感，同时也锻炼了学生的临场应变能力。		
学习目标	1. 通过展示、交流，锻炼学生的表达能力。 2. 通过评价，对自己作品的不足进行反思，加深对火星农场的认识。		
重点难点	重点：通过展示，锻炼学生的表达能力。 难点：通过提问与回答，提高学生的交流与沟通技巧。		
教学模式与教学策略	互动式教学		
教学环境及资源（媒体）	展台，电脑，彩色笔，胶带		
活动环节	学生活动	教师活动	设计意图
一、情景引入	学生思考举办火星农场发布会。	通过前三节课的学习与制作，我们同学创造了属于自己的火星农场。本次课我们学生将做一个火星农场的发布会，将自己的火星农场介绍给大家，并通过问答与互评的方式，选出优秀农场，让学生把火星的知识通过发布会普及给更多的人。	通过火星农场的发布会，让学生把自己的设计及所学知识普及给更多的人。
二、明确任务	学生分工对火星农场不同方面进行介绍。 通过集体讨论对他人的作品进行提问与评价。	组织学生分小组对火星农场进行介绍。 组织集体讨论，对他人的作品进行提问与评价。	通过分工设计，提高学生的组织、表达能力，发挥想象力，提出问题，客观评价。

续　表

第四单元《设计火星农场》教学设计		
三、分享交流	学生讲解火星农场，传播火星科普知识。	引导学生展开作品交流,提高学生的展示交流能力。	通过展示活动,学生增加沟通交流能力,科普火星知识,让更多的人热爱天文。

附件2：课程实施的环境需求

本课程通过让学生经历天文理论学习、项目化实践活动，激发学生仰望星空、探索星空、热爱星空的情感，开启星空漫游之旅。天象馆和天文天象创新实验室充分发挥天文教育的育人功能，提高学生科学素养和创新思维，促进学生德智体美劳五育并举。

课程实施环境设计以学生的实践、探究的兴趣和体验为基础，通过天象馆和天文天象创新实验室的建设与运作，为师生提供一个探索宇宙星辰，感受自然之美、科学之魅的学习场域。纵观目前部分中小学已建成的天象馆和天文天象创新实验室，缺失配套的项目化课程作为教学载体，难以最大化利用和融合仪器设施，发挥天文教育的育人作用。为此，特提供"基于STEAM课程的天象馆和天文天象创新实验室"整体方案，供课程装配使用，期待打造成为一种面向未来的"学习工具"和"学习平台"。

（一）硬件建设

硬件建设主要指"专用教室建设、专用设备和材料配置"等。其设计应根据学校使用需求确定，学校需求一般有"班级课程学习和学生社团活动"等两种情况，本项目两者均适用，硬件建设经费主要用于专用设备和材料等配置。

1. 专用教室

本项目专用教室可以依托中小学标准建设的天象馆或天文天象创新实验室，开展天文学相关的体验、展示、分享等教学活动，或选择其他专用教室（60 m² 及以上），并另外配置台式计算机（或笔记本电脑）。

2. 专用设备材料配置

专用设备材料主要由"Stellarium 和星图等观星软件、数字天象仪、球幕投影、无土栽培床、储液一体无土栽培设备"等组成。

教学区：中央（数字天象仪）、上方（球幕投影）

球幕投影体验火星车操控 　　　数字天象仪观四季星空

创作区：中央电脑（教师）、电脑（学生）、天文望远镜、红点寻星镜、三球仪、月相盒、天文学相关书籍、无土栽培室内植物种植设备等。

星特朗6se望远镜 　　红点寻星镜 　　　三球仪 　　　　月相盒

控制面板

植物生长灯

铝合金机身

营养液箱、水循环系统

无土栽培室内植物种植柜

展示区：笔记本电脑、作品陈列架等

课程展示区可参考上图

(二) 软件建设

软件建设主要由"师资配备、课程配置、专用教室使用制度和活动与比赛推荐"等。师资是关键，课程是基石，制度是保障，活动和比赛推荐是拓展，也是激励。

1. 师资配备

学校至少需要配备一名专职或兼职教师从事本专用教室管理和教学，教师可以从有天文学研究兴趣的地理老师和物理老师或其他学科教师中挑选。

2. 建立专用教室使用制度

（作为附件）

天象馆学员守则（天文天象创新实验室等均可参考）

天象馆是用于天文课程实践和教学的专用场所。为实现规范管理，特制定如下学员守则：

一、自觉遵守作息时间，不迟到，不早退；进入天象馆有序就座；严禁喧哗、嬉笑、打闹和饮食；严禁携带手机、玩具等影响教学的物品入内；严禁在天象馆的任何位置涂抹乱画。

二、不看与上课内容无关的书刊，不随意讲话，不随意进出教室，不使用手机等电子设备，不做与上课无关的事，不出现影响课堂秩序的行为。认真参加课堂讨论，认真完成每一次作业，积极参加课堂活动。

三、课堂活动开始前,未经许可,不得擅自使用各种设施设备(天象仪、球幕投影、实验仪器、电脑等)及陈列品,严禁擅自开启水、电等设施设备。爱护公物,对人为损坏的物品,按有关规定赔偿。

四、课堂活动过程中,使用者在使用设施设备(天象仪、球幕投影、实验仪器等)时,需严格遵守设施设备的操作规则,严禁擅自移动、拆卸、安装、调换,如造成遗失、损坏等不良后果,取消该使用者的使用权利,并自行承担相应的责任及可能需产生的费用;使用者在使用电脑时,不得擅改系统,严禁随意安装任何软件,删除、卸载机器内已经安装的各种软件;严禁上机时间不按任课老师要求,打游戏、上网聊天、浏览有不健康内容的网站等;使用者在使用天文仪器设备时,必须严格遵守安全操作规程,待使用完毕后,应即时清理并物归原位。

五、课堂活动结束后,及时关闭门窗、水、电等设施设备电源(关灯、关空调等)。保持物件的整齐摆放与卫生清洁,按规定收集废弃物,如废纸等,整理好个人用品。值日生须做好地面、公共台面、设备工具的卫生清洁工作,待管理老师检查后,方可离开。

天象馆管理条例(天文天象创新实验室等均可参考)

为规范天象馆使用与管理,更为有效地保护天象馆相关仪器与设备,更好地为教学服务,特此结合学校实际情况,制定如下管理规则:

(1)天象馆应建立各种仪器、设备的账目,需有入账、修理、报废、借用、赔偿等制度。定期进行实物清点,管理人员要对天象馆的财物做到心中有数。

(2)天象馆仪器、设备外借时,必须经教导主任审批,仪器、设备的出借须按借期准时归还。每学期末天文馆管理人员负责督促收回各种出借的仪器和设备。

(3)天象馆管理人员须掌握各种仪器、设备的使用方法和注意事项;熟悉天象仪、望远镜等仪器和设备的保养和维护要求,并进行定期保养;若有器具损坏应及时修缮;积极研制天文相关教具。

(4)结合天文课程教学内容,有计划、有目的地增添教学相关的仪器、设备和器具。

(5)根据天文课程教学进度,主动地、有计划地为教学活动准备好有关仪器、设备、器具等用品。教学过程中应辅导学生开展活动,同时做好安全保障工作。

(6) 天象馆必须做到清洁整齐,保证天象仪和望远镜等仪器、设备表面不积灰尘,定期进行卫生清洁工作。

(7) 天象馆内必须备有消防设备,并定期检查是否存在安全隐患,严防事故的发生。

(8) 天象馆管理人员每次使用实验室完毕离开前,应检查馆内门窗、照明灯光和多媒体设备,并切断电源,确保实验室的安全。

(9) 天象馆管理人员要经常向学生进行爱护仪器、设备,遵守管理制度的教育。

(10) 每学期结束前,天象馆管理人员应汇总馆内相关仪器、设备等的管理、使用情况和存在的问题,总结经验,提出改进意见。

天象馆使用登记表(天文天象创新实验室等均可参考)

负责人:

使用日期	设备正常(离开时检查完设备请打√)	温度/湿度	使用人签名	备注

续　表

使用日期	设备正常(离开时检查完设备请打√)	温度/湿度	使用人签名	备注

上海市宝山区青少年活动中心　成洁瑶

上海市行知中学　苏凤

上海民办华曜宝山实验学校　施钊臻

上海市行知中学　廖海婷

上海市宝山区海滨中学　徐鹏昊

华东师范大学宝山实验学校　金敬

上海市宝山区顾村实验学校　吕慧莉

第六章 校外教育的广域课程品牌课程的建设

○ 第一节　校外教育品牌课程建设的价值

○ 第二节　校外教育广域课程品牌建设实例——
　　　　　以"遥控车辆模型运动"广域课程为例

○ 第三节　校外教育广域课程品牌建设要点

第一节 校外教育品牌课程建设的价值

一、打造高质量校外教育课程的需要

宝山区青少年活动中心追求"品质化、国际化、特色化"的一流校外教育品牌，秉承陶行知先生教育思想，以"服务宝山、立足上海、面向全国、走向世界"的发展视野，倾力打造"生态性、公益性、体验性"青少年素质教育的综合实践基地。"品质化"是校外教育以创新为品质核心发展学生特长，强调开发学生潜能，把普通学生送上发展平台，让资优生凸显才华。国际化是以课程的国际视野、活动的国际化、专家的国际化、交流的国际化来打造校外教育国际影响力。"特色化"是校外教育的体制、课程、活动上创新，形成适应区域教育发展，具有特色的校外教育。同时，我们以"生态性、公益性、体验性"落实课程管理与校外教育。"生态性"强调校外教育要不断增强适宜性、丰富性与共生性等生态特征，使校外教育不断生态化。"公益性"强调学生校外教育机会的公平性、非营利性，满足有需求学生的校外学习。"体验性"强调校外教育的实践体验性，转变校外教育的教育方式，为学生提供相对于学校丰富与独特的校外教育资源，让学生获得较学校更为丰富多彩的学习经历，发展学生综合素养与创新能力。"三性三化"广域课程体系的建构是对区域校外教育课程化提出了明确发展方向，既体现宝山区校外教育的品格——公平、均衡，也体现其品质——高品位、高适切性，我们以校外教育课程的"三性三化"实现校外教育品牌化。

（一）提升校外教育竞争力的需要

校外教育机构包含公办（少科站、少年宫、青少年活动中心等）和非公办（企业组织等），它们在社会主义市场经济下，机构数量急速上涨，行业的竞争越来越激烈。随着教育的快速发展，在规模扩大、品质提升的同时，个性化的教育需求也越发强烈地表现出来。正如习近平总书记在十九大报告中指出："中国特色社会主义进入新时代，我国社会主要矛盾已经转化为人民日益增长的美好生活需要和不平衡不充分的发展之间的矛盾。"由于学校教育更多

关注是人发展的同一性问题,个性化教育需求的满足便转移到了校外教育机构。校外教育机构在满足青少年多样化和个性化教育需求上做出了重要贡献,但是校外教育在扩展过程中引发的教育不公平问题也让人深感困惑和不安。一方面,公办校外教育机构提供质优价廉的教育服务促进了教育公平的实现,但是资源供给的不足也使很多孩子校外学习的诉求无法得到满足,学习机会"一位难求"的状况比比皆是。为了教育均衡发展,校外教育机构基于自身条件和定位,适应社会发展要求和青少年儿童成长规律,有效获取资源,优化内部运行,强化办学特色,保持持续竞争优势。区青少年活动中心作为公办校外教育机构已进入质量效益型发展时代,处于以质取胜的转型期,品牌的价值也更加凸显。品牌课程的功用之一,就在于可以通过个性培育和开发等差异化手段,提升组织竞争地位和社会影响力。区青少年活动中心如何增强自己的社会竞争优势,做到差异化发展,重视组织内部的品牌建设工作显得尤为重要。

品牌代表着教育机构的竞争力,也是为满足学生个性发展的需求提供必要条件和保障,促进学生健康快乐成长;坚持统筹协调的原则,与学校特色发展相结合,与课内外、校内外教育相结合,与素质提升工程和社会大课堂相结合。在突破教育质量竞争的关卡后,最核心的竞争就是品牌竞争。因此,校外教育要强化改革创新,其课程要不断深化高质量及内涵式发展建设,积极探索新时代提升教育高质量发展的新模式、新实践、新路径。

(二)增强校外教育公信力的需要

公办校外教育机构打造品牌,是提升组织公信力的需要。公信力是一种使公众信任的力量,校外教育机构的公信力可以理解为"就是要达到青少年儿童可以放心学习,政府可以放心委托的状态,即要取得学生、家长和政府的双重信任",机构状况反映出学生群体和政府对其服务能力的认可程度。那么,树立良好品牌形象的过程,就是提升公信力的一种有效途径。在充分利用校内外课程资源的基础上,还要在"精"字上下功夫,深度挖掘自身的品牌课程资源,发挥品牌专业优势,探索灵活多样的课程模式,打造校外教育高质量课程品牌。优秀的品牌课程具有较高的识别度,可以有效地传达教育机构的价值观与使命,从而让学习者有心理上的认知与认同感。

2019年,中共中央、国务院出台了《关于深化教育教学改革全面提高义务教育质量的意见》,提出了坚持五育并举的教育方针,培养"德、智、体、美、劳"全面发展的新型人才。本中心在构建德智体美劳全面培养的教育体系上有着独特的优势,是开展智育和德育的重要阵地,也是实施美育和体育的重要场所,更是劳动教育的有力延伸,这对促进学生全面发展具有不可磨灭的作用。本中心发挥自身优势和特色,进一步强化"五育"并举的育人能力,充分发挥未成年人思想道德建设阵地的作用,拓展深化校外教育内容,研发多样化的活动课程,打造校外教育活动品牌,通过品牌课程推广活动,能够使学生参与品牌项目建设活动,提升本中心的教育公信力,有利于获得政府以及社会的信任与支持,从而不断扩展服务领域,增强"造血"机能,促进本中心的长远发展。

(三)强化校外教育社会认同的需要

当前,学生家长对校外教育机构的知晓度依然不高,对校外教育机构及其专业服务的认知还处于模糊阶段。很多家长不清楚区青少年活动中心这类公办校外教育机构的工作性质,对其课程内容、设施等更是不了解,极大地影响了校外教育教师们的社会认知度和专业认同度,也成为阻碍校外教育工作发展的重要因素。

社会认同的自我归类理论认为个体在自尊和自我激励需要的内在驱动下进行积极区分,使现实环境满足个体"内群体优势"的认知需要,提升自我效能感。那么,社会公众对校外教育机构认同度越高,越能激发教师们的工作热情,增强他们的自豪感。对于校外教育机构来讲,需要家长和学生认同校外教育机构是一个专业的教育机构,承认它的存在、作用和功能,并产生信任感。因此,提高校外教育机构工作的知晓度与认同度是非常迫切的。只有这样才能切实推动教师们融入社会、走进基层、服务大众。中心的品牌项目及其课程建设是提高认同度的一个重要途径。提高专业榜样的示范性和可及性,扩大社会认同原型人物的影响力,提高自尊、自我效能感水平为社会认同中的自我锚定提供支撑力。品牌建设有利于帮助本中心树立起良好的社会形象,提高知名度和认同度,赢得社会公众的信任和支持,不断强化社会认同。

(四)促进校外教育可持续发展的需要

随着"双减",一方面原本由教育机构承担的一大部分教育需求将转由学校完成;另一方面,对少年宫、青少年活动中心、青少年科技馆等公办校外教育机构而言,"双减"政策将倒逼校外教育机构教育教学质量的提升,满足学生多样化学习需求,为学有余力的学生拓展学习空间。

校外教育正处于历史转型的关键时期,教育质量问题日益成为制约校外教育实现进一步优质、均衡发展的瓶颈问题。特别是伴随着我国经济实力和社会发展水平的进步,人民群众对校外教育,尤其是青少年的校外教育需求日益增强,越来越需要高质量的、满足青少年兴趣需要的、适应青少年全面发展要求的校外教育。与此同时,随着我国基础教育阶段改革的不断深入,学校的功能与角色、硬件与软件实力得到了长足的发展,在中小学开展科技教育、人文与艺术教育,成为近年来一个重要的热点。校外教育系统面临着来自学校教育功能日趋完善的现实,在教学硬件设施、专业师资队伍、活动开展、技能培养等方面的传统优势也逐渐淡化。如何进一步提升校外教育质量,实现"校无我有,校有我优,校优我精,校精我专"变得尤为关键。

因此,本中心注重强化品牌战略意识,通过品牌课程的建设,充分发挥品牌的引领和示范作用,促进校外教育的可持续发展,提升校外教育的社会影响力与专业认同度。目前,中心回归教育发展理念、重塑教育生态和创新教育治理,更对校外教育从"量"到"质"提出更高的要求,贯彻落实新时期党的教育方针,使校外教育事业实现去功利化、回归公益化,去应试化、回归素质化,去焦虑化、回归理性化,让青少年儿童全面发展、健康成长,促进校外教育的可持续发展。本中心要加强机构的内涵建设,寻求自身发展的着力点和切入点,树立品牌意识,加大教育事业的宣传力度,强化公众认知,从而有效提高品牌辨识度和社会认同度,彰显教育机构品牌课程的价值与作用。

(五)培育校外教育发展潜力的需要

品牌项目建设从市场需求入手,引进成熟的品牌课程,满足不同层次学生的需求,采取差异化策略,进一步开发市场,提升教学服务,最终形成本中心办学特色。校外教育机构的可持续发展与品牌特色紧密相连,品牌越强,特色越明显,被复制和替代的可能性就越小,能更好地保护本中心在教育市场中立足。充分利用社会资源,积极开发与利用区域文化特点,提炼高质量课程内容,在做好课程资源开发与利用工作的同时,还能充分发挥校外教育的优势和力量,传承、保护、借鉴和宣传优秀的区域传统文化,增强民族的传统文化认同感,形成多元文化观,对推进课程改革以及促进师生共同发展都具有深远的意义。

校外教育课程以实践与体验为特点,以跨学科活动为表征,对丰富校外教育的功能、丰富课程内容、优化课程结构、提升科学素养等具有积极的意义。新一轮的课程改革深刻地反映时代要求,转变传统教学方式,注重学生学习过程的主动性和探究性,形成正确的价值观。现阶段的校外课程实践偏重于对学生"技"的传授,忽略"道"的培育,品牌课程学中做、做中学的理念有助于改善传统教育的弊端,迫使教师不断提升自身能力,培养创新型人才。通过特定的教学主题,以自然社会为课堂,在探究发现、组织策划、沟通协作的过程中完成从知识、能力到情感态度价值观的学习。在真实的情景中激发学生提出问题的意识,在实践操作体验过程中强化学生的观察理解能力,在情感升华中拓宽学生的思维深度,达到培养人才的目标。活动过程以学生为主体,走出固化课堂的局限,在社会生活中获得知识、生活经验,培养学生所需要的学习能力与生活技能,提升学生的团结协作能力和责任意识,还能丰富人生阅历,缓解学业压力,最终实现人才的输出,引领新时代潮流,挖掘学生潜力。

本中心作为向社会输送应用型创新型技术技能人才的重要教育基地,承担着为国家为社会培养高素质、高质量应用型人才的重任,势必要紧跟新形势、强化新理念、构建新格局,摒弃传统单一培养模式、固守僵化教育理念、单打独斗教育方式,进一步优化升级创新人才培养机制,建立多元协调、内外联动的协同融合机制,充分对接学生发展需求,实现学生更高质量的培养,提高校外教育的办学水平及能力,彰显校外教育的综合实力及核心竞争力,凸显校外教育的发展潜力。

综上所述,区青少年活动中心虽然处于一个蓬勃发展的阶段,机构发展迅速,场域资源与规模也日益增大,但也进一步加剧了行业内的竞争。本中心要缓解生存压力,增强竞争优势,获取政府以及社会更多的支持,品牌项目建设工作迫在眉睫,实施品牌战略更是增强造血功能,突破组织生存与发展的资源匮乏瓶颈的关键手段。与此同时,区教育局也高度重视品牌建设,优化政策环境和提供保障。这种做法不仅有利于鼓励品牌建设,还能充分发挥品牌社会组织的示范与引领作用,从而带动整个中心的教育服务质量与发展水平的整体提升。由此可见,在政府大力扶持与政策推动之下,本中心进行品牌建设,对增强机构的社会竞争力,提升社会公信力,强化家长、学校等社会群体对中心教育的认同、促进校外教育工作行业的可持续发展都显得尤为必要。

二、积累校外优质课程建设经验需要

课程建设的最终目标是提高培养人才的质量,其关键是课程内容的改革,为此我们把建设的着眼点放在更新教学内容、扩展课程体系的领域上。

在建设优质课程过程中注重科研与教学相促进,注重理论和应用相结合,以教学推动科研,以科研转化教学的课程建设思想,通过阐述课程定位、授课内容、教学方法、视频制作、教材撰写等方面的具体情况,总结优质课程建设的特色与汲取经验成果。

(一)教学理念:发展学生特长,激发学生潜能

宝山区青少年活动中心依托中心师资人才和设备资源优势,以"IPA学生发展模式"为起点,建设基于"三性三化"的校外教育广域课程体系。其中,"IPA学生发展模式"注重创新,在科学(Science)、人文(Humanity)两个维度上展开教育活动,学生通过学习科学、崇尚人文发展自己。为了尽可能地给每位学生提供适应其潜能开发和个性发展的条件,培养自我学习、自主发展的能力,提高学生科学与人文的综合素养,在课程整个教学过程中,教学团队以培养学生综合素养为宗旨,提出相应的教学理念:"注重科研与教学相促进,注重理论和实践相结合,以教学推动科研,以科研转化教学。"结合研究工作中实际对象,通过分析实例,使得学生在学习过程将生活中具体的事例紧密结合起来,能够深入理解并灵活运用到其他类似的过程。同时根据现实生活中出现的新问题和新现象,鼓励学生探索新的理论与方法;注重培养具有创新思维、发散思维和较强动手能力的复合型人才。将激发思想、启迪智慧结合进来,并贯穿教学过程当中;打破传统的填鸭式教育,注重启发式教学,鼓励教师和学生交流互动,学生之间团队合作,以磨砺学生克服困难的能力,并激发其学习探索的乐趣。在课程中以任务或项目驱动,让学生分组完成,加深他们对知识的理解程度;采用做报告的形式在课堂上汇报项目进展情况,师生相互交流过程中形成良性互动,激发同学们的发散式思维。

校外教育是引导学生走进"社会大课堂"的通道。陶行知先生提出"生活即教育,社会即学校",在社会经济、科技高度发达的当今世界,这一教学理念和思潮在新的条件下,正以多样化的形态、以更为新型先进的手段迅速发展。校外课程的范围越来越开放、扩大,其所依托的类型也越来越多样化、社会化,不仅探索学科学习与社会实践活动的有效衔接,又积极开发和利用各类社会化教育资源,探索中小学校外课程与社会教育的贯通、互动,使校外活动有计划、有组织地向"社会大课堂"广泛延伸,增强了课程的开放性和选择性。校外教育作为桥梁将学校教育与社会教育相互补充、相互促进、相互交融。

(二)教学方式:展现学生自主性,跨学科融合式教学

校外教育课程实施方式多种多样,尤其是随着校外教育融入大教育进程

的加快及对大教育教学理念的吸收和引进,校外教育实践中涌现"五花八门"的方式。校外教育课程实施方式的选择及设计不存在统一的模式,不同的课程甚至同一课程不同实施阶段,实施方式都会有所差异,关键做到"具体情况具体分析"。但是与其他教育形态如学校教育相比,校外教育课程实施方式存在一些明显的"稳定性",与校外教育课程结构有关(以活动课程、综合课程为主),体验学习、合作学习、综合学习是校外教育典型的课程实施方式。

校外教育课程有其自身的特殊性,不像学校以学科课程为主,它更强调课程的综合性与活动性,因而其教学方式选择上要求突破"学校教育"的范式,追求实施方式的多样性、综合性,选择适切校外教育自身的课程教学实施方式。在教学过程中,根据社会领域、理科领域、技术领域以及艺术领域这些课程特点,积极探索和实践 PBL 和案例式课堂教学方法,充分发挥各教学法的优势,且优势互补,集两种方法之所长,提高教学质量,取得更好的教学效果。同时,在教学过程中注重培养和锻炼学生的思考能力、归纳推理能力,在教师的启发带领下,积极进行启发式教学和讨论式教学的改革和探索。例如:先导课可以通过日常生活中常见的现象引起学生兴趣,为了找寻答案,大部分同学能够在课下认真研读相关参考书籍或者上网查找资料。课前,学生分组;课中,教师先用 10 分钟组织教学,用生活中的案例引入,提出问题,然后以小组为单位组织讨论、发言。由于学生在课下已"做好功课",因此在讨论过程中能积极发言,课堂上讨论气氛很热烈。在讨论中,通过其他人的补充,学生的答案会逐渐趋于一致,如果存在分歧也可辩论或保留,待老师精讲时予以答疑解惑。教师在学生发言后对讨论问题的答案进行简要的总结、点评,重点讲解精华和重点内容,保证学生获取知识的准确性,同时也解除同学们在讨论中的疑惑,加深学生对知识的理解、记忆、运用能力,提高学生的学习热情和学习效果。与此同时,同学们也明白了日常现象,或是解决了生活中存在的问题。

在区青少年活动中心推出的优质课程中所采用的教学方法可归纳为以下两点:

(1) 多元的体验实践式教学。在课程建设中,教师设计某个活动情境,学生亲身介入实践,将全部身心与外部世界交往互动,通过感知、体悟、操作进而生成反思等教学活动方式,从而获得认知和感悟、形成技能和能力、发展情意和态度、培养学生个性发展。根据课程内容,可以分为游戏式体验式教学、情感性体验式教学、操作性体验式教学、社会实践体验式教学等。体验式教学是校外教育实践中一种重要的课程实施方式。这是因为校外教育与学校教育不同,区青少年活动中心通过设置一系列丰富多彩的体验性课程,满足学生体验、娱乐的要求,如参观、游览、社会实践、户外活动、阵地活动等。

校外教育的根本目的在于促进青少年儿童个性发展和综合素养的提升,一切有利于目标达成的教育方式都应该勇敢地尝试,体验实践式教学因此广泛渗透到了校外教育教学当中。例如:车辆模型科技体育课程,校外教育由于丰富的课程场域资源,有更多的机会让学生亲身"体验"科技体育。体验式教学是学生在真实情景中感受自我、发现自我的过程,这就要求教师为学生创造真实的、丰富的学习环境,激发学生学习热情与主动性,教师应该根据具体的学习目标设计宽松、半结构化的学习任务,指导学生在体验中感悟、发展、提升自我,既不能放任自流也不能过犹不及。

此外,在课程建设中有些课程内容虽然抽象难懂,但却有着较广的应用范围和较强的应用背景。例如:工程制作类课程往往会存在对物体结构知识点的讲解,因此,针对课程内容特点,适当设置社会生活中常见的问题,教师可以使用计算机三维建模让学生更直观感受,将所学抽象理论具体化,在将理论知识具体化的过程中,提高学生对知识的掌握程度。另外,借助网络能够实现资源异地共享的功能,充分利用网络资源丰富、开放、交互的特点,开发该课程的网络教学平台,克服传统教学方式的局限性,实现课件及教学资源发布与下载、难题解答、在线讨论等师生互动功能,使得对该课程的教学不受时间、地点的限制。不断提高学生的学习积极性和主动性、利用网络获取知识的能力、解决实际应用问题能力和远程协作精神,改善教学质量。

(2) 复合的问题探究式教学。问题是教学的核心,创新性教学的首要任务不是知识的传授,而是给学生设计出有思考或探讨价值的问题,并创设多角度、多层次的思考点,引导学生积极地分析问题、探讨问题,努力探求解决问题的方法或途径。在此过程中逐步达到新旧知识融合的效果,进而形成自己结构化的知识体系。例如:学习完布艺课程的扎染内容后,让学生根据自己在商场购物的经历,回答以下问题:在现实生活中,扎染工艺有何优缺点?它是如何运用在品牌衣服制作中?衣服制作方是否改进工艺?依附于简单的生活情景,提出带有指引方向的问题,不仅能够激发学生创造性思维的火花,还能够让学生更好地理解整个问题,同时还能促进他们自主学习能力的提高。

校外教育的主旨之一就是促进青少年儿童综合素养的提升,校外教育课程建设的社团活动可以使用该教学方式。社团活动的主题选择、活动规则制定、资源开发等往往由成员自主决定,教师作为指导员起辅助作用,社团活动的实施过程中,教师围绕问题并且结合学生的兴趣需求及课程目标,提出学生感兴趣且有吸引力、有探究价值的问题是开展探究的关键,学生在问题的提出、分析、解决过程中得到发展;在学习过程中通过互动、合作、探究提升自身能力;尊重学生个性特点、学习风格的多样性,注重学生创造性、发散性思维,在探究中自由发展,使潜能得到最大的发挥。例如:区青少年活动中心的航空模型社团课程实施中,把社团分成若干小组,分别选择飞机的一个部位对其功能、发生原理、制作工艺及代表类型进行介绍分享,每个小组选择不同部位探究奥秘,在应用探究式教学策略中,注重培养社团同学们的问题意识,与学习目标和学习内容相匹配,充分发挥探究效用。

当然,除了体验学习、合作学习、探究学习等这些校外教育中常见的课程实施方式之外,还有其他实施方式,如欣赏学习、自主学习、综合学习等,不存在最好只有最适合的实施方式。校外教育课程实施方式与课程性质、具体的学习任务和学生特点有关,教师只有细心体察、综合考量,才能做出正确的选择。

(三)课程与教材:积累特质课程资源,赋能品质教育发展

(1)建设特质课程。对教师而言,为了实现高质量课程,教师需要耗费更多的时间与精力设计课堂细节,完善课程结构,从而提高课程的效率与质量。课程面对更多的受众群体,教师能够得到更多的反馈意见,对进一步完善课程建设,提高理论水平和教学能力有着莫大的助益。对学生而言可以根据自身学习情况,有侧重地进行学习与温习,化被动为主动,提高知识传递的效率。此模式更加注重知识的"应用、分析、评价、创造",关注高阶思维和深层认知能力的培养。学习材料所需的内在认知负荷是恒定且不可变的,但学习者内部因素引起的认知负荷是可以降低的,特质课程学习可以有效降低学生认知负荷的发生,提高学生学习和解决问题的效率。学生在学习过程中的主体地位,对于调动学习兴趣、增强师生交流、落实教学反馈、提升教学质量等方面具有较好的效果。区青少年活动中心也将优质教育资源进行全区共享,并加以整合,积累具有特色且高质量的课程,对于促进教育资源共享有重要意义。

(2)配套教材。校外教育课程的教材建设需要考虑到"具体情况具体分析"与校外教育课程结构有关(以活动课程、综合课程为主),体验学习、合作学习、综合学习是校外教育典型的课程实施方式。中心组织校本课程的编写，为教师们的教学成果提供一个展示的机会，善于总结品牌课程培养的方法与成熟经验。同时，要加强品牌课程的开发，利用品牌活动，推动中心品牌课堂教学和训练竞赛，从而展示特色品牌的魅力所在。

  本中心的品牌课程的教师团队将多年自教学一线得来的宝贵一手材料进行收集、整理，并且充分考虑不同学段学生的学习基础、思维习惯等，对课程知识点、理论进行适当简化，对教学内容进行高度提炼，从生活中的问题出发，进行案例分析。同时，将相关行业发展中前沿知识融入其中，完成课程教材及配套的学习任务单撰写工作。自编教材不仅能够很好地与课程内容进行衔接，帮助学生在课后更好地巩固所学知识，形成完整的知识体系结构，还能够通过实际案例，加深学生对课程知识理解，引导学生将所学知识应用到生活与学习中。

三、固化校外品牌课程发展经验需要

（一）统筹规划，提高现有资源利用率

  宝山区青少年活动中心在区政府、区教育局的领导下，在硬件上处在上海领先地位，仅中心的西部占地面积达 130 亩，建筑面积 1.8 万平方米，加上东部少科站，总面积达 138 亩，建筑面积 2.4 万平方米。是本市占地面积最大的区级校外教育机构。同时正在建设的大上海国际汽车模型赛场具有国际比赛与交流的功能。中心设有人文素养培训馆、综合体育馆、探索馆，包括宝山区青少年科学研究院科技创新实验基地、市"双新"课程实践基地等。

  目前，在活动室资源的支持下，实现了共享师资、场地、设备、课程等，发挥了活动中心的指导与引领作用。定期开展中小学、教育等单位及周边社区"请进来，走出去"的科普展示活动，提高青少年学科认识与科学实验实践能力，同时服务于市民，拉近市民与科学的距离。活动中心作为全国研学基地，长期接待全国各地来访学习者，其指导与引领作用辐射全区、全市乃至全国。结合专业力量与硬件仪器，提升了区域内青少年学术研究力量，为青少年研究性学习提供了更多的可能性，完成高中化学创新实践点的课题研究，同时极力为科技创新大赛、明日科技之星及高一级学府输送大批新鲜血液。活动中心始终以学生终身可持续发展为目标，为学生科技兴趣的发展提供全方位的平台，为学生科技活动提供全面的、深入的资源，从而实现初高中和高校的学段贯通，形成一支跨学段兴趣特长生梯队。

在建设硬件的同时,中心加强顶层设计,确定发展理念与发展路线,形成实践形态,形成与硬件相匹配的宝山区青少年活动中心的软实力。当前中心正在酝酿顶层设计,提出了"三性三化"发展思路与"建构广域课程体系"的实践形态,这需要通过研究来论证。通过项目研究确保中心通过"三性三化"实现宝山区校外教育品牌化,达到教育国际品牌。

(二) 研发广域课程,调整实施结构

课程结构优化对学生发展有重要价值,并形成良好的课程结构形态。本中心主要以学生发展为中心的"三性三化"广域课程结构形态,将学生的综合素养发展作为课程门类划分的直接依据。课程的开设开发以及课程内容的组织与安排都围绕特定的素养目标展开。相较而言,学科之间不是完全割裂的,融合性较强。中心开发与实施广域课程从五个层面整合:① 相邻知识系列的整合;② 性质相近学科的整合;③ 人文、自然和社会学学科的整合;④ 教育内容变化与文化发展之间的整合;⑤ 儿童与文化的整合。通过这些整合,让教育内容成为优化儿童自由和谐全面发展的环境、土壤和养料。中心将建构广域课程的"课程模块—课程群—具体课程"的三层课程体系(见图6-1),从社会、理科、技术、艺体四大领域开展课程群建设,最终以丰富的广域课程体系,为学生带来跨学科的实践性课程体验。

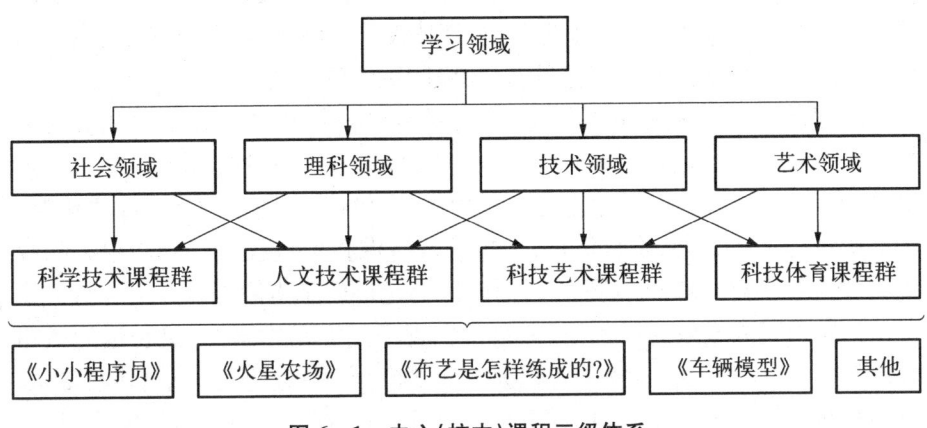

图6-1 中心(校本)课程三级体系

对于品牌课程实施,当前中心更加强调学生对多学科课程内容的关联统整,并且能运用多学科知识、技能解决具体问题。教师融合课程教学设计并实施了跨学科综合性实践问题解决的学习路径,学生从"实践任务"出发,依次经历"综合性问题""分解成学科问题""解决学科问题""综合使用学科知识"等环节,最终完成实践任务。课程围绕学习主题,将多学科相关知识、方法统整起来,在未来的课程实施中,中心可以多学科教师联合教学,这样将实现学生课程学习的深度与宽度。

在课程实施过程中,真实情境与任务的创设是实现综合素养培育的重要路径。真实情境与任务的创设要求教师将课程内容与学生真实生活、学习经验建立起联系,并引导学生应用所学解决"真"问题。相对来说,这样的课程实施方式对教师的挑战更大,但中心也确实看重这方面并进行探索。把项目式学习纳入多门课程中,以此作为重要的课程实施方式。例如:在人工智能这类课程中,教与学的活动规范化为"发现并确定问题""分析问题并收集信息""提出可能的解决方案""分析方案的可行性""选择最佳方案""设计并制作产品""测试与评价""交流表达结果"八个环节,学生不仅要从现实生活中自主发现、提出问题,还要通过严谨的学习路线,形成项目成果,最终解决问题。

(三)优化管理机制与评价要素,实现家校、社会共育

为保证品牌课程建设质量,促进品牌课程可持续发展,需要对品牌课程进行科学评价。中心形成了规范、科学、较为全面的课程管理机制,包括教师发展机制、资源开发机制、校本研修机制、课题研究机制等来保障课程建设的平稳推进。例如:通过系统的课程学习促进教师专业发展,中心联合学校组建创新教育联合体、区学科教研组,进而对教研主题选择、目标定位、内容组织、活动设计、教学策略选择等都有清晰、明确的管理流程。

品牌课程评价事关课程发展方向,要遵循校外教育发展规律和价值目标,应用科学手段,通过系统收集整理有关信息,采用定性或定量的方法,对品牌课程的开发、实施、效果等做出科学评估、价值判断,从而寻求改进策略,使品牌课程不断完善、不断优化,为校外教育课程建设提供指导。中心品牌课程评价要坚持导向性、客观性、操作性、特色性的基本原则。

为实现育人成效的最大化,在教育主管部门立足主责、立足长远的战略性决策下,品牌建设的过程中应积极融合学校、家庭(家庭与孩子)共同参与,打造家校合作育人新模式,构建家校协同育人共同体。坚持学校、家庭、社会多方协同联动构建全员协同育人的良好环境,为教育的顺利开展保驾护航,从而促进中心的科技教育的生成,宣传中心特色品牌,从而形成良好的科技创造氛围,促使学生走出教室。中心需要利用自身丰富的条件资源,积极争取学生家长对品牌课程的支持,发挥家校共育合力,鼓励有专业特长的家长

和社会志愿者参与到中心品牌课程的建设中来,引导家长树立正确的教育观、育儿观和成才观,合理确定孩子的成长预期,制止功利化、短视化教育行为,推进良好教育生态建设,让教育切实回归本真,回归理性。中心需积极联合家庭教育,高质量课程建设可以搭建实时互通、有效畅通的沟通平台,营造良好家风、家教,与学校教育配合,切实推动学生成长成才,用实际效果提升家长的信心,进而正向循环,深化家校协作,促使家校协同教育发挥最大影响力。

(四)加强"双师"队伍建设,打造专业化教师

随着现代科学技术的飞速发展,新知识的快速发展将不可避免地影响到原始知识,因此教师应具备较强的知识更新和扩展能力。要从职业责任感的高度,充分认识到知识更新在加速的新形势,充分认识到保持对新知识如饥似渴状态的必要性和紧迫性,在原有知识层面的基础上,主动接收、学习、掌握相关的新思想、新方法、新技术、新成果、新动向,使教师思想及学识保持在学科前沿。不仅如此,更重要的是,还要将专业项目发展的最新动态和发展趋势及时引入课堂,及时传授给渴求新知的学生。并在新知识技能传授的过程中,鼓励、带动学生去主动探索新知,培养学生的开拓创新精神,从而适应科技更新、社会发展和经济形势变化的需要。

首先,专业教师是品牌课程建设的中坚力量,是品牌课程建设方向的引导者,是学生发展和课程专业之间的重要桥梁。专业教师也是促成课程良性循环发展的重要协调者。因此,优秀的教育教师队伍是品牌课程建设的关键,也为教学质量提高的重要保障。教师的知识结构、创新能力和师德师风直接决定品牌课程的质量和水平,高水平的教师是品牌课程的形象代表。在进行品牌课程的建设中,需要教师的全力协作,通过品牌课程的设计开发、实施、总结反思、评价、推广示范等环节合作,教师在理论学习、思想交流、专家指导等过程中提升自身能力,也促成整个课程队伍的良好风气,形成优秀教学团队。只有形成优秀课程团队,才有可能将有效的教学经验与教学成果巩固发展下去,才能保证社区教育质量长期稳固提高。同时有利于建成一支教学经验丰富、业务水平高、年龄结构合理的教育教师队伍。

其次,区青少年活动中心建设的广域课程要求教师具有多学科理论知识、过硬的专业技能、先进的教育理念,丰富的实践经验,较强的研究能力,在理论联系实际开展校外教育实践中成绩显著,因此,要全力打造既有学科知识又有专业技能的教师队伍,注重构建一支年龄结构合理、人员稳定、教学能

力强、教学效果好的教师梯队,从而确保校外教育品牌课程持续发展和推陈出新。在品牌课程建设中要高度重视品牌课程建设专业教师的选拔,可以通过对教师的学历、职称、教学实践以及学术能力等指标进行综合考核,从而选拔出合适的人选作为该品牌课程建设的专业负责人。目前本中心品牌课程建设是选用教学经验丰富、专业技能强的教师进行负责,与学校联动开展编制专业教学计划、实训大纲,制定课程标准等,组织专业内的品牌课程建设,开展教研活动、教学督导与评估等。

(五)建设开放性教学,构建"云端"式学习

教学方式的多样化、现代化是打造校外教育品牌课程不可忽视的重要方面。建设高质量教育应具有公共性,通过线上课程使学生能够通过网络学习实现优质教学资源共享,使其社会效应最大化,而不应该自我封闭。发挥在线教育优势,构建方式更加灵活、资源更加丰富、学习更加便捷的模式。在互联网时代,人们的学习方式发生深刻变化,人们可以自主选择学习时间、地点、内容、方式等。

《义务教育化学课程标准(2022年版)》中明确指出:"教师应注重启发式、探究式、建构式、线上线下混合式等多样化的教学方式,促进学生自主学习和深度学习,发展科学思维能力。"校外教育作为义务教育的有效补充和拓展,对于培养学生的核心素养具有不可或缺的作用。然而,校外教育具有上课时间间隔长、上课频率少、学生来源分散、学生基础差异大等特点,如果依然采取满堂灌的传统教学模式,会导致课堂动手实践不深入、交流讨论不充分、课堂反馈较少等,严重影响教学效果。因此,随着信息技术的不断发展,尤其是后疫情时代的校外教育,基于线上和线下混合式品牌课程的开放性,学生对品牌课程的追逐和对优质校外教育课程资源重新选择将成为一种新常态。要实现促进教育公平、提高教育质量、改进教育管理方式、构建随时随地自主学习体系,实现教育现代化,打破传统教学模式,创新学习方式,开发线上品牌课程,积极开展线上线下混合教学,满足青少年儿童个性化多元化学习需要。通过品牌课程资源共建共享、互联网技术与校外教育深度融合、促进校外教育品牌课程教学方式创新,提升校外教育内涵品质。

课程建设过程应该是开放性的。优质课程建设除了熟悉课程教学的主讲教师,还需要其他相关技术人员的协助,比如网络人员、教学动画制作人员、录像摄制人员等,当然这些人具有服务多学科建设的特点,但是一门优质课程的建设是少不了这些技术人员的。同时,课程组成员之间的教学活动应该是开放的,教学内容和教学计划也是一致的,不能各自为战。

当前中心致力于打造"三性三化"实现宝山区校外教育品牌化,创建教育国际品牌,因此,优质课程的建设应该面向现代化、面向世界、面向未来。课程组必须视野开阔,思维活跃,能及时掌握学科发展的动向,使教学活动具有针对性。这就需要课程组和其他高校或科研单位多开展交流,特别要注意教师梯队建设,以老带新培养中青年教师,为青年教师提供外出学习提高的机会。

(六)加强教学与科研良性互动,提升课程高质量发展

科研活动作为校外教育的重要组成部分,其在品牌课程中的地位不应该被忽视,教学活动如果没有科研活动的支撑,就会缺少生机,成为无源之水。教学和科研是一个有机的统一体,二者互相转化,互相促进,互为条件。一方面课程教学只有与科学研究相结合,建立在科学研究基础上的课程,才有可能成为品牌课程,同时品牌课程建设本身就是一项重要的研究课题与任务。另一方面,科研不仅能够将最先进的研究成果充实进课程,将先进的教育思想融入课程体系,也能够将科学研究过程中的科学精神,如精益求精、严谨求实创新的精神带入课堂教学,这样可以极大地丰富品牌课程的内涵,健全多元协调、内外联动的教研合作机制,加强课程深入度及覆盖度。因此,教研组的教师在完成教学的同时,需要积极投身科研活动和课题研究中,依托科研创新,形成理论基础上的支持和指导理念。通过项目课题研究扩大中心品牌项目的影响力,及时检验品牌项目的课程教学成果,为中心品牌课程的发展增加生命力,为建设品牌课程普及起到表率作用。另外,还需积极探索校外教育的培养模式,促进教育均衡发展和优质教育资源共享。通过展示各学科衔接课、融合课、同课异构,引发线上线下的深层思考,及时更新教学理念,共同研讨破解难题,寻找更清晰的教学目标和精准有效的教学方法,为高质量品牌课程的落地提供理论及实践基础。

为确保品牌课程在中心取得实质性的进展,需要明晰品牌课程建设与中心教学的关联,理解发展品牌课程的现实意义,根据中心整体规划和部署,使品牌教育的内涵得到充分彰显,从而构建品牌发展新格局。激励中心品牌制度创新、教学创新等,引领中心打造校外教育品牌课程发展新机制。

(七)以"赛"促教,加强课程传播率

区青少年活动中心以教学改革为主体,人才培养与创新训练相结合,营造个性化需求;以项目活动竞赛推动教改和课程建设,不断提高教学质量,引

导创新训练活动,培养学生综合素质;以教改和课程建设的成果提升竞赛成绩,充实创新活动的内涵,逐步形成了"教学改革—课程建设—创新体验—活动竞赛"四位一体互动模式。四者相辅相成、互为促进、共同提高,形成一种立体化的人才培养模式,营造了一种探索研究、竞争进取、普遍提高、个性发展的人才培养氛围。

本中心挖掘特色亮点,打造品牌赛事,开展具有特色的各类"嘉年华"活动,并且积极组织区域性赛事,以竞赛为动力,大力宣传和推广中心品牌项目,让科技活动走进家庭,邀请家长参与进来,不仅可以促进家庭科技文化氛围的熏陶,还可以感悟中心特色品牌文化,得到家长的理解和支持,学生参与其中,找到科技的乐趣。把品牌赛事办成一张"教育名片",提升品牌课程的影响力和吸引力,通过新媒体形式,有效辐射赛事在我区举办,以赛事为契机,向广大师生、家长集中展示独具特色的品牌课程形象,提升品牌课程的知名度和美誉度。

第二节 校外教育广域课程品牌建设实例
——以"遥控车辆模型运动"广域课程为例

宝山区中小学车辆模型广域课程集合课程培训体系(课程全学段覆盖)、教育方式体系(线上线下课程活动全覆盖)、学龄成长体系(学龄段全覆盖)、学生发展体系(学生档案跟踪全覆盖)、支持系统体系(专家硬件全覆盖)。因此基于车辆模型广域课程五大体系,宝山区车辆模型运动历经积淀,如今已成为家喻户晓、高成长性的车辆模型广域课程运动品牌项目。

一、什么是车辆模型运动

车辆模型(包括遥控车辆模型)运动是集竞技、科技、健身、益智和娱乐为一身的活动项目。首先,由于它富有知识性、趣味性,而且比赛极具观赏性、挑战性、参与性等特点,令众多爱好者如醉如痴,乐此不疲。其次,该竞赛项目还不受年龄限制,所以在车辆模型运动场所,你能见到小至七八岁、大到80岁爱好者的身影。这也说明它是社会的需求。另外,特别是遥控车比赛场面,更是精彩纷呈,表演所营造的激烈赛场气氛,足以与真实汽车竞赛相媲美。故此汽车模型运动以其特有的魅力,在世界体育竞技场中独领风骚。

二、车辆模型运动现状

中国遥控车模运动正受到国家的重视,虽然在国际上我国还处于较落后的状态,但其发展前景十分广阔。自1997年起,国家体育总局也开始正式举办每年一届的全国车辆模型锦标赛。上海是国内最早开展车辆模型活动的城市之一,遥控车模项目在全国处于领先地位,先后获得60余项全国青少年车辆模型锦标赛冠军。地处虹口区的上海国际汽车模型竞技场,是国内迄今为止设施最完备的标准遥控车辆模型赛车场。上海市宝山区青少年活动中心主任虞海洲早在20世纪80年代,就对车辆模型运动情有独钟,带领青少年学生积极开展该项科技体育活动,取得了骄人的成绩。

三、宝山区车辆模型运动开展情况

宝山区车辆模型运动,始终坚持"服务宝山、立足上海、走向全国"的办学理念,打造遥控车辆模型竞技平台作为科技活动的载体,着力培养学生心理抗挫能力、独立思考能力、团队合作能力和科技竞技能力。宝山区车辆模型项目,在全国赛、市赛中屡屡获奖,已显示了较雄厚的实力。部分学校被评为上海市车辆模型特色校,上海科技教育先进单位、全国科学教育实验基地和全国科技教育示范单位。

四、宝山区"车辆模型运动"广域课程开展意义和方向

如何改变我国车模在国际上处于较落后的状态?目前,宝山区青少年活动中心在区教育局、区科委、区科协和各镇政府的大力支持扶植、指导下,具有时代特征、有品牌特色、有宝山文化的"遥控车辆模型运动"广域课程项目正在崛起,从以下几方面来佐证,并能窥一斑见全豹。

第一,科技教育新理念的形成。

"车辆模型运动"广域课程以兴趣为基础,以创新实践为主线,以课程建设为保证,以探究体验为形式的车模项目正形成宝山区的科技教育特色。把它作为提升宝山区科学教育示范品牌、开创宝山区车模运动的新篇章的高度来认识,联手兄弟特色学校组建宝山区车模大赛特色社团(发展联校课外活动综合体),用自己的科技教育特色品牌为社会服务,即资源共享、提供场所训练或比赛、趣味游戏设计表演、教师或裁判员培训、课程和产品研发等,充分体现自身社会价值和大教育观。

第二，国际级标准场馆建设。

宝山区青少年活动中心，是目前上海市唯一一所同时拥有国际级平路赛道和越野赛道的单位(2020年11月投资1 500万元建成占地13亩的标准国际级赛道"上海国际车辆模型赛场")。这些设备和场馆，除了给本校学生使用外，还能为各地广大车模爱好者提供场地训练和各类赛事，有更多机会承办市级、国家级等高水平的车模比赛，形成独具特色的宝山车模竞技运动文化市场。

第三，师资队伍知识技能培训。

宝山区车辆模型运动的开展，除了有专门从事车模等项目的科技教师外，还定期外聘多名专家顾问到学校商议指导学生开展活动。部分学校现已成为上海市车模科技特色学校、上海市科技教育特色示范学校。为了使更多的其他学科教师也能投入进来，培养他们一专多能，宝山区青少年活动中心专门为全区对模型活动有兴趣、志向的教师开设车模知识技能培训班，本广域课程就是为了培训而编写。旨在学习、消化、掌握应知应会的基础上，去设计开发适合学生的特色课程、去得心应手地指导学生开展各项车模教育教学活动。

第四，广域课程的开发与实施。

宝山区"车辆模型运动"广域课程开展，旨在开发综合性车辆模型课程，链接各校校本教材，用课程的形式做实施保证。现在2—6年级，车模特色活动已经进入学校排课表，从而实现真正进入课堂教学。

车辆模型广域课程的使用年龄段贯穿幼儿园、小学、初中多个年龄段，校内学生使用的课程教材，目前是以一个单元为一个微型课程(如橡皮筋车模、电动车模、太阳能车模、遥控车模，等等)，逐个开发试用。条件成熟后合并开发成学校校本课程。配套车辆模型广域课程的使用，从而更好地让车辆模型科技特色课程落地。

综上所述，这类饶有情趣、富有挑战、创新实践的科技教育，对上海青少年选手参加国内外大赛，对推动上海车辆模型事业的发展有着极为深远的影响。我们有理由坚信：一代车模设计大师、车模竞技裁判、车模教育专家将会在宝山区青少年活动中心诞生！

五、宝山区"车辆模型运动"广域课程主体构架与简介

宝山区"车辆模型运动"广域课程主要由两部分组成：第一部分内容是以全国优秀课程为首的车辆模型普及课程：FCD未来汽车创意设计——飞驰少年未来行；第二部分内容是在国际车辆模型技术专家指导下撰写，同时

也是上海市素质教育优质课程项目资源的遥控车辆模型研修课程：A 计划——遥控赛车的组装、调教指南。

第一部分内容简介：

1. 活动宗旨：激发学生从小爱科学、学科学、用科学，培养学生创新意识和动手实践能力，提高学生科学文化素养。

2. 内容与预案：以"科学知识传播＋动手实践探索"的形式进行活动。总体活动分三个系列：科普讲座、实践体验、反思修正、组织赛事。

（1）在科普讲座中，FCD(未来汽车设计)的推广老师围绕FCD引发的奇思妙想、FCD带你解析车世界、FCD飞驰少年未来行和FCD卡丁拼装车体验四个部分，从汽车的内部结构到车的外部造型，从车子的种类到车子的功能，从 RC 模型车到真车较量，从发动机原理探究到未来车的创新，逐一讲解。

（2）在拼搭体验实践中，学生跟着 3D 动画动手动脑、认真钻研，俨然一副未来汽车设计师的模样。

（3）在实践体验与反思修正中，学生自主拼装，独立完成；要求遇到困难，进行反思和修正，找出原因，解决问题。

（4）组织赛事。在以上活动的基础上，根据思想教育与科技发展的形势以及节庆民俗等势态、组织各类中大型的跨校跨区的赛事(大赛、霸王赛、亲子赛、节庆赛等)。

第二部分内容简介：

遥控车模运动是一项寓教于乐、有益于身心健康的科技与体育相结合的活动项目，集知识、技能、竞赛、娱乐、休闲为一体，以其独有的知识性、趣味性、观赏性及娱乐性，深受广大青少年的喜爱，是一项高科技、高水平的国际都市时尚科技竞技活动。

本课程遥控车辆模型课程(A 计划)非常强调学科之间的高度整合，也强调团队的互相配合，通过竞赛培养学生的团队配合与组织能力，紧张激烈的比赛也对学生的心理抗压能力给予了考验。因此初级兴趣课程着重培养了学生科技竞技能力、独立思考能力、团队合作能力和心理抗挫能力。

六、宝山区"车辆模型运动"广域课程实施路径与规划

第一，课程组织管理。

成立宝山区"车辆模型广域课程"领导和工作小组，为课程实施与目标达成提供组织保障。

1. 领导小组：

组长：虞海洲(主任)、陆洪兴(副主任)

组员：申智斌、刘志远

2. 工作小组：

组长：董思征

组员：罗鸿羽、陈晖、王荣、宝山区各校车辆模型项目教练

第二，课程实施规划。

（一）近期目标：

1. 广域课程的制定：通过全国、市级、区级专家和车模发烧友的指导、交流，探讨、制订广域课程具体撰写的计划表。

2. 结合广域课程推进全区车模展演队伍建设，具体为：在外聘专家的指导下，通过一个暑期师生的共同努力，已经选拔出优秀的社团队员，下一阶段我们将培训落到实处，开拓师生展演眼界，了解国内外展演项目及视频资料，强化区内展演队伍基础和提升展演水平。

3. 以校本培训为学习平台，以点带面推广广域课程。

4. 以广域课程为基础，讨论、设定定期展演的时间、内容，通过"走出去"交流展演内容，提升展演水平，以"请进来"相互学习，促进展演发展，开拓眼界。

5. 初步建成表演菜单，以多层次，多形式推进展演项目，以适应各种条件的展演，同时推广广域课程。

6. 制订青少年科技体育活动方案，开展对于青少年德行养成的问卷调查，收录、统计学员各项学习情况以及德行成长。

（二）中期目标：

1. 进一步加强广域课程推广学习，同时以梯队式形成车模展演队伍，人员配置为10%专家、车模爱好者，20%精英车模选手，30%优秀车模选手，40%车模展演现役、后备队员。同时融入3D特种车模体验、表演环节，让学生对汽车智造有初步认识。

2. 构建广域课程的交流平台，让各个学校的车模教练、学生与专家面对面，共同探讨交流车模展演的困惑和疑问，进而提升学生的自主学习能力。同时也保证了广域课程的落地见效。

3. 定期组织交流展演，让更多的车模联体校加入车模展演行列，扬各校特色，展队员风采。

4. 建设传媒平台,以专家、老师为指导团队,学生自行管理的模式,运营管理,配合车辆模型定期展演,做好广域课程宣传工作。

5. 优化校本特色课程,在原有基础上修改完善校本教材。继续完善车模展演课程的评价体系,更科学地评价师生的展演活动,使车模展演文化活动不断完善和发展。

6. 整理学员案例,为调查问卷分析做好数据整理工作。

(三) 远期目标:

1. 进一步加强广域课程推广学习,以梯队式形成车模展演队伍,人员配置为10%专家、车模爱好者,20%精英车模选手,30%优秀车模选手,40%车模展演现役,另外组建车模展演后备队伍,人数50人左右,为车模展演梯队奠定基础,逐步成熟3D汽车智造,让更多的学生学会将自己心中的车模,通过3D打印变为实物,多层次落实广域课程。

2. 结合建设"小先生"专家平台,通过陶行知先生的小先生制,让广域课程在学生间进行传帮带,解决日常问题及常见困惑,有特殊问题或困惑,请专家、车模教练予以解答,尝试研发"特种车辆"为表演队的进一步提升做准备。

3. 做好广域课程传媒平台日常维护与管理,为车模展演的宣传工作保驾护航,让社会更多的爱好者知道车模展演,了解车模文化,参与车模活动。

4. 结合广域课程基础,进一步优化校本特色课程,在原有基础上修改完善校本教材。继续完善车模展演课程的评价体系,更科学地评价师生的展演活动,使车模展演文化活动不断地完善和发展。同时加入车模教练培训,师生共修,共同提高。

5. 将广域课程学员案例整理成册,并且将前期的调研数据进行整合。

七、宝山区"车辆模型运动"广域课程设计思想

结合《上海市中长期教育改革和发展规划纲要》《上海市中小学劳动技术课程标准》《上海市小学自然课程标准》以及"二期课改"精神,立足学校的生情、师情和校情,确立以科学探究为核心的理念,改进学生的学习方式,让亲身体验实践、探究活动成为学生学习科学的主要途径,把课堂和课外紧密结合起来,给学生创造充分的自主探究的时间和空间。

陶行知先生所倡导的"生活教育理论"中有个重要的命题,即:"社会即学校",是"要把笼中的小鸟放到天空中使它任意翱翔",是"要拆除学校与社会之间的高墙,把学校里的一切伸张到大自然里去"。这告诉了我们,学生从生

活中学习和社会衔接的重要性。

本课程以学生的实践体验为基础，从多层次逐渐拓展学生的学习、认知领域；创设学生的学习生活，以学生学习和生活中常见的事物为载体，为学生提供充分的动手机会和思维空间，尽可能让学生在情景中感受车辆模型的拓展领域和学习科学的乐趣，体验车辆模型中各种科学知识与生活的密切关系；认识科学对社会发展的作用和影响，从小培养学生从科学的视角关注身边事物的意识，逐步树立社会责任感。

把"特种车辆研发"作为广域课程实施中的主要任务进行推进，主要通过承办全国车辆模型公开赛、研发特种车辆模型，以车辆模型内涵化培育为核心，逐步形成各联体校内部车模特色项目，以表演的形式渗透育德、育人，并实现师生共同发展。

通过本课程的运作与不断建设，推动联体校个性化、特色化、专业化内涵发展，打造办学品牌，形成具有鲜明车模特色和浓厚传统文化氛围的学校，进一步提高办学品位和办学质量，为可持续发展积累必要基础。

八、宝山区"车辆模型运动"广域课程校内推广路径与课程具体内容

（一）社团选拔：以车模社团为基础，从社团中选拔优秀人才，推广执行广域课程形成案例。

（二）丰富展演内容：以车模联合体内外专家、教练为带教团队，让学生开拓展演视野、掌握表演技巧、渗透车模展演文化，实现展演课程的初步建设。同时与校外公益组织联动，定期组织学生进行观摩、展演、交流，走进"社会学堂"。

1. 展示：特种车辆任务活动、车辆模型3D智造
2. 常规：飞跳台、舞蹈等
3. 增设：4D漂移
4. 讨论：花式飞行

（三）展演交流：从联体校内部加强交流，让更多的老师和学生观摩车模展演、学习车模文化、普及车模展演小知识。结合展演技能与操作培训，开办教师展演培训班，让车模教练深层次了解车模展演文化，注重车模公益展演、文化宣扬，从"内"而"外"提升修炼。

（四）结合广域课程，完善校内校本课程：把车模展演活动与学生科技教

育和师德修养活动以及社会实践等相融合,初步形成展演课程体系。

九、宝山区"车辆模型运动"广域课程成果介绍

课题组经过几年时间的运行与沉淀,已培养出了上千名车辆模型爱好者。实时社团成员达到百余名,学生的德行成长也同样有目共睹。从市级车辆模型竞赛中一路走来,宝山区车模社团的小选手们在竞赛中包揽了各个项目的冠军。其中车模表演队也曾多次在市区级科技节、模型节乃至全国和国际性科技交流活动中进行车模表演与车模互动,同学们赛前的刻苦、赛中的拼搏、赛后的思考,一次次地历练,一次次地提升同学们的精气神。

1. 对区域的辐射作用。课题组协助宝山区中小学车辆模型创新教育联合体开展车辆模型活动。在区教育局、活动中心领导的关心指导下,课题组实践活动方案在联合体中一直发挥着积极的示范、辐射作用。

2. 对于学生兴趣的激发和自信心的提升。曾经有这样一位学生,他说:"我在班级中一直默默无闻,甚至看起来略显木讷,说话也总是很轻,好像是一个犯错的孩子在认错一般。"即使在他报名加入车辆模型社团之后,也仍有很多同学都认为他是不行的。然而,仅一个多月的训练,他不仅证明了自己,同时还为学校争得了多个科技奖项,这之后的他,不仅成为学校车辆模型社团的骨干,还竞选成为车辆模型竞技队的队长!人也变得自信、开朗,学习成绩等各方面也取得了不小的进步。

人的先天智力也许是不等的,这就造成了学习能力的差异。试图让每一个学生都达到统一标准是不可能的,因此,用不变的视野看不同的孩子是不对的。面对每一名学生,都需要用不同的尺子来衡量,发现孩子与众不同的长处。而科技体育活动,不仅可以培养孩子们对于科技的兴趣,帮助其了解科学知识。同时,还能培养他们的耐挫折能力、独立思考问题的能力、团队合作能力,等等,让他们在学习基础文化知识以外的时间里,感悟人生的道理。

十、宝山区"车辆模型运动"广域课程对宝山区车辆模型创新教育联合体、老师、学生的启发与案例

"学段贯通、联合育人"创新人才培养之路
——车辆模型创新教育联合体社会化运作的案例

宝山区车辆模型创新教育联合体成立于2011年6月。遵循宝山创新联

合体"特色联盟、资源共享、兴趣培养、学段贯通"的特点,以创新教育为核心,以动手实践探索为载体,发挥联合体各机构的积极作用。整体运作通过联合体竞赛、展演、传媒三元一体新构想,将车模运动进一步突破与传承。在区少科站的领导及市、区各级部门大力支持下,2015年车辆模型创新教育联合体被评为上海市优秀项目,成为上海市青少年热衷的品牌活动,广受社会各界、学生、家长欢迎。

一、车辆模型创新教育联合体运作背景

车辆模型(包括遥控车辆模型)运动是集竞技、科技、健身、益智和娱乐为一身的活动项目。首先,由于它富有知识性、趣味性,而且比赛极具观赏性、挑战性、参与性等特点,令众多爱好者如醉如痴,乐此不疲。其次,该竞赛项目还不受年龄限制,所以在车辆模型运动场所,你能见到小至七八岁、大到80岁爱好者的身影。这也说明它是社会的需求。另外,特别是遥控车比赛场面,更是精彩纷呈,表演所营造的激烈赛场气氛,足以与真实汽车竞赛相媲美。故此汽车模型运动以其特有的魅力,在世界体育竞技场中独领风骚。

近年来中国遥控车模运动越来越受到国家的重视,虽然在国际上,我国在海陆空模型锦标赛中唯独缺少车辆模型的世界冠军,但其发展前景十分广阔,特别是目前随着科技的发展、全国各级领导的支持及各地学生、家长的共同参与,让该项目逐渐迸发出新的生命和活力。上海是国内最早开展车辆模型活动的城市之一,遥控车模项目在全国处于领先地位,先后获得60余项全国青少年车辆模型锦标赛冠军。地处虹口区的上海国际汽车模型竞技场,是国内迄今为止设施最完备的标准遥控车辆模型赛车场。

根据上述情况,在宝山区教育局、少科站领导的敏锐洞悉下,决定成立宝山区中小学车辆模型创新联合体。同时,早在20世纪80年代,宝山区高境三中虞海洲校长,他走上宝钢一中学校教育工作岗位起,就对车辆模型运动情有独钟,带领青少年学生积极开展该项科技体育活动,取得了骄人的成绩。作为车辆模型联合体的领军校长当之无愧。本着"自愿结合、特色联盟、贯通学段、共享资源和共育人才"的原则,从2011年6月起,先后共有11所学校共同加入车辆模型联合体,组成了车辆模型项目团队,通过整合优质校内外资源,共同引领宝山区车辆模型创新教育联合体,使其在全市乃至全国颇具影响。

二、车辆模型创新教育联合体运作实践

(一)整合学校社会优质资源,组建联合体多元化学生梯队

宝山区车辆模型创新教育联合体通过多年的运作,在国家体育总局航管

中心、上海市体育局、上海市科技艺术教育中心、上海市军事体育俱乐部、上海市航空、车辆模型协会、HORIZON美国地平线模型、宝山区区政府、宝山区教育局、宝山区少科站及社会各界的大力支持下,将一批极具人气和号召力的机构、论坛、选手慢慢凝聚在了一起(如:国家级荣誉裁判张国钧老师、车辆模型高级工程师徐祖贻老师、全国青年赛连续八届冠军选手董思征老师、美国地平线模型技术总监罗鸿羽老师等)。为宝山乃至全上海市的学生提供了一个集科技与智慧、创新与实践的国际性综合平台。

车模联体校在学生的培养过程中,开发了竞赛、展演、传媒三元一体构想,通过理论与实践的碰撞、艺术与科技的融合及自媒体与原创齐舞,让每一位学生都能全方位地感受车辆模型带来的真正魅力,从而找寻适合自己的发展方向,明确目标定位,通过专家引领,组建出各校独具特色的学生梯队,在联合体内部形成相互依托、共同发展的新格局。

(二) 建立联体校保障激励机制,促进联合体健康可持续发展

宝山区车辆模型创新教育联合体近几年发展迅猛,从原来12家活动单位,逐渐扩展到25家活动单位。随着体量的不断增加,如果没有配套、完善的运作机制,很有可能会让优秀的教练及学生逐步流失,为此在区少科站及联体校各位校长的共同协商下,制定了联合体保障、激励机制,通过建立系统化的联合体学校评价机制及运动员档案管理机制,使联合体内部管理更科学、操作更有效、竞争更公平。真正自下而上激发联体校教练、选手活跃度,让更多的学生、老师受益,为车模联合体可持续化发展打稳基础。

(三) 承办每年市级冠名杯赛,提升联合体重大赛事承办经验

宝山区车辆模型创新教育联合体自2011年开始,通过各类赛事的经验累积及赛场上的优良作风,受到了上海市军事体育俱乐部领导的高度关注。经上级部门研究决定,联合体基地学校高境三中受市军体俱乐部委托,承办每年首场上海市车辆模型校园联赛。这不仅表示各级领导对于宝山区车模联合体的肯定,同样也标志着宝山区车辆模型创新教育联合体在全市的影响力。通过每一次的市赛举办,不仅越办越好,同样也一次次地鼓舞着我们每一位参赛的老师和学生,让我们感受到车模联合体这样一个大家庭带来的荣誉和自豪感。

(四) 撰写车辆模型市级课程,完善车辆模型学习标准体系

2015年4月—6月,受上海市科技艺术教育中心委托,在各级领导及专家的共同协助下,宝山区车模联合体为来自全市16个区县的25名科技老

师,开展了为期3个月的车模课程集中培训。本次培训结束后不仅受到了外区参培老师的好评,同样也受到了市科艺教中心领导的肯定。2016年上半年,车模课程申报市级培训课程,从而确立车辆模型项目在全市的标准,同时该课程列入上海市"十三五"师资培训课程。

通过本次课程的撰写,进一步确立了宝山区车辆模型创新教育联合体在全市的引领作用,同样也给予联体校教练一个专业发展的平台。在课程撰写过程中不断的梳理理论知识,反思实践操作,完善课程体系,对于联体校教练又是一个新的发展平台和契机,形成车模教练"一专多能"新常态。

(五) 扶持各省市兄弟学校,共享国内外优质车辆模型资源

宝山区车辆模型创新教育联合体经过多年的运作,已经具备一定的规模、资源和体系。在区少科站、联合体基地学校高境三中的扶持下,嘉定区黄渡中学、浙江省温州十九中等各省区市学校逐步开展起了车辆模型活动,既丰富了校内文化建设,又给学生提供了一个学习、展示自我的新平台。让更多的学生、家长体会到车辆模型活动带来的魅力。

通过对外区、外省区市兄弟学校的扶持共建,不仅是对于我们目前成绩的肯定,同时也是对自我的鞭策和反思,有利于我们将车辆模型活动吃透、学精,让联合体不停留在一个封闭的环境中,而是获得全方位的成长。我们能请别人进来,同样也能走出去一起学习,共同发展。

三、车辆模型创新教育联合体运作成效

经过五年的发展和积淀,车模联合体目前已经从初期的11家联合体学校开展车模活动,到现如今宝山区共25所学校共同开展活动,其中还不包括对外区、外省区市学校的帮助。在各级领导部门的支持下,宝山区车模场地也在不断地增加和改造,车模联合体基地学校高境三中不仅活动面积从原来的几十平方米的教室逐步扩展到数百平方米的大楼,再到现如今将车模文化融入整个数千平方米的校园内。除了高境三中,淞谊中学、长江二中、呼玛路小学、宝山区二中心小学、罗店中心校、江湾中心校等一批优秀的联合体单位全部拥有各自的车辆模型训练场地及专用教室,为学生车模社团活动、比赛训练、项目研发等专项活动保驾护航。

对于所有联合体的老师而言,这些年也是他们飞速成长的过程。从一开始一无所知,到现如今联合体内出现的"刘大师"、"王专家"、"徐顾问"等亲切的称呼。这些都是经过全市严格的理论学习及笔试考核,联合体学校全体老师100%获得由上海市军事体育俱乐部颁发的三级车辆模型裁判证书,其中

20%的老师还获得二级车辆模型裁判证书,高境三中刘志远老师经过多年的积累,目前是联体校内唯一一名上海市一级车辆模型裁判员。车模联合体的所有老师用自己的实际行动告诉自己身边的每一个学生,只有敢于努力,有一颗执着、坚持、拼搏的心,你才能取得成功。

对于教练而言,可能不会因自己遥控车模的水平有多高,或者自己动手能力有多强,而觉得沾沾自喜,真正的成功是学生有所成就,这才是教练莫大的荣耀。

在高境三中就有这样一个鲜活的案例。"吴淞中学喜报——'高境三中:贵校优秀毕业生王皓辰等同学进入吴淞中学以来,积极上进,勤奋好学,成绩优异……王皓辰同学考入上海交通大学……在此,向长期为我校提供优质生源的高境三中报喜,同时,祝愿高境三中蒸蒸日上,再创辉煌!'"

王皓辰同学本来只是一个普通的学生,全班42位同学,考试成绩他通常稳定在30名左右,平时上课时常开小差,不认真听课。后来经过班主任抽丝剥茧般地深入了解,发现他动手能力极强,曾经多次把家里的闹钟、收音机、玩具反复拆装;还喜欢篮球、乒乓球等运动。

在班主任的了解和极力推荐下,王皓辰入选为车模队员,这对于一个普通的学生来说已是极大的荣耀。在车模队中有个不成文的规定,如果文化课考试成绩太低,将会强制退出车模社团。为了不让自己被淘汰,班主任发现王皓辰自从参加车模队后上课注意力集中了,作业效率也提高不少,果不其然,在后来一次月考中,他从班级30名的成绩突飞猛进到班级前15名,这个进步让老师们都大为惊讶。

自此以后,王皓辰的成绩稳步上扬,车模竞技的水平和成绩也在不断提升和突破。最终凭借"学段贯通"及优异成绩,王皓辰通过吴淞中学特长生面试,并被录取,因在初中阶段养成了良好的行为学习习惯,最终王皓辰被上海交大录取,并在专业的选择上毫不犹豫地选择了机械动力专业。

这样的例子还有很多,如:高境三中邓罗曦、舒逸杰,罗店中心校陈振宇,呼玛路小学王宝密,等等。他们只是普通的学生,只是找到了适合自己发展的平台,在这样的平台上不断挑战、超越自我,让自己的青春绽放得更加精彩、美丽!

四、车辆模型创新教育联合体运作反思

建构区域内青少年科技教育联合体并进行社会化运作,还是一个新生事物,许多方面值得我们进一步探索,获得完善的经验。但小试牛刀,采用科技教育联合体为组织形式，实施社会化运作，开展区域青少年科技创新教育，是一个有益的尝试，实践证实了它的作用。

创新联合体，社会化运作，首先要跳出自我中心，具有奉献精神，善于合作，乐于分享，同时也须具有虚心学习、博采众长的进取精神。伴随着李克强总理"大众创业，万众创新"的口号，在联合体活动的社会化运作中，我们同样需要不断创新，理论结合实际。当然还有许多问题有待解决，如社会资源的挖掘，合作关系的建立、实践运作的职责分工与协调等，但是通过各项保障激励机制体系的逐步完善，在不久的未来，一定会卓有成效。另外，为了提高指导的效益和水平，最好能建立一些指导协作组，引入团队指导的机制，同时对指导教师工作绩效的考评机制也许有所改革和创新。

"十四五"规划已经起航，在各级领导部门的大力支持下，以及车辆模型创新教育联合体所有校长、老师的共同努力下，我们有理由相信车辆模型创新教育联合体定会在科技教育中再创新辉煌！

上海市宝山区车辆模型创新教育联合体
2020年6月14日

一切从兴趣开始

月浦三小　刘惠忠

来自教师的观察：

引言：还记得他刚入学的模样，瘦瘦小小，其貌不扬。上课时虽能安安静静地听讲，但无论老师用怎样的教学手段鼓励学生积极举手发言，他总是默默地坐着，时而逃避着老师与他对视的目光。学习方面，他具有一定的自觉性，成绩位于班级中上游水平，但由于他与老师、同学之间甚少互动，缺乏自信、胆小内向，却安分守己，不善辞令，因此往往成为我们忽略的对象。直到那一次⋯⋯

平日里能按时完成作业的他居然连续两天没有交语文作业。我寻思：如此自觉的学生连续不交作业一定有其原因。于是，我把他请到办公室里，非但没有批评，反而用比较柔和的语气询问着原因。起先，舒逸杰一声不吭，低着头，咬着嘴唇，双手不停地揉搓着衣角，我耐心地多次询问和疏导，可他依然一语不发。我渐渐有些不耐烦，语气严厉起来，他抬起眼帘轻扫我一眼又低下头嗫嚅地说："老师，我⋯⋯我做了，我是故意不交的，就是⋯⋯想让你注意我⋯⋯"我震惊了，原来这样一个默默无闻、内向害羞的孩子却一直热忱地渴望得到老师的关注,他正用着自己的方式去博取老师的注意。著名教育家苏霍姆林斯基说:"人的心灵深处,有一种根深蒂固的需要,希望自己是个发现者、研究者、探索者……世界上没有才能的人是没有的。问题在于教育者要去发现每一位学生的禀赋、兴趣、爱好和特长,为他们的表现和发展提供充分的条件和正确的引导。"

从那以后,我关注的焦点不仅是那些调皮捣蛋的孩子了,更有一个舒逸杰。

一、树立自信,做学生兴趣激发的探索者

随着与舒逸杰的深入接触,我渐渐发现他其实有着敏锐的思辨能力和较强的动手能力,最大的兴趣爱好便是组装一些模型拼装玩具。兴趣是人们力求认识某种事物和从事某项活动的意识倾向,表现为人们对某件事物、某项活动的选择性态度和积极的情绪反应。对于缺乏自信的孩子,最直接的改善方式便是从他的兴趣点入手,从其所擅长的范畴找回自信和价值。

正逢学校招募车模社团成员,我便建议他参加,他也欣然接受了。可过了一段时间,舒逸杰突然找上我,心事重重地表示他想退出车模队。在我的追问下,他只说了一句:"我觉得我不行。"

于是,我找到了车模辅导员刘老师询问情况,他告诉我,车模队里不少学生在小学期间就开始接触车辆模型的制作,具备一定的理论和实践基础,而舒逸杰虽有兴趣和天赋,但之前从未接触过,因此在组里属于拼装技巧和操作能力较弱的队员,经常由于技巧的生疏拖组员后腿而受到埋怨,故而受挫,萌生退出的想法。这是一个多么缺乏自信又具有极强自尊心的孩子啊!

在了解了具体情况后,我主动找到舒逸杰并告诉他:"世上没有一个人可以不凭借努力而一举成功,别人的成功或许在你看来闪耀辉煌,可你是否想到他们背后曾付出的艰辛;别人的成功或许在你看来遥不可及,但你是否想到,如果你也为之努力过,或许你也会成为他人眼中的成功者。"在我的多番鼓励下,舒逸杰终于答应继续参加车模队。

激发兴趣,是可以重建自信的。要帮助学生及时调整目标,坚持"小以成小,大以成大,无弃人也"的原则来帮助他们建立合理的成功期望值。通过系统的课程安排,让学生可以善于发挥自身的优势,坚持不懈,努力争做别人眼中的强者。

二、展现自我,做学生表现提升的引导者

兴趣是行为的动因,而自信心的建立将成为提升个体表现力的内因。经

过了那次谈话，我渐渐发现舒逸杰开始有了转变。IPA车模社团活动时，他认真仔细地盯着刘老师的演示，认真做好详尽的笔记，不放过每一个细节；活动结束后，他总是最后一个离开教室，把各零件反反复复拼装测试，不断调整车辆性能。因为兴趣，舒逸杰参加了车模队，因为有了目标，他不断积极钻研车模制作技巧。终于，在不懈的努力后，舒逸杰荣获了他人生中第一张车模奖状：2011年上海市宝山区"国耀杯"遥控车辆模型积分赛1/16遥控电动越野车模型（有刷电机）直线赛三等奖。面对他取得的成绩，我感到无比欣慰，倘若没有当时对他的关注，没有挖掘他的兴趣，并鼓励帮助他建立目标和树立自信，我想他现在可能还是那个默默无闻的瘦小男孩。

更令人欣喜的是，刘老师告诉我通过舒逸杰的自身努力，他的拼装技术和操作水平在短时间内有了极大的进步，队员们对他刮目相看。而刘老师也任命他为"小先生"，作为小助教协助老师指导队友，并做得有模有样。与此同时，平时里沉默寡言的他竟愿意在上课时举手回答问题了；课间，时常能听到他爽朗的笑声了。我也适时地委任舒逸杰为班中的科技委员，他的积极性无比高涨，工作主动认真，自严自律，成绩也有了很大进步。目标的达成和自信的重拾提升了舒逸杰在学习和兴趣方面的良好表现力。

教师应帮助学生充分认识和发现自身的价值和潜力。每个人心中都隐伏着一头雄狮，现代心理学研究发现：绝大多数青少年都具有相当大的发展潜力，而且不同的人有不同的发展潜力；同一个人各方面的发展潜力也不尽相同，都有某方面相对占优势的发展潜力，因此教师要帮助学生认识自己的潜力和优势。在保证每个学生都得到全面和谐发展的同时，针对每个人的特点和优势，帮助其尽早确立正确的奋斗目标和远大理想，用美好的愿景激励学生形成强大的自信心和顽强的奋斗精神。

之后，凭借持之以恒的努力，舒逸杰又多次在上海市青少年车辆模型锦标赛无线电遥控1/10电动越野车模型项目、上海市Horizon车辆模型公开赛无线电遥控1/10电动后驱越野车模型项目、上海市青少年车辆模型竞标赛1/16电动越野车模型项目（无刷组）、"漕河泾开发区杯"上海市第一届市民运动会车辆模型竞赛中学组1/10电房等比赛中荣获好名次。

坚韧的花芽破土而出，历经了雨露的浇灌，在阳光下舒展着躯干，成长仍在继续。

三、实现自我，做学生能力培养的助推者

黑格尔说过："人是靠思想站起来的。站起来的人要想有尊严地活着，就

必须具备独立自由的思考和选择能力。"马斯洛的需求层次理论中人的最高需求便是自我实现的需求。我一直在想：对于舒逸杰这样一个曾自信不足的学生在取得了部分成绩后，如果就此止步，或许就无法促使他直面挑战从而挖掘自身更高的价值和蕴藏的巨大潜能。

如果在现有条件下把他推向更高点，在更宽广的平台上，让他尽情地舒展自己，增加成功体验，那么他将逐渐依靠自己的力量迈步向前。于是，我又一次做了他的助推者：鼓励他报名参加国家体育总局主办的全国青少年车辆模型锦标赛。这对于初中阶段的学生而言是一项极高水准的比赛，报名参赛的选手是来自全国各地具备最佳车模拼装水平和操作能力的学生。

面对如此强劲的对手，舒逸杰又打起了退堂鼓，甚至一度有退赛的念头。我告诉他：回想我年轻的时候，仰慕各种各样的强者，也热切地希望自己能成为强者。但什么是强者？我曾毫不含糊地回答：能战胜别人的便是强者——在战场厮杀，英勇善战，威震敌胆，能踏着血泊穿过硝烟走向胜利的人；在运动场上称雄，在力量、速度技巧中遥遥领先，能赢得金牌和奖杯的人；在考场上拼搏，沉着应战，才思奔涌，以一胜百，能荣获金榜题名的人。如今我却有了更深的领悟，其实能不畏困难，勇往直前，战胜自我的人便是强者。我们要做生活的强者，不在于和他人的较量，更多的是对自我价值的实现。老师希望你成为一名强者，至少成为你我心目中的强者。他沉默了……

第二天，舒逸杰主动跑来找我，说："老师，我明白了，全国性的比赛并不可怕，我不在乎名次，而是在意努力的过程、自我实现的过程。我想成为你心目中的强者……"我被他的这番话感动了，教育的最终目的不正是让受教育者内化感知、培养能力吗？这一刻，在舒逸杰的身上我看到了一个强者的担当。

之后，他一心一意为全国赛做着各项准备，一有时间就跑去图书馆钻研车模拼装技巧，课间积极主动地跑去刘老师那里探讨如何提高车模性能等问题；课后总能看到他站在赛道旁时而眉头紧锁、时而微笑绽放，全神贯注地一次又一次试验新改装的车模……

最终，舒逸杰荣获了全国青少年车辆模型锦标赛U18组1/16兴耀华遥控越野竞赛第七名的好成绩。当他拿着奖状欣喜若狂地来找我时，我只说了一句话：你是老师心中的强者！他眼里噙着泪花，第一次真正地露出了自信的微笑。美国心理学家威谱·詹姆斯说："人性最深刻的原则就是希望别人对自己加以赏识。"师长往往是学生心目中的"权威"，如果对他们的评价是肯定的、积极的，那么其自我意识，行为动因便更强。舒逸杰的兴趣帮助他寻找到实现自身价值的途径,他的努力帮助他提升了多方面的表现力从而最终转化为自我实现的能力。我想,我的使命即将结束,舒逸杰已有足够自信和能力来面对今后所遇到的新挑战。

  驶过岁月翩跹的舣筹,聆听流年迂回的浅吟,舒逸杰就如那朵默默生长的小花,随风传来阵阵幽香。只有你弯下腰才能发现它是如何于风中摇曳,又如此顽强挺立,在破土而出的那刻起便开始演绎属于它的剧本。我庆幸成为那个曾蹲下身,用爱浇灌、用心滋养它的园丁,待其长成时,俯身闻一闻花香,别有一番动容。

十一、全国、市级部分优质课程展示

FCD未来汽车设计教学活动大纲——F级(上)

课程内容	模块安排	教学重难点	课时
	工具的认识与使用	区分螺丝长短,练习顺时针拧紧螺丝,逆时针拧松螺丝	1
	字母A拼装	认识字母A的外形结构,能自主结合视频拼装	1
	字母B拼装	认识字母B的外形结构,能自主结合视频拼装	1
	数字6拼装及创新	会用工具拆除字母A和B,在会拼装数字6后,能用这些零件创意出不同的数字	
	字母C拼装	认识字母C的外形结构,能自主结合视频拼装	1
	字母D拼装	认识字母D的外形结构,能自主结合视频拼装	1
	数字2拼装及创新	会用工具拆除字母C和D,在会拼装数字2后,能用这些零件创意出不同的数字	
	字母E拼装	认识字母E的外形结构,能自主结合视频拼装	1

续 表

课程内容	模块安排	教学重难点	课时
	字母 F 拼装	认识字母 F 的外形结构,能自主结合视频拼装	1
	数字 1 拼装及创新	会用工具拆除字母 E 和 F,在会拼装数字 1 后,能用这些零件创意出不同的数字。	
	字母 G 拼装	认识字母 G 的外形结构,能自主结合视频拼装	1
	字母 H 拼装	认识字母 H 的外形结构,能自主结合视频拼装	1
	数字 4 拼装及创新	会用工具拆除字母 G 和 H,在会拼装数字 4 后,能用这些零件创意出不同的数字	
	字母 I 拼装	认识字母 I 的外形结构,能自主结合视频拼装	1
	字母 J 拼装	认识字母 J 的外形结构,能自主结合视频拼装	1
	数字 7 拼装及创新	会用工具拆除字母 I 和 J,在会拼装数字 7 后,能用这些零件创意出不同的数字	
	字母 K 拼装	认识字母 K 的外形结构,能自主结合视频拼装	1
	字母 L 拼装	认识字母 L 的外形结构,能自主结合视频拼装	1
	数字 0 拼装及创新	会用工具拆除字母 K 和 L,在会拼装数字 0 后,能用这些零件创意出不同的数字	
	字母 M 拼装	认识字母 M 的外形结构,能自主结合视频拼装	1

续 表

课程内容	模块安排	教学重难点	课时
	字母 N 拼装	认识字母 N 的外形结构,能自主结合视频拼装	1
	数字 5 拼装及创新	会用工具拆除字母 M 和 N,在会拼装数字 5 后,能用这些零件创意出不同的数字	1
	字母 O 拼装	认识字母 O 的外形结构,能自主结合视频拼装	1
	字母 P 拼装	认识字母 P 的外形结构,能自主结合视频拼装	1
	数字 3 拼装及创新	会用工具拆除字母 O 和 P,在会拼装数字 3 后,能用这些零件创意出不同的数字	1
	字母 Q 拼装	认识字母 Q 的外形结构,能自主结合视频拼装	1
	字母 R 拼装	认识字母 R 的外形结构,能自主结合视频拼装	1
	数字 8 拼装及创新	会用工具拆除字母 Q 和 R,在会拼装数字 8 后,能用这些零件创意出不同的数字	1
	字母 S 拼装	认识字母 S 的外形结构,能自主结合视频拼装	1
	字母 T 拼装	认识字母 T 的外形结构,能自主结合视频拼装	1
	数字 9 拼装及创新	会用工具拆除字母 S 和 T,在会拼装数字 9 后,能用这些零件创意出不同的数字	1
	字母 U 拼装	认识字母 U 的外形结构,能自主结合视频拼装	1
	字母 V 拼装	认识字母 V 的外形结构,能自主结合视频拼装	1

续　表

课程内容	模块安排	教学重难点	课时
	数字14拼装及创新	会用工具拆除字母U和V，在会拼装数字14后，能用这些零件创意出不同的数字	1
	字母W拼装	认识字母W的外形结构，能自主结合视频拼装	1
	字母X拼装	认识字母X的外形结构，能自主结合视频拼装	1
	数字23拼装及创新	会用工具拆除字母W和X，在会拼装数字23后，能用这些零件创意出不同的数字	1
	字母Y拼装	认识字母Y的外形结构，能自主结合视频拼装	1
	字母Z拼装	认识字母Z的外形结构，能自主结合视频拼装	1
	数字60拼装及创新	会用工具拆除字母Y和Z，在会拼装数字60后，能用这些零件创意出不同的数字	1

总课时：32

FCD未来汽车设计教学活动大纲——F级（下）

课程内容	模块安排	教学重难点	课时
认知	工具的认识与使用	学会用工具来固定成品	1
机器人系列	小飞侠 头部与螺旋桨的拼装	小立方体方向要校对正确，圆柱形零件须对齐，卡紧	2
	两只手臂、眼睛的拼装	手臂零件的连接顺序不能错，固定后的手臂可随意调节	

续 表

课程内容		模块安排	教学重难点	课时
机器人系列	大力士	头部整体的拼装	头部拼装用到了一根柔软零件，须左右对称	2
		身体和头部的拼接	先单独拼装身体，再和头部连接，顺序错拼装难度会加大	
	创意课	机器人	自主创新	1
工程车系列	翻斗车	前部车架的拼装	前后方向要对齐，左右要对称	4
		连接后部车架与车轴	小立方体卡紧在大立方体内部，前后底盘需要用车轴固定连接	
		轮胎和翻斗的拼装	车轮由轮胎和轮毂组合，注意轮毂和轮胎有大小区别，用小的那一面拼装	
		驾驶室的拼装 车灯（眼睛）的拼装	拼装时需借用工具稳固，熟练工具的使用	
	压路机	后轮与车架的拼装	轮毂和轮胎的组合要找准正反面	4
		车顶的拼装	车顶拼装，三角形零件的方向要校对准确	
		滚筒支架的拼装	先单独组合2个小圆形零件，拼装压轮的时候注意中间大，两边小，拼装完滚轮是可转动的	
		滚筒的拼装	滚筒的拼装用到了AB面的齿轮扣，要分清齿轮扣的A和B不一样的地方	
	创意课	工程车	自主创新	2

续 表

课程内容		模块安排	教学重难点	课时
船系列	螺旋桨气垫船	船头的拼装	船头的拼装用到的三角形固定,前后方向须找准	4
		船身的拼装,连接船头和船身	区分船身后部的4孔直型零件与船头的5孔直型,软硬不一样	
		螺旋桨架和船尾的拼装	螺旋桨的翼片拼装是卡扣型,须固定紧	
		螺旋桨、船灯(眼睛)的拼装	拼装螺旋桨用到的螺丝较长,要区分开。圆形垫片不要遗漏	
	喷气式快艇	船头、船灯(眼睛)的拼装	船头5孔直线为软性零件,翻折拼装要把握好力度	4
		船身和座椅的拼装	独立拼装座椅和顶棚后,再进行整体连接	
		喷气式发动机连接船尾的拼装	前后连接时,要注意重叠拼装时的上下位置	
		船头,船身和船尾整体组合	最后的组合,要进行前后的调节,不可过紧,但也不能松散	
	创意课	船	自主创新	
飞机系列	直升机	机身的拼装	机身的3孔和4孔为软性零件,注意零件的叠加内外顺序	4
		机头和螺旋桨总成的拼装	螺旋桨的4片翼片拼装须到位,拼装轴上下各有2个垫片不可遗漏	
		起落架和尾翼支架的拼装	起落架需要用长螺丝并左右对称	
		机灯(眼睛)、尾翼的拼装	尾翼的2孔L型零件方向朝上,螺丝较长,要准确	

续 表

课程内容		模块安排	教学重难点	课时
飞机系列	单发固定翼飞机	机头和螺旋桨轴的拼装	机身5孔的软性零件蜷曲成圆形,需要双手配合,固定紧。	4
		左右机翼的拼装	机翼的零件叠加比较多,要注意叠加的顺序并对称。	
		机翼、机头和螺旋桨的拼装	组合的上下位置要分清,零件与螺丝的上下也需要注意	
		起落架和滑翔轮的拼装	飞机的滑翔轮拼装需注意轮毂和轮胎有大小区别,起落架与机身的连接螺丝螺母较难固定,需要借助工具	
	创意课	不同种类的飞机	自主创新	

总课时:32

FCD未来汽车设计教学活动大纲——C级(上)

课程内容			模块安排	教学重难点	课时
认知	认识零件工具练习		工具的认识与使用	认识螺丝螺母,螺丝刀和扳手,学会使用螺丝刀和扳手来固定螺丝螺母	1
有趣的图形	一字型		单孔连接,双孔连接	单孔连接,双孔连接	1
	三角形		认识三角形	认识三角形,三条边相连并组合	1
			拼装三角形		
	正方形		认识正方形	认识正方形,四条一样的边相连组合	1
			拼装正方形		

续 表

课程内容			模块安排	教学重难点	课时
有趣的图形	长方形		认识长方形	认识长方形,固定两头	1
			拼装长方形		
	圆形		认识圆形	认识圆形,完成单孔连接	1
			拼装圆形	双孔连接并固定	
	五角星		认识五角星构造	认识五角星,进行零件连接	1
			拼装五角星	顶点连接再变形	
	创意课		自主创新	敢想敢创新,越拼越聪明	1
小小社会	毛毛虫		认识毛毛虫身体	身体多节,能扭动	1
			拼装毛毛虫	连接圆形身体,区分长短螺丝作用	
	树叶		观察不同树叶	了解不同树叶的结构	1
			拼装树叶	有秩序叠加的重要性	
	椅子		观察靠椅结构	了解靠椅背与座的关系	1
			拼装座椅	尝试用L型与U型铁片组合拼装	
	桌子		观察不同桌子	桌面与桌脚的组合	1
			拼装桌子	用L型零件连接桌面与桌脚	
	房子		认识三角形顶的房子	分析房子顶与屋子的关系	1
			拼装房子	从大到小零件的变化	
	桥		认识不同的大桥	分析桥面与桥梁的重要性和功能	1
			拼装桥	连接桥梁,组合桥面	
	创意课		自主创新	敢想敢创新,越拼越聪明	2

续 表

课程内容		模块安排	教学重难点	课时
机械构造	车头	完整拼装	左边车窗的固定不可过紧	1
			右边对齐拧紧后,调整好方向	
			方向盘从内至外安装	
	底盘1	完整拼装	固定时看好孔的位置	1
			右边固定后,调整好底盘的方向	
			车轮的组合顺序非常重要	
	底盘2	完整拼装	左右螺丝螺母的固定技巧很重要	1
			前后轮用的螺丝长度选准确	
			螺丝必须从上至下固定	
	手臂	完整拼装	区分底座螺丝与零件的上下方位	1
			斗部位连接的螺丝松紧把握好	
	创意课	自主创新	敢想敢创新,越拼越聪明	2
交通工具	船	船底拼装	孔的位置要找准	2
			左右螺丝松紧调整好	
		船尾拼装	找准7孔V型铁片的方向	
	木马	底座拼装	运用同时叠加法拼装	2
		身体拼装	同时拼装,区分不一样的地方	
			木马头的巧妙拼装	

续 表

课程内容		模块安排	教学重难点	课时
交通工具	复古自行车	车头拼装	半圆形铁片的巧妙运用	2
		车尾拼装	固定紧前轮与脚踏板	
			座椅左右方向应与车篮一致	
	小飞机	机身拼装	左右对称拼装	2
		尾翼、机翼拼装	机翼,尾翼组合,螺母需要用力拼装	
			车轮安装时的螺母须对齐	
	创意课	自主创新	敢想敢创新,越拼越聪明	2

总课时:32

FCD未来汽车设计教学活动大纲——C级(下)

课程内容		模块安排	教学重难点	课时
童车		车身拼装	双层叠加,螺母与螺丝的关系	3
		后轮拼装	夹汉堡的方法运用好	
		前轮与车把拼装	前轮与脚踏板左右方位	
创意课		拆与设计	掌握拆装技巧	
		结合零件创新	不要求和老师的一样	
骑行者		车身与前轮拼装	结合之前的拼装,自己拼装	4
		后轮与屁股拼装	注意多加的零件的重要性	
		人的上半身拼装	了解上身大手臂与小手臂的关系	
		人的下半身拼装	下身左右固定,两边对称	

续　表

课程内容	模块安排	教学重难点	课时
一车多变			1
卡丁车	前轮拼装	车轮零件的拼装顺序很重要	3
	车身拼装	车身立体拼搭	
	整体拼装	注意车头前后方向	
创意课	拆与设计	掌握拆装技巧	1
	结合零件创新	不要求和老师的一样	
创意课			
战斗机	机身拼装	区分2个2孔铁片和2个4孔铁片,弧度不同	3
	尾翼拼装	上尾翼与下尾翼的重叠方向	
	滑翔轮拼装	能巧妙运用2孔L型的椭圆孔	
创意课	设计	设计、拼装、组合、创造出具有自己独特风格的、精彩纷呈的创新作品	1
	创意		
越野车	底盘拼装	两边对称拼装,5孔U型铁片的固定须拉至最大化	5
	方向盘拼装	5孔U型铁片的上下关系要看清	
	备胎拼装	备胎的固定用到的螺丝区分开	
	驾驶室拼装	连接车顶与车架的螺丝要仔细	
	拼装车轮车灯	车灯的拼装重点在5孔U型铁片的椭圆孔	

续　表

课程内容		模块安排	教学重难点	课时
创意课		设计	设计、拼装、组合、创造出具有自己独特风格的、精彩纷呈的创新作品	
		创意		
翻斗车		底盘拼装	底盘对称拼装孔的位置要找准	5
		座椅拼装	座椅的面与靠背AB面要契合	
		驾驶室拼装	驾驶室拼装的顺序很重要	
		车轮与车灯拼装	车轮的位置分别在169孔	
		车斗拼装	车斗固定时的螺丝方向非常重要	
创意课		设计	设计、拼装、组合、创造出具有自己独特风格的、精彩纷呈的创新作品	
		创意		
挖掘机		底盘与车轮拼装	底盘固定的位置很重要	5
		驾驶室拼装	驾驶室的上下方向要找准	
		引擎拼装	引擎在驾驶室的左边位置,孔的位置容易错	
		挖臂拼装	大小手臂要分清楚	
		整体拼装	整体拼装时注意前后方向	
创意课				1

总课时：32

FCD未来汽车设计教学活动大纲——D级(上)

课程内容	模块安排	教学重难点	课时
小摩托车	车身拼装	不同零件的组合与连接点要区分开	3
	车头与前轮拼装	多个相似零件的串联,需要仔细观察,并保证车轮左右两边对称	
	后轮与整体拼装	仔细校对后视镜与脚撑的左右和上下的方向	
哈雷摩托车	发动机拼装	区分叠加拼装时的长短螺丝的作用	5
	拼装底盘与后轮	后轮拼装时无头螺丝的左右均衡	
	车身拼装	弧形铁片与波浪形铁片的上下关系	
	车头拼装	连接车斗的位置可上下调节	
	整体拼装	拼装时,脚撑的方向特别重要	
创意课	设计	设计、拼装、组合、创造出具有自己独特风格、精彩纷呈的创新作品	2
	创意		
叉车	底盘拼装	牢固性很重要	5
	引擎与后车灯	前后灯区分	
	叉架拼装	叉架的前后上下方向区分开	
	叉架拼装	防松螺母的使用与拼装	
	驾驶室拼装	驾驶室的立体架构	
创意课	设计	设计、拼装、组合、创造出具有自己独特风格、精彩纷呈的创新作品	1
	创意		

总课时:16

FCD 未来汽车设计教学活动大纲——D 级(下)

课程内容	模块安排	教学重难点	课时
重型摩托车	前避震拼装	零件的拼装顺序,螺丝的长短	6
	车把、前车灯拼装	车灯的零件前后顺序要分开	
	发动机架拼装	螺丝螺母紧固	
	后轮架、油箱、座椅拼装	依次拼装后轮架,油箱,座椅	
	副车架拼装	注意拼装的前后顺序	
	车轮和侧油箱拼装	调整好车轮间隙,达到可以转动	
创意课	设计	设计、拼装、组合、创造出具有自己独特风格、精彩纷呈的创新作品	2
	创意		
雪地摩托车	底盘拼装	两边对称,前后轮拼装,须同时拼装	6
	拼装履带拼装车架	履带组合,AB 搭扣稳固,车架 4 孔固定须先松后紧	
	座椅与靠背拼装	内扣式卡紧在车身上,并调整好方位	
	车头拼装	连接车斗的位置可上下调节	
	雪橇拼装	左右对称,注意零件内外的区分	
	车头完整拼装	车把手与车头的完整组合	
创意课	设计	设计、拼装、组合、创造出具有自己独特风格、精彩纷呈的创新作品	2
	创意		

总课时:16

FCD未来汽车设计教学活动大纲——赛事级

活动内容	模块安排	教学重难点	课时
工具练习	工具的认识与使用	外形特征,内部有波纹区分不同材质螺母。	1
（SUV、轿车、跑车拉力车）	底盘拼装	了解对称的原理,会多角度对称拼装。	3
	驾驶室拼装	认识了解椭圆孔与圆形孔在拼装中的技巧与要求,完成驾驶室立体结构的拼装。	
	引擎盖和车轮、轴的安装	了解齿轮的作用,拼装车轮在底盘中测试齿轮的带动力。	
	加装尾部车厢	360度整体构造尾部车厢的拼装,会通过3D动画进行独立拼装。	
	改装"越野拖车"	了解户外越野功能,增加拖车与原车型的性能匹配,保证能正常行驶。	1
	秒变"赛车"	掌握赛车的基本结构,了解并进行调节,变成另一种车型,鼓励学生创新。	2
皮筋车试驾	皮筋长短	掌握皮筋与齿轮的带动力,让转数与动力保持一致。在重力增加的基础上,掌握如何调节转数,来提高动力。	1
	皮筋圈数		1

总课时：9

《新F1风动力小车制作》案例

高境三中　刘志远

一、课程背景

车辆模型运动是一项寓教于乐、有益于身心健康的科技与体育相结合的活动项目,集知识、技能、竞赛、娱乐、休闲为一体,以其独有的知识性,趣味性,观赏性及娱乐性,深受广大青少年的喜爱,本次体验课程从设计到组装、从黏合到成型、从调校到试驾,学生用自己的大脑与双手让想象变为现实,在掌握各种工具和专用设备中培养着学生动手动脑的能力和严谨扎实的作风,锻炼着学生沉着冷静的心态和团队合作的意识。通过本次体验课程不仅能提升学生的科学态度、技能,而且还培养了学生良好的心理品质与科学道德。让科学和道德成为广大青少年健康成长的标志。

二、学情分析

风动力小车模型的制作设计主要针对中小学段学生的动手、工具的使用、说明书的阅读理解进行综合性的学习和评价,从中培养学生独立自主的学习意识,提升动手能力和自我表现力。进而为进阶车辆模型的学习打好基础。

三、学习目标

1. 知识与技能

① 学会车辆模型的主要组成部分并进行清点与分类。

② 学会阅读制作说明并找出注意点。

③ 学会正确使用胶水和锤子。

2. 过程与方法

① 通过对主要部件的清点与分类,掌握正确的分类方式。

② 通过对工具的使用,掌握工具的正确使用方式。

3. 情感态度与价值观

① 通过对主要部件的清点与分类,培养学生合理分配计划的能力。

② 通过正确阅读安装说明,培养学生的阅读理解能力和细节分析能力。

③ 通过作品的制作,培养学生的动手操作能力。

四、学习内容

本课通过让学生了解车辆模型车身的结构,学习基本的工具使用,学会使用说明书,通过制作风动力车辆模型,学习综合性制作技能和协作互助,激发同学们对于车辆模型活动的热爱。

五、教学方式

情景教学、问题启发、小组学习、设计制作、讨论交流

六、教学材料

风动力小车套件、PPT课件

七、学习活动设计

教学环节	学生活动	教师活动	设计意图
一、情境引入提出问题	1. 认真观察聆听教师讲解。 2. 进行小组讨论并举手回答。	1. 播放录像——风动力直线车运行录像，并出示范作。 2. 提问：该车主要分为几个部分？ 3. 结合学生的回答进行补充说明。	学生通过观察实物的运行和展示，小组交流后得出车辆模型的结构组成，这样可以提高对学习车模制作的兴趣以及自主意识。
二、介绍工具的使用方法	认真聆听和观察教师讲解和演示。	1. 强调工具使用的安全性。 2. 介绍工具——螺丝刀的使用。 3. 介绍工具——锤子的使用。	学生通过教师对工具使用方法的介绍，可以培养学生对制作过程的工具正确使用能力。
三、认识材料并进行清点与分类	了解制作材料各部件名称并进行数量清点和分类摆放。	1. 出示制作材料并分发给学生。 2. 让学生对照制作说明中的清单清点材料并说明分类的方法。	学生通过认识制作材料各部件名称的同时进行部件的数量清点与分类摆放，可以引导学生在操作性作业中充分表现并培养学生合理分配计划的能力。
四、正确引导学生阅读制作说明	1. 仔细阅读制作说明并对出现问题进行记录。 2. 进行小组讨论并回答。	1. 布置5分钟的制作说明的阅读任务，主要是了解制作的主要工序、制作中重点和注意点。 2. 提问：大家通过阅读制作说明，觉得在制作中需要注意点什么？ 3. 结合学生的回答进行重点说明。	学生通过自主阅读制作说明和小组讨论，得出不同的意见。这样可以培养学生对制作说明的阅读理解能力和制作细节的分析操作能力。
五、开始制作	1. 个人先根据之前阅读的制作说明，结合小组讨论和教师重点说明的注意点进行制作。 2. 小组间进行合作，解决问题。	教师进行巡视并进行个别指导。	学生通过制作中遇到问题相互探讨共同解决，可以让有经验学生充分表现自己的能力。

续 表

教学环节	学生活动	教师活动	设计意图
六、制作评价	根据评价表中评价标准进行自评，组评。	1. 进行制作评价表中相关项目评价标准的解读。 2. 根据之前巡视情况与之后学生评价情况，挑选部分作品进行实物展示。	学生通过制作评价表中的评价标准进行自评和组评，这样可以让学生感受到劳动的快乐和成功的喜悦。
七、小结	本堂课主要进行了四个环节的学习：1. 了解简易风动力直线竞速车辆模型各部件的名称和作用；2. 通过了解各部件的名称进行部件清点和分类；3. 培养学生合理阅读制作说明并找出注意点；4. 通过正确使用工具完成作品的初步制作。		

《青少年科技体育教学实用指南》出版书籍案例

一、课程名称：青少年科技体育教学实用指南

二、培训方式：面授

三、课程开发单位：上海市宝山区青少年活动中心

四、主讲教师：

申智斌，一级教师，国家级车辆模型一级裁判员，上海市宝山区青少年活动中心车辆模型领衔人，站骨干教师，宝山区车辆模型创新教育联合体秘书长。2018年荣获"宝山区五四青年个人奖章"，积极组织全区中小学生体验、参加车辆模型活动，累计参观体验人数30 000余名。在2017年8月组织承办了"2017全国车辆模型公开赛（上海站）"活动，宝山区代表队获得学生组80%的奖项。2017、2018年连续两届带队参加全国青少年汽车模型科技创意大赛，蝉联两驱运动组冠军。

五、课程简介：

（一）课程背景：科技体育在我国开展时间并不长，但已经引起了全社会的关注，国家体育总局、教育部、科技部《关于开展创建全国科技体育传统校试点工作的通知》下达，推动了全国科技体育传统校创建试点工作的开展。科技体育进校园，对于增强广大青少年学生的体质，提高在科技体育运动中运用科学知识、技术的能力，培养团队精神，磨炼意志品质，具有极其重要的意义。

（二）选课对象：全市对科技模型有兴趣、志趣，希望能够在自己区域、学

校开展丰富多彩科技模型活动的老师。

(三) 课程目标：

1. 让学员了解科技体育(车辆模型、航海模型、航空模型、建筑模型、业余电台、无线电测向和定向越野)活动项目的概况。

2. 让学员初步掌握科技体育活动项目的制作、调试、训练、维护等方法和技能,学会制作普及类作品,感受科技体育魅力。

3. 让学员结合学校实际开设适合本校少年宫的科技体育活动项目,并选择相关项目参与提高层次的专题培训。

(四) 主要内容：

1. 科技体育发展概述

2. 科技体育介绍

3. "三模一定"活动项目概述

(1) 活动项目及规程

(2) 参赛方法

(3) 成绩评定

(4) 奖励办法

4. 案例分析

六、课程评价：

(一) 学员培训出勤情况

(二) 学员实践操作能力

(三) 科技体育活动案例设计

七、教学内容与教学设计

(一) 科技体育发展概述

科技体育演变历史

(1) 原始社会时期军事体育

(2) 封建时期军事体育

(3) 近代社会时期军事体育

(4) 现代军事体育

(二) 科技体育介绍

1. 科技体育定义

2. 科技体育活动目标

3. 科技体育活动内容

4. 科技体育活动实施

（1）活动场馆建设

（2）师资队伍组建

（3）特色课程开发

（4）文化氛围培育

(三) 车辆模型活动项目概述

活动项目及规程

（1）遥控电动车辆模型

（2）"幻影F1"创意电动车接力赛

（3）"滑来士"气垫车模型

（4）"极风"橡皮筋车模型、"巨蝎号"电动车模型

1. 参赛方法

2. 成绩评定

3. 奖励办法

(四) 案例分析

1. 车辆模型制作案例（新"F1"风动力小车制作）

2. 上海市宝山区"淞南二小杯"车辆模型精英赛活动方案

附1：德育实训基地结题研究报告

课题名称　校外开展科技体育活动对青少年德行培养的实践探索

课题负责人　申智斌

负责人所在单位　宝山区青少年活动中心

校外开展科技体育活动对青少年德行培养的实践探索

摘要：在国家体育总局航管中心的领导下，青少年科技体育活动经过多年的实践研究和探索，逐步完善、制定了一系列的适合青少年开展的科技体育活动和项目。现阶段主流的科技体育项目有陆、海、空模型为代表的模型竞技运动。通过这些火热、多样的活动，在培养学生知识与技能的同时，如何带动青少年的德行的养成是活动开展的内涵价值和深层意义。

关键词：科技体育活动；青少年德行培养；内涵价值

一、研究问题的背景

现如今科技体育如火如荼在祖国大地上生根发芽，因其深厚扎实的底

蕴、突破创新的精神、丰富多样的活动广受全国青少年的喜爱和家长们的认同。以上海市为例，每年参与的全国级科技体育大型赛事5~6场，市级科技体育活动数十场，区级科技体育活动大大小小数百场，上海市在李克强总理"大众创业、万众创新"的号召下，教育条线从方方面面开展着各式各样的科技嘉年华活动，从娃娃抓起，让小朋友开眼界、学本领，为祖国日后储备科技创新人才而努力奋斗。国家的科技创新离不开科技人才，对于人才知识和技能的培养，通过老师们日积月累的辛勤付出都是可以达到目标的。如何通过科技体育活动对学生进行内涵化的提升，注重学生德行的养成，应该是如今我们更应该去面对和思考的问题。

二、概念界定

科技体育活动

科技体育活动是指：航海模型、航空模型、车辆模型、无线电与定向越野。当大家都在对这些项目热情高涨、掌声雷动的时候，我们想透过火热的现象，透彻了解科技体育活动的真正魅力，深挖科技体育活动在学生实践活动中对学生道德行为有何正向的引导。通过数据统计、学生个人的成长历程，以及区内各个学校社团学员的情况汇总，分析后找出火热现象背后的本质，以及其可被推广价值和意义。

青少年德行养成

青少年阶段是人格形成、人格建设的重要阶段，也是接受民族文化熏陶、进行民族文化传承的重要阶段，但是这一阶段也是青少年道德发展处于动荡性向成熟型过渡的阶段。因此，恰是学校实施青少年道德行为养成教育的关键时机。

三、研究目标

1. 探索和优化科技体育活动对中小学生德行养成的途径和方法。
2. 形成将学生的德行养成教育有机融入校外科技体育活动的实践模式。

四、研究方法与进度

(一) 研究方法

该课题研究基于科技体育活动的实践，使用以下几种研究方法。

1. 文献研究：课题组分工阅览了《青少年科技活动中"椰壳效应"之案例与启示》《从科艺综合活动到STEAM教育》《科技体育概述》，给科技体育活动方案完善、整合提供了指导。

2. 调查研究法：课题组编写了《科技体育活动对学生德行影响调查表》，将调查问卷下发至8所中小学。通过以上的调查问卷，了解参与科技体育活动和未参与科技体育活动学生在德行方面的差异。

3. 实验研究法：将科技体育活动方案在8所学校试用，收集教师及学生使用后的意见及建议，对方案进行修订。

4. 案例分析法：跟踪研究长期参与样本活动的学生情况，从他们的成长经历中得到科技体育活动对于青少年德行养成的典型案例。

(二) 研究进度

第一阶段：课题准备阶段(2017.6—2017.12)

1. 2017年6月由申智斌老师牵头成立了实践方案研究小组并撰写课题申请报告，经评审该实践方案获得立项。

2. 2017年7月小组成员将调查问卷下发至8所中小学，分别为高境三中、乐之中学、长江二中、淞谊中学、宝山实验学校和呼玛路小学、泗东小学、罗店中心校。调查问卷分为教师问卷和学生问卷两套。主要调查内容为科技体育社团活动情况，现有的活动方案、课程、课时，学生学习后在竞技水平、团队合作、独立思考、相互帮助、表达能力等方面所表现的成长情况，同时通过未参加社团的学员调查，重点关注学生以上各能力和社团学生之间的差异。本次调查问卷由高境三中刘志远老师、淞谊中学徐瑾老师、泗东小学王荣老师和呼玛路小学陈晖老师负责发放、收集。申智斌老师根据调查问卷与两位老师共同分析撰写调查报告。

3. 2017年12月课题组初步完成方案编写，并完成方案实施的具体分工。

第二阶段：课题实施(2018.1—2019.6)

1. 2018年1月—2月课题组制订、完善科技体育活动方案、调查问卷。

2. 2018年3月—6月课题组根据进度和实施目标，制订完成科技体育活动方案。

3. 2018年7月—8月课题组邀请专家对于活动方案提建议、修改、完善。

4. 2018年9月—2019年1月课题组高境三中刘志远老师在学校中开展试用。

5. 2018年9月—2019年1月课题组呼玛路小学陈晖老师在学校中开展试用。

第三阶段：结题阶段(2019.1—2019.6)

2019年1月—2019年6月申智斌、刘志远、徐瑾老师完成方案的修订工作。申智斌老师撰写结题报告，发表论文，申请结题。

五、研究内容

(一) 科技体育活动对学生德行影响调查

为了解学生在参加科技体育活动前、后德行上的养成和改变，课题组研制了《科技体育活动对学生德行影响调查表》，调查共下发调查问卷400张（8所学校每所学校50张），收回问卷367张，其中有效调查问卷355张。课题组还将调查问卷表发放给社团学生家长进行更加客观的调查比对，通过家长的问卷进行印证。

通过问卷调查我们不仅发现同学们对于科技体育活动的热爱，同时我们还发现家长对于科技体育活动反响尤为热烈，在调查问卷的最后一栏会写上孩子的改变和成长，如独立能力提升，能够自己独立思考、解决问题，能够自信地表达自己的想法，生活中积极主动，帮助他人，等等。

基于以上调查情况，课题小组认为开发一套成系列科技体育活动迫在眉睫，后续方便老师们在校内推广，适合学生在家活动，同时又能满足大型活动的需求。结合以上三方面，课题组根据需求，制订完善系列科技体育活动方案。

（二）以车辆模型活动为例解析如何进行方案设计

1. 实施的指导思想

结合《上海市中长期教育改革和发展规划纲要》《上海市中小学劳动技术课程标准》《上海市小学自然课程标准》以及"二期课改"精神，立足学校的生情、师情和校情，确立以科学探究为核心的理念，改进学生的学习方式，让亲身体验实践、探究活动成为学生学习科学的主要途径，把课堂和课外紧密结合起来，给学生创造充分的自主探究的时间和空间。

陶行知先生所倡导的"生活教育理论"中有个重要的命题，即："社会即学校"，是"要把笼中的小鸟放到天空中使他任意翱翔"，是要拆除学校与社会之间的高墙，"把学校里的一切伸张到大自然里去"。这告诉我们学生从生活中学习和社会衔接的重要性。

本方案以学生的实践体验为基础，从多层次逐渐拓展学生的学习、认知领域；创设学生的学习生活，以学生学习和生活中常见的事物为载体，为学生提供充分的动手机会和思维空间，尽可能让学生在情景中感受车辆模型的拓展领域和学习科学的乐趣，体验车辆模型中各种科学知识与生活的密切关系；认识科学对社会发展的作用和影响，从小培养学生从科学的视角关注身边事物的意识，逐步树立社会责任感。

本次把"特种车辆研发"作为本学期车辆联合体计划工作中的主要任务进行推进，主要通过承办全国车辆模型公开赛、研发特种车辆模型，以车辆模型内涵化培育为核心，逐步形成各联体校内部车模特色项目，以表演的形式渗透育德、育人,并实现师生共同发展。

通过本方案的运作与不断建设,推动联体校个性化、特色化、专业化内涵发展,打造办学品牌,形成具有鲜明车模特色和浓厚传统文化氛围的学校,进一步提高办学品位和办学质量,为可持续发展积累必要基础。

2. 方案实施的主要内容

(1) **社团选拔**:以车模社团为基础,从社团中选拔优秀人才,形成案例

(2) **丰富展演内容**:以车模联合体内外专家、教练为带教团队,让学生开拓展演视野、掌握表演技巧、渗透车模展演文化,实现展演课程的初步建设。同时与校外公益组织联动,定期组织学生进行观摩、展演、交流,走进"社会学堂"。

① **展示:特种车辆任务活动、车辆模型3D智造**。

② **常规:飞跳台、舞蹈等**。

③ **增设:4D漂移**。

④ **讨论:花式飞行**。

(3) **展演交流**。从联体校内部加强交流,让更多的老师和学生观摩车模展演、学习车模文化、普及车模展演小知识。结合展演技能与操作培训,开办教师展演培训班,让车模教练深层次了解车模展演文化,注重车模公益展演、文化宣扬,从"内"而"外"提升修炼。

(4) **完善校本课程**。把车模展演活动与学生科技教育和师德修养活动以及社会实践等相融合,初步形成展演课程体系。

六、项目实施的组织管理

成立方案实施领导和工作小组,为项目实施与目标达成提供组织保障。

(一) 领导小组:

组长:虞海洲(主任)、陆洪兴(副主任)

组员:申智斌、刘志远

(二) 工作小组:

组长:罗鸿羽、陈晖、王荣

组员:谷芳麟、龚予、车模社团各校负责人

七、项目实施发展规划

(一) 近期目标(2017—2018):

1. 表演活动方案的制订:通过专家和车模发烧友的指导、交流,购置需要的器材设备,本学期对表演队的课程方案进行制订。

2. 推进全区车模展演队伍建设：在外聘专家的指导下，通过一个暑期师生的共同努力，已经选拔出优秀的社团队员。下一阶段我们将培训落到实处，开拓师生展演眼界，了解国内外展演项目及视频资料，强化区内展演队伍基础和提升展演水平。

3. 以校本培训为学习平台，以点带面为车模联合体做好展演示范。

4. 讨论、设定定期展演的时间、内容，通过"走出去"交流展演内容，提升展演水平，以"请进来"相互学习，促进展演发展，开拓眼界。

5. 初步建成表演菜单，多层次、多形式推进展演项目，以适应各种条件的展演。

6. 制订青少年科技体育活动方案对于青少年德行养成影响的问卷调查，收录、统计学员各项学习情况以及德行成长。

（二）中期目标(2018—2019)：

1. 进一步推进全区车模展演队伍建设：以梯队式形成车模展演队伍，人员配置为10%专家、车模爱好者，20%精英车模选手，30%优秀车模选手，40%车模展演现役、后备队员。同时融入3D特种车模体验、表演环节，让学生对汽车智造有初步认识。

2. 构建展演交流平台，让每位队员和专家面对面，共同探讨交流车模展演的困惑和疑问，进而提升学生的自主学习能力。同时也保证了展演的信息对称和沟通效率。

3. 定期组织联合体交流展演，让更多的车模联体校加入车模展演行列，扬各校特色，展队员风采。

4. 建设传媒平台，以专家、老师为指导团队，学生自行管理的模式，运营管理，配合车辆模型定期展演，做好宣传保障工作。

5. 优化校本特色课程，在原有基础上修改完善校本教材。继续完善车模展演课程的评价体系，更科学地评价师生的展演活动，促进车模展演文化活动不断地完善和发展。

6. 整理学员案例，为调查问卷分析做好数据整理工作。

（三）远期目标(2019—2020)：

1. 进一步推进全校车模展演队伍建设：以梯队式形成车模展演队伍，人员配置为10%专家、车模爱好者，20%精英车模选手，30%优秀车模选手，40%车模展演现役，另外组建车模展演后备队伍，人数50人左右，为车模展演梯队奠定基础，逐步成熟3D汽车智造，让更多的学生学会将自己心中的车模,通过 3D 打印变为实物。

2. 建设"小先生"专家平台,通过陶行知先生的小先生制,让学生间进行传帮带,解决日常问题及常见困惑,有特殊问题或困惑由专家、车模教练予以解答。

3. 做好传媒平台日常维护与管理,为车模展演的宣传工作保驾护航,让社会上更多的车模爱好者知道车模展演信息,了解车模文化,参与车模活动。

4. 优化校本特色课程,在原有基础上修改完善校本教材。继续完善车模展演课程的评价体系,更科学地评价师生的展演活动,促使车模展演文化活动不断地完善和发展。同时加入车模教练培训,师生共修,共同提高。

5. 将学员案例整理成册,并且将前期的调研数据进行整合。

八、项目实施保障

(一) 时间保障

1. 拓展课:在每周校内拓展课从表演基础理论、实践,特技操控理论、实践,到展演视野拓展、专项排练,有条不紊地定期学习训练。

2. 社团活动:选拔优秀队员组成车模社团,每周在 4D 漂移场馆开展社团活动,以劳动教育、科学探究、艺术熏陶,让每位社团成员深入车模实践,在实践中体验、刷新自我。

(二) 科技体育活动设计的优化路径

课题组设计科技体育活动方案时最重视的就是易于推广、示范。集合竞技、科技、健身、益智和娱乐众多元素的车辆模型运动,让一切学生都可以参与到这个具有知识性、趣味性、观赏性的活动中来。学校明确主管领导负责体验中心环境建设和安全管理工作,为本项目的研究提供强有力的条件支撑与物质保障。

课题组在配套完善实验仪器和师资力量的同时,也积极寻求国家体育总局航空无线电模型运动管理中心、上海市军事体育俱乐部,上海市航空、车辆模型协会,上海市科技艺术教育中心、宝山区青少年科学技术指导站等专业机构的帮助。建立了由联合体各校长牵头,教科室、教导处全面负责,包括 1 位专职科技总辅导员,2 位专职科技教师、9 位兼职科技教师和 17 位中队科技辅导员的师资力量,健全和完善了学校车辆模型工作运行机制,同时聘请校外科技工作者以及国际级裁判员、全国车辆模型教练员和全国车辆模型冠军担任我校的科技指导顾问。

课题组在宝山区青少年活动中心车辆模型体验中心,安排了每周 5 个课时的教学单元。由 4 位教师组织授课,1 名教师进行跟踪辅导。利用双休日每周安排1天的实践单元，更有利于观察学生所获得的进步，或者直接安排辅导员因材施教。

(三) 课题研究的成效与问题讨论

课题组经过几年时间的运行与沉淀，已培养出了上千名车辆模型爱好者。实时社团成员达到百余名，学生的德行成长也同样有目共睹。从市级车辆模型竞赛中一路走来，宝山区车模社团的小选手们在竞赛中包揽了各个项目的冠军。其中车模表演队曾多次在市区级科技节、模型节乃至全国和国际性科技交流活动中进行车模表演与车模互动，同学们赛前的刻苦、赛中的拼搏、赛后的思考，一次次的历练，一次次地提升了他们的精气神。

1. 对区域的辐射作用。课题组协助宝山区中小学车辆模型创新教育联合体开展车辆模型活动。在区教育局、活动中心领导的关心指导下，课题组实践活动方案在联合体中一直发挥着积极的示范、辐射作用。

2. 对学生兴趣的激发和自信心的提升。曾经有这样一位学生，他说："我在班级中一直默默无闻，甚至看起来略显木讷，说话也总是很轻，好像是一个犯错的孩子在认错一般。"即使在他报名加入车辆模型社团之后，也仍有很多同学都认为他是不行的。然而，仅一个多月的训练，他不仅证明了自己，同时还为学校获得了多个科技奖项，这之后的他，不仅成为学校车辆模型社团的骨干，还竟选成为车辆模型竞技队的队长！人也变得自信、开朗，学习成绩等各方面也取得了不小的进步。

人的先天智力也许是不等的，这就造成了学习能力的差异。试图让每一个学生都达到统一标准是不可能的。因此，用不变的视野看不同的孩子是不对的。面对每一名学生，都需要用不同的尺子来衡量，发现孩子与众不同的长处。科技体育活动，不仅可以培养孩子们对于科技的兴趣，帮助其了解科学知识，同时，还能培养他们的耐挫折能力、独立思考问题的能力、团队合作能力，等等，让他们在学习基础文化知识以外的时间里，感悟人生的道理。

附2：

科技体育起源及发展前瞻

——STEM理念应用的尝试

宝山区青少年活动中心　申智斌

摘要：本文以科技体育为主线，介绍了科技体育的脉络及活动现状，同时融合STEM理念，以"开发适合中小学教师科技体育活动"为目标，让校内科技教师充分了解科技体育概念及内涵,开发适合本校开展的STEM活动,为保障科技体育活动,推进STEM理念在校内顺利实行打下基础。

关键词:联合体科技体育活动　STEM理念

引言:

为全面落实国家体育总局、教育部、科技部《关于开展创建全国科技体育传统校试点工作的通知》精神,推动全国科技体育传统校创建试点工作的开展,和上海国际科创中心建设对未来创新人才的需求,从科技体育发展的视角,思考推动本区青少年科技体育运动的开展,以兴趣培养学生的科技素养。在这样的背景下,科技体育应势而生。为了让学生走向操场、走进大自然、走到阳光下积极参加健身锻炼,促进学生将所学知识运用到体育运动中去,科技体育的做法恰恰能弥补传统体育的许多不足,让孩子们从"逼我体育锻炼,到我要体育锻炼",真正做到愉悦身心,促进身心健康。推动科技体育进校园,对于增强广大青少年学生的体质,提高在科技体育运动中运用科学知识、技术的能力,培养团队精神,磨炼意志品质具有极其重要的意义。

正文:

科技体育在我国发展时间并不长,但已经引起了全社会的广泛关注。尤其是2010年8月,国家体育总局、教育部、中国科协联合发文提出加强科技体育传统学校建设,在校园开展科技体育活动。这一政策的出台改变了学校体育的传统格局,使集趣味性、科技性、手脑并用、体智结合的科技体育开始登上学校体育的舞台,并因其在增强青少年团队协作,竞争意识和意志力,增加动手动脑能力、判断力和反应力,科学精神,意志品质,逃生能力和野外生存能力方面具有显著的作用而受到中小学校的欢迎与推崇。

1. 科技体育发展概述

1.1　科技体育的概念

科技体育是指运用科学技术知识自制、改制或借助专门的器材设备所从事的有助于健体、健脑的运动。科技体育包括车辆模型、航海模型、航空模型、无线电测向、定向运动、轻型飞机、无线电制作、滑翔机、热气球、飞艇、跳伞等项目,这些项目集竞技性、观赏性、益智性、健身休闲于一体。

科技体育,体育是平台,科技是手段。参与者不仅需要一定的体能,同时必须掌握一定的科技知识才能取得良好的成绩。所以科技体育是增强人们智力和体质,培养综合素质的体育项目。

1.2 科技体育的产生

科技体育作为体育范畴中的一员,是一个全新而年轻的概念。当科学技术以其巨大的功能影响着社会生活的方方面面,特别是以计算机为基础的网络化,把世界连接为一个整体,新技术革命浪潮席卷整个世界,体育运动作为社会文化的主体内容之一,早已是科技渗透的重点领域,特别是竞技运动领域科技化程度之高、敏感性之强,绝不在现代军事领域竞争之下,可以说,最新的科技手段和科学发现,都极迅速地运用于体育运动中。因此,技术与体育运动的关系极为密切,出现了科技与体育"联姻"的奇趣现象。

2005年,国家体育总局航管中心提出了"科技体育"这一全新的理念,中心主任赵明宇在谈到科技体育时说:"以前人们提到航电模时,总是不明所指,如今可以概括为科技体育了。"

2015年,国家体育总局航管中心副主任黄磊再次提出"科技体育",希望在未来的五年内,让每个孩子都能够通过科技体育得到锻炼和培养。

1.3 科技体育的特征

1.3.1 体能锻炼与科学素养综合发展

科技体育核心在于利于现代化知识和科技手段,发展身体运动和展示技术水平。即科学素养与体育锻炼的有效结合,把科学知识和科技工具融入体育课堂与课外训练,在培养学生科学创新精神和创造能力的同时,使学生在不自觉状态下增加身体活动量,增强体质,德、智、体、美平衡发展。比如,定向越野项目,是让运动员们依靠地图、指南针在野外寻找目标,以培养学生的逃生自救、野外生存能力,培养学生勇敢精神、意志力、耐力等为主要目的。但因在野外开展不易实施,且易发生意外,大多数中小学便对定向运动项目创新设置,将活动场地改为校园,将目标设定为寻找濒危动物、探访世界遗产、走遍祖国大地、寻访历史名人等趣味性的内容,让其变成中小学生的科技体育课堂。

1.3.2 科技体育内容更符合学生个体和社会发展需求

现代科技的发展使广大青少年接受科技创新成果异常迅速。比起单调乏味的跑、跳、投等传统体育锻炼,学生更喜欢从事既有体育锻炼,又有知识学习;既注重竞争意识,又崇尚团队合作、责任感等人格素质的科技体育运动。由习以为常的体育器材改为新颖的无线电、航模、滑翔机、运动伞等器械,不仅能调动学生参与运动的积极性,还能拓展学生个体发展的空间。同时,也为社会各科技领域提供了后备人才。

1.3.3 科技体育更利于培养学生综合素质和创新能力

科技体育具有知识性、智体性、创造性和自我实现等基本特征。参与者需要掌握必要的科学技术知识,了解科技体育项目的基本原理,还要自己动手参与制作,增强各方面的能力素质。例如参加模型运动,可以锻炼动手动脑能力,熟练掌握机械、建筑等相关知识,还可培养独立分析问题和解决问题的能力,培养科学精神和创新思维。科技体育项目的参与者还可凭借自己个人的能力、竞争意识和意志力、团队协作完成比赛任务或取得优异成绩,进而获得成就感与自信力等心理体验,有利于学生综合素质全面发展。

1.4 科技体育的现状

1.4.1 科技体育的发展与开展除了需要科学技术的支持外,物质条件的限制是一个很大的瓶颈。一些科技含量高的、提高级的运动项目,相对来说成本也高,参与面及参与人数就小而少,而一些科技含量低的、普及型的、投入小的科技运动项目,参与面更广,更能吸引爱好者,特别是广大青少年爱好者的积极参与。目前,我国科技体育运动的发展,相对于一些发达国家来说还处在一个初级阶段。就地区来说,经济条件发达的地区,如上海、浙江等一些省市科技体育运动发展,较西部及落后地区快且广,普及率也高。

1.4.2 科技体育项目需要国家政策扶持。例如:以前称为"航电模"或"三模一电"的科技体育,是涉及国家科技基础的好项目,但没有国家的政策支持,在走下坡路。近两年,全国青少年电子制作锦标赛,也是一个很好的例证。而科协等五部委的科技创新大赛,在国家鼓励创新的潮流下,正一步步由无人问津的小活动走向辉煌。事实上,科技体育项目培养青少年创新能力的功能,要远远高于创新大赛。

1.4.3 科技体育辅导教师参差不齐。科技体育运动辅导教师的科学技术知识和组织能力,直接影响了科技体育在基层学校的开展。一位有经验的、优秀的辅导教师,不仅会教会学生如何活动和参赛,还会教给学生查阅相关的科学技术知识资料,还会鼓励学生去不断地探索、创新,直至赢得好的成绩,真正使学生学会了本领,达到让学生动手动脑、培养创新能力的目的。

2. 科技体育、军事体育和体育的关系

2.1 科技体育、军事体育和体育的关系

科技体育和军事体育一样,都是体育的一个分支。很多体育项目,如航空模型、航天模型、航海模型、无线电测向等,既属科技体育也属军事体育。在教学目的、教育对象、教学内容、教学条件和学科专业属性上,科技体育、军事体育和体育之间有联系又有区别。

教学目的方面：体育的目的在于增强体质，科技体育和军事体育在此基础上还要实现毛泽东主席指出的"保存自己，消灭敌人"的战争目的，科技体育的目的是既强身又益智。

教育对象方面：体育包括科技体育主要在全国大、中、小学开设，体育要求在全民中普及，而科技体育的教育对象主要是广大青少年。军事体育则主要在军队院校开设，它的教育对象是军人这一特殊的群体。青少年接受国防教育，参加一些军事性质的体育项目，则属于国防体育而不是军事体育。

教学内容方面：体育的教学内容，为科技体育和军事体育提供了必要的基础。军事体育的教学内容，是在体育的基础上，根据作战取胜的需要所进行的专业化特色化的创造、发展和运用，如军人的实弹射击、刺杀、投弹、军体拳、擒拿格斗、穿越障碍、识图越野、武装泅渡、军事跳伞、军事滑雪，等等。科技体育的教学内容则结合现代科学技术，它与军事体育的教学内容都将根据科技的进步不断创新、充实和发展。

教学条件方面：体育的教学条件，科技体育和军事体育训练中都要有效利用，充分发挥其作用。但是，科技体育和军事体育还必须拥有许多特殊的专门的教学条件，如必须拥有掌握相关科学技术或军事技能的师资力量；必须具备专门的场所、设施和器材；必须开展专门的科技体育及军事体育的教学研究和学术研究；等等。

学科专业属性方面：科技体育学属于科学和体育的交叉学科，科学提供其技术，体育搭建其平台；军事体育学属于军事学与体育学的交叉学科，军事学为其指明发展方向，体育学为其提供必要基础。

可见，无论科技体育还是军事体育，都是体育不可或缺的组成部分，尽管随着战争形式的演变，科学技术的发展，科技体育和军事体育的内容也潜移默化地发生着变化，但是，只要世界上还有战争存在，还需要科学技术推进社会发展，作为以提高军事技能为首要目的的军事体育、以同步发展体能和智能为目的的科技体育，就会永远在体育的大家庭中存在下去。

2.2 青少年参加国际国内科技体育和军事体育项目情况

车辆模型

全国青少年车辆模型赛事，是青少年类别的顶级专业赛事。往年车辆模型锦标赛都在广州举行，由广州市教育局、广州市青少年科技教育协会主办，广州市青少年科技教育协会科技体育专业委员会、广州市少年宫承办。2015年全国车辆模型锦标赛（北京站）于10月22日至25日在北京市丰台体育中心举办。

航海模型

航海模型在世界领域一直是中国队的强项。2015年第十八届世界航海模型动力艇锦标赛日前在波兰肯杰任科兹莱落幕。中国队获得的16枚金牌中，上海选手撑起大半边天，共获得12金，并5次打破世界纪录。

航空模型

航空模型经过多年的努力，中国队也逐渐在世界舞台上崭露头角。2015年航空模型自由飞世界锦标赛日前在蒙古国乌兰巴托举行，来自34个国家的近300名运动员参与其中。中国共派出一行10人赴乌兰巴托参赛，全队上下通过通力合作，夺得F1C（活塞式发动机飞机）团体冠军，捧回了失去22年的冠军奖杯。至此，这个从1951年开始流动的世界杯继1991年之后，再一次刻上了中国的名字（1993年交回国际航联）。

每年由国家体育总局航管中心、中国航空运动协会主办的全国青少年航空航天模型锦标赛，通常在宁夏等地举行，由当地区政府，航空模型无线电协会承办举行。

无线电测向

为使我国无线电测向运动得到更好的发展，中国无线电运动协会创造性地推出了很多具有中国特色的无线电测向运动比赛项目，如短距离测向运动、测向机制作评比……这些新项目受到许多体育爱好者，尤其广大青少年的喜爱。在广东、上海等地，参与无线电测向运动的青少年人数呈逐年上升状态，在今年举行的全国青少年无线电测向锦标赛上，竟然有超过700名青少年运动员报名参赛。

附3：科技体育STEM课程在校内的实际应用案例

我是车模调研师

宝山区青少年活动中心　申智斌

（一）案例分析：

本活动选自"STEM+"综合实践活动案例《滑坡小车设计与制作》。

本活动要求学生运用现代信息技术手段了解车辆模型的科学知识并发现其科学原理及制作方法，通过团队交流分享各自的成果，并进行整合，以工程学的角度对车辆模型进行合理构建，勾画出小车的设计雏形，为接下来的课程打下扎实的基础。

(二)学情分析：

本活动适合初中阶段的学生参加。七年级学生已经具备了一定的观察能力和科学探究能力，对科学知识有了一定的积累，会对以往学过的知识进行融会贯通。从劳动技术学角度来讲，车辆模型是目前比较流行的科技运动项目之一，它集知识、技能、竞赛、娱乐、休闲为一体，使得学生更加如醉如痴，乐此不疲。但是在中学教材中还没有涉及这方面的知识，对学生来说这是一门新的课程，对学生的结构设计能力和动手操作能力也有较高的要求。因此，从整体角度想要做成合格车辆模型还需要很漫长的一段过程，但通过本活动可以激发学生对车辆模型的探究兴趣，提高学生的信息分析能力及语言表达能力。

(三)活动目标：收集相关车辆模型的资料，制定自己小组的设计雏形。

(四)活动重点：通过收集到的车辆模型相关信息资料，设计出自己滑坡小车的初步方案。

(五)活动难点：1. 正确搜索到有用的信息；2. 构思滑坡小车合理的结构。

(六)材料设备：1. 20台工作电脑；2. 材料：《滑坡小车设计与制作》学习单(1)、《滑坡小车设计与制作》概念表。

(七)活动时间：1课时。

(八)活动过程

教学步骤	教师活动	学生活动	教学意图
创设情境，引导交流	1. 播放遥控车辆模型运行录像，并出示范作。 2. 提问1：请问车辆模型的种类有哪些？ 3. 结合学生的回答进行补充说明。 4. 提问2：如果让你设计一辆"滑坡小车"的模型，你会如何设计？	1. 认真观看、聆听教师讲解。 2. 进行小组讨论并举手回答。 3. 小组成员进行分工，在互联网上进行相关资料的查询。 4. 小组进行收集到资料的讨论并进行最终的资料汇集。	1. 学生通过观察实物的运行和展示，小组交流后得出车辆模型的种类，这样可以提高对学习车模制作的兴趣以及自主意识。 2. 学生通过自主查询相关车辆模型资料和小组讨论，得出不同的意见。这样可以培养学生的阅读理解能力和制作细节的分析操作能力。

续 表

教学步骤	教师活动	学生活动	教学意图
小组合作、制订方案	1. 让每个小组进行其收集的资料的汇报,通过点评和再提问进一步帮助学生正确梳理自己收集的信息。 2. 下发《滑坡小车设计与制作》学习单(1)并讲解每个选项的要点。 3. 引导学生完成滑坡小车草图的设计。	1. 向其他小组进行所收集到资料的介绍。 2. 认真聆听和观察教师点评和讲解。 3. 小组讨论并设计出自己小组的滑坡小车草图。	通过教师对自己小组的点评和对学习单介绍,可以培养学生的工程设计能力。
展示作品、交流分享	1. 引导学生交流自己小组的初步设计方案。 2. 提出对每个小组初步设计方案的一些建议。 3. 下发概念表并讲解如何正确填写。	1. 小组成员向其他小组介绍自己小组的设计方案并分享自己的小车的特点。 2. 通过教师的建议完成自己小组记录单,并认真填写概念表。	通过交流和再完善,可以引导学生在操作性作业中充分表现并培养学生合理分配计划的能力。
总结评价、拓展延伸	1. 通过巡视,引导学生改进和完善自己的设计。 2. 总结本课程的内容和拓展延伸。	小组讨论本课中各小组对自己滑坡小车的改进和完善。	学生通过设计过程中遇到问题相互探讨共同解决,可以让有经验的学生充分表现自己能力。

第三节 校外教育广域课程品牌建设要点

一、把握校外教育品牌课程要素提升

校外教育广域课程品牌建设中要把握校外教育品牌课程要素提升,分为内在要素和外在要素。

(一) 提升品牌课程的内在要素

宝山区青少年活动中心在打造与把握校外教育品牌课程时注重课程内

在要素的提升与完善,主要从课程的功能、质量、价值三方面进行研究和实践来提升学生的价值要素,关注学生的终身发展并提高他们的综合素养。

1. 从校外教育广域课程品牌课程功能:校外教育的课程种类和内容丰富多彩、独特且具有个性,提升品牌课程的内在要素首先要从课程功能上进行规范和定位。校外教育不同于学校的传统教育,校外教育的对象是具有自主性、受教育的形式多样、受教学的内容综合。在校外教育课程中注重课程的德育功能很重要,通过课程的内容设置、根据青少年的年龄特点、心理特性、理解程度来开展各种体验课程、寓教于乐让学生在实践活动中增强感悟产生共鸣使学生受到教育并将其内化于心,并有利于塑造学生的优良品德,促进学生健康快乐成长。

校外教育课程打造上要注重完善学生的认知功能:校外教育课程要注重理论联系实践,在课程设置中不仅要将最新的知识、文化、科技成果以及最新的信息纳入课程中,还要注重学生的实践体验,学生能从实际的操作、体验、探究中获取直接经验,形成一定的社会认知,从而改变自己、适应环境、创造祥和的气氛,增强对社会与生活的自信心。目前,大部分学生是在被动的情况下接受教育,学习自由度不高,容易压制青少年个性。校外教育是一个对专业技能要求非常高的地方,校外教育课程实施形式不是单一的课堂教学,需要利用场馆资源、社会资源,打开学生视野。课程开发必须关注跨学科融合,将多种学科知识跨界融合,真正让学生活学活用。

在校外教育广域课程品牌课程上有文艺、体育、科技等多种领域课程,在课程的开发上注重发展学生个性,充分发挥课程功能。每个学生都是不同的,课程建设上要尊重学生的个性需求。学生可以根据自身的潜能、兴趣点、爱好点、特长,自主选择适合的社团和活动项目。校外教育机构不受教材、场地限制,通过校外教育灵活的组织性,因材施教、因时设课。学生是学习的主体,通过丰富、生动的教学形式,学生可以大胆想象、充分发挥自己的才能,并利用校外教育机构的场地和设备,使得想法与创意变为现实。通过多种形式的教学来补充学生在学校教学中所缺少的各方面的文化知识,有助于学生发展各自的长处,更有利于培养学生的创新精神和创造能力。

2. 从校外教育广域课程品牌课程质量:首先要界定课程是不是广域,课程实施的可行性和时效性是主要的重点。广域课程是将各科教材依性质归到各个领域,再将同一领域的各科教材加以组织和排列,进行有系统的教学。

跨学科整合意味着教育者在广域课程的开发中,不再将重点放在某个特定学科或者过于关注学科界限,而是将重心放在特定项目上,强调利用多门学科相互关联的知识解决问题,实现跨越学科界限、从多学科知识综合应用的角度进行广域课程的开发实践研究。利用多门学科相互关联的知识解决问题,实现跨越学科界限、从多学科知识综合应用的角度进行广域课程的开发实践研究。在科学、人文两个维度上展开课程开发和教育活动,以科技、艺体等活动为载体,帮助学生在相邻知识系列、性质相近学科、人文、自然和社会学学科、教育内容变化与文化发展之间、儿童与文化中开展学习。学生通过这些课程与活动,并从社会、理科、技术、体育艺术四大领域开展课程群建设,为学生带来跨学科的实践性课程体验。在深入开展广域课程体系建设的同时,形成校外教育创新的自适应机制。

3. 从校外教育广域课程品牌课程价值:校外教育机构广域课程,就是追求实现儿童与文化的整合,让教育内容成为儿童自由和谐全面发展的优化的环境、土壤和养料。这样的课程对于引导学生形成科学的世界观具有积极的意义,同时课程有利于学生开阔眼界,获得知识。课外、校外活动中,由于不受学科课程标准和教材的限制,他们可以根据自己的兴趣、爱好广泛阅读各种课外读物,参加各种科技、文艺、体育活动,广泛接触社会和自然界的各种事物,吸收来自各方面的信息。课外、校外教育课程是对少年儿童因材施教,发展个性特长的广阔天地。课外、校外教育课程的活动内容丰富多样,能满足学生的不同需求,学生可以自愿参加各种活动,在活动中学生自主学习,可以获得更多的亲身体验。校外教育广域课程有利于发展学生智力,培养学生的各种能力。校外教育广域课程是学生动手动脑,运用知识并发挥聪明才智和创造性的过程。它不仅使学生在活动中经受各种锻炼,而且能有效地培养学生的思维能力、自学能力以及各种实际工作能力,对发展学生的智力有着极为重要的意义。广域课程建设还有助于发挥校外教育机构的育人潜力,有助于校外教育课程设计垂直连贯、水平整合,将零散的、分化的学科领域聚集起来,利用同一学段内不同学科对于各素养的不同作用,实现彼此合作、共同促进,有助于学生提升学生综合学习能力和综合素养。

(二)提升品牌课程的外在要素

提升品牌课程的外在要素是要提升课程的影响力,校外教育广域课程的对象是广大青少年,要紧紧抓牢这一特质使得品牌课程能够深入人心,使参与课程的对象能够对课程产生深刻的记忆。在开展校外教育活动时，应善于把握课程与活动所涉及的层面，逐渐覆盖并不断扩大各个年龄层级的青少年，在他们的成长过程中逐步发展成越来越重要的态势，提高课程的品牌影响力，主打课程的品牌理念。把广域课程品牌课程活动的影响力渗透到教育活动的每一个环节，并发挥其辐射作用，提升整个活动和校外机构的影响力，为提高校外教育的品牌知名度和流传度提供重要支撑。家长与学生对课程与校外机构的美誉度、赞誉度也是提升品牌课程重要的外在要素。青少年活动中心作为校外教育的主阵地，通过品牌课程的开设与品牌活动的举办，努力把校外教育活动与校内教育、家庭教育进行有效的结合，提升课程的口碑。

提升校外教育的品牌效应，要使课程具有一定程度的知名度、赞誉度。课程的品牌性离不开课程与活动的特点与亮点，更离不开有效的传播与推广。提升课程的知名度与广泛流传度，同时也能促进课程的良性发展，增强品牌课程的社会影响力。宝山区青少年活动中心追求"品质化、国际化、特色化"的一流校外教育品牌，秉承陶行知先生教育思想，以"服务宝山、立足上海、面向全国、走向世界"的发展视野，开展特色的青少年主题活动使其能直接给青少年和家长带来现实感和真实感，注重网络媒体的传播，例如公众号的活动预热、推文、媒体的推送报道等新媒体平台，及时发布最新信息加强线上线下体验与互动，促进越来越多的人对品牌课程的了解并让更多的青少年参与其中。完善品牌课程的视觉化设计，使品牌课程更具有感染力。好的品牌课程需要精心设计其名称、标志、课程用书等视觉形象，并用青少年容易接受的语言、画面加强对品牌课程与活动的宣传普及。对品牌的认同易于让人对其产生信赖、共鸣和追随。立足于实际、着眼于未来，以品牌课程统领校外教育，才能真正展现校外教育的魅力，开拓属于青少年的广阔校外天地，培养社会创新综合人才。

二、把握校外教育课程品牌建设要点

(一) 注重品牌课程的特有性

品牌课程的建设是推动我国教育事业稳步、高质量前进的重要保障。特有性是品牌最重要的内在特征。根据营销学的观点，它是消费者在心目中对品牌的总体判断、购买决策时看重的价值所在。因此，校外教育品牌课程建设需要注重品牌课程的特有性，主要表现在课程价值、课程内容、课程形式等三个方面。

首先,课程建设要有课程意识,即对课程的敏感性与自觉性。关注教学的价值问题,即关注教学的意义,关注教学究竟是为了什么的问题。

赫伯特·斯宾塞在《教育论》中提到,知识的价值可分为实用价值、比较价值、训练价值和发展价值。课程建设时要确定学生最需要知道的是什么知识,满足学生能获得实用的知识,使学生的心智和技能得到正确的训练,促进学生身心的全面发展。

品牌课程要坚持围绕提升学生的核心素养为基础,五育并举,以学生需求为导向,促进学生全面发展为目标,遵循新时代教育理念和规律,全面性系统性设计课程中的各个环节,发挥学生在学习中的主体作用,满足学生可持续发展的需要。

其次,品牌课程的内容要具有特色优势。当前课程建设存在的一大问题,就是高度同质化。大部分课程发展目标趋同、学科结构趋同、教育模式趋同。

校外教育课程与学校教育课程在定位、主体地位的程度、空间时间等均有不同。学校教育课程是以国家课程标准为导向,达到课程标准要求所进行的一系列教学活动,削弱了对学生个体差异性的关注。而校外课程是以兴趣培养为导向,激发学生的兴趣,服务于学生全面发展,引导成才所进行的一系列教育实践活动,尊重学生的主体地位,了解学生的个性化需求。因此,校外教育课程在课程内容的选择上具有优势,更易孵化品牌课程。

品牌课程建设需要充分发挥自身优势,丰富课程内容,可以是填补某一领域的空白,也可以是彰显地方特色。部分品牌课程具有明显的本区域社会、经济、文化、历史等特色,充分结合实际,体现地方的经济社会文化的区域特征,有较强的针对性和实用性。

最后,品牌课程形式灵活有效,教学方法多元化。一些常见的教学方法有:讲授法、情境陶冶法、实验法、价值澄清法、心手脑结合教学法等。从品牌课程建设出发,不同的课程目标可以运用不同的有针对性的教学方法。讲授法是指主要用语言向学生教授课程的知识技能的方法,通常以教师为主体。为了加强语言的直观性,在讲授过程中可以充分利用图片、表格和实物等,通过教学的不同侧面,将科学文化、知识、精神、道德、方法和人类精神文明等的内容展现给学生,而不是仅仅强调知识的传授。情境陶冶法是在科技教育中创设一种情感与认知相结合的教育环境,让学生在轻松愉快的气氛里有效地获得知识,陶冶学生的个性,培养学生完善的人格。实验法一般指在实验室中以教师的演示或学生动手的形式,进行实验和分析,从而得出正确的结论。实验法可以结合户外教学实验,将学生学到的知识和技能学以致用,去解决社会上的实际问题,提高科学实验的价值。价值澄清法也可以称为争议问题辩论法,即提供社会热点问题的不同价值观,引导学生提出自己的观念,通过辩论形成最终基本统一的恰当价值观的教学过程。心手脑结合教学法指在内心培养起学生对某项物体的情感,积极思考、动手实践,以掌握知识和技能。

另外,一些特殊的教学方法,如引导文教学法、任务驱动教学法、头脑风暴教学法、粘贴板教学法、角色扮演教学法、混合教学法等可以大大提高学生学习的积极性,取得良好的教学效果。品牌课程可以改变常规教育行为或教育内容的结构,使其成分比例或顺序发生某些变化,通过突出某些方面而产生变革效应。

品牌课程应与学生发展多元化要求相适应,符合现代校外教育理念。研究性学习、探究性学习也是发展学生智力和实践能力的一条重要途径。教师能根据内容和参加学习学生的特点,充分、有效、适时地运用互联网信息技术手段,提高课堂的吸引力,有效激发学生的学习兴趣,教学互动与课堂气氛良好,实现以学生为主体、参与普及面广、形式新颖、兴趣浓厚、社会反响佳,并以培养具有社会责任感、善于合作、乐意奉献精神和具有创新能力、综合实践能力的学生为目标。

(二) 注重品牌课程的服务性

在这个经济高速发展的时代,校外教育亦为服务性行业,课程相当于"商品",学生相当于"顾客"。因此,我们需逐步意识到学生需求的重要性,很多课程本着以人为本的服务理念,为学生提高服务质量,提供个性化、差异化的服务,让课程增加竞争力与活力。"学课程=享服务"也让越来越多的人们达成共识,只有展开良好的售后服务,才可以获得"双赢"。因此,明确服务的对象是品牌的基础。校外教育品牌课程也可与之类比,校外教育品牌课程的服务对象即为学生,品牌课程的服务对象不能偏离,若只着眼于教师的成果,则对品牌课程的建设有弊无利。

校外教育品牌课程的服务性体现在学生的认可和成效中。课程需要得到学生的普遍认可,这种认可既表现在对课程内容、教学方法、课程师资、课程资源的赞同,同时也表现在学习结束后,对课程学习效果的好评。

品牌课程内容要适合学生的学习,得到学员的肯定,认为课程内容符合学生的实际需求,帮助解决学生生活中的现实问题,针对性强、实效性好,有一定的前瞻性。同时课程提供的教学资源充分,有助于学生的不断学习,在文化修养、知识技能、精神情感等方面有所收获,取得卓有成效的结果。

针对学生要注重品牌课程全方面的服务性。对学生有个性化的课程指导、差异化的教学、理论和实践相结合的应用,是品牌课程的基础。

校外教育课程区别于统一的国家课程标准,内容和时间可以不是固定统一的,学生可以根据需要自主选择,个性化地全面发展。空间与时间的突破对于学生的核心素养的培养有至关重要的作用。

在混龄混学段的课程中,教师可进行分层教学,设置具有差异化特点的教学目标、将教学方式进行层次划分、设置具有差异化的教学评价,有针对性地引导不同的学生根据自身的学习能力以及个性化需求选择适合自己的学习目标,与学生建立和谐平等的师生关系,结合不同学段不同性别的学生心理素质进行评价,因材施教,以此激发每一名学生的兴趣,充分调动学生的积极性,实现整体的综合能力的提高。

校外教育品牌课程除了理论知识的指导以外,对学生实践能力的培养也至关重要。STEM、跨学科、项目化学习等课程框架融合在广域课程中,使学生在做中学,学中做,将理论运用于实践,实践中发现理论,最终服务于学生的全面发展。

另外,针对学生要注重品牌课程全过程的服务性。品牌课程的授课教师,不仅要专业功底深厚,有很深的理论修养,同时要熟悉每个学生的不同特点和能力。教师的要求是授课经验丰富,课堂把控能力强,教学的针对性好,学生对课程的总体满意度高。

品牌课程在开发中也要积累大量、先进、实用、精致、完备的教学资源。内容上先进实用,理论联系实际,同时还注意从细节上突出课程资源的融合融通高品质。

在学生课程学习结束后,并不是终点,而需要进行延伸服务,对学生的终身发展有所了解和帮助,可针对学习品牌课程的学生进行后期调查反馈,不断优化课程。通过及时的回访和反馈,更好地理解和满足学生的需求,为他们提供更优质和更有针对性的指导,使品牌课程的品牌形象和竞争力得到有效提升。

（三）注重品牌课程建设的长期性

校外教育品牌课程建设是以现代校外教育理念为先导,遵循教育规律,以服务学生全面发展为方向,以实现学生对课程学习的需求为出发点和落脚点,对课程的目标、内容、方式方法、资源、实施的程序、课程评价、时间空间以及所需的人力和物力进行整体计划和设计的总和。品牌课程的建设不是一蹴而就的,是长期性的。从课程的形成到发展是不断优化完善的过程。

首先,品牌课程建设一般按照如下顺序形成和发展:

1. 初定发展方向。进行自我评估,评估课程在特色教学方面和特色活动方面存在的资源、可能性和可行性。

2. 甄别品牌课程。对评估中选择出来的一些特色课程进行研判。考虑学生、家长、青少年活动中心、辅导教师和社会效益的不同需要和特点,甄别出一些特色课程大力发展。

3. 确立课程内涵。确立特色项目后,针对这些特色项目的内涵进行挖掘,确立课程建设出发点。

4. 打造特色项目。打造出成为精品的特色项目,形成课程体系。

5. 促进品牌课程形成。形成一个特色项目课程体系后,进行整理与扩张,形成一定的规模后向社会推广,促进品牌课程的最终形成。

其次,品牌课程的发展中要有标准化制度、标准化课程体系、标准化师资队伍和标准化评价。

1. 在标准化规章制度的建立上"聚力"。

一方面,要规范组织管理,完善相关政策与法规,为校外教育品牌课程提供政策保障;另一方面,要建构品牌课程实施规范,制定一系列制度体系和标准框架,以解决品牌课程发展中遇到的一些问题,为卓有成效地开展教育教学提供制度保障。

2. 在标准化课程体系的构建上"施力"。

一是要谋划校外教育品牌课程的一体化建构,以立德树人为根本,构建内容科学、学段衔接、循序渐进、校内外一体化的课程体系。二是要做好课程内容标准体系的建设。在课程主题的设计上要突出年龄化,形式上要突出多样化,内容上要突出特色化,操作上要突出灵活化,区域上要突出联动化。

3. 在标准化师资队伍的建设上"助力"。

加强校外教育师资队伍的培训,着重突出导师的师德与专业化水平提升,加强理想信念、道德情操、职业行为的规范,加大对教育工作者和教师进行专业化培训的力度。

4. 在标准化评价的管理上"加力"。

要建立评价反馈机制。从学生评价、教师评价、课程评价等多层面进行反馈,以确保课程质量。在评价主体上要突出多元性,在评价内容上要体现综合性,在评价方式上要突出激励性和发展性。

最后,品牌课程需要教育创新,根据新的教育理念、新的热点、新的视野不断优化,使品牌课程得以长期发展。品牌是一种形象,一种战略,一种力量,一种文化,一种价值,一种构思,一种选择。教育创新强调的是有所变化,有所进步。创新创造的关键是优化载体,捕捉热点、创设热点,充分发挥教育引领辐射作用。一个清晰有效的品牌定位必须与发展理念,文化及教育价值紧密联系,必须使上下都有恰当的理解和认可。一个新想法是旧成分的新组合。在新的教育观念的指导下,考虑新的教育需要,将已有的知识和经验按新的结构形式组合起来,这样就可以形成新的特色。教育的功能完成学生由自然人向社会人的转化,无论是转化过程还是转化主体都只有在社会的大生态中才能实现,主动融通,共享资源,广泛交流拓展视野,培养国际型人才。现代教育为学生打开了另一个世界的大门,实现了学校教育的最大化和无痕化。

(四) 注重品牌课程的功能性利益与情感性利益结合

品牌课程的建设是多方面的,既需要注重功能性的内在要素,又要关注情感性的外在要素。

功能性与学生的需求有关,涉及道德功能、认知功能、个性功能等,以此提升学生的综合素养,培养学生的终身发展。道德功能主要指德育功能,课程设计要重视学生的情感、态度、价值观,提高学生的品德、意志等。认知功能指社会认知,通过实践等体验探究,获取社会经验。个性功能是指以学生的个人兴趣、爱好、能力为主,可自主选择课程,因材施教,因时设课,突破时间与空间的限制。

情感性体现在学生、家长、社会对品牌课程的情感倾向,即美誉度。一般指课程是否受到学生和家长的称赞,授课教师是否得到学生的好评,社会影响是否广泛等方面。品牌课程有较大的知名度,在社会上、学生中有很强的影响力;课程和师资在各种媒体上有宣传报道,成为校外教育同行学习模仿研究的榜样;对课程的点课率高;课程的需求旺盛,同时课程经得起时间的考验,有持久的核心竞争力和生命力。

只注重美誉度的课程会有极大的功利性趋势,从而忽视课程的真正功能。美誉度是需要建立在功能性上的,功能性利益与情感性利益相结合才能更好地提升品牌课程的质量。品牌的本质是打造信任关系,累积核心的品牌资产。品牌资产的核心是数字资产和心智资产。用数字读懂用户,从而创造出更好的产品;用心智的打造获得更强的认同,从而创造出更大的利润。品牌代表了一种信任暗示,暗示实力感、可靠感,从而影响用户的选择行为。校外教育品牌课程的功能性利益类似"数字资产",而情感性利益类似"心智资产"。品牌课程要以学生为本,以学生的综合素养提升为核心,继而优化课程,从而创造出符合学生的能力培养和发展的更优质的品牌课程。此外,品牌课程需要了解学生、家长、社区及社会,获得认同感和信任感,从而扩大课程的区域范围,使其辐射到广阔地区,更好地为学生、家长、社会等服务。品牌课程只有将功能性利益与情感性利益结合,才能打造出真正有影响力的品牌课程。

第七章 区域家庭创客广域课程的建设

○ 第一节　区域家庭创客广域课程的基本认识

○ 第二节　区域家庭创客广域课程实例解析

第一节 区域家庭创客广域课程的基本认识

少年强则国强,青少年科技创新素养的高低决定了中国未来能否真正从世界大国跨入世界强国。培育青少年科技创新素养的基础工程之一是相关课程的研发。本课程依据全球教育改革与发展的大趋势和国内教育的实际情况而研发,从学生真实生活和发展需要出发,从生活情境中发现问题,转化为学习活动主题,并结合项目式的学习方法,是培养学生跨学科、综合性的科技创新素养的系列课程。

"五问三步"是本课程的创新点,五问即"由何""是何""为何""如何""若何"。以"五问"为个性化学习方式,启发和引导学生在项目式学习过程中多维度、多角度和多层次地发现、分析和解决问题;以"科学探究+工程实践+创新研究"为课程"三步"结构,构建"认识→实践→再认识→再实践"的学习路径,让学生真正学会思考、实践和创新。本课程特色是以学生"日用而不知"之物为学习项目,利用身边寻常之物去学会探究自然科学和社会科学的方法,这种学习成本较低,且适宜在不同发展水平地区的学校和家庭推广,适合学生自主学习。

一、家庭创客广域课程的背景

(一)国内外创客活动的发展趋势

进入21世纪,以3D打印技术、Arduino等开源硬件平台为代表的新技术进一步降低了科技创新的门槛和成本,每个有基本学习能力的人,不管是成人还是中小学生,也不管是否学过计算机编程,都可以很快地利用这些新技术、新工具,将自己的创新想法变成各种让人脑洞大开的作品。创新和创造不再只是科学家、发明家的"专利",而是迅速普及到广大普通人群,实现了技术的大众化或"大规模业余化"。这些不以营利为目标,努力把各种创意转变为现实的人,被称为"创客"(maker)。

在全世界广大的范围内,鼓励人们利用身边的各种材料,计算机相关设备、程序及其他技术性资源(如开源软件),通过自己动手或与他人合作创造出独创性产品的行动,则被称为"创客运动"(maker movement)。

创客运动的标志,是为创客们提供交流创意思路、制造创新产品的物理场所和网络平台的大量涌现,这种场所和平台被称为"创客空间"(maker space)。"创客空间"最早起源于麻省理工学院比特和原子研究中心建立的"个人制造实验室"(Fab Lab),这是一个几乎可以制造任何产品和工具的小型工厂,意图通过推动自下而上的个人创新来实现应用需求与研发创新的融合。Fab Lab 所提供的技术支持涵盖从设计、制造,到测试、调试、监控和分析、文档整理的产品开发全过程;不仅如此,Fab Lab 也为用户提供了制造自己所需工具的支持条件。第一个 Fab Lab 于 2001 年在波士顿建立,后来逐渐扩展到世界各地。随着 Fab Lab 网络的延伸,个人创意、个人设计、个人制造越来越深入人心,从而引发了全球创客运动的浪潮。

21 世纪以来,随着创客运动的普及,被美国学术界誉为"创客运动之父"的西蒙·派珀特不仅一直致力于通过 LOGO 语言帮助儿童成为他们自己的"智力建设者",而且提出"基于创造的学习"(learning by making)的建构主义观。这种创客理念越来越多地引起了教育者的思考和共鸣,并在全球范围内掀起了将创客运动引入学校的热潮。2009 年,美国奥巴马总统宣布启动一项"教育创新行动"(the Educate to Innovate Initiative),以在下一个 10 年内将美国学生的科学和数学成绩从中间位置提升到世界的前列。为落实该计划,在"通过制造改变教育"这一观念的指引下,非营利性组织 Maker Ed 于 2012 年设立了"创客教育计划"(Maker Education Initiative, http://makered.org),旨在为所有青少年提供参与制造的机会,使他们能够在科学、技术、工程、艺术、数学(STEAM)等学科的学习中,以及整体的学习过程中,发展自信心、创造力和兴趣。

2011 年,"创客"的概念传入我国。上海新车间、北京创客空间、深圳柴火空间等相继成立,英特尔等科技公司也陆续举办创客嘉年华、创客大赛等活动。

党的十八大以来,习近平总书记高瞻远瞩,多次强调"科技创新和科学普及是实现科技腾飞的两翼",把科学普及提高到了一个崭新的认识高度和实践力度,科学普及必须坚持两手抓,其一普遍提升全民科学素养,其二有效培养杰出的未来创新人才,两手抓的目的是在全民科学素养普遍提升基础上,早期发现和培养有创新潜质的未来创新人才。钱学森曾感慨发问:"为什么我们的学校总是培养不出杰出的人才?""钱学森之问"不仅引发教育和科技界深刻反思,更需要全社会来共同破解这一深刻命题。青少年儿童的科学素质关乎一个国家和地区的科技创新及未来发展,上海正在建设具有全球影响力的科技创新中心,科普教育如何为科创中心储备一批具备较高科学素质的人才?为解决上述问题,创客教育作为一种全面提升创新素质的创新教育,被寄予厚望。

创客教育是一种有别于学校学科教学的项目化学习活动,是基于创客空间的"自己动手"的活动。创客空间为创客教育提供了必要的场所,为学生创设了一个知识开源、情境不确定、结果未知的创造性造物环境。自20世纪50年代以来,创客空间从欧美家庭车库拓展、发展为个性化、实践性、项目式的创新造物场所,各种类型、功能的创客空间不断涌现,以创造、实践、共享等为特征,其学习路径主要有:一是应用所学知识解决实际问题;其二在解决实际问题中,生成和建构新的项目化知识体系。目前国内创客空间主要以学校、社区、少年宫、青少年活动中心、科技馆、博物馆和图书馆等为依托,这类基于公共场所的创客空间流动性较大,不利于青少年创客可持续开展创新造物活动,而作为创客空间起源的场所,家庭的作用反而在我国的创客教育中被忽视了。

(二)家庭创客行动的提出和发展

宝山区青少年活动中心于2015年在国内首创的"家庭创客行动",着眼于"社会实践、学校创新与家庭创意"的有机融合,以构建家庭创新文化为切入点,积极打造适合家庭开展创新的新载体。

家庭创客其核心特征是"自己动手"。这种基于"自己动手"的家庭创新文化孕育和推动了"自下而上"的社会化创客运动的产生与发展。"自己动手"的理念主要源于约翰·杜威的实用主义教育思想体系。杜威实用主义教育理论的基本观点有"教育即生活""学校即社会""从做中学"(Learning by Doing),其本质可以概括为"教育即生活""教育即生长""教育即经验的改造和改组"。在教育目的上,他认为教育"于其之外无目的",学校教育的目的就是组织力量保证儿童的成长;在教学上,他倡导"从做中学",提倡活动课程,强调教法与教材的统一、目的与活动的统一、智慧与探究的统一,形成了以"儿童中心""活动课程""从做中学"为特色的教学思想。"从做中学"也就是"从活动中学""从真实体验中学",将所学知识与生活实践联系起来,知行合一。

陶行知曾说:"中国教育之通病是教用脑的人不用手,不教用手的人用脑，所以一无所能。"陶行知继承和发展了杜威的教育思想，并结合中国教育实践，把杜威的教育理论"翻了半个跟头"，创立了以"生活即教育""社会即学校""教学做合一"为中心的生活教育理论。家庭创客活动强调让学生在真实项目中"自己动手"，发现问题、分析问题、寻找解决方案，强调了动手操作和实践体验是获取知识的重要途径，这与"从做中学"和"教学做合一"的理念是一脉相承的。

此外，情境学习理论也为家庭创客活动奠定了理论基础。该理论认为"学习是情境性活动，没有一种活动不是情境性的""学习是整体的、不可分的社会实践，是现实世界创造社会实践活动中完整的一部分"。家庭创客活动可以为学习者提供情境学习中"合法的边缘性参与"机会。在实践共同体中，学习者可以围绕真实的问题情境，在导师的指导和共同体成员的帮助下，由浅入深地不断解决各种问题。

目前，中小学教育设置的科学技术课程全面又系统，各年级和学段的课程内容循序渐进，如开设的"自然、物理、化学、生物、信息技术、劳动技术"等课程包含了丰富的实验教学，但由于课时局限，许多实验和操作往往难以在课时内完成，教学目标难以达成，造成中小学生科学实践能力和科技创新能力较低。同时，教育系统、校外教育机构、高校科研院所和社会培训机构等也开发了较丰富的科技创新和反映前沿科学的科普教育课程，这些课程偏重知识和技能等的传授，且课时有限。虽然一些课程也重视与生活、生产和社会实践联系，但缺乏创新文化浸润、生活方式融合和可持续时空互动，使得青少年儿童的科技兴趣爱好特长的培养难以持续。

2020年上海青少年科学素质测评的初步结果显示：9—11岁青少年的优势在于对科学知识和科学方法的掌握；12—15岁青少年在科学精神维度上的成绩尤为突出；16—18岁青少年的优势在于对科学思想和科学精神的领会。测评结果还显示，上海青少年的科学实践能力、科技创新能力较低。这也是以往数十年存在的"老大难"问题，也一直缺乏有效破解之法。

如何借鉴美国家庭车库文化经验和成果，破解"钱学森之问"，培养"中国的乔布斯"？目前中国城乡家庭普遍缺乏车库，没有条件，不能照搬照抄，怎么办？我们发现了一些城乡家庭因地制宜利用家庭空间开展科技活动的典型人物和案例：如大疆无人机创始人汪滔，从小喜欢航模，喜欢在家里学习制作模型，后来在大学宿舍研制出无人机飞行控制器原型等；又如，曹原从小喜欢科技，父母腾空书房让他开展电子制作和化学实验等，22岁突破百年世界难题;等等。这些案例是一种有中国特色的家庭创客文化现象。

家庭创客是指善于因地制宜利用居家空间和时间,开展基于兴趣又贴近生活的"动手做"活动,以项目学习为方式,专注物化创意和乐于分享,并使其成为家庭的一种生活方式、文化传承和自觉追求的一类人群。家庭创客是创客与家庭创新文化产生和发展的有机融合。

(三) 区域家庭创客广域课程的发展背景

青少年科技创新素养的培养与发展一直是教育界面临的核心问题,如何顺应世界教育改革与发展趋势与立足中国教育实际,开发一批有利于培养中国青少年科技创新素养的系列课程,培养更多具有创新潜质的未来人才,也是社会各界和各级政府关注的重点问题之一。国内青少年科技创新素养的培养一直是基于学科的教育教学,造成学校教育教学与学生生活、生产劳动和社会实践的严重脱节,于是有"钱学森之问"。当前世界各国提升青少年科技创新素养的教育改革与发展的对策之一是大融合,即跨时空的校内外教育融合发展、跨领域的教育资源融合发展、跨学科的教学内容融合发展和跨部门的学习组织融合发展等,以此让教育贴近青少年的生活、生产劳动和社会实践,如受到全球热捧的美国创客运动、STEM教育和PBL项目式学习,芬兰的"现象式教学"等。近年来,国内一些基础教育研究机构、中小学校和民办教育机构积极引进创客运动、STEM教育、PBL项目式学习和"现象式教学"等教育理念和内容等,促进了国内创客教育和STEM教育等的发展,但开发的较多课程还处在初级阶段,明显存在机械式学习、被动学习等现象。

2015年宝山区启动"宝山区'STEM$^+$'教育三年行动计划,并在国内首创推进'家庭创客行动'"。家庭创客行动,就是以培养家庭创客核心素养为行动目的,以家庭创客工坊为行动载体,以"学校学习、家庭实践和社会创新"互动融合为行动策略,有计划区域性地推进的家庭创客教育实践活动。旨在培养具备跨学科创造性思维和综合实践能力的面向未来的与众不同的创新人才,为此发文命名上海市行知中学等33所中小幼学校为宝山区首批"STEM$^+$"教育发展试点学校,其中8所幼儿园。宝山区青少年活动中心和宝山区青少年科普促进会积极开展试点学校"STEM$^+$"教育专业指导,组建"STEM$^+$"课程开发团队,提出了课程案例开发指导意见,举办"STEM$^+$"教师培训班、"STEM$^+$"教学观摩和教研组专题等活动,开展课堂实践观摩研讨。如:2016年中美"STEM$^+$"教育公开教研活动等,分别开发了幼儿、小学和中学三套"STEM$^+$"教育综合实践课程案例,并与华东师范大学等单位联合开发STEM教育和家庭创客课程等,形成了宝山区特色的基于项目式学习的"STEM⁺"教育综合实践课程。该课程受到各方好评,同时为区域家庭创客广域课程的发展奠定了基础。

在此期间,宝山区青少年活动中心指导学校分学段制定家庭创客行动三年规划、年度计划,及专题活动方案等,贯通家庭创客多学段成长通道;选拔有科技创新兴趣和特长的教师担任科技辅导员,建设家庭创客行动师资队伍;基于家庭创客工坊实施"学校学习＋家庭实践＋社会创新"的互动融合学习新模式。同时结合学校科技教育特色,开发区域家庭创客广域课程;关注家庭创客成长过程,有计划地开展"青少年创客活动典型案例"课题研究,形成一批典型案例。

经过六年多的实践,在宝山区青少年和儿童中涌现出了一批又一批家庭创客典型人物,宝山区《以人为本　推进家庭创客行动》被评为"上海市教育综合改革2015年典型案例"。通过对这些创客工坊和人物案例的分析,可以总结出家庭创客行动的内涵与使用原则:以家庭创客工坊为平台,构建可持续的个性化家庭创客行动的区域推进生态体系,打通校内外教育的逻辑联系,为创客教育与学校教育、家庭教育和社区教育的深层融合提供新的生态。随着参与的区域家庭创客不断增多,课程内容及形式的不断丰富,区域家庭创客广域课程也在此过程中不断完善。

二、家庭创客广域课程的特征

广域课程是将各科教材依性质归到各个领域,再将同一领域的各科教材加以组织和排列,进行有系统的教学。跨学科整合意味着教育者在广域课程的开发中,不再将重点放在某个特定学科或者过于关注学科界限,而是将重心放在特定项目上,强调利用多门学科相互关联的知识解决问题,实现跨越学科界限、从多学科知识综合应用的角度进行广域课程的开发实践研究。目的是让学生在多领域课程的自由选择学习中,引发兴趣,拓展知识面,更好地认识世界、认识自我。通过多领域、混场域的课程内容,致力于培养学生的科学精神、科学思维,注重培养学生高阶思维,催生学生创造潜力。

家庭创客强调行动、分享与合作,并注重与科技手段相结合,逐渐发展为跨学科创新力培养的新途径。区域家庭创客的主体是青少年。这也就是说,青少年作为家庭创客活动的主宰,他们自己应该也必须发现身边学习、周围生活乃至社会方方面面中的不便之处,尝试运用科技手段,发挥自己的创意,自主设计、制作，形成具有创新性、科学性和实用性的产品或其他成果，通过共同分享促进群体活动的升华、科技的发展和社会的进步。当然，青少年难以自主把握家庭创客活动的组织和开展，这就需要教师、科技辅导员和家长的介入，具体而言，为青少年参与家庭创客活动提供设计科学、便捷和效果显著的课程是必不可少的。

区域家庭创客广域课程让青少年在真实的项目中开展协作，发现问题、分析问题、寻找解决方案，完成作品创作，强调动手操作和实践体验是获取知识的重要途径，以"做学研合一"为学习方式，以做为中心，做是学的中心，也是研的中心；以"产学研一体化"为研学方式，以产为主线，学和研围绕产开展，实现将创意变为成品。

（一）区域家庭创客广域课程的区域性

区域性主要包括"学校、家庭、社会"三个层面的家庭、中小幼学校、社区、区青少年活动中心和社会科技教育基地等众创空间及线上线下媒体平台等载体，又以"做学研"和"产学研"等基本要素构成。在梳理区域推进的基本要素和结构关系基础上，构建区域推进家庭创客系统。主要表现在以下几个方面：

1. 家庭创客工坊。它是区域推进家庭创客活动的"做"，以项目为学习方式。

家庭是社会生活的"细胞"，家庭创客工坊是家庭创客群体可持续成长的基本载体，也是社会创新文化的基本载体。家庭创客工坊最大的优势是通过"铁打的营盘"，成就"流水的兵"——家庭创客群体。营造家庭以自主选择和主动实践为学习方式和生活方式。

2. 校园创客空间。以同伴互助为特征，是区域推进家庭创客活动的"学"，以互助为学习方式。

校园创客空间一般由学校的科技综合实验室、理科实验室、科技创新实验室等构建，或称创客实验室、STEM实验室等，主要发挥"学"的功能，教学创客知识，学习创客技能等，以同伴互助和团队合作为学习方式。

3. 社区创新屋。以志同道合为特征，是区域推进家庭创客活动的"学"，以交流为学习方式。

社区创客空间的代表是社区创新屋，为上海首创，具有社区创客"聚"的功能，以志同道合和情趣相投为学习方式、交友方式和休闲方式。

4. 区青少年活动中心创客空间。区青少年活动中心是专业指导中心，是区域推进家庭创客活动的"研",以研究为学习方式,为广大中小幼家庭创客进行创新实践专业指导。

区青少年活动中心是本区中小幼学校科技教育的专业指导机构,肩负"四个面向,一大任务"的职能,其创客空间包括众多的科技和艺术创新实验室和工作室,具备设施齐全、设备先进、师资专业和经验丰富等专业资源优势及活动策划设计、组织实施、协调推进等专业组织优势。以"学做研合一"为学习方式,突出"研"的功能。

5. 社会科技教育基地。它是区域推进家庭创客活动的"产学研一体化"的实践基地,以"产"为主线,承载家庭创客创新和创业孵化功能,促进家庭创客成为创新和创业者。

社会科技教育基地包括区域科技创新园区、社会科普教育基地、社会众创空间和大学科研院所等单位,是家庭创客群体拓展性创造性实践的众创空间,以"学研产一体化"为学习方式,突出"孵化"功能。

6. 线上线下互动平台。打破时空开展线上线下虚实互动活动,及时宣传报道家庭创客活动信息。

线上线下互动平台打造的必要性。一方面,家庭创客活动是一项开创性事业,需要全社会支持,传统媒体和自媒体要发挥宣传报道作用,推进家庭创客活动的信息建立与传输,树立家庭创客典型人物形象。另一方面,开展线上线下虚实互动活动,就是建立"以家庭创客工坊为动手制作实践平台,校园创客空间为同伴协作互助平台,社区创新屋为志同道合交流平台,区活动中心创客空间为创新专业指导平台,社会科技教育基地为创新创业孵化平台,线上线下媒体为传播报道互动平台"的家庭创客活动区域众创空间体系。

(二)区域家庭创客广域课程的广域性

区域家庭创客广域课程要遵循青少年认知发展规律,基于家庭创客活动的量化分析,研究适合不同年龄段科学素养发展,构建其核心要素,包括学习活动的要素、设计思路以及配套器材和活动指导等。因此,广域性是指在一种或多种适合的、开放的文化与物质环境和氛围中,学习内容紧密联系生活,使之更生活化、社会化,构建基于"家庭创客空间"的"学校学习+家庭实践+社会拓展"互动融合的学习活动新模式。

广域性主要表现在以下几个方面:

1. 课内课程

学前阶段以"玩"为主题,以"玩中学"为方式,在"玩"中打开感官,充分感知自身与外部世界之奇,帮助养成好奇、质疑和兴趣等品质。

小学阶段以"做"为主题,以"做中学"为方式,在"做"中解放双手,探究认知自身与外部世界之奥秘,激发养成求知、想象和创造等品质。

初中及以上阶段,以"创"为主题,以"创中学"为方式,在"创"中升华情感和体认价值,提升将"想法变为现实"的综合实践能力,引发养成情怀、使命、坚持和分享等品质。

2. 学校课程

学校制订学校的课程计划与方案。教师构建家庭创客互动融合学习新模式,让学生养成自主学习新方式。

(1) 学校分学段分区域制订家庭创客活动的规划、年度计划和分层分类活动方案等。

(2) 学校要选拔有科技创新兴趣和特长的教师担任科技辅导员,以有效开展家庭创客活动,及指导学生"家庭创客工坊"建设,探索基于家庭创客工坊的互动融合学习新模式和培养学生自主学习新方式,等等。

(3) 学校实施"学校学习+家庭实践+社会创新"互动融合学习新模式。以家庭创客活动为主线整合学校、家庭和社会时间与空间,以家庭创客工坊为载体,研究"家庭创客'三合一'自主学习活动方式"等,如:"家庭创客 3D 打印坊'三合一'自主学习活动方式",如"学校 3D 打印课程学习"+"家庭创客 3D 打印坊设计"+"中国 3D 打印博物馆拓展"互动融合学习活动方式。

(4) 学校开发"家庭创客活动资源"。围绕"学校学习+家庭实践+社会创新"互动融合学习活动新模式,结合学校科技教育特色,开发家庭创客系列活动课程。

(5) 学校研究"家庭创客典型案例"。与科研院所合作开展课题研究,开展"青少年创客活动典型案例研究"课题研究,记录"家庭创客成长手册",关注创客成长过程,形成一批典型成长个案。

3. 家庭课程

(1) 建设"家庭创客工坊"。根据家庭居住和孩子情况等,解决建设怎么样的家庭创客工坊、学什么、怎么学等问题。

(2) 家庭要善于营造科技活动文化氛围,还可以多陪伴或引导孩子参加各种各类课外校外活动体验,及参观、考察等游学活动,有方法地鼓励孩子成为自己的"活动设计者、学习创造者和世界改造者"。

(3) 家长指导。家长要成为自己孩子创客活动的支持者、陪伴者和辅导者,创客资源的提供者、整合者和开发者,孩子可持续成长的加油者、激励者和宣传者。

4. 社会资源

"家庭创客达人"驻站机制。吸引社会创客达人进驻区级创客空间,构建创客资源区域高地,集聚创客文化氛围,开展团队合作研发。

"家庭创客师资"培养机制。举办各级各类师资培训班,建设一支以"创客式"教师、社会创客志愿者和家庭创客导师等为主的师资队伍,形成专兼职相结合的师资队伍。

"家庭创客工坊"激励机制。以"积分"换奖品(器材、设备、培训等),鼓励广大家庭创建"家庭创客空间",参与"家庭创客活动",形成"线上线下"互动、家校联动、校内外结合的激励新态势。

"家庭创客工坊"表彰机制。在积分奖励基础上,开展年度"十佳"家庭创客评选活动。每年 5 月和 11 月命名校级和区级"家庭创客工坊"等。

"家庭创客资源"开发机制。与"STEM$^+$"教育相结合,整合"学校学习＋家庭实践＋社会拓展"资源开发家庭创客系列活动包,包括活动手册、器材工具、视频课程等。

"家庭创客联盟"发展机制。依托各级青少年科技辅导员协会成立"家庭创客联盟",推动家庭创客活动经验与成果的交流与分享。

当然,广域性还要遵循"因地制宜、因材施教、去功利化"等原则。

1. 因地制宜原则。倡导城乡家庭根据自身居住条件,以孩子可持续成长的视角,建设有利于长期使用的方便清洁的家庭创客空间,反对形式主义,融于家庭生活方式和环境。

2. 因材施教原则。结合本地区自然和社会资源情况,强调"生活是本活教材,随手抓起来都是学问,都是本领",就地取材和顺势利导,注重基于真实生活的创造力培养。

3. 去功利化和反对包办代替。以可持续成长为宗旨,注重孩子兴趣、情趣和志趣的发展,切忌应赛化、成人包办代替,及不闻不问和放任自流。

三、区域家庭创客广域课程的活动性

区域家庭创客广域课程活动性以项目发展为主线,以问题为中心,以任务为驱动,形成生成性、实践性和创造性的系列学习任务活动,开展自主和主动的项目化学习。包括科学实验、设计制作、调查研究、考察探究等。主要表

现在以下几个方面：

依据各年龄阶段中小幼学生认知发展一般规律，及家庭创客工坊活动需求调查分析，建设适合不同年龄段科学素养发展的家庭创客广域课程的活动，朝纵向迭代可持续方向发展。

科技创新素养的形成是一项长期的跨时空的"学校、家庭和社会三位一体"的教育任务，构建基于"家庭创客空间"的"学校学习、家庭实践、社会创新"互动融合的"学做研合一"方式，如学习3D打印课程，一般可以在学校或校外培训机构系统学习，放学回家在家庭创客工坊进行三维建模设计和3D打印，在学习过程可以去中国3D打印博物馆考察研究和创新实践等，经过时空的互动融合和内容的贯通拓展，突破科技实践类课程学习的局限，提高学习效果。

周一至周五利用放学在家空闲时间，一般每次1小时左右，次数根据实际确定，周末安排半天活动，还可以走出家门，去社区创新屋、科技馆、博物馆、图书馆、大学和科研院所实验室等开展科学考察和社会调查等活动。

1. 中小幼家庭创客工坊

① 家庭创娃玩具坊。面向3—6岁学前幼儿，以"玩中学"为项目学习方式，通过"玩物"来激发好奇、发现问题和培养兴趣，感知幼儿自身与事物和自然世界之联系，经过三四年玩的体验实践，为小学阶段的"造物"打下扎实基础。

② 家庭创娃工坊。面向7—11岁小学阶段，升级迭代或选择建设"家庭创娃工坊"，以"动手做"为项目学习方式，重点"造物"，认识和使用各种工具，学习各种加工技能，逐步能制作各种各样自己喜欢的物品，为初中及以上阶段的"创物"打下坚实基础。

③ 家庭创客工坊。面向12岁及以上初中生，升级迭代或选择建设"家庭创客工作坊"，进入"创物"阶段，专注将自己的创意变现实，培养跨学科创造性思维和综合实践能力。

2. 学习培训活动

根据家庭创客需求，区青少年活动中心面向全区在周末和寒暑假分别提供各种公益性家庭创客培训课程等。

3. 在线平台学习

开设"家庭创客活动"微信公众号，推动宣传、创建、申报、评审和命名"家庭创客工坊"工作。建设"家庭创客直播平台"，有效指导家庭创客实践活动。

运营"家庭创客活动平台",整合家庭创客培训、比赛和嘉年华等活动,促进家庭创客活动"线上线下"互动互联。

4. 举办沙龙活动。每月定期举办一次专题化"家庭创客沙龙活动",交流创客经验,分享创客成果。

5. 举办大型家庭创客嘉年华活动。以"赛事+嘉年华"的"赛游结合"的新模式,为家长与孩子提供一个创意互动的平台,活动集竞赛、挑战、娱乐于一身,让孩子在挑战中娱乐,在竞技中创新,在社区营造独具特色的创新文化氛围,来丰富社区居民和学生的科技活动内容。

6. 开展家庭创客宣传活动。讲师团深入学校和社区家长会宣讲"家庭创客活动"。开展"家庭创客活动"专题讲座,向外省区市辐射推广经验与成果。

第二节 区域家庭创客广域课程实例解析

一、区域家庭创客广域课程的定位

(一) 课程定位

区域家庭创客广域课程是一种较为综合化的课程组织形式。区域家庭创客广域课程的建设基于教育部《义务教育课程方案和课程标准》和《上海市校外教育项目课程指南》,是一种从青少年视角出发,与学习生活、生产劳动和社会实践紧密联系的综合实践活动课程。

课程从学生的真实生活和发展需要出发,从生活情境中发现问题,转化为学习活动主题,并通过项目式问题化学习方式,是培养学生跨学科综合性的科技创新素养的系列课程。

(二) 基本理念

区域家庭创客广域课程旨在引导孩子从"玩物""造物"到"创物"的蝶变,培养孩子(家庭创客)的核心素养:必备特质、关键能力和个人特长。其中"必备特质"有:好奇、质疑和兴趣,求知、想象和创造,情怀、使命、坚持和分享等。"关键能力"指善于将"创意变现实的能力"。"个人特长"指具备至少一项个人特长,及善于结合岗位发挥特长。这些"必备特质""关键能力"和"个人特长"构成家庭创客的核心素养,其中"个人特长"又是"必备特质、关键能力"形成的主要实践路径和载体。

（1）以培养青少年科技创新素养为导向。

本课程强调青少年在真实生活情景中，发现问题并将问题转化为学习主题，在项目式问题化学习中，综合学习和运用"STEM$^+$"知识，探索、分析和解决现实问题，提升科技创新综合素质，特别是社会责任感、创新精神和实践能力，以迎接未来 AI 社会的挑战。

（2）内容开发立足青少年真实生活。

本课程引导学生从"日用而不知"之物着手，去探究、去认识、去创造美好世界，如从一杯牛奶着手等，去探究牛奶中的动物学、植物学、微生物学、地理学、气象学、有机化学、历史学、文学、美学等，从"科学探究、工程实践和课题研究"三个层面构建跨学科综合性主题化的培养科技创新素养的系列课程。

（3）教学实施注重青少年自主实践和开放生成。

在教师指导下，青少年可根据实际需要，对主题活动的目标与内容、组织与方法、过程与步骤等做出自适应动态调整，使学习活动不断深化与可持续。

（4）评价主张多元化和综合性评价。

突出对学生的发展性评价，充分肯定学生学习活动方式和问题解决策略的多元性，鼓励学生自我评价与同伴间的合作交流和经验分享。注重学习活动过程和结果的综合评价。

(三) 基本原则

（1）纵向迭代原则

区域家庭创客广域课程内容要遵循儿童、青少年认知发展规律，引导工坊朝"玩物、造物和研物"方向发展。

家庭创娃玩具坊。面向 3—6 岁学前幼儿，以"玩中学"为项目学习方式，通过"玩物"来激发好奇、发现问题和培养兴趣，感知幼儿自身与事物与自然世界之联系，经过三四年玩的体验实践，为小学阶段的"造物"打下扎实基础。

家庭创娃工坊。面向 7—11 岁小学阶段学生，升级迭代或选择建设"家庭创娃工坊"，以"动手做"为项目学习方式，重点"造物"，认识和使用各种工具，学习各种加工技能，逐步能制作各种各样自己喜欢的物品，为初中及以上阶段的"创物"打下坚实基础。

家庭创客工作坊。面向 12 岁及以上初中生时，选择或升级为"家庭创客工作坊"，进入"创物"阶段，将自己的创意变现实，培养跨学科创造性思维和综合实践能力。

案例1：正阳家庭创客模型坊。正阳升入初中后父母利用书房为他开辟了一个专属于他的9平方米的创客空间，有各种制作工具和材料，还有各种专业书籍和资料等。正阳妈妈说："孩子从小喜欢科技制作活动。现在制作的东西越来越多，研制的作品也越来越复杂，需要较长时间持续和固定地方制作。进入初中预备班后，就把原来客厅里的工坊搬进了书房。"正阳从小就喜欢动手制作，更擅长把生活中发现的好玩的东西变成一个个有创意的小发明。小学二年级寒假，仇正阳回到东北老家，在小伙伴们玩捉迷藏的时候，他被家里冒着雾气的加湿器吸引。"为什么加湿器能冒烟？""我是不是也能设计并制作一个类似的机器？"这些问题萦绕在他的脑海里。开学之后，在老师的指导和家人的支持下，他用家中废旧的牛奶盒制作了一个加湿器，这个小发明不但选材环保，而且还能够根据室内的湿度自动调节开关。经过专家的指导，仇正阳所做的"室内自动加湿器的设计与制作"项目获得了第32届上海市青少年科技创新大赛一等奖。初中预备班时迷上了为河道或海滩清理垃圾的课题，《应用于河道淤泥环境下的打捞杂物水陆两用机器人》应运而生，经过两年研制，持续迭代开发了六代，参加中国（上海）国际技术进出口交易会第四届上海市青少年科技发明成果展，并申报为实用新型专利。正阳妈妈说："抓住兴趣领域，一代又一代地迭代研发，其过程就是孩子可持续成长的经历，也是经验积累和素质提升的过程。""家庭创客活动让孩子对问题对科技的兴趣越加浓郁，为解决研究问题自己会去学习有关物理、化学和数学等知识。"目前，初二的正阳正在围绕自己喜欢的科学技术领域和课题不断深化研究，逐步形成研究优势领域，也愿意终身从事科技创新事业。

案例2：贾淳博家庭创客实验坊。位于客厅的一角，占地约10平方米。在靠近书架的地方放置着一张从二手市场上淘来的旧书桌，上面摆着琳琅满目的化学器皿，有烧杯、滴管，还有各种容器。书桌的左侧是两辆可移动的带隔板的小车，上面陈列着各类化学药品和试剂；书桌的右侧紧贴墙摆放着两个1.8米高的试剂药品柜，瓶瓶罐罐都收纳其中。2016年，还在行知中学读高三的贾淳博在第29届全国化学奥林匹克比赛中获得银牌，并因此获得复旦大学自主招生的资格。高考结束后，他以511分的高分成绩被复旦大学自然科学系录取。大二选专业的时候，尽管更擅长物理，但是淳博最终选择了自己钟爱的化学专业。他的爸爸说："是从小在家庭创客工坊中培养出来的兴趣在不断积累中升华为淳博专业发展的志趣。"上初中的时候，淳博第一次向父母提出要在家里做实验观察"几种物体在氧气中燃烧的现象"的时候,父母没有制止反而予以鼓励和支持,并将家中客厅里的部分空间逐步开辟成一个"迷你化学实验室",并配备了各种设备和器材,方便他随时随地做实验观察。回想起家庭创客工坊,淳博说:"它不仅保留了我对化学的好奇心和兴趣,还促使我养成了自主学习、自主探究的习惯。"淳博爸爸说:实际上,除了空间和必要的物质准备之外,家庭创客最重要的是家长要给予孩子思维上的引导和精神上的鼓励。目前,淳博在复旦大学化学专业学习,愿意终身从事化学研究事业。

区域家庭创客广域课程让我们孩子拥有自主创新空间,在自己的空间、自主的时间、与家人一起做自己喜欢的事,这些基于兴趣爱好的"自发"行为,随着时间的持续、活动的深入会不断增强,从而成为终身的兴趣特长。

(2)可持续发展原则

区域家庭创客广域课程依据儿童、青少年发展中不同阶段的需求建设不同类型的家庭创客工坊,满足当前学生的发展需求,又不损害成长后学生满足需要的能力发展。

案例3:正羲家庭创娃玩具间。正羲10个多月大的时候就喜欢上了拧塑料瓶上的盖子。对于孩子这种特殊的喜好,妈妈没有制止,反而为他提供了各种各样不同的塑料瓶盖儿让他玩。有时候,正羲在一个筐子里拧瓶盖儿,妈妈在另一个筐子里帮他把瓶盖儿再合起来,在这个过程中正羲的手眼协调能力和手的握力都得到了很大的锻炼。妈妈更是因势利导,把不同颜色和大小的瓶盖混合在一起,让儿子进行分类。等到正羲两岁半的时候,家长在位于客厅的一角将两个桌面组成了一个大台面,其中一个台面作为大型创作的平台以及收纳雪花片、磁力棒等拼插玩具和大型轨道的空间,另一个台面则用来摆放乐高零件墙和展示已经完成的作品。最"壮观"的乐高零件墙经过几年的演变,已经从最初的18个抽屉发展到现在的72个,而且绝大部分的抽屉都内置了8个内分隔,每次游戏结束的时候,陈正羲都要按照零件的使用频度、类型、形状和颜色进行分类。正羲目前是宝山罗南中心校三年级学生,尽管年龄不大,但是他特别喜欢跟着妈妈一起做手工、养殖小动物,搞一些发明创造。他还在妈妈的影响下养成了动手之前先画图纸,再找材料,然后再动手操作的好习惯。正羲妈妈认为家长最重要的是要陪伴孩子,只有在和孩子的互动中,才能和孩子产生共鸣。生活中的妈妈总是喜欢和孩子做一些"稀奇古怪"的事情,比如养蚕宝宝观察蚕如何"破茧成蝶",养蜻蜓看它如何"羽化",或者在家里养植蘑菇,观察菌类如何生长……她还喜欢废物利用,一次"家庭创客活动"中,母子俩把家里的一只废茶壶摇身一变,成为一个可爱的"鸟窝"。在这样一个脑洞大开的妈妈的影响下,小正義自然也对发明创造感兴趣。正義妈妈说:"进入小学后,孩子持续保持了对科学探究的浓厚兴趣,目前在学习航海模型,参加帆船训练。进入小学后,我们专门买了有阁楼房屋,在阁楼专门建了家庭创娃工坊。"

区域家庭创客广域课程可以培养青少年学生核心素养,在家庭创新文化氛围中逐步从小养成,源于家庭和扎根生活,并向职业化方向迁移。

(3) 因地制宜原则

区域家庭创客广域课程需根据每个家庭的居住条件,从儿童可持续发展的视角,与家庭生活方式和环境相融合,建设有利于长期使用的、环保的家庭创客空间。每个家庭因地制宜地利用"客厅、书房和卧室等房间一角(一般2~3平方米),或阳台、阁楼、车库、地下室,或单独房间"等住所空间,搭配相关设施如工作台椅、橱柜、工具箱等,建设适合家庭成员开展"动手做"的实践空间。

同时,家长在引导孩子选择课程项目时,可以从三方面着手,一是顺应孩子的兴趣爱好;二是传承家族与家长的兴趣爱好和特长;三是对接学校科技教育项目特色等。家长可以根据儿童的兴趣、爱好和特长,建设不同类型的家庭创客空间。如科技类的家庭创客模型坊、实验坊、电子坊、编程坊、OM坊、园艺坊、木工坊、3D打印坊、发明坊和园艺坊等;艺术类的家庭创客陶艺坊、布艺坊、石艺坊、茶艺坊、动漫坊和彩泥坊等,以及综合类的玩具坊和魔术坊等。家长在引导或顺应儿童选择活动项目的过程中,应为适应不同兴趣、爱好和特长发展的家庭创客空间配置设备、工具和器材等,保障课程的开展。

案例 4:杨严家庭创娃 3D 打印坊。杨严一家三代是创客,爷爷从小喜爱木工,爸爸从小制作船模,杨严从小跟爸爸学习设计制作模型。小学四年级时,杨严第一次看到了真实的 3D 打印机,看着一个个奇特的卡通造型经 3D 打印机一点一点地做出来,顿时就被吸引了,她对父亲说:"好神奇啊!要是我也有一台不就可以做出我想要的各种东西了吗!"于是父女在家中客厅的一角创建了自己的 3D 打印工作坊。这个工作坊面积约 5 平方米,分布有一个书架、一张长桌、一个移动工作柜和一张小方桌。在小方桌上摆放着一台"磐纹 F1"3D 打印机,移动工作柜既是工作台也是备用耗材库,一台电脑位于长桌左侧。在长桌右侧墙上是多孔板工具架,一些常用工具就置于其上。

在工具架上面是横条货架，打印完的一些作品就陈列在上面。工作坊是在家长指导下，杨严自己布局，自己组装和摆放完成的——这个小天地从此成了她的专属创作空间。对杨严来说，家庭创客3D打印坊，不仅把自己的想法创意变成现实，还可以真正地解决生活中的实际问题。有一次杨严的竖笛头找不到了，她想："这个东西我能不能打印一个呢？"带着这个想法她找数据，量尺寸，研究共鸣腔结构，经过八次打印试验，终于做出了可以吹出音的竖笛头。还有一次，家中车内的一个储物盒的开关锁扣坏了，抱着试试看的心态，她开始了锁扣的打印制作，经过几次的设计调整后，终于做出了可用的锁扣环，"这个零件如果去4S店修的话可要好几百元呢"，杨严满意地看着作品说道。随着设计的作品越来越多，杨严还在3Done社区里建了空间，当第一个作品发布成功并且被点赞后她开心极了！从此每天只要早做完作业，就打开3Done软件，然后上3Done社区发布作品，看看作品有没有被点赞，也学习别人是如何画图创作的。这也成了她每天最开心的事。随着发布的作品越来越多，现在已经有了1 500个创意值，1 000多人的访问量，有多个作品入选了优秀作品库，被评为了校园创客。作品在第一届创客新星大赛中荣获三等奖。在第二届创客新星大赛中荣获一等奖一个，二等奖一个。

区域家庭创客广域课程激发孩子个性化自造的潜能，如"区域家庭创客广域课程之3D打印自造行动"，将激发广大青少年的个性化自造的潜能，集聚成万众创造力的"大爆炸"，未来社会将涌现大量以家庭为"微企业"的个性化设计品牌，社会个性化自造需求将得到前所未有的发展。

(4) 因材施教原则

"生活是本活教材，随手抓起来都是学问，都是本领。"开展区域家庭创客广域课程，应注重不同儿童对活动项目的不同需求，基于真实生活，就地取材、因势利导，培养儿童创造力。主要有三条路径：一是学生应用所学知识去解决实际问题；二是学生基于真实生活发现问题，并形成项目化学习内容；三是家长可以根据自身专业特长、家庭文化背景，个性化地开发家庭创客广域课程资源。从而开展个性化、多样化的家庭创客广域课程内容。

此外，家长还要善于营造家庭科技活动氛围，多陪伴或引导孩子参加各种各类校外活动，及参观、考察等游学活动，鼓励孩子成为自己的"活动设计者""学习创造者"和"世界改造者"。家庭创客行动可以利用孩子周一至周五放学后的时间，一般每次1小时左右，周末可以安排半天活动，还可以走出家门，去社区创新屋、科技馆、博物馆、图书馆、大学和科研院所实验室等开展科学考察和社会调查等活动。

案例5：希与家庭创客电子坊。郭希与从小好奇，5岁时，对日光灯先闪后亮产生了兴趣，拆开看个究竟。父母一开始并不支持："读书好不好，就看考试成绩高不高。你搞这些东西，能派什么用场？"爷爷却站出来说话了："小发明小创造可以开发孩子的兴趣和思路，有利无弊，大人应该支持！"正是在爷爷的支持、辅导下，郭希与的科技创作渐入佳境。郭希与从小喜爱电子电工，这个邻居眼里的"小电工"在自己房间一角，辟出了个"创客电子实验工作坊"，一有时间就在里面做实验。进初中后，他还在优酷视频上开设了"与希郭工作室"。一件件作品在他手中呈现。如一只既没有压缩机，也不使用氟利昂的环保冰箱，只需依靠半导体散热技术，就可在短短5分钟内，将常温的水变成冰水；又如由旧电脑改造的水冷系统、DIY大功率2.1声道功放机、由微波炉变压器改装成的电焊机；等等。2015年郭希与当选为区青少年科学研究院副院长。

区域家庭创客广域课程促进有中国特色"家庭教育文化"的重建，将成为家庭教育的有效载体，广大家长将体会到读书不再是唯一的家庭教育，"动手做""动手设计"是一种"跨学科、综合性和创造性解决问题"的生活与学习方式，更是家庭一代更比一代强的精神传承财富。

二、区域家庭创客广域课程的开发

(一) 课程目标

区域家庭创客广域课程以青少年从个人生活、生产劳动、社会实践及与大自然的互动中选择学习项目，获取丰富的实践经验，学会探究方法，逐步提升对自然、社会和自我的整体认识。

旨在引导青少年逐步掌握项目式学习、实践与研究方法，构建跨学科综合性创造性解决问题的思维方式，促进青少年科技创新素养的逐步提升，为未来AI社会输送有科技创新潜质的人才。

(二) 课程主题

区域家庭创客广域课程以弘扬工匠精神和聚焦科技创新实践为主题设计，主题内容由"乔布斯的家庭车库、我的家庭创客工坊、家庭创客手工坊、家庭创客模型坊、家庭创客实验坊和家庭创客3D打印坊"等系列专题构成，其中第1~2专题以科创实践为主题，第3~6专题以工匠精神为主题，后续可以拓展至20个专题，如家庭创客电子坊、AI坊、OM坊、园艺坊、木艺坊、陶艺坊、布艺坊、石艺坊、魔术坊、动漫坊、彩泥坊等。

主课程主题设计案例如下：

专题一：乔布斯的家庭车库

（1）教学目标：让青少年了解乔布斯成长环境和经历、欧美家庭车库文化和"自下而上"的社会化创客运动；理解中国家庭创客和家庭创客工坊；感受乔布斯创新创业的情怀、担当和使命感，引导青少年对家庭创客产生兴趣。

（2）教学内容：乔布斯的成长，欧美家庭车库和家庭车库文化现象，中国家庭创客和家庭创客工坊等。

（3）教学方式：讲授与问题化学习。

（4）教学时间：1~2课时。

（5）教学课件：多媒体视频，20—40分钟。

（6）教学过程：介绍乔布斯成长环境和经历、欧美家庭车库文化和"自下而上"的社会化创客运动。思考家庭车库对乔布斯的非凡成就有什么影响？借鉴美国家庭车库文化经验和成果，如何培养"中国的乔布斯"？

专题二：我的家庭创客工坊

（1）教学目标：让青少年学会因地制宜建设家庭创客工坊和选择活动项目的方法，知道不同学段学生家庭创客工坊的区别，掌握"学校学习＋家庭实践＋社会创新"融合的家庭创客学习模式。

（2）教学内容：建设家庭创客工坊和选择活动项目，构建家庭、学校和社区融合学习模式。

（3）教学方式：讲授与问题化学习。

（4）教学时间：1~2课时。

（5）教学课件：多媒体视频，20—40分钟。

（6）教学过程：介绍如何因地制宜建设家庭创客工坊，如何选择家庭创客工坊的活动项目，不同学段学生的家庭创客工坊有什么区别，家长如何指导或参与孩子家庭创客工坊活动，学校教育如何与家庭创客工坊活动对接互动，社区创新屋活动如何与家庭创客工坊融合互动？

专题三：家庭创客手工坊

（1）教学目标：引导青少年以工匠精神为榜样，初步学会"生活窍门和变废为宝"的方法，自主开展丰富多彩的生活窍门和变废为宝活动。

（2）教学内容：手工坊的工具和资料包，案例"生活窍门、变废为宝和工匠手艺"学习等。

（3）教学方式：项目学习、案例教学。

（4）教学时间：3课时。

（5）教学课件：多媒体视频，20—40分钟。

（6）教学过程：指导如何应用手工坊的工具和资料包开展活动；指导案例1生活窍门：在日常生活中如何使用小经验和小妙招等；案例2变废为宝：引导青少年利用各种材质的废弃物或再生物，开展创意应用活动；案例3工匠手艺：展示城乡社区中身怀绝技的"能工巧匠"设计巧妙和工艺精湛的作品等。

专题四：家庭创客模型坊

（1）教学目标：初步学会模型坊工具使用；了解和初步学会车辆模型、航海模型和航空模型设计和制作；感受科技模型设计制作的乐趣。

（2）教学内容：模型坊的工具和资料包；车辆模型、航海模型和航空模型制作。

（3）教学方式：科学探究、项目学习、案例教学。

（4）教学时间：3课时。

（5）教学课件：多媒体视频，20—40分钟。

（6）教学过程：指导如何应用模型坊的工具和资料包开展活动；指导案例1车辆模型；案例2航海模型；案例3航空模型等。

专题五：家庭创客实验坊

（1）教学目标：让青少年了解实验坊器材配置和学会资料包使用；了解和初步学会有关物理、化学和生物实验；逐步养成科学实验和探究的兴趣爱好。

（2）教学内容：实验坊器材配置和资料包使用；趣味物理、化学和生物实验。

（3）教学方式：科学探究、项目学习、案例教学。

（4）教学时间：3课时。

（5）教学课件：多媒体视频，20—40分钟。

（6）教学过程：指导如何使用实验坊器材设备和资料包；指导案例1趣味物理实验；案例2应用化学实验；案例3生物实验等。

专题六：家庭创客3D打印坊

（1）教学目标：让青少年了解3D打印坊设备和软件配置及使用；指导青少年学习3D打印笔创作和3D打印设计及制作。

(2) 教学内容：3D打印坊设备和软件配置与使用；3D打印笔创作；3D打印设计和制作等。

(3) 教学方式：科学探究、项目学习、案例教学。

(4) 教学时间：3课时。

(5) 教学课件：多媒体视频，20—40分钟。

(6) 教学过程：指导青少年如何使用3D打印坊设备和软件；指导案例1：3D打印笔创作；案例2：3D打印设计和制作等。

(三) 课程框架

区域家庭创客广域课程由"科学探究、建构新知""工程实践、设计制作""课题研究、创新发明"三个渐进的步骤板块构成，形成"认识→ 实践→再认识→再实践"学习路经。

以工程项目课程为例，搭建课程框架。

(1) 科学探究、建构新知

在教师指导下，学生围绕项目主题，以"工程问题"的发展为主线，以问题为引导，开展跨学科问题化综合学习，在这一过程中，学习和学会跨学科问题化思考，构建围绕项目主题新的"STEM+"认知体系，为后期的工程设计、制造、调试等储备知识、技能、方法和经验等。

(2) 工程实践、设计制作

基于对项目任务的新认知，以"工程问题为主线，以科学知识为基础，技术和数学等为综合应用"，在跨学科创造性地解决问题过程中，提出可能解决的方案，开展作品与产品的创意设计、加工制作、装配调试改进等。

A. 方案设计。设计时要考虑作品与产品用途需求和目标，功能结构和系统，进行市场分析和信息搜集，成本分析等。

B. 加工制作。依据设计图纸与建模，加工制作新作品与产品的部件和零配件等。

C. 装配调试改进等。对新作品与产品进行装配、测试、改进、定型等。

(3) 课题研究、创新发明

在"科学探究、工程实践"基础上，拓展思维延伸有关问题领域，开展专题性创新发明研究。也可以作为学生开展研究性课题的导入型课程。

(四) 课程内容

区域家庭创客广域课程的内容从青少年直接接触的经验领域出发，选择感兴趣的"日用而不知"之物，以青少年喜闻乐见的主题，架构团队学习活动路径,为青少年开发一个个主题鲜活又充满奥秘的跨学科综合性主题化的科技创新素养的系列课程。

在主题系列课程中包含家庭创娃、无土栽培、气象科普、应用化学、应用数学、机器人、车辆模型、航海模型、航空模型、建筑模型、机械奥运、头脑奥林匹克、无线电科普、科普动漫、3D打印、创造发明与知识产权、工程技术、茶艺、布艺、石艺、陶艺、纸艺、书法等区域家庭创客广域课程内容。

课程内容案例如下:

从"神奇的肥皂、吸管的妙用、奇妙的陀螺、有趣的仿生昆虫、茶的秘密、不一般的布和陶土的超级变"等七个课程案例选择五个加以开发,每个课程案例6—12课时。

案例一:神奇的肥皂

简介:《神奇的肥皂》课程以肥皂为项目,以肥皂的发展为主线,6—12课时,内容包括肥皂的前世今生、植物中提取肥皂、实验室制取肥皂、探究自制肥皂的影响因素以及肥皂的去污效果,未来肥皂的斑斓变化。以涉及化学、生物、地理、数学、人文、网络、艺术等多种学科的跨学科学习。

案例二:吸管的妙用

简介:《吸管的妙用》课程以吸管为项目,以吸管创意设计和制作为主线,6—12课时,内容包括吸管由来、各种吸管、吸管实验、吸管创意、吸管制作、吸管建筑、吸管创新等,了解吸管的特征、原理、材料、种类、功能、发明、制造和用途等知识与技能,为吸管的设计打下基础。涉及生物、物理、材料学、化学、数学、人文、历史、艺术、民俗等多种学科的跨学科学习。

案例三:奇妙的陀螺

简介:《奇妙的陀螺》课程以陀螺为项目,以探究陀螺高速旋转的奥秘着手,6—12课时,内容包括陀螺奥秘、陀螺历史、各种陀螺、陀螺玩法、陀螺民俗、陀螺设计、陀螺制作、陀螺应用、陀螺创意等,涉及生物、物理、地球空间、材料学、机械、数学、人文、历史、艺术、民俗等多种学科的跨学科学习。

案例四:有趣的仿生昆虫

简介:《有趣的仿生昆虫》课程以昆虫为项目,以昆虫仿生探究为主线,以小组合作为形式,6—12课时,内容包括探索昆虫的奥秘、调研仿生产品、设计制作仿生机械昆虫(经历机械加工、学习工程技术、进行造型设计、参加竞速竞美比赛、探索设计进一步改进)、创想未来的仿生产品等。涉及生物、动物学、昆虫学、仿生学、物理、机械、数学、人文、历史、艺术等多种学科的跨学科学习。

案例五：茶的秘密

简介：《茶的秘密》课程以茶为项目，以"种茶、采茶、制茶、选茶、品茶、探茶"等为过程，6—12课时，内容包括"茶的起源、茶树的栽培、茶叶的分类、茶叶的初制、茶的冲泡、茶的秘密、茶制品创意设计、未来的茶制品"等，涉及生物、植物学、微生物学、地理学、气象学、数学、人文、历史、艺术等多种学科的跨学科学习。

案例六：不一般的布

简介：《不一般的布》课程以布为项目，以布的生活应用为发展，6—12课时，内容从布的起源、布的工艺、布的设计、布的制作、布的营销和组建学生公司等，让学生从创业者、设计者、生产者和营销者等不同角色进行体验，涉及生物、植物、化学、纺织、数学、艺术、人文、历史、营销等不同学科的跨学科学习。

案例七：陶土的超级变

简介：《陶土的超级变》课程以陶器为项目，以陶器"探矿、采土、选料、成型、烧制、彩烤、出炉、包装"等过程为主线，6—12课时，内容包含"陶器由来、寻找陶土、各种陶窑、各国陶器、制作陶器、有趣陶器、创意陶材料"等，涉及矿物学、地质学、地理学、化学、物理、数学、艺术、人文、历史等不同学科的跨学科学习。

(五) 课程方式

(1) 教学方式

本课程采用项目式学习的教学方式。教学以学生的主动学习为主，将学习与主题或问题挂钩，使学习者投身于问题之中。教学设计真实性任务，强调把学习设置到复杂的、有意义的真实问题情景中，通过学习者的自主探究和合作来解决问题，从而学习隐含在问题背后的知识、技能和方法，形成解决问题的技能和自主学习的能力。

(2) 学习方式

本课程采用"五问"个性化学习方式。分为以下三个学习层次。

a. 问题裂变，多维发散，逐层探究。基于思维导图，在教师指导下学生以"五问"思考为维度，以逐层探索展开去发现科学、技术、工程和数学等问题，融合形成围绕项目任务的问题集合/系统。学生通过收集、分析、归纳、整理和交流等学习方式探索解答有关问题，养成主动学习方式和跨学科发现、分析和解决问题的能力。备注:"五问"思考法:由何/问题由来(原因、理由、背景等);是何/是什么(事实性知识、内容、概念、原理、定理等);为何/为什么(目的、意义、价值、作用、用途等);如何/怎么办(方法、途径、手段等);若何/会怎么样(假设、如果、要是,条件→结果)。

b. 问题聚变,节点互联,新知共创。教师指导学生唤醒学生已有的分科知识和经验,并发现需要学习的新的知识和技能,进行梳理、归纳与总结,从而解决后期工程设计、制造、调试等过程中的重点与难点问题,形成围绕项目主题的新的"STEM$^+$"认知体系。

c. 了解与掌握工程设计与加工制作等流程,及相关技术。

(3) 组织方式。

本课程以小组合作方式为主,引导学生根据兴趣、能力、特长、活动需要,明确分工。重视培养学生的自主参与意识与合作沟通能力。

(六) 区域家庭创客广域课程的开发案例

以工程项目"家庭小创客之物联网仿生兽"为例:

"在荷兰的沙滩上,有着这么一群'风力仿生兽',它们依靠机械原理和自然风力移动前行,借由简单的感应器躲避障碍,风暴来临时,懂得打桩将自己固定在湿沙里。它们不是像现有的生命形式那样由蛋白质制成,而是由另一种基本物质——黄色塑料管制成。用这些管子制成的骨骼可以行走,并且可以从风中获取能量。"同学们连线老师,一起沉浸式感受科学与艺术的奥妙。

仿生兽的搭建过程充满趣味,同时也具有一定的挑战。参与活动的同学介绍说:"我们需要从众多材料包中按照一定的顺序安装仿生兽,任何细节的错误将导致全盘推翻重来。"仿生兽利用了曲柄摇杆结构作为核心的机械结构,将风能带动风扇所做的圆周运动转换为仿生兽腿所做的摇摆运动,巧妙的结构让仿生兽成功地将风能转化为动能。

为研究仿生兽的曲柄摇杆结构,首先需要完成仿生兽的搭建,并且对仿生兽的机械结构、运行参数进行细致的探究。在风力仿生兽的机械结构基础上,又搭配了 Esp32 主板、电机、电池等设备,将风力仿生兽改装成电子仿生兽,通过编程和远程遥控,仿生兽脱离了风力的限制,可以在无风的情况下随意行动。

最后还需要设计 App 并用蓝牙控制仿生兽,开始自己的探索。"在使用 AppInvento 设计 App 时,不仅要设计 App 的外形、布局,添加按钮组件,还得设计 App 每个按键的逻辑功能、通信方式,可以说是一个巨大的挑战! 最后大家设计了属于自己的 App,并且都能通过蓝牙远程控制仿生兽。"

物联网仿生兽课程将风力仿生兽的动力改为电机驱动,结合基于 Esp32 的物联网智能硬件,以同学们自主开发的 App,利用无线蓝牙进行互联控制,让仿生兽脱离风力的限制,随时随地,想动就动。

区域家庭创客广域课程的开发大部分基于以家庭为单位完成创意作品的制作,并在作品中继续深化、探究,让孩子在挑战中娱乐,在竞技中创新,营造独具特色的创新文化氛围,丰富了区域家庭创客的科技活动内容。

区域家庭创客广域课程的开发注重引导青少年从"玩物""造物"到"创物"的蝶变,旨在将创客理念引入家庭和社区,营造家庭创新文化氛围。以综合化的课程组织形式,培养学生跨学科、综合性的科技创新素养的系列课程。

三、区域家庭创客广域课程的实施

区域家庭创客广域课程引导孩子从"玩物""造物"到"创物"的蝶变,将创客理念引入家庭、学校和社区,营造家庭创新文化氛围,将创客文化植入城乡大众家庭。

(一)家庭创客工坊(空间)建设

家庭创客工作坊,即"家庭创客空间",在家庭创客空间中,选择相应的、感兴趣的区域家庭创客广域课程、活动进行学习。让"动手做"成为家庭的一种新的生活、学习、休闲与社交方式,让家庭成为创客可持续成长的摇篮。

(1)因地制宜利用"房间一角,如客厅、书房和卧室等,及阳台、阁楼、车库、地下室,或单独房间"等空间,建设家庭创客空间。

(2)在自己的家庭创客空间开展如:家庭创娃、无土栽培、气象科普、应用化学、应用数学、机器人、车辆模型、航海模型、航空模型、建筑模型、机械奥运、头脑奥林匹克、无线电科普、科普动漫、3D打印、创造发明与知识产权、工程技术、茶艺、布艺、石艺、陶艺、纸艺、书法等创新创意活动。

(二)家庭创客空间的建设要素建构

家庭创客空间建设要因地制宜,利用家庭住宅和人员情况,通过梳理要素来建构。

(1)使用主体。一般是家庭中的适龄孩子,也有家长与孩子合用或分用,还有两孩及以上家庭,同时分析使用对象的年龄特征、兴趣爱好等情况。

(2)项目选择。不同年龄阶段的孩子对活动项目的需求是有差异和变化的,家长要引导孩子选择活动项目,可以从三方面着手:一是顺应孩子的兴趣爱好;二是传承家族与家长的兴趣爱好和特长;三是对接学校科技教育项目特色等。活动项目也可以根据情况变化或调整。

(3) 空间搭建。城乡家庭居住状况差异较多,必须因地制宜利用"客厅、书房和卧室等房间一角(一般 2—3 平方米),以及阳台、阁楼、车库、地下室,或单独房间"等住所空间,构建面积不等的创客专属空间。再根据活动项目配置相关设施设备和工具,如工作台椅、工具箱和器材等,或利用书桌、饭桌、橱柜等家具。

(4) 设备配置。在引导或顺应孩子对活动项目的选择下,为不同兴趣、爱好和特长发展的"家庭创客空间"配置设备、工具和器材等,如科技类的家庭创客模型坊、实验坊、电子坊、编程坊、OM 坊、园艺坊、木工坊、3D 打印坊、发明坊和园艺坊等,艺术类的家庭创客陶艺坊、布艺坊、石艺坊、茶艺、动漫坊、彩泥坊等,综合类的玩具坊、魔术坊等。

(5) 学习资源。家长可以根据本人专业特长、家庭文化背景和孩子情况个性化地应用、整合和开发一些家庭创客活动资源,如活动手册、课程、活动包、器材套件和工具等,开展个性化、多样式的家庭创客活动。

(三) 区域家庭创客广域课程的学习要素建构

包括学习目的、学习路径、家庭氛围、家长指导、成长档案等学习要素建构。

(1) 学习目的。让孩子更多经历不一般的学习活动,成为面向未来与众不同的创新人才。

(2) 学习路径。家庭创客成长要遵循中小幼学生认知发展规律,学前阶段以"玩"为主题,以"玩中学"为方式,在"玩"中打开感官,充分感知自身与外部世界之奇,触发好奇、质疑和兴趣等品质养成。小学阶段以"做"为主题,以"做中学"为方式,在"做"中解放双手,探究认知自身与外部世界之奥秘,激发求知、想象和创造等品质养成。初中及以上阶段,以"创"为主题,以"创中学"为方式,在"创"中升华情感和体认价值,提升将"想法变为现实"的综合实践能力,引发情怀、使命、坚持和分享等品质养成。

(3) 家庭氛围。家庭要善于营造科技活动文化氛围,还可以多陪伴或引导孩子参加各种各类课外校外活动体验,及参观、考察等游学活动,有方法地鼓励孩子成为自己的"活动设计者、学习创造者和世界改造者"。

(4) 家长指导。家长要成为自己孩子创客活动的支持者、陪伴者和辅导者,创客资源的提供者、整合者和开发者,孩子可持续成长的加油者、激励者和宣传者。

(5) 成长档案。家长要有意识和计划以日志形式图文并茂地过程性记录孩子的家庭创客成长经历、实践案例和研究成果等,建立家庭创客成长档案。

(四) 区域家庭创客广域课程的实施要素

(1) 内容安排。选择合适的区域家庭创客广域课程内容。

(2) 课时安排。本课程可以安排每周不少于1课时,同时拓展学生"学校+家庭+社会"的互动探究活动空间与学习场域,确保活动的校内外连续性和长期性。

(3) 课程安排。本课程一般安排在拓展型、探究型或社团课程中。

(4) 实施机构。学校要成立本课程教研组,承担起课程实施规划、组织、协调与管理等方面的责任,负责制订并落实实施方案,整合校内外教育资源,统筹协调校内外相关部门的关系。

(5) 师资队伍。学校要建立专兼职相结合、相对稳定的指导教师队伍。

(6) 教师指导。教师的指导应贯穿于综合实践活动实施的全过程,要处理好学生自主实践与教师有效指导的关系,让学生成为活动的组织者、参与者和促进者。

(7) 课程资源包。为更好更便捷地在学校、社区中开展教学,部分课程搭配了课程资源包,内容包含工具、材料、课程方案。为每个课程资源包分别设计了课时三次,每次3小时;6个小组,每组人数3—5人的教学内容;建议学校使用时每班配备1个老师2个助教(为了保障教学过程中的安全)。

课程资源包目录案例(部分)

一、创新类

1. 木加工类

序号	课程包名称	教学次序	教学内容	备注
1	悠闲的小乌龟	1	÷ 小乌龟的制作原理 ÷ 加工设备的操作原理	3年级以下学生
		2	÷ 小乌龟零件加工	
		3	÷ 制作小乌龟	

续表

序号	课程包名称	教学次序	教学内容	备注
2	六棒孔明锁	1	✧ 六棒孔明锁的制作原理 ✧ 加工设备的操作原理	2~5年级学生
		2	✧ 六棒孔明锁零件加工	
		3	✧ 制作六棒孔明锁	
3	四足蜘蛛	1	✧ 掌握复合式连杆机构的搭建,巩固学习齿轮减速的原理,四足蜘蛛的制作原理 ✧ 加工设备的操作原理	6~9年级学生
		2	✧ 四足蜘蛛零件加工	
		3	✧ 制作四足蜘蛛	
4	创意挂饰	1	✧ 学习挂饰原理,了解创意挂饰的制作原理	9年级以上人员
		2	✧ 加工设备的操作原理 ✧ 创意挂饰的零件加工	
		3	✧ 制作创意挂饰	

2. 3D打印机

序号	课程包名称	教学次序	教学内容	备注
1	个性化自行车	1	✧ 3D打印机的属性及使用方法 ✧ 三维软件介绍与建模体验	3年级以下学生
		2	✧ 基本建模与操作的讲解	
		3	✧ 个性化自行车	
2	飞机航模	1	✧ 3D打印机的属性及使用方法 ✧ 三维软件介绍与建模体验	2~5年级学生
		2	✧ 复杂模型建模思路与操作的讲解	
		3	✧ 飞机航模	

续表

序号	课程包名称	教学次序	教学内容	备注
3	机械运动	1	÷ 3D打印机的属性及使用方法 ÷ 三维软件介绍与建模体验	6~9年级学生
		2	÷ 复杂模型建模思路与操作的讲解	
		3	÷ 机械运动	
4	古堡建筑	1	÷ 3D打印机的属性及使用方法 ÷ 三维软件介绍与建模体验	9年级以上人员
		2	÷ 复杂模型建模思路与操作的讲解	
		3	÷ 古堡建筑	

3. 积木类

序号	课程包名称	教学次序	教学内容	备注
1	摩天轮	1	÷ 摩天轮及工作原理的认知 ÷ 设计一个摩天轮简易图 ÷ 教具的认知与使用	3年级以下学生
		2	÷ 学习并体会互锁结构 ÷ 学习并体会三角形结构 ÷ 学习并体会齿轮传动及其减速 ÷ 学习并体会重力水平结构	
		3	÷ 尝试搭建一座摩天轮 ÷ 在试错中反复改进摩天轮 ÷ 作品秀	
2	履带式机器人	1	÷ 设定情景并提出任务 ÷ 根据任务讨论解决方案 ÷ 尝试设计一辆履带式机器人	3~6年级学生
		2	÷ 认识机器人软件并学习移动模块 ÷ 按照要求实验履带式机器人	

续表

序号	课程包名称	教学次序	教学内容	备注
2		3	✧ 将履带式机器人改装成轮式进行试验 ✧ 按要求获取实验数据 ✧ 进行总结并完成实验报告	3~6年级学生
3	循迹机器人	1	✧ 设定情景并提出任务 ✧ 根据任务讨论解决方案 ✧ 了解循迹机器人的工作原理	6~9年级学生
		2	✧ 尝试设计一辆循迹机器人 ✧ 学习颜色传感器的使用 ✧ 学习并体验切换模块的运用	
		3	✧ 调试循迹机器人 ✧ 总结循迹机器人的工作原理,并不断优化 ✧ 作品秀	
4	相扑机器人	1	✧ 设定情景并提出任务 ✧ 根据任务并讨论解决方案 ✧ 学习力学相关知识	9年级以上人员

(五)区域家庭创客广域课程的活动策略

依据各年龄阶段中小幼学生认知发展一般规律,及家庭创客工坊活动需求调查分析,建设适合不同年龄段科学素养发展的"家庭创客工坊"类型的策略,引导工坊朝纵向迭代可持续方向发展。在实施过程中将策略运用至活动安排、学习方式、教学方式等环节中。

(1)活动安排——时间灵活策略。周一至周五利用放学在家空闲时间,每次1小时左右,次数根据实际确定。周末安排半天活动,可以走出家门,去社区创新屋、科技馆、博物馆、图书馆、大学和科研院所实验室等开展科学考察和社会调查等活动。

（2）学习方式——学习任务驱动策略。"家庭创客空间"以项目发展为主线，以问题为中心，以任务为驱动，形成生成性、实践性和创造性的系列学习任务活动。自主地开展项目化学习，包括科学实验、设计制作、调查研究、考察探究等。

（3）教学方式——互动融合和内容的贯通策略。科技创新素养的形成是一项长期的跨时空的"学校、家庭和社会三位一体"的教育任务，构建基于"家庭创客空间"的"学校学习、家庭实践、社会创新"互动融合的"学做研合一"方式，如学习3D打印课程，一般可以在学校或校外培训机构系统学习，放学回家在家庭创客工坊进行三维建模设计和3D打印，在学习过程可以去中国3D打印博物馆考察研究和创新实践等，经过跨时空的互动融合和内容的贯通拓展，突破科技实践类课程学习的局限，提高学习效果。

(六) 区域家庭创客广域课程的评价方式

（1）以过程性评价为主，围绕"必备特质、关键能力和个人特长"等领域开展学习活动评价。

① "好奇、质疑和兴趣，求知、想象和创造，情怀、使命、坚持和分享"等必备特质指标。

② 善于将"创意变为现实"的关键能力。

③ 养成至少一项个人兴趣、爱好和特长，及善于结合生活、生产和社会实践发挥特长。

（2）开展十佳家庭创客新星评选标准及评选办法。

例如宝山区青少年活动中心每年在12月中旬的科技节闭幕式上对评选出的十佳家庭创客新星进行表彰奖励，并在宝教科技网上公布名单，对其中事迹突出的进行专题宣传。同时，组织十佳家庭创客新星在全校范围内做家庭创客教育讲座，把他们的优秀事迹和具体的家庭创客教育方法向广大学生、家长进行宣讲，从而推进区家庭创客教育整体水平的提升。

评选标准：

① 因地制宜利用"房间一角，如客厅、书房和卧室等，及阳台、阁楼、车库、地下室，或单独房间"等空间建设家庭创客空间。

② 在自己的家庭创客空间开展如：3D打印坊、电子坊、模型坊、实验坊、编程坊、园艺坊、OM坊、木艺坊、陶艺坊、魔术坊、动漫坊、布艺坊、石艺坊、彩泥坊等创新创意活动。

③ 能积极参加学校、市区主办的各类培训和创新创意大赛，并且取得优

异成绩。

④ 能积极踊跃参加家庭创客行动推广嘉年华活动。

⑤ 上年评上十佳家庭创客新星的不参与下年的评选。

评选办法：

① 名额分配。参评对象为全区中小学学生，十佳家庭创客新星评选活动原则上每个科技艺术联合体推荐 2～3 名。

② 宣传发动。各科技艺术联合体负责人在自己的专题教研组会议和工作微信群告知大家评选方案，将这一活动的目的、标准宣传到每一位学生。

③ 各级候选人产生方法。采用各校科技艺术辅导员推荐，联合体负责教师初步审核。参评十佳家庭创客新星要逐条对照标准进行自评，列举出个人在哪些做得较好，哪些做得一般，哪些有待改进，形成书面自荐材料，要求内容真实，突出特色，多用具体实例说明。推荐材料中必须包含承诺内容真实的语句，联合体负责教师对推荐材料进行审查把关，确保推荐材料真实可靠，不夸大、不虚构。

④ 组织评审。主办方组织专家评委进行评审，评委人员中有创客教育的专家等。

⑤ 材料整理归档。认真做好十佳家庭创客新星评选活动相关材料的整理归档工作，活动过程中要注意多留影像资料，对每位参评十佳家庭创客新星都要建立专门的档案材料。

（七）区域家庭创客广域课程的实施案例

学校在实施区域家庭创客广域课程中创造性地发挥了宣传引导、指导实施和评价激励作用，通过以下案例，反映了学校是如何联系实际，解决"做什么"和"如何做"以及"怎么做"等等问题。

案例：星辰科技幼儿园家庭创娃行动案例

宝山区星辰科技幼儿园是一所以科技教育为特色的幼儿园。在开展多年幼儿科技教育的过程中，幼儿园领导和教师始终有一些困惑，其中最大的困惑就是：如何在学前年龄段开展更多的个性化科学兴趣活动？如何融合幼儿园、家庭和社会资源为幼儿健康成长服务？如何让幼儿在学前年龄段初步养成科学兴趣并有一个持续发展的态势？2015 年宝山区青少年科技指导站在国内首创的"家庭创客行动"开展以来，园长和老师终于看到了一缕阳光，那种从幼儿园拓展到家庭，走向生活，释放个性的家庭创客活动，让孩子们有了不再受时空局限的亲子"动手玩科技"的互动平台。

"家庭创客行动"倡导在幼儿园的孩子创建家庭创娃玩具间,引导3—6岁的孩子们也可以和成人一样,拥有一个与自己年龄段生理、心理和智力特征相适宜的家庭创娃空间,并在家长引导下开展"动手玩科技"活动。宝山区星辰科技幼儿园园长和老师根据宝山区"家庭创客行动"规划,依托幼儿园优质科技教育资源,鼓励幼儿家长因地制宜地创建富有特色的"家庭创娃玩具间",从而使星辰科技幼儿园以共性化为特色的科技教育,延伸为体现个性化的"家庭创娃行动"的探索和实践。

(一) 家庭创娃玩具坊创建的三部曲

1. 典型启示:榜样的力量是无穷的

在幼儿园开展"家庭创娃玩具间"活动初期,园领导和教师利用自身多年科技教育生涯积累的理论与实践经验,首先与园内孩子的家长谈天说地,了解孩子的喜好、了解家长的擅长和育儿观念,传送当下最前沿的家庭教育新方式,等等,创娃、玩具间就在这样的"理念"启蒙下开始了。

不过,要让"家庭创娃玩具间"能够切实落地,具有说服力的示范案例是非常必要的。这时,通过教师收集到的赵展颜小朋友的"家庭经历"具有非常典型的意义。家长第一次带赵展颜去锦江乐园游玩,回家之后她就对乐园内的摩天轮、云霄飞车、海盗船等念念不忘。一个偶然的机会,家长发现了LOZ梦幻游乐场系列电动积木,便萌发了把"游乐场"搬回家以满足孩子兴趣的想法。

LOZ搭建积木是一套很有特色的玩具,以数十种标准部件为基础,通过卯榫连接的方式构建迷你游乐设施,并通过一个小小的马达带动整个设施,可以完成同真实游乐场设施一样的动作。家长把LOZ梦幻游乐场系列电动积木买回家后,辟出室内一角,带领赵展颜从最基本的部件搭建做起,通过几个月的努力,完成了五个设施的搭建,分别是海盗船、摩天轮、八爪鱼、小缆车和云霄飞车。其中云霄飞车属于大型玩具,共有778个部件,成品高度达1.75米。

通过每天从幼儿园放学后在家搭建LOZ积木,赵展颜的创造力、动手能力、耐心和自信心都得到了提高。更可喜的是她在上述过程中对观察事物、对动手制作的兴趣越来越浓了。

榜样的力量是无穷的。通过这一典型案例的宣传,让园内许多孩子的家长看到了家庭创客行动的必要性和可行性,也让他们对自家打造"家庭创娃玩具间"开始有了初步的设想或潜在的设计思路。

2. 样板迁移：从幼儿园的"娃娃科学大世界"到"家庭创娃玩具间"

打造"家庭创娃玩具间"，自然需要有一个能激发幼儿兴趣，满足其创想和操作的空间。虽然这无需有多大面积，但一定是一个内涵丰富的工作间，布置巧妙的小天地。为此，星辰科技幼儿园园长和老师带家长走进园内的娃娃科学大世界等独具特色的"样板"，让幼儿家长在走走看看中汲取灵感，寻找创建家庭创娃玩具间的思路。

星辰科技幼儿园的"娃娃科学大世界"，被老师和幼儿们亲切地称为"迷你科技馆"。在这里，幼儿们漫游在"生命科学、物质科学和地球与空间科学"的科学小游戏之中。"物质世界"里有体会光影交织魅力的"打哑谜"，有共同探索水之奥秘的"玩水墙"，还有让小朋友感知风力和风向的"屋顶上的鼓风机"。在这里，幼儿们可以遨游于各种动植物标本的生命科学世界中，识别各种植物，观察各种昆虫标本。在这里，幼儿们能够静思于各种科学读本，专注于各种积木的搭建，欣赏老师、家长和幼儿们共同制作的火箭、小玩具等DIY小制作。如幼儿杨珉湛的家长，其孩子自小喜欢开动脑筋，尤其爱好拼搭各类积木等。在体验"娃娃科学大世界"的"玩水墙"时，这一"样板"触发他的灵感。于是他与孩子一起在家里客厅一角4平方米左右的空间，搭建了有"城市水管"特色的"玩具间"，配置了储物柜和游戏桌以及各类拼搭材料和器具。

应该指出的是，幼儿园老师依托科学大世界的"玩水墙"，主要是向幼儿进行共性化的科技教育——因为幼儿数量众多的局限，很难做到个性化施教。而杨珉湛的家长"迁移"于家的"城市水管"玩具间，则可以自如地对幼儿进行"个性化"教育——杨珉湛每天几乎都要花半小时左右时间，兴趣盎然地对"城市管道"进行创意搭建。迷上"城市水管"铺设的杨珉湛不但完整地了解到水处理的各个环节，还将自己搭建的"上水下水管道"制作成视频，为幼儿园师生做详细的演示和介绍。这一过程中，杨珉湛不仅对科学有了浓厚兴趣，他的探索发现能力亦得到了进一步的提高。

3. 因地制宜：建设孩子所需的"家庭创娃玩具间"

如何在家庭建设一个适合自己孩子的"创娃玩具间"？许多家长对这个问题一直感到思绪不清、无从下手或是难以取舍。

为此，幼儿园领导和老师通过座谈交流，引导家长切忌盲从，也不要追求"高大上"，而是实事求是，将"因地制宜"作为建设"家庭创娃玩具间"的主要原则。她们告诫家长要从三方面着手进行判断：一是了解自己孩子的兴趣爱好，以此为取向搭建适合其成长的"小天地"；二是梳理家长的兴趣爱好和特长,引导孩子传承家庭创新文化;三是对接幼儿园科技教育特色,形成幼儿园共性化教育与家庭个性化教育的互补。

于是,就有了幼儿园老师引导家长和孩子一起聊天,一起玩耍,以此了解孩子的需要和兴趣,然后带着孩子一起投入设计"家庭创娃玩具间"。如陈浩洋小朋友喜欢种植和观察花草,家长便因势利导,和孩子一起将在阳台搭建的玩具间"变身"小小园艺坊,让小小园艺坊成了孩子探索绿色奥秘的小世界。

幼儿园老师还鼓励家长发挥自身的兴趣爱好特长,去引领孩子一起搭建和布置"家庭玩具间"。如幼儿张逸宸的家长擅长各种小实验,于是玩具间就成了家庭亲子的小小实验坊——这里有着各种各样的实验材料,家长与孩子在小小实验坊里一起做小实验,去发现生活中无数"为什么"背后的小秘密。家庭玩具间成了孩子自主"学科学""做科学"的小世界。

(二) 家庭创娃玩具间活动发展的三部曲

1. 人力资源:园长、老师和家长的共同主导

在"家庭创娃玩具间"活动中,接受"个性化教育"的幼儿,无疑是活动的主体。而担负具体活动过程指导的家长,担负整体活动业务指导的幼儿园老师,以及担负整体活动设计的幼儿园园长,都是"家庭创娃玩具间"活动的主导。实践表明,正是作为幼儿科技教育人力资源的幼儿园园长、老师和家长的共同主导,才保证了家庭创娃玩具间活动的不断发展。

需要明确的是,星辰科技幼儿园开展的"家庭创娃玩具间"活动,是教育机构为了实现幼儿共性化教育和个性化教育的融合,以家校合作的方式促进家庭开展个性化教育的尝试,因而宝山区"家庭创客行动"规划中要求园长是"家庭创娃玩具间"整体活动的设计者和引领者。

星辰科技幼儿园正是如此——园长结合幼儿园实际情况,在园级层面提出推进"家庭创娃行动"的理念、目标、思路、规划和计划,引领行动的开展和发展。同时,指导全园老师制定班级和学科领域与"家庭创娃玩具间"互动的计划与安排。另外,先行成立"家庭创娃玩具间"家长先锋队,在对全园家长和孩子擅长领域摸底的基础上,推荐10组家庭作为试点,成功后再通过线上线下交流向全园推广,树立典型案例,并以此主导着整个"家庭创娃玩具间"活动的方向。

应该指出的是,幼儿园老师是承上启下的纽带和桥梁,是"家庭创娃玩具间"活动的业务主导。她们首先要将幼儿园的教育意图及时传播给广大家长,同时构建各自班级幼儿在园和在家学习的活动信息互动传递机制。如王

萍老师就经常把一些好的教育信息或资料推荐给家长看,让他们借鉴并与孩子一起开拓在玩具间活动的思路。其次,她们要开放及融合幼儿园与家庭创娃玩具间活动的"资料包"。最后,她们在幼儿园班级和学科教育教学中,要鼓励幼儿展示在"家庭创娃玩具间"中形成的作品和成果。如幼儿张稷阳的家长就是在班主任老师的帮助下,结合幼儿园课程——"交通工具"共同为张稷阳小朋友确立了以小小设计师为主题的家庭创娃玩具间,并展示出其构建的一些以不同功能的车子、轮船和飞机为主的玩具。

家长在家庭创娃玩具间的小乐园里,是自己孩子活动的陪伴者,游戏的辅导者,材料的提供者和成长的鼓励者——更确切地说是"家庭创娃玩具间"具体活动的主导。例如幼儿关欣桐的家长,自孩子进幼儿园小班以来,就积极参与家庭创娃玩具间活动。在给孩子创设玩具小天地的同时,家长不仅经常与孩子一起收集选购各种玩具材料,而且与孩子一起探索这是什么,为什么会这样,它是怎么做的?在成为孩子活动参与者的同时,引导并伴随孩子成长。再如幼儿王子佳的家长将"玩具间"活动对接幼儿园教育,创设情境开展适合自己孩子的个性化教育。李一飞家长则经常通过QQ把孩子在玩具间建设的布局和现场,孩子玩的场景和成果发给老师看,让老师给些建议,并据此不断完善对孩子的指导。

2. 信息资源:搭建App线上线下的交流平台

在家庭创娃玩具间活动开展过程中,怎样为幼儿园老师和家长建立便捷的家园沟通渠道,如何为家长之间快速交流孩子成长的经验搭建平台,这是关系上述活动能否不断发展的信息资源建设问题。

为了让参与家庭创娃玩具间活动的幼儿家长有更多的机会交流和分享经验,或是在探索过程中相互答疑解惑,幼儿园领导和老师依托信息化手段,在初期鼓励家长们利用班级微信群进行交流,让本来自己和孩子独享的信息通过播、晒等,变成与其他家长和孩子的分享。随着园内幼儿家长参与家庭创娃玩具间活动人数的增多,可以容纳更多特定信息资源的家庭创娃App诞生了。

星辰科技幼儿园的家庭创娃App是一个"线上线下"互动的交流平台,也是一个"家庭创娃个性化活动成果交流平台",它实现了"幼儿园与家庭"对上述活动内容、方式、经验和成果等信息资源的互动交流。家长们互动出一些交流"热点",如何培养兴趣?如何鼓励孩子主动去"做"?"线上线下"的互动让各家的玩具间更充实了,不再仅是家长和自己孩子独乐的一线天,而是众多家长和孩子们共享快乐的大天地。

如胡羽骁是一个喜欢思考,喜欢搭建并且具有创造力的幼儿。他的父母介绍说:"孩子喜爱的乐高类的玩具对于他想象力和创造力的发展起了很大的作用。"简简单单的一个小空间,只要一张桌子一把椅子,骁骁就可以在这里静下心来,用心思考,小小的脑瓜里不断地有令人惊喜的小创意迸发出来。小小玩具间里经常会听到他带有魔力的声音:"磁力棒真好玩,爸爸,要不我们一起用磁力棒搭个城堡玩影子游戏吧!""瞧,这是什么?哇哦,原来是太空轨道!为什么轨道上的小钢珠一会儿走得慢,一会儿走得快?""太阳能?是来自太阳的能量吗?它的能量到底有多大,我好想见识一下!""明天又下雨啊,又不能出去玩了!妈妈,我以后要做个科学家,研究天气的变化,告诉大家什么时候下雨什么时候刮风。""水也能发动起重机?"那么多的问号让胡羽骁在玩具间有做不完的"活",玩不完的"东西"。胡羽骁父母面对孩子的快乐成长,非常愿意与其他家长一起分享,围绕孩子的兴趣,围绕孩子的问题,围绕孩子的动手探索,通过班级微信群、App,与其他家长和孩子们一起分享他们在玩具间里积累的"信息资源"。

家庭创娃玩具间还成为小朋友们连接友谊共筑梦想的小天地……

3. 活动资源:幼儿园与家庭创娃玩具间活动的融合

喜好活动是幼儿的天性。在当今世界,幼儿快乐健康的可持续成长,离不开幼儿园、家庭和社会等各方面的合力教育。因此,要使家庭创娃玩具间活动焕发活力,确保幼儿对玩具间活动的持续兴趣和热情,将园内外活动资源进行整合是必不可少的。

于是,星辰科技幼儿园通过将园内外活动资源融合的方式,来帮助家长推进家庭创娃玩具间的活动。园领导和老师们本着大课程观的理念,将家庭创娃玩具间的活动与幼儿园课程融合,与社会丰富的活动资源融合,让家庭创娃玩具间成为名副其实的家庭"个性化小课堂"。

星辰科技幼儿园通过组织开展"家庭创娃行动",将园内外活动资源有效整合与共享,形成家庭、幼儿园和社会共同培育未来人才的创新文化环境与氛围。幼儿园尝试将家庭创娃玩具间与校园文化节活动对接,与社会热点活动对接、与家庭和社区活动对接,进而释放幼儿好动爱玩、展示自我和喜欢探索的天性,促进了他们的成长。

例如,在家庭玩具间与幼儿园科技节活动的融合中,科技节里的"亲子制作""亲子游戏""亲子擂台"等活动,让家长们也成为科技节的参与者。这着实让他们有了新的启示和发现：生活中这么多看似不起眼的材料都能让孩子了解科学，孩子们会越玩越聪明。于是，一些家长开始对家庭创娃玩具间里的活动产生了新的视角。如由此诞生的"纸盒的秘密"活动，幼儿们在家长的带领下收集利用废旧的大小不同的纸盒，发挥想象力亲子制作小动物，每件作品都包含了创造的火花与智慧的结晶，充分展示了自己的聪明才智。他们感受到了科技教育的奇妙和快乐。

再如与社会热点活动的融合。当2016年10月我国神舟十一号飞船发射成功后，幼儿们欢乐不已，他们对太空、对载人飞船、对火箭、对天宫二号如何对接等知识急不可耐地想知道。在幼儿园领导和老师的引导下，广大家长与孩子立足自己家庭的小小玩具间，针对这一热点活动收集材料并开展探索。幼儿们在家庭创娃玩具间这一小天地动手搭建航天飞行器，畅想未来航天之梦，开始在科技之路上迈步成长。

还有与各类家庭和社区活动的融合。如在每年植树节期间，小创娃和家长一起开启争做家庭园艺坊小创娃的活动，纷纷把在室内的小小玩具间延伸到了阳台或天井小花园等场所，开始了对植物生长、自然环保、生命教育、大气污染等内容的探索和实践。

"家庭创娃玩具间"活动的开展，为幼儿园共性化的科技教育注入了活力，亦为家庭教育寻找到了一种新的载体——为每一位幼儿提供了不可多得的个性化学习的平台。上述共性化和个性化科技教育的融合发展，是当今时代科技、教育、经济和社会发展的需要，是培养未来社会所需要的"创客"之需要。我们相信，星辰科技幼儿园的探索，宝山区家庭创客行动的实践，对上海乃至全国，有着不可估量的现实意义和深远的历史影响。

通过以上案例可以证明，区域家庭创客广域课程的实施有利于构建有中国特色的"家庭创新教育文化"。让"动手做＋创意物化"成为城乡家庭的一种生活方式、文化传承和创新实践，转变读书是家庭教育方式唯一的追求。即"家庭创客学习模式"。依托家庭创客行动整合"学校、家庭和社会"时间与空间，以家庭创客工坊为载体，探索构建"学校学习＋家庭实践＋社会创新"互动融合学习新模式，培养学生自主学习方式，为可持续成长打下基础，有利于积淀广大城乡家庭创新和创业的潜力。"家庭创客行动"鼓励青少年儿童从知识的"消费者"走向"创造者"，将激发广大家庭的个性化自造的热情，引发家庭创造力的"大爆炸"。

区域家庭创客广域课程的实施适合不同发展水平的地区家庭对未来创

新人才的培养。任何一个社区、学校、家庭,只要有意愿,都可以建设"家庭创客工坊",有利于解决在资源相对贫乏的地区,青少年难以开展科普活动的难题,推动青少年科普教育"转型发展"。从"重知识轻实践"转向"基于生活的行知合一"方向发展,让青少年在日积月累的"自己动手"中,逐步形成科技创新的爱好与特长,真正成为学习的创造者。

四、区域家庭创客广域课程的组织

(一) 区域家庭创客广域课程的推进模式

构建"家庭+校园+社区+园区"的"线上线下、互联互动"的"创客自成长"通道与平台,以此孕育和激活广大城乡家庭"创新基因",为"大众创业,万众创新"的社会化创新实践打下基础与营造文化氛围。

(二) 区域家庭创客广域课程推进的基本要素

推进主要由"学校、家庭、社会"三个层面的家庭、中小幼学校、社区、区青少年活动中心和社会科技教育基地等众创空间及线上线下媒体平台等载体组成,又以"做学研"和"产学研"等基本要素构成。

(1) 家庭创客工坊。是区域推进"家庭创客行动"的"做",以项目为学习方式。

(2) 校园创客空间。以同伴互助为特征,是区域推进"家庭创客行动"的"学",互助学习为方式。

(3) 社区创新屋。以志同道合为特征,是区域推进"家庭创客行动"的"学",为交流学习为方式。

(4) 区青少年活动中心创客空间。区青少年活动中心是专业指导中心,其区域推进"家庭创客行动"的"研",以研究学习为方式,为广大中小幼家庭创客进行创新实践专业指导。

(5) 社会科技教育基地。是区域推进"家庭创客行动"的"产学研一体化"实践基地,以"产"为主线,承载家庭创客创新和创业孵化功能,促进家庭创客成为创新和创业者。

(6) 线上线下互动平台。打破时空开展线上线下虚实互动活动,及时宣传报道家庭创客行动信息。

家庭创客以"做学研合一"为学习方式,以做为中心,做是学的中心,也是研的中心;以"产学研一体化"为研学方式,以产为主线,学和研围绕产开展,实现将创意变为成品。

(三) 区域家庭创客广域课程推进的系统建构

在梳理区域推进的基本要素和结构关系基础上,构建区域家庭创客广域课程系统。

(1) 家庭。家庭是社会生活的"细胞",家庭创客工坊是家庭创客群体可持续成长的"基本载体",也是社会创新文化的"基本载体"。家庭创客工坊最大的优势就是通过"铁打的营盘",成就"永远的兵"——家庭创客群体。营造家庭以自主选择和主动实践为学习方式、生活方式。

(2) 中小幼学校。校园创客空间一般由学校的科技综合实验室、理科学科实验室、科技创新实验室等构建,或称创客实验室、STEM实验室等,主要发挥"学"的功能,教学创客知识,学习创客技能等,以同伴互助和团队合作为学习方式。

(3) 社区。社区创客空间的代表是社区创新屋,是上海在全国的首创,具有社区创客"聚"的功能,以志同道合和情趣相投为学习方式、交友方式、休闲方式。

(4) 区青少年活动中心。区青少年活动中心是本区中小幼学校科技教育的专业指导机构,肩负"四个面向,一大任务"的职能,其创客空间包括众多的科技和艺术创新实验室和工作室,具备设施齐全、设备先进、师资专业和经验丰富等专业资源优势,及活动策划设计、组织实施、协调推进等专业组织优势。以"学做研合一"为学习方式,突出"研"的功能。

(5) 社会科技教育基地。包括区域科技创新园区、社会科普教育基地、社会众创空间和大学科研院所等单位,是家庭创客群体拓展性创造性实践的众创空间,以"学研产一体化"为学习方式,突出"孵化"功能。

(6) 线上线下互动平台。家庭创客行动是一项开创性的事业,需要全社会支持,传统媒体和自媒体要发挥宣传报道作用,传播区域推进家庭创客行动的丰富信息,树立家庭创客典型人物。另一方面开展线上线下虚实互动活动,就是建立"以家庭创客工坊为动手制作实践平台,校园创客空间为同伴协作互助平台,社区创新屋为志同道合交流平台,区活动中心创客空间为创新专业指导平台,社会科技教育基地为创新创业孵化平台,线上线下媒体为传播报道互动平台"家庭创客行动区域众创空间体系。

(四) 构建区域家庭创客广域课程推进方略。

从"家庭、学校和区域"三个层面设计、策划与实施"家庭创客行动"理念、目标、任务等,构建运作机制。

(1) 行动理念

让学生成为科技创新活动的主人。

(2) 行动目标

① 建设家庭创客空间。鼓励更多城乡家庭因地制宜地建设家庭创客工坊,让家庭成为创客可持续成长的摇篮,让以"自己动手"为特征的"自下而上"的家庭创客行动成为大众家庭的一种生活方式、文化传承和自觉追求。

② 培养面向未来与众不同的创新人才。基于"家庭创客工坊",探索构建一种"学校学习＋家庭实践＋社会创新"互动融合的学习活动模式,破除培养杰出人才"校内单一模式"或"校外单干模式"。

③ 构建"家庭＋校园＋社区"众创空间区域生态圈,营造区域独特的创新创业实践文化氛围。发挥"家庭创客工坊、校园创客空间、社区创新屋和区少科站创客中心"区域众创空间生态体系功能,搭建"线上线下、互联互动"的"创客自成长"通道与平台,以家庭创客行动激活广大城乡家庭的"创新基因",为"大众创业,万众创新"的社会化创新实践打下基础与营造文化氛围。

(3) 行动任务

① 指导建设"家庭创客工坊"。指导家长解决三个问题,即根据家庭居住和孩子情况等,建设怎么样的家庭创客工坊? 学什么? 怎么学?

② 指导中小幼学校开展家庭创客行动。指导学校解决如下问题:学校如何做? (制订学校的推进计划与方案)学校需要怎么样的"创客式"教师? 教师重点怎么做? (构建家庭创客互动融合学习新模式,及养成自主学习新方式)

A. 指导学校制定家庭创客"行动路经"。分学段分区域指导学校制订家庭创客行动的三年规划、年度计划和分层分类活动方案等。

B. 学校建设家庭创客行动师资队伍。学校要选拔有科技创新兴趣和特长的教师担任科技辅导员,以有效开展家庭创客行动,及指导学生"家庭创客工坊"建设,探索基于家庭创客工坊的互动融合学习新模式,及培养学生自主学习新方式,等等。

C. 指导学校实施"学校学习＋家庭实践＋社会创新"互动融合学习新模式。以家庭创客行动为主线整合学校、家庭和社会时间与空间,以家庭创客工坊为载体,研究"家庭创客'三合一'自主学习活动方式"等,如:"家庭创客 3D 打印坊'三合一'自主学习活动方式";"学校 3D 打印课程学习"＋"家庭创客 3D 打印坊设计"＋"中国 3D 打印博物馆拓展"的互动融合学习活动方式。

D. 指导学校开发"家庭创客行动资源"。围绕"学校学习＋家庭实践＋社会创新"互动融合学习活动新模式，结合学校科技教育特色，开发家庭创客系列活动课程。

E. 指导学校研究"家庭创客典型案例"。与中国科普研究所合作开展课题研究，开展"青少年创客活动典型案例研究"课题研究，记录"家庭创客成长手册"，关注创客成长过程，形成一批典型成长个案。

③ 构建适合家庭创客可持续成长的区域生态系统。构建家庭创客"自适应"成长通道与平台，怎么为"大众创业，万众创新"的社会化创新实践打下基础与营造文化氛围。

A. 构建区域"家庭创客工坊三级生态圈"。即构建"以家庭创客工坊为动手做平台，校园（社区）创客空间为同伴协作平台，区少科站创客空间为创新指导平台"的区域众创空间区域生态圈。

B. 构建"家庭创客行动"在线平台。开设"家庭创客行动"微信公众号，推动宣传、创建、申报、评审和命名"家庭创客工坊"工作。建设"家庭创客直播平台"，有效指导家庭创客实践活动。运营"家庭创客行动平台"，整合家庭创客培训、比赛和嘉年华等活动，促进家庭创客行动"线上线下"互动互联。

C. 开展家庭创客宣传活动。讲师团深入学校和社区家长会宣讲"家庭创客行动"。开展"家庭创客行动"专题讲座。例如宝山区青少年活动中心应邀到外省区市专题讲座，向北京朝阳区、沈阳和平区、兰州城关区等12省区市辐射推广宝山经验与成果。

D. 举办家庭创客沙龙活动。每月定期举办一次专题化"家庭创客沙龙活动"，交流创客经验，分享创客成果，例如宝山区青少年活动中心目前已举办30余场。

E. 举办家庭创客学习培训活动。例如宝山区青少年活动中心根据家庭创客需求，面向全区在周末和寒暑假分别提供80种公益性家庭创客培训课程等。

F. 举办大型家庭创客嘉年华活动。以"赛事＋嘉年华"的"赛游结合"的新模式，为家长与孩子提供一个创意互动的平台，活动集竞赛、挑战、娱乐于一身，让孩子在挑战中娱乐，在竞技中创新，在社区营造独具特色的创新文化氛围，来丰富社区居民和学生的科技活动内容。例如在2018年，宝山区举办了12场面向全市的家庭创客嘉年华活动，吸引了线下6万多人和线上12万多人参与。

(五) 构建区域家庭创客广域课程推进机制

(1) "家庭创客达人"驻站机制。吸引社会创客达人进驻区级创客空间，构建创客资源区域高地，集聚创客文化氛围，开展团队合作研发。

(2) "家庭创客师资"培养机制。举办各级各类师资培训班，建设一支以"创客式"教师、社会创客志愿者和家庭创客导师等为主的师资队伍，例如宝山区目前已形成了120多人的专兼职相结合的师资队伍。

(3) "家庭创客工坊"激励机制。以"积分"换奖品(器材、设备、培训等)，鼓励广大家庭创建"家庭创客空间"，参与"家庭创客行动"，形成"线上线下"互动、家校联动、校内外结合的激励新态势。

(4) "家庭创客工坊"表彰机制。在积分奖励基础上，开展年度"十佳"家庭创客评选活动。每年5月和11月命名校级和区级"家庭创客工坊"等。

(5) "家庭创客资源"开发机制。与"STEM$^+$"教育相结合，整合"学校学习＋家庭实践＋社会拓展"资源开发家庭创客系列活动包，包括活动手册、器材工具、视频课程等。

(6) "家庭创客联盟"发展机制。依托各级青少年科技辅导员协会成立"家庭创客联盟"，推动家庭创客行动经验与成果的交流与分享。

(六) 区域家庭创客广域课程的组织案例

宝林路第三小学"家庭创娃行动"。上海市宝山区宝林路第三小学(以下简称：宝林三小)坐落在宝林五村内，该校校园环境布置别具特色，花树飘香，闹中取静。宝林三小拥有一流的教学设施、优美的学习环境和优质的教学服务。这所曾名不见经传，进城务工人员随迁子女占75%的学校，近些年相继被命名为家庭教育指导基地学校、科技教育特色示范学校和信息科技学科试点单位。从2015年开始，该校又积极参与上海市宝山区青少年活动中心推进的"家庭创客行动"，着力于家校共育，将校园科技创新教育融入家庭，为培养一批又一批小创客构建了新型的物质空间，营造出良好的校园和家庭创新文化氛围。

(一) 把学校科技创新教育的理念引入家庭

教育是培养人的活动，亦是使人社会化的过程。宝林三小在严青校长等相关领导的带领下，聚焦上海教育综合改革，遵循宝山建设"陶行知教育创新区"的重要思想，一直将"科技创新"作为学校优质发展的动力，倾全力打造集共性教育与个性教育为一体的科技创新教育体系。

从2015年开始，为了进一步传承与发扬上述教育理念，学校将"家校共育"与"科技创新"相结合,重点落实新教育形势下的青少年创客培养目标,结合宝山区青少年科技指导站规划的"家庭创客行动",精心设计出以"家庭创娃行动"为载体的个性化科技教育新活动。

需要指出的是,"家庭创娃行动"的产生源于学校长期以来的育人理念,其目的是把学校科技创新教育的理念引入家庭,引导更多的学生以家庭个性化教育的方式参加到科技活动中,把生活中的"创意"变成现实;让"家庭创客行动"对接校园科技创新教育,成为引领学校发展的新文化,形成新风尚;使科技创新成为一种可持续发展的潮流,让创新文化深入到每位学生的心中,让科技创作成为他们的一种自觉性,从而提升全体学生的科学素养和创新素养。

严青校长组织教师团队经过精心的教育设计,决定依托学校这一"主渠道",通过家校合作,首批建设100个家庭创娃工作坊,占全校学生所在家庭比例的20%。同时,建设并整合校园科技创新教育平台,包括学校"创客坊"、学校"创客"网络和相应"家庭创娃"活动课程。学校近期最终的目标是:培养一支"三小百人小创娃"的科技创新型学生梯队;建设一支有科技兴趣爱好、乐于动手做、富于爱心的创娃家长志愿者队伍;建设一支有科技创新意识、科技探究能力和科技活动指导能力的专业师资梯队;以及将学校建设成为宝山区"家庭创客行动"示范基地学校。

(二) 使教师的高质量专业服务提供于家庭

"家庭创娃行动"的落实,人力资源无疑是最重要的因素之一。这其中,具有科技创新教育实施能力的宝林三小教师们,以自己的高质量专业服务,为家长和学生的参与,以及家庭创娃工作坊的建设,提供了高质量的专业服务。

1. 以惠及家庭为目标的"三级培训"

为了让"家庭创娃行动"顺利开展,宝林三小开启了以惠及家庭为目标的"三级培训"模式。

第一,"中层培训":学校邀请了宝山区青少年科技指导站吴强站长来开展讲座,让学校相关部门主管通过培训认识到"家庭创客"的价值,教育属性和国内外发展现状,使大家能够科学聚焦宝山区推进的"家庭创客行动"。

第二,"教师培训":在学校领导和相关部门主管的支持下,通过科技辅导员樊里的精心策划,对全校教师开展培训,公布"家庭创娃行动"的实施方案,与教师们共同商讨行动的具体步骤。这是保证教师能够以高质量专业服务于家庭的有效措施。

第三,"家庭培训":由学校创客项目相关负责教师向参与行动的家庭培训,落实"家庭创客空间"的建设和"家庭创客活动"的开展进程。上述有效的培训为"家庭创娃行动"的成功开展打下了良好的基础。

2. 教师服务内容、技能和地点的多样化

为了使学生所在家庭创娃工作坊的活动能够持续地开展,除了家长的陪伴和引导外,教师的科学指导至关重要。由于校园内建立了20多个工作坊,以便与家庭创娃工作坊实现一一对接,这就导致教师服务的内容也必然多元化。例如在校园的创客活动中,李萍老师负责的是"布衣坊"。每天上午她都抽空来到自己的"创客坊",忙着将制作的材料和设备进行合理分配,为学生课间的活动提供方便。除了每周固定地组织学生参加校园创客活动外,李萍老师工作中还有一件重要的事就是"创客相约"——她会根据学生在家庭创娃工作坊制作的进度和作品的成效情况,安排与"小创客"单独见面,参与"面对面"的演示、点拨、改进和评价的过程,以优化其"创客行动"。由此,教师已从单纯的讲授服务转变为"创客教育"中不同科技领域的指导服务。

第二,教师服务的技能也必然多样化。这是因为,在传统的课堂教学中,教师只需展现出自身教学职业技能的一面,教师作为"社会人"而具有的生活技能、个人才艺和兴趣爱好并不常展露于人前。但由于家庭创客行动的个性化教育属性,让不少教师"一技惊人"——如学校赵为老师的编织技能,王利苹老师的纸卷才艺,孙润钰老师的航模天赋,魏明磊老师的陶艺绝活等,都给学生做出了精彩的示范,"创客活动"真实释放出教师们丰富多彩的服务技能。

第三,服务地点也呈现多样化。学校的教师通过创客活动,不仅在校园指导学生,还来到学生家中进行"爱心辅导"。张娴琳老师在今年8月的暑假中,走进了6个"创客家庭"。和学生一起布置家中的"创客小天地";一起利用布的材质、色彩、肌理等特征,进行大胆想象和创意设计;一起动手将思维与灵感用手中的艺术形式表达出来。

(三) 将校园科技创新教育活动示范给家庭

既然是"家庭创娃行动",自然离不开家庭的活动运作和家长的指导或支持,但考虑到与学校相比,家庭特别是家长对教育设计和教育实践的认知较少,因此校园科技创新教育活动的引领与示范,是帮助家长尽快参与到"家庭创娃行动"中的有益措施之一。

例如,学校以快乐半日活动中的少先队活动课为载体,成立一批"创娃坊",让全校的学生参与到校园"创娃"行动中来,并以此作为对"家庭创娃行动"的示范。这一活动示范从2016年底开始,首先以问卷调查的形式,在家长、学生、老师中征集活动资源,了解现今学生比较感兴趣的动手做活动。2017年2月开学后,学校根据教师的专业能力,开设了25个创客坊供全校学生选择,最后23个创客坊脱颖而出——如陶艺坊、创意绘画坊、航模坊、布艺坊等。在依托创客坊开展的课程活动中,不仅促进了学生兴趣爱好的自主选择和个性发展,更为"家庭创娃行动"在家庭的落地提供了样板。

另外,学校的科技探究课程——《玩纸探学问》,其上课模式也向创客坊靠拢,让学生在课程中动手、动脑,勇于实践、创新、解决问题,形成科技创新的爱好与特长,养成综合性和创造性解决问题的能力,并通过与"家庭创娃行动"对接,引领家长从学校科技创新教育活动中汲取经验,通过家校合作推动一批批"创客式"未来社会科技创新人才持续成长。

"家庭创娃行动"后期的学校嘉年华活动也是一大示范亮点。基于不同创客工作坊活动的家庭相聚一堂,彼此交流着科技引领的魅力,互诉创作的灵感来源,展示各自的制作成果,回顾作品背后的"心路成长"等。学生走到了台前,教师、家长与学生同台相伴。学生信心满满地将自己的作品呈现:美丽的编织品、精致的航模品、创意的生活画、个性的陶艺品、美丽的纸藤花、灵巧的布衣饰品,作品琳琅满目。亲身经历后的交流也让更多家庭感同身受,借助学校搭建的科技教育创新活动平台,起到了相互学习与借鉴的作用。

(四)让典型案例助推"家庭创娃行动"持续发展

在学校科技创新教育理念、教师专业服务和示范活动的引领下,宝林三小学生所在家庭中的一些先行者,通过自身的努力实践,已使"家庭创娃行动"在自己家庭中植根发展,甚至迸发出了异常精彩的火花。学校领导依据上述典型案例,不失时机地向广大学生所在家庭进行宣传、讲述和展示,促使"家庭创娃行动"向深度和广度发展。

例如,在学校陶艺小创客们中,吴泉颐是令人记忆深刻的一名四年级学生。在沙龙活动中,他拿出的作品往往以"同一款式造型多样"引人注目,令大家惊叹。但回想他第一次参加沙龙活动,展示的陶制花瓶品质是参差不齐的,当别人对他的作品不屑一顾时,吴泉颐却在一旁始终不厌其烦地总结并继续改善自己的制作方式。原本大家心目中的调皮学生现在已完全变了样,他的母亲现在更是不遗余力地支持他磨炼陶艺手艺。据吴泉颐母亲透露,原本并不看好孩子在课业以外的事物上花费精力。可自从孩子在陶艺上找到了自己的兴趣,为了能够继续陶艺制作,在课业方面更加勤恳,以此来换取母亲对自己兴趣发展的支持。母亲则借此机遇塑造孩子课内学习与课外活动协调发展,以及科学合理安排各项任务的处事习惯,真正让"家庭创客行动"发挥了其家庭育娃作用。

吴泉颐家庭只是众多借力"家庭创娃行动"萌发成长的家庭之一。"家庭创娃行动"的理念虽是由学校提出,但在其发展过程中家庭才是起到关键性作用的因素。当新兴的"家庭创客行动"理念进入家庭后,是需要磨合过程的。学生的兴趣往往是浓厚的,但同时也需要家长的理解和支持。家长不再抗拒课业外的事物成为孩子的兴趣,即教育观念的转变,在很大程度上便会成为学校创娃行动持续发展的支持者,帮助学校创娃行动向着更加长远、更加扎实的方向推进。

在学校这个社会性融合特征极强的团体中,典型案例的辐射反应所产生的作用是不可估量的。"家庭创娃行动"的发展也正是如此——正是吴泉颐的改变,使班级同学及家长都开始关注到创娃行动。在吴泉颐及其家庭的积极影响下,更多的学生所在家庭开始积极参与"家庭创娃行动"。起初只是简单效仿,但当校园科技创新教育理念和创客空间进入家庭后,家长们开始结合自己家庭的实际情况转变教育和培养方式。其所产生的创客效应更是层出不穷。

此外,为了促进典型案例的宣传、讲述和展示,学校还通过网络上的"微信群"为"志同道合"的创客家庭搭建了"圈子",通过开设主题论坛、问题的探讨、成果的展示等,让典型案例深入人心。同时,也让创客们有了自己操作和分享的"创客e空间"。

当"家庭创娃行动"的覆盖面扩大的时候,也是在预示着行动的持续推进和不断完善。越来越多的家庭成为学校创娃行动的"种子",学校的科技创新教育理念便会得到更多的"滋养",向着"共性教育"和"个性教育"融合得更加茁壮的方向发展。更多的参与意味着更多的思想碰撞,而更多的思想碰撞便会带来更多的思考与收获。

实践表明,2015年启动的"家庭创娃行动"给学校、家庭和学生都带来了福祉。美丽的梦想在创客的小天地里绽放,创意的生活在家人中盛行,智慧的传递在人与人之间发生。这场创客精神与教育、创客精神与传承、创客精神与内心的碰撞火花,还将在宝林三小的"创客文化"中不断蔓延,不管是设计者、制作者,抑或观赏者,都将一同期待、一同行动、一同丰收。

五、区域家庭创客广域课程的成果

2015年以来,宝山区走出了以"家庭创客行动"来破解"钱学森之问",推广区域家庭创客广域课程,培养未来创新人才的可贵一步,取得了良好的教育效果和社会反响。

(一) 区域家庭创客广域课程育人效果显著

(1) 城乡家庭创新文化氛围越来越浓厚。2015年以来,家庭创客行动在宝山大地蓬勃开展,至今已争创与命名"家庭创客空间"10 000多家,其中区级4 000多家,校(园)级6 000多家,涌现出了一批家庭创客典型人物。

(2) 打造了国内原创"家庭创客"教育品牌。2015年,"家庭创客行动"被评为上海市教育综合改革典型案例,在全国12省区市推广家庭创客行动,各省区市几万家庭参与。原创发布"家庭创娃之歌"。

(3) 树立大型公益性家庭创客嘉年华特色活动品牌。2015年—2019年,每年举办大型公益性家庭创客嘉年华活动10场左右,吸引现场10万多人和线上15万多人参与,评为"2017年全国科普日活动优秀活动项目",2018年"家庭创客行动"和"上海市宝山区首届家庭创娃选秀暨嘉年华活动"分别荣获"上海市优秀区示范性科普活动"等奖项。

(4) 举办家庭创客主题系列活动。承办"上海创客新星大赛暨嘉年华活动",举办"家庭创客3D自造大赛",举办"宝山区幼儿科普剧展演暨家庭创娃嘉年华活动"和"家庭创娃之星"微信人气选秀活动,举办校长和科技辅导员培训班,推进"学区化"三维设计与3D打印培训活动等。

(5) 广泛赢得了社会赞誉和家庭欢迎。2015年以来,《中国科普时报》《解放日报》《新民晚报》《东方教育时报》《上海教育》、上海电视台和上海教育电视台等30多家媒体纷纷对宝山区家庭创客行动进行了报道。

(6) 获得了一系列学术科研成果。2018年6月由中国科学技术出版社出版《青少年创客活动指南》,指导和推广家庭创客行动。开发"家庭创客工坊"主题系列视频课程,其中"家庭创娃玩中学"系列课程22个,"家庭创娃做中学"系列课程16个,"家庭创客研中学"系列课程10个。《十万个为什么》刊物开设"家庭创娃之星"专栏。

(二) 区域家庭创客广域课程推广效果显著

(1) 各省区市推广效果明显。2016年,与中国儿童中心等单位联合成立

"中国家庭创新教育行动联盟",在全国12省区市推广家庭创客行动,各省区市几万家庭参与。

① 江苏省常州等市推广

② 浙江省丽水等市推广

③ 辽宁省沈阳等市推广

④ 新疆维吾尔自治区喀什地区叶城、莎车等县推广

⑤ 云南省普洱、曲靖等市推广

⑥ 甘肃省永靖县推广

(2) 在全国重点大赛和会展展示家庭创客工坊成果。

① 2018年,在第33届全国青少年科技创新大赛上代表上海展示家庭创客工坊成果,受到中国工程院院士、中国青少年科技辅导员协会理事长陈赛娟等领导和专家的好评,并受到全国各省区市青少年科技辅导员的欢迎。

② 2018年,"家庭创客行动"代表上海市青少年科技教育特色参与"2018年全国创新创业活动周"展示,受到科技部、上海市教委、科委和科协领导及专家等的好评。

(3) 在宝山区青少年活动中心举办家庭创客专题培训班。

承办北京市丰台区、山东省青岛市、甘肃省兰州市、江苏省苏州市、山西省太原市、陕西省延安市、新疆维吾尔自治区喀什地区等30多个教师培训班。

(三) 区域家庭创客广域课程建设成果显著

宝山区青少年活动中心结合本区实际情况,借鉴国外车库文化和创客运动的经验,近年在国内首创了"家庭创客"青少年科普教育品牌项目,将创客理念引入家庭、学校和社区,营造家庭创新文化氛围。在全区的共同推进下,目前,全区已有10 000家家庭创客工坊,构建起"家、校、社"一体的科创教育新模式,鲜活缤纷的呈现形式、专业化的内容设计及润物无声的教化效果赢得社会公众越来越多的认可和参与。

"区域家庭创客广域课程"融入每个家庭,构建"家、校、社"一体的科创教育新模式。因地制宜利用房间一角,如阳台、阁楼、车库、地下室、客厅或书房等,开展创客活动。依托家庭打造的一角空间环境与文化氛围,是创客家庭生活中不可或缺的空间。3~6岁幼儿,主要以家庭创娃玩具间的形式,通过贴近生活的积木小搭建、模型小游戏、手工小制作、种植小观察、养殖小研究、科学小实验、自然小实践等,让孩子在"玩"中感知科学。7~11岁儿童或12

岁以上少儿,则根据学生喜好或家庭传承,在科技老师的指导下,打造家庭电子坊、模型坊、实验坊、3D打印坊、木艺坊、陶艺坊、园艺坊、工艺坊、魔术坊等,结合区域家庭创客广域课程的丰富内容让青少年自己动起手来制作和创造。

宝山区青少年活动中心努力践行和开辟发展新领域、新赛道,不断塑造发展新动能、新优势,致力于培养一批具有"真行"实践、"真知"能力和"真创"精神的未来创新型人才,不断丰富区域家庭创客广域课程内容。2021年—2022年,"小创客们"在各项比赛中硕果累累,屡获佳绩。在近两届上海市"明日科技之星"评选活动中,宝山区获评"科技之星"4个、"希望之星"43个、"创意奖"65个。第12届"赛复创智杯"上海市青少年科技创意设计大赛,宝山区获特等奖1项,三等奖7项。在第13届"赛复创智杯"上海市青少年科技创意设计大赛中,宝山区获一等奖1项,孵化奖1项,二等奖3项,三等奖10项。第36届、37届上海市青少年科技创新大赛,宝山区学生成果、科技创意、科幻画、科技实践活动等分别累计获奖200余项。

科技创新、科学普及是实现创新发展的两翼。实践证明区域家庭创客广域课程在创新人才培养、环境培育等方面具有独特作用。

当前,上海宝山正全域推进"科创中心主阵地"建设和"北转型",青少年创新活动是其中重要的一环。经过多年的建设,在宝山区青少年活动中心的推进下,区域家庭创客广域课程已取得明显成效,相信随着课程内容的不断丰富完善,将更好地培养出一批又一批的未来创新人才。

第八章 校外教育课程生态的营造

○ 第一节　区域校外教育生态的凸显
○ 第二节　区域校外教育生态的基本结构
○ 第三节　基于"三性三化"的校外教育发展

第一节 区域校外教育生态的凸显

宝山,是陶行知教育思想的发源地和实践基地。面对当今信息技术的突飞猛进,面对更多元,更个性化,质量要求更高的教育需求,区域校外教育积极推进基于"生态性、公益性、开放性"的教育生态营造,聚焦科普教育机制突破,优化师资队伍协同培育,集聚平台资源共建共享,为培养一批具有"真行"实践、"真知"能力和"真创"精神的未来创新型人才,全面提升区域中小幼学生的科学素养做出了积极的实践与探索。因此,探索区域校外教育生态营造的价值意蕴与实践路径,具有重要的价值与现实意义。

一、区域校外教育生态营造的价值

教育生态化是校外教育改革与发展的路向。教育生态化既能实现校外教育发展的可持续,实现教育品质的提升和教育培养方法的转型,也是顺应时代趋势的积极响应和发展必然。营造良好的校外教育生态有利于从单一的教育内容与方式走向生态性教育与培养模式的转型;有利于推进以区青少年活动中心为支点的中小学校、家庭、社区的多元联系,形成公益性的校外教育生态共同体;有利于优化校外教育的运作,拓宽青少年科技教育的途径,在共享资源、贯通学段和共育人才上,创造一种开放性和互联整合的科教新机制,实现"科技教育惠泽每一位孩子"的教育蓝图。

1. **生态营造:区域校外教育发展的支持**

当今国际教育的新发展之一是教育生态思想及其课程教学的实践,当代主流的教育观念无不与教育生态观相关,特别是后现代生态观对当代教育思想发展有着重要影响。教育生态的营造是建立学习型社会和创新型社会的重要条件,拥有合理的教育生态结构与功能,可有效促进社会高层次人才的培养和创新能力的提高。

构建发展的校外教育体系是一项生态化的工程,需要全面的教育发展改革支持,如果缺失了相应的社会生态和教育生态的支持,构建发展型校外教育的难度就会加大,校外教育发展的品质也会受到影响。区域校外教育的生态营造是自身内在的教育因素的总体构成,是区域校外教育发展的内部条件,也是区域校外教育的内生态。营造校外教育生态需要全面的教育发展支持,从教育理念创新到教育实践过程、教育培养功能,关注宏观教育生态,关注学生发展与生态的"相互依存",关注教育生态的"多样性""开放性""整体性",同时关注微观教育生态系统的建构,将诸如"协同合作""伙伴关系"等教育生态观念贯穿其间,从而使之成为具有积极意义的教育生态。

区域校外教育生态营造依托于区域校外教育发展的支持,区域校外教育的发展又需要教育生态营造的浸润。教育生态理论对于区域校外教育发展有着重要作用,一个良性教育生态系统,能够立足于当地特色不断推动区域教育动态平衡发展,衍生有效、可持续发展的教育发展变革。区域校外教育生态营造能够推动区域教育持续发展,区域教育生态营造和区域教育发展之间以理论和实践的关系相互关联,区域课程改革作为推动区域教育发展的途径之一,需要区域教育系统内部各因子以及内部和外部之间达到一个系统动态均衡的状态,也就是为区域课程改革提供一个有氧发展的教育生态环境,区域校外教育生态的营造能够为区域校外教育发展提供有力的理论支撑和行动纲领。区域校外教育生态的动态平衡规律要求不断揭示区域校外教育发展中出现的新情况、新问题,进行区域校外教育机制创新,从而推进区域校外教育发展,促进区域校外教育改革,促进教学质量和科研水平的提高,促进学科之间的交叉与渗透,推进学校、家庭、社会的协作。

建立良好的生态制度环境,能够促进区域校外教育立足于自身特色和教育资源进行长期规划,针对性地进行跨学科内涵建设和人才培养。营造区域校外教育生态,是集中多方面资源,构筑创新平台,积极探索校内外资源共享、学科共建和人才共同培养等多种形式的协作机制与模式,形成合作的动态平衡和协同进化状态,满足不同学生的个性化发展需求,实现教育结构平衡和多元化。

2. 生态营造:家庭、学校与社会的交互支持

校外教育生态营造基于校外教育及其周围生态环境间的相互关系和作用机理,作为一个系统工程,也是一个动态的长期过程。家校合作是当今社会学校教育改革的趋势,家庭、学校、社会三方面的资源和力量有机结合起来,能够达成良好的协同育人效果。在教育生态营造中,学校发挥了主导作

用,承担起实施的主体责任,然而,仅靠学校是无法实现教育效果和环境全覆盖的,因为教育生态涉及的范围包括学校、家庭和社会,参与的主体包括学生、教师、家长及学校管理者,内部各个要素需要互相联系、相互作用,从而才能有效运行,家庭、学校、社会各方面需协同实施,齐抓共管、做好衔接。唯有学校、家庭与社会的交互支持,才让教育保持着进行各方面的交流与联系,帮助形成良好的教育生态系统,学校、家庭、社会三方在协同育人中的各自职责定位及相互协调机制需要被明确和动态调整。

区域校外教育发挥着"枢纽作用"。作为资源集成方,能够联结学校、家庭和社会的各项支持,从而促进着区域校外教育有效地、持续地发展,营造生态互动的良性教育环境,生态互动的良性教育环境能推动学校、家庭、社会更好地交互支持,从而达成良性循环,营造生态化教育。在教育生态化的环境下,学校教育主阵地的作用能够进一步强化,家庭教育指导的服务能够更加专业,家长科学育儿观念能够更好树立,履行家庭主题教育责任更加到位,同时,社会育人资源利用更加充分,形成定位清晰、机制健全、联动紧密、科学高效的学校家庭社会协同育人机制。

3. 生态营造:学生成长服务机制的建构支持

通过区域校外教育生态的营造建立有针对性的学生成长成才服务体系,以全面发展为价值取向,面向不同学生群体,培育具有核心素养、全面发展的综合性人才,实现全体学生全面发展的终极价值追求。我们以"3+1+1行动"为抓手,着力构建适合未来创新人才可持续成长的区域培养生态体系,营造多层面(包括校园、社区和家庭)创新文化氛围,让学生自主学习、主动发展、可持续成长。所谓"3"就是校园创新文化建设行动,推进尊重创新的文化创新;中小学科技教育创新联合体行动,跨组织平台机制和模式的创新;"STEM+"教育发展行动,广域课程内容与活动方式创新。所谓的两个"1"是宝山100未来创新人才培养行动、家庭创客行动。我们依托区青少年活动中心的特殊的生态位,营造良好的校外教育生态,建构区域校外教育机构与中小学的教育共同体。我们开展由青少年活动中心牵头组织科技(人文)教育辅导员,以及校外科技(人文)教育社工的制度探索,开展校外教育与学生社会实践整合的社区创新屋项目,开展"家庭科技教育基地"项目的实践探索。

宝山的科技教育始终秉持着"让学生成为科技活动的主人"的教育理念,围绕"顺应兴趣、激活天赋、发展特长、孵化培育、研究规律"的培养方法,积极为青少年的成长创造条件、搭建平台,通过三院建设,全力构建课内外校内外融合发展的未来科技创新人才培养体系。

(1) 宝山区青少年科学研究院

成立于2005年5月,搭建"宝山100"公益性的学生科技创新实践和创新成果孵化培育平台,开展多领域拓展系列项目(包括物理实验、应用化学、环境保护、生物科技、应用数学与社会科学等);工程技术系列项目(包括创造发明与知识产权、工程技术、信息技术、电子技术、园艺技术、无土栽培、机器人、机械奥运、人工智能、三维设计与3D打印、数字设计与加工、AR/VR技术等);科创大赛系列项目(包括头脑奥林匹克、DI创新思维、创新大赛)以及学前科普系列项目。通过培训营、研学营、课题营、挑战营活动,为学员课题研究创设条件,提供指导,培养一大批具有潜质的科技创新后备人才。

(2) 宝山区青少年艺术创作院

成立于2021年6月,是本区有艺术创作兴趣爱好、有创新潜质的优秀中小学生自愿组织的促进主动学习、自主发展的学生艺术创新团队组织,是本区未来艺术创新人才的成长平台,也是本区公益性的青少年艺术创新实践和创新成果的孵化培育平台。

宝山区青少年艺术创作院开展的茶科学与文化、篆刻、创意设计、石趣、布艺、陶艺、纸艺、科普动漫等科技与艺术相融合的综合性创新实践活动,有目的、有计划地培养了一大批艺创爱好者和特长生。积极参与市级、全国级、国际展赛活动,为学生提供了艺创实践体验和项目研究性学习方面的指导,为拓宽学生知识面,提升艺术人文修养提供了良好的学习媒介与平台。

(3) 宝山区青少年体育运动院

成立于2020年6月,依托国际汽车模型竞技场、"科技挑战城"、电子射击竞技场等现代化、高规格科技场域资源建设,开展航空模型、车辆模型、航海模型、无线电通信等8项科技体育系列项目以及2项品牌体育项目,架构起未来国防科技体育创新项目的新生态。

区域校外教育突出集体和组织的塑造作用,通过平台搭建、活动组织、组织建构实现校内外融合、全学科全领域贯通、促进学生自主探索与成长的教育生态营造,培养具有"真行"实践、"真知"能力和"真创"精神的未来创新型人才,为每一个学生个性化定制"技""能""艺""创"一体化的教育环境,搭建院士面对面、科普教育基地、高校创新实践工作站、"宝山100"等平台为学生个性化成长助力,实现教育性、实践性、趣味性,达成教育多元化、多样化,实现校内外教育衔接与共享,构建学生可持续发展的动态成长服务机制,从而系统化地保证区域学生成长服务机制规划的科学性、实施运行的有效性,实现区域校外教育生态营造和学生培育的可持续性发展。

二、区域校外教育生态营造的历程

建立良好的区域校外教育生态环境,需要遵循教育客观规律和学生成长的内在需求,以培养创新型、研究型人才为目标,创造激发学生的好奇心、学习兴趣和创新动力,营造鼓励学生善于发现、乐于创造、专于研究的氛围,帮助他们寻找自身兴趣与潜能的结合点,并建立完善、丰富、形式多样的学习载体,保证区域校外教育生态的良性循环和可持续发展。通过教育生态观的理论指导,通过分析各种区域校外教育生态环境因素与校外教育事业发展之间动态的、发展的关系,透视区域校外教育存在的问题,探索优化区域校外教育生态环境的途径与方法。在营造区域校外教育生态的历程中,创新文化的建设、机制创新的改革、多元课程的创新、联合育人的运作、搭建平台的优化是区域校外教育所做的一步步探索。

1. 校园创新文化建设——活动共创的实践

我们首先开展的是中小学校园创新文化建设,旨在继承与发扬学校的优良传统和文化底蕴,播撒着科学创新的种子,让校园充满创新文化氛围,让师生沐浴在创新环境之中,让创新实践成为师生的自觉行动与文化传承。为此,鼓励激发学校校长的创新文化领导力,在办学思想、机制完善、课程领导、师资建设上借助群智,破疑解惑,智慧共享,实践着"一切为了学生的发展""为学生快乐成长,未来奠基"的教育情怀。充分利用科普纪念日、特色项目等因地制宜地开展学生喜闻乐见的、有趣味的、经常性的科普活动,关注学生的人格养成、兴趣培育、个性发展,满足学生对科技爱好的需求与期待。每年11月是宝山区中小幼校园科技节活动,为期一个多月的线上线下科普盛宴,吸引了全区各校的积极参与,观天宫课堂,探多彩世界,绘未来城市、行低碳生活等一项项丰富多彩,精彩纷呈的活动,激发全区各校的创新活力,更播下了科技创新的种子,引领学生走进现实生活的大世界去发现去创造。

校园科技教育特色"自下而上"如雨后春笋,如上海市行知中学机器人、上海大学附属中学科技社团嘉年华、上海市宝山区罗店中心校的OM项目、通河新村第二小学的生态教育特色等,引领并促进着中小幼学校教育特色化、优质化和内涵化的发展。

【案例】 上海市宝山区罗店中心校是一所地处上海市北郊的农村小学,注重校园科学创新文化的积淀与创建,注重与办学优势资源整合,营造良好的科学教育的人文环境和氛围。学校把一条长150米左右的连廊建设成"罗小科技之路",其中更有学校第一任科技辅导员滕锡高老师的浮雕。通过科技长廊的宣传,把罗小30年科技回顾展现出来,每天师生进出校园,就会经过这条罗小科技之路,感受到学校对科技教育的重视。学校的头脑OM项目曾蝉联了两年的全国第一名,并获得世界亚军和季军的辉煌战绩。如今,学校以"弘扬罗小校园文化,勇攀科技创新高峰"为目标,指引着科技教育的不断发展。

2. 区域科技创新联合体——机制创新的建设

俗话说:一个人的力量是有限的,团队的力量却是无穷的。区域科技教育联合体的建立就是让有共同育人愿景,科技教育办学特色相近的中小学校自愿结合,形成注重学生创新品质和兴趣特长培养的一种校际科技教育联盟。从2015年开始,我们尝试在科技教育先进理念的指引下,推进科技教育联合体建设。那就是按未来创新人才成长的路径开展丰富多彩、形式各样的体验实践教育活动,关注学生兴趣、发现特长、培养爱好,让青少年感受到科学内在的乐趣,培养青少年科学的志趣。注重培养学生的科学思考能力,运用科学证据、建构和改进自己的科学认知的能力,从而培养孩子的综合素养,提升其解决问题的能力。当然,创新人才的培养是一个系统的工程,需要高校科研院所和科协社团等机构给予专业指导,区校外教育机构发挥引领、协调、服务的职能,学校加强项目品牌的深化和师资指导能力的提升。强调的是以科技教育联合体为跨组织平台的载体,解决创新人才培养中提供与需求不匹配、不均衡的矛盾,寻求多种优质资源社会化高效运用的路径与方法。

科技创新活动的开展不再局限在一个学校、单一学段内,而是贯通多学段,学校间合作开发课程,共享资源、成果和经验。校长更关注科技教育,在师资力量的配备、设施设备的添置、创新人才的培育等方面加大投入。校长的课程领导力得到提升,"校长智慧"共享成为现实。

到目前为止,已经成立了无土栽培、车辆模型、应用化学等18家项目联合体,通过教研、培训、竞赛等形式,联合育人、打造队伍、壮大品牌。建筑模型联合体教师共同完成了航空母舰的制作、无土栽培联合体开展教师技能培训、科普动漫联合体开展优秀社团展评活动、社区创新屋联合体承办第七届宝山区社区暨家庭创客创新制作大赛、航空模型联合体组织学生参加上海市第三届市民运动会 F2B 线操纵项目获团体第一、二名等。联合体丰富的主题活动探索了"多资源共享、多学段联合和社会系统培养"科创教育的实践路径。

【案例】 陈安生,上海市吴淞中学学生,从小喜欢航海模型活动,长年坚持活动,在航海模型联合体(分别在上海市宝山区第三中心小学、上海市宝山区和衷中学、上海市吴淞中学)学段贯通式培养下可持续成长,在波兰举行的第 18 届世界航海模型锦标赛动力艇项目比赛中,以 10 秒 62 的成绩打破了 11 秒 29 的电动竞速 F1E$>$1 kg 项目青年组世界纪录,并获得该项目世界冠军,成为唯一一位打破航海模型世界纪录的女选手。

3. STEM 教育发展行动——多元课程的创新

从个体到联合体,区域科技创新联合体为科技项目品牌建设搭建了联盟,而要真正深化其内涵发展,需要课程理念的更新、课程建设作为抓手。2015 年宝山区启动"宝山区 STEM 教育三年行动计划",旨在培养具备跨学科创造性思维和综合实践能力的面向未来的与众不同的创新人才,为此发文命名上海市行知中学等 33 所中小幼学校为宝山区首批 STEM 教育发展试点学校,其中有 8 所幼儿园。中心积极开展试点学校 STEM 教育专业指导,组建 STEM 课程开发团队,提出了课程案例开发指导意见,举办 STEM 教师培训班、STEM 教学观摩和教研组专题等活动,开展课堂实践观摩研讨,如:2016 年中美 STEM 教育公开教研活动等,分别开发了幼儿、小学和初高中三套 STEM 教育综合实践课程案例,并与华东师大等单位联合开发 STEM 教育和家庭创客课程等,形成了宝山区特色的基于项目式学习的 STEM 教育综合实践课程,受到各方好评。区域积极展望 STEM 教育发展前沿,学习在窗外、他人即老师,世界即教材。探索开发有宝山本土特色的 STEM 教育课程案例主题系列,让孩子们从一方教室走向更为广阔的社会大课堂,构建有宝山特色的 STEM 教育课程体系,并对宝山区 STEM 教育的持续发展进行布局与推进。

(1) 拓展国际视野,整合高校和研究机构及社会 STEM 教育优质资源,如:华东师大 STEM 研究中心、上海师资培训中心、培生教育集团等,开展

STEM教育理论体系与实践内容等学习、合作、研究与推广,以校外教育研究团队的方式,在实践中锻炼队伍、总结经验、形成成果。

(2)精心打造课程,结合陶行知倡导的"真人"教育思想,着力建构形成本区原创特色的"五问三步"、STEM课程体系。即以真实的问题发现为主线,以"五问"为个性化学习方式,以"科学探究＋工程实践＋创新研究"三步骤为课程结构,构建"认识→实践→再认识→再实践"学习路径,从而达到促进学生自主学习、全面提升学生的创新力、协作能力、审辩式思维和解决复杂问题的能力。在区域提升学生科学素养和创新人才培养上找到科学规律与实现路径。

【案例】《揭秘魔壶》主题案例开发来自初三物理连通器内容的一道课后思考题。书上所提及的"魔壶"即倒装壶,是现藏于陕西历史博物馆的国宝级文物,这是个很有吸引力的主题,为此以揭秘魔壶为切入口,分别开展了设计魔壶、制作魔壶、改进魔壶、展示魔壶四个系列活动。本课例案例设计时强调以问题任务为引导,精细化设计思想的渗透。如:"由何"即问题由来,没有可以打开的壶盖该怎么倒水?"是何"即是什么,针对任务一的容器内部结构,你们的设计是什么?"为何"即为什么,为什么这样设计?"如何"即怎么,怎么才能将水装得最多?怎么才能将水全部倒出?"若何"即会怎么样,如果壶嘴在低处会怎么样?等等。帮助学生搭建脚手架,引导追问,在潜移默化中提升学生的高阶思维,提升学生分析解决问题的创新能力。

(3)面向中小幼学校,建设一批STEM教育基地校、示范校。通过教研、科研等途径,开阔教师眼界,唤醒课程意识,充分认识STEM课程的特点,思考和感知活动的创新、教学模式的优化、学习方式的变革,丰富教育智慧。每学期完成"五项任务",即:组织参与一次STEM教育创新学术交流会;举办一场STEM教育主题讲座;设计一项STEM教育主题案例开发;开展一堂STEM教学观摩实践课;提炼一个STEM教育教学经验。由此建设形成一支STEM教育骨干教师梯队,为学校内涵化发展助力。

4. 家庭创客——区域育人生态营造

在区域科技创新联合体的建设、多元课程的创新之后,区域青少年科技创新教育朝着社会化的方向前进,形成了新的共同目标——进一步深化学校、家庭、社会之间的联系,进一步营造区域育人生态。以家庭创客为途径,让科技教育走进更多的家庭,播撒科技的种子。区域青少年科技创新教育的社会化运作,我们认为不能缺少了家庭这一阵地,因为家庭是社会的细胞。当前的青少年家庭,具有开展科技教育实践的基本条件,如父母的学历得到了普遍提升,经济条件也有能力承担支持的费用,有的家长本身也从事研究型的工作,更重要的是越来越多的家长重视孩子的创新意识和能力的培养,具有这方面的愿望。因此,从2015年开始,我们首创了"家庭创客"活动,着眼于"社会实践、学校创新与家庭创意"的有机融合,以构建家庭创新文化为切入点,将科技创新教育活动项目渗透到家庭,走进日常生活,激活家庭这一潜力巨大的科技创新教育资源,积极打造适合家庭开展创新的新载体。让家庭成为创客成长的"第一启蒙课堂",让"动手做"成为家庭的一种生活与教育方式,让创新实践成为家庭文化传承。

先后开展"北上海科普集市暨家庭创客嘉年华活动"、宝山区社区(家庭创客)创新制作大赛等,工坊体验、创客集市等丰富多彩,形式多样的活动点燃学生对科技创新的激情与梦想,让"自造、创物"为特征的自下而上的家庭创客行动,成为区域内宝山学子的一种生活方式、文化传承和自觉追求。如今,我们已经引导本区青少年儿童创建"家庭创客工坊"达10 000家以上,涌现了一批又一批与众不同的未来创新人才,家庭创客行动被评为"上海市教育综合改革2015年典型案例",在全国各省区市进行推广。

5. 宝山100行动——助力平台的优化

未来创新人才培养是一项复杂的系统工程,也是当前基础教育改革和发展的重要任务。但常常面临的"培养模式单一、学段衔接断层、资源共享乏力、多元思维训练不足"等诸多问题与困境,区域校园创新文化氛围的打造、创新联合体的机制创新、STEM教育多元课程的建设、家庭创客的社会化运作,营建了良好的土壤、空气、阳光和水等有机育人生态体系。但如何针对科技特长生和科技爱好者提供优质个性化的培养?如何为区域未来创新人才的脱颖而出搭建成长平台?为此,区域校外教育通过宝山100行动,集聚打造优质资源高地,加强学科融合,改革育人方式,让学生获得更为丰富多彩的学习经历,多样化而适切的资源支持,为学生综合素养与创新能力的发展,发挥校外教育的独特育人的作用。

(1) 依托宝山区青少年活动中心现代化、高规格场域教育资源,如:"国际汽车模型竞技场""科技挑战城""电子射击竞技场"等。整体架构起四大基地:宝山区创新人才培养基地、上海市"双前沿"课程社会评价和教师培训基地、全国家庭创客基地、世界车模赛事基地。我们还将加快推进"悦林湖国际航海中心""国家级航空飞行营地"和"宝山区青少年体质监测中心"建设与运作。面向全体学生开放,让中心成为学习科普知识,体验科学实践,探索科学真知的乐园。

(2)依托宝山区超能材料、智能制造、生物医药产业特色,将产业园区融入学校、企业及校外教育机构,形成跨领域的科技教育同盟,共同开展青少年科技教育课程编写,进行研究课题的研发与实施等工作,共同探索学生综合素养培养的实践路径。

(3)依托"宝山100未来创新人才在线培育平台"的优化建设,应用大数据分析等方式,为中小学生提供个性化、智能化的科技教育体验,先后开展以"科技创新未来"为主题的"宝山100"科技创新营活动。通过培训营、研学营、课题营的学习与培育,以体验性、探究性、项目式、综合性的学习方式引导学生参与体验科技创新全过程,掌握科学探究的方法,从而提升学生的创新意识和创新能力,涌现了一大批具有潜质的科技创新后备人才。

总之,校外教育生态营造将"文化方式""跨组织平台"和"跨学科课程"有机整合,营造校园、社区、家庭多层面区域创新文化氛围,注重全员参与、注重跨界融合、注重弘扬科学精神、注重提升科普智慧生活,构建"自下而上""校内外结合"和"联合育人"为特征的区域未来创新人才培养体系,切实提高青少年的科技素质,可持续推进区域科技教育内涵化发展。先后被授予"全国科学教育实验区""全国青少年科技辅导员队伍建设试点区""全国青少年科技辅导员培训基地""全国科技创新教育示范基地""全国科学教育实验基地""全国科技馆活动进校园示范区"等称号,生动演绎了陶行知先生所倡导的"动手、动脑"的教育魅力,成为宝山教育的一大亮点。

第二节 区域校外教育生态的基本结构

一、区域校外教育生态系统的认识

教育生态学是将教育及其生态环境相联系,并以其相互关系及其机理为研究对象的一门学科,它强调生态系统内部、系统之间及其与系统外部的相互关联,强调各生态因子的协调发展和功能发挥,强调教育资源的供需平衡。当今国际教育的新发展之一是教育生态思想及其课程教学的实践,当代主流的教育观念无不与教育生态观相关,特别是后现代生态观对当代教育思想发展有着重要影响。关注宏观教育生态,关注学生发展与生态的"相互依存",关注教育生态的"多样性""开放性""整体性",同时关注微观教育生态系统的建构,将诸如"协同合作""伙伴关系"等教育生态观念贯穿其间,使之成为具有积极意义的教育生态。

进入新时代,国家间的竞争归根结底其实就是创新型人才的竞争,而校外教育是培养创新型人才的重要阵地。基于生态系统理论,理清校外教育处于自身行业内部生态系统之中且嵌构在整个教育乃至社会的大生态系统之中的生态位,探索其与学生、家长、学校、社会等教育生态主体及教育、社会、经济、政治、文化等生态要素之间存在整体关联与平衡的多维关系,从生态学视角研究校外教育的独特性。校外教育是个复杂的系统工程,它是整体性、经验性、创新性、实践性等都很强的系统。该系统包括学校、学生及其家庭、社会等多个子系统,各子系统需要高效整合,共生共存,密切支撑形成和谐共生关系才能使系统发挥更大作用。新时代校外教育生态系统要坚持优化建设的生态原则,即突出系统性、凸显层次性、强化开放性。具体来说,在系统关联建设中,要确立生态教育理念、构建生态间性关系、拓展信息传递样态。以优化体制机制为抓手,提升固本培基力;以重点扩面提质为抓手,提升建设水平力;以资源通力融合为抓手,提升共建共享力;以打造一社一品为主线,提升亮点品牌力。在协调适应建设中,要优化校外教育生态链、增强主体适应性、提升协同发展性;在动态平衡建设中,坚持优化内部育人场域、外部社会场域、构建长效机制。因此,建立健康的校外教育生态系统,首先需要明确其治理的主体,而且治理主体必须是多元的,主要包括国家机关、社会组织、家庭、学校、社区等。分析每一个主体,可以帮助我们认识到目前校外教育的治理生态。如校外教育生态系统模型依据各生态要素对校外教育的影响程度,将系统分为以活动课程教学为核心的微观生态系统、以家校社为核心的中观生态系统和以政治、科技、文化为核心的宏观生态系统,这三个层次子系统的有机结合、相互影响和制约共同构成了校外教育生态系统。校外教育要不断地增强适宜性、丰富性与共生性等生态特征,使校外教育不断生态化。

区域校外教育生态系统是指从区域层面系统构建包括校外青少年活动中心、学校、家庭、社区四大教育要素,以助推区域教育新生态的形成。探索校外教育的转型创新模式,转变传统校外教育育人方式,打造多元丰富的课程供给形式,实现教育生态化是校外教育改革与发展的方向。通过教育生态学视角,可以更好地理解、阐明和审议区域校外教育生态系统整体效应的缺失以及各生态要素之间的失调,能够为破解区域校外教育生态的系统性困境提供适当的理论视角。党的十八大以来,面对新时代的新情况与新问题,如何促进校外教育的发展、完成立德树人的根本任务、培育合格的时代新人成为区域校外教育需要着重解决的问题。借鉴生态系统注重全面、整体、系统、平衡、可持续发展的生态思维与生态理念,为区域校外教育工作的有效性、实效性提升而服务,追求"品质化""国际化""特色化"的一流校外教育品牌是新时代区域校外教育工作创新的重要思路。

二、区域校外教育生态系统的要素与结构

(一) 校外教育生态系统的基本要素

校外教育生态的基本要素与结构功能应着重在育人机制建设,育人主体培育与育人环境营造等三个方面发挥重要作用。而出发点与落脚点中间的实现路径,就是我们的育人主体、育人过程、育人环境等要素。因此,校外教育生态的基本要素应包含主体要素和环境要素。

1. 主体要素

主体要素是校外教育的核心环节。目前,学界对于教育活动中主体要素的讨论主要有"单主体"与"双主体"两种分类方式。"单主体"又可以分为以教育者为主体和以受教育者为主体的两种形式;"双主体"则指在教育活动中教育者和受教育者均是主体,彼此相互配合、相互作用。对于以教育者为主体的单主体教育理论而言,教育者占据绝对主导地位,容易造成教育方式刻板单一,受教育者的自由全面发展受到阻碍的现象;而以受教育者为主体的单主体教育理论,虽然能够充分发挥受教育者的主观能动性,但是对于教育者的创新性激发存在明显的短板和不足。如前所述,构建校外教育生态系统是回答"培养什么人、怎样培养人、为谁培养人"这个根本问题的,其更加强调的是教育者的主体地位和能力素质提高。因此,校外教育生态应当构建一种新型的"多主体参与"的教育体制。充分发挥专业课教师全员育人主力军的重要作用,是构建校外教育生态系统的题中应有之义,应当多措并举,帮助广大专业教师深刻意识到自身在校外教育中的主体地位。

2. 环境要素

环境要素包括机制要素、自然要素、制度要素、心理要素、精神文化要素

等。重点在于硬性条件的建设与育人环境的营造。结合校外教育实际,从设计优秀传统文化主脉络、与课程内容密切融合、开展课内外实践活动三个方面进行优秀传统文化挖掘与渗透的尝试,通过教师培训机制创新、职业素养能力提升计划等方式,深入挖掘教育元素。

(1) 制度要素。校外教育生态的构建,涉及中心整体的管理工作体制机制改革,必须以主任负责制为基本架构。只有在这样的核心领导机制下,才能实现中心各层级、各部门、全体人员的统筹联动,保障物资、设施、人员的全面合作与共享。

(2) 机制要素。在统一的核心领导机制下,各部门之间的分工协作是确保校外教育生态落地的根本要求。这个机制构建的关键在于包含中心人事、科研、后勤、保卫等诸多部门的校外教育格局的建立与强化。

(3) 自然要素。在已有的环境教育研究中,教学更多地关注环境问题,教授环保知识与技能,忽略了对于身边环境的关注意识,缺少生活化的课程,更应从生活实际出发。社区是青少年最亲密的生活区域,社区内的自然生态为学生提供感知环境的自然资源,也是学生了解环境的重要渠道,更能增加环境教育的实效性。校外教育具有多元化、个性化的特点。积极有效地将"社区内自然生态感知与发现"融入校外课程的探究与学习中,关爱自然、关注环境的意识,建立人与自然和谐共生的情感。

(4) 精神文化要素。早在2014年,习近平总书记就指出:"数千年来,中华民族走着一条不同于其他国家和民族的文明发展道路。我们开辟了中国特色社会主义道路不是偶然的,是我国历史传承和文化传统决定的。"聚焦到党的二十大报告中对中国式现代化的表述,我们认为它至少折射了民本、中庸、德治、和谐,这几个中国传统文化要素不仅有利于校外教育课程知识目标的达成,更有利于达到立德树人根本目标。中心依托区域特色课程,营造文化环境,让学生在生活与学习中的每一处都能接受文化熏陶,这既有利于培养学生的文化素养,也有助于后续课程教育的开展。

(二) 校外教育生态的结构特性

对于校外教育生态体系的结构而言,无论是主观层面的机制要素,还是客观层面的主客体要素,只有当各种要素相互作用、同向而行时,校外教育生态的优势才能真正得以体现。这个相互作用的过程,本质上就是一种育人结构的功能体现。校外教育生态的各个要素之间并不是孤立存在的,各个要素间必须相互耦合,才能形成有机的整体,所以校外教育生态的结构天然带有功能性的特征。如中心和学校的结构、中心与社区的结构、中心与家长的结构、课程与学生的结构,等等,必须将各要素进行全面统合,并发挥其应有的育人功能,才能成为真正意义上的校外教育生态的工作结构。在区域校外教育生态系统实践中,宝山区青少年活动中心摸索出了六大模式,即"双减"背景下"项目化学习模式与研究型课程无缝对接的培训模式""专家与指导教师、学生开展课题研究带动模式""专业机构参与学生社团构建模式""活动中心与社区互动模式""科技、艺术团队布点到校,整体推进学校品牌建设模式"和"体验式互动活动模式"构建了教育资源高效整合的生态网络。

1. "双减"背景下启动"家庭创客"项目化学习模式

"双减"工作指导下,宝山区青少年活动中心结合本区域"家庭创客"品牌项目,尝试开展课后服务,受到了基层学校师生的欢迎。"双减"工作指导下的课外校外个性化活动课程大致分为艺术人文、科学技术和阵地活动三大类。这三大类课程,最终指向的都是学生的个性化发展和核心素养的提升,但又各有侧重。艺术人文类自主探究型活动课程,引导学生学习艺术、人文知识和技能,培养学生的艺术感知能力和人文精神,增强学生的审美情趣意识、人文感知水平和自主发展的意识。科学技术类自主探究型活动课程,引导学生学习科学技术知识和技能,培养学生的科学问题解决能力和创新思维能力,增强学生的科学探究精神和自主发展的能力。阵地活动类自主探究型活动课程,引导学生融入社会、了解社会,培养学生的健康生活意识和社会参与能力,增强学生自主探究的志趣、社会实践的水平。

"双减"工作指导下,宝山区青少年活动中心紧紧围绕学生个性化发展和核心素养的提升,设计丰富多彩的项目化学习课程活动,如"家庭创客行动、艺术创客嘉年华活动"等,让学生自主选择,开展自主学习和团队合作交流,通过真实情境的问题创设,引导学生进行深度学习,使学生的个性潜能得到开发,综合素质得到发展,实现学生核心素养的提升。同时又培养了学生的五大思维:兴趣驱动的创新思维,以人为本的设计思维,科技人文的融合思维,创意物化的工程思维,推广创业的分享思维。

2. 专家与指导教师、学生开展课题研究带动模式

依托宝山区科委、区教育局等专业机构成立的宝山区青少年科学研究院是以培养科学素养为宗旨的青少年科学探索和研究的基地。科学院整合区域基础教育内部、社会各界的科技教育人力、物力和财力资源,面向宝山区所

有的中小学生,为他们搭建开展科技创新与实践活动的平台,为优秀的科技特长学生的发展创建良好的成长条件,使他们更加科学、有效地、在更高层次上开展科学研究和工程设计活动;为他们提供直接与专家、科学家交流的机会,接触和了解科技发展前沿的发展成果;为他们创设参加上海市、全国和国际青少年科技展示和竞赛的条件;为他们在科学探究和工程设计的后续发展创造条件。

3. "三院""五中心"构建模式

依托青少年活动中心加强区域校外教育的研究院、创作院、运动院"三院"建设。我们的宝山区青少年科学研究院,开展多领域拓展系列项目(包括物理实验、应用化学、环境保护、生物科技、应用数学与社会科学等);工程技术系列项目(包括创造发明与知识产权、工程技术、信息技术、电子技术、园艺技术、无土栽培、机器人、机械奥运、人工智能、三维设计与3D打印、数字设计与加工、AR/VR技术等);科创大赛系列项目(包括头脑奥林匹克、DI创新思维、创新大赛)以及学前科普系列项目。我们积极建设宝山区青少年艺术创作院,开展六个"STEM+"文化项目、十一项科普文化系列项目。还建立了宝山区青少年体育运动院,开展了车辆模型、定向越野等8项科技体育系列项目以及2项品牌体育项目。

4. 活动中心与社区互动模式

我们创新"校外机构、学校与家庭、社区"联动的学生特长培养机制,建构区域校外教育生态。作为社会资源与学校教育的枢纽,活动中心谋求与社区相关部门的通力合作,深入探寻学有所长的社区各界人士,广泛吸纳丰富宝贵的社会教育资源,利用"社区志愿者送教进校园"项目,加强中心与社区教育的资源整合,推进中心与学校教育的"无缝对接",共同创建区域学习型社会。

5. 科技、艺术团队布点到校,整体推进学校品牌建设模式

积极做好区青少年科技艺术团队的培养工作,"校内外科艺培养一体化",即团队建在基层学校,中心优质师资到学校携手基层教师做好基础培养,尖子人才集中到活动中心由活动中心优质师资集中辅导培训,每年有上百项科艺项目荣获国际、国家级和市级大奖。

6. 体验式互动活动模式

在上海社会科学院、上海市科协、宝山区科协等研究单位的专家指导下,努力为全市中小学生搭建创新实践平台。此外,还有"青少年艺创实验室"

"航海模型实验室""家庭创客工作坊"等,中心秉持"立足区域,服务全市"的宗旨,发挥教师专业特长,结合优势项目,挖掘展项内涵,向广大青少年开展可持续的科普教育活动,使中心成为青少年创新实践的梦乐园。

三、区域"四位一体"(校外)教育生态共同体

(一) 校外教育、学校、家庭、社区——"四位一体"的关系含义

校外教育在培养人才,转变学生培养模式上有不可替代的功能,创新"校外机构、学校与家庭、社区"联动的学生特长培养机制,同向同行、相辅相成、协同育人,以"三性三化"的广域课程不断丰富校外教育的实践形态,建构形成区域校外教育生态。我们将抓住深化教育改革的大好机遇,实践探索,不断提升区域校外教育内涵品质,形成具有明显特色的区域校外教育。营造良好的校外教育生态从单一的教育内容与方式走向生态型教育与培养模式的转型。在区域层面上建构良好的校外教育生态,推进以区青少年活动中心与学校、与社区、与家庭的多元联系,形成公益性的校外教育生态共同体,建构宝山区青少年校外教育运作机制,提高本中心的区域校外教育生态建构的能力与实效,促进宝山区校外教育生态化发展。

(二) 构建"四位一体"(校外)教育生态共同体的意义

校外教育生态共同体的建设,有利于提高本中心区域校外教育生态建构的能力与实效,促进宝山区校外教育生态化发展,全面建立校外教育与学校、家庭、社区等各方面的友好共生关系,发挥协同育人的功效,形成"四位一体"(校外)教育生态共同体。校外教育与学校教育的融合表现在:校外教育拓展学校教育的传统功能;学校教育推动校外教育的专业化建设。校外教育与家庭教育的融合表现在:校外教育助力家庭教育对早期社会化的影响;家庭教育促成校外教育的成效最大化。校外教育与社区教育的融合表现在:校外教育完善社区教育的服务体系;社区教育扩充校外教育的资源储备。在生态共同体的视域下,校外教育问题的产生是家庭、社会多个层面的问题,是在多方面影响因子的共同作用下形成的。因此,校外教育工作者要努力找寻学校、家庭、社区的联动共振,才能发挥最大效能。如青少年活动中心应该为家长提供多种渠道的联系方式,欢迎家长参与到教育生态共同体中,根据实际情况采用线上线下的学习模式,开展多种形式的亲子课程;如青少年活动中心可向社区居民提供科技、艺创、体育等学习资源,也可不定期安排专家进社区,与家长进行面对面的交流和辅导,更有效地帮助家长与孩子一起面对成

长道路上的各种困惑,形成家社教育的生态共同体。如校外教育工作者更需要拓展阵地,利用各种本地社会资源,带领师生参与到社会实践中去。可以加强与博物馆、纪念馆、图书馆联系,发挥社会资源的宣传作用,也可以为它们提供优质的讲座、宣讲、现场教学等活动,把优秀的教师资源输入到社会文化建设中,实现资源共享。

(三) 构建"四位一体"(校外)教育生态共同体的举措

1. 课程内容、方法手段、评价方式多元改进

在深入开展本中心的广域课程体系建设的同时,利用校外教育在社会层面拥有的丰富教育资源,在实践层面拥有的独特的场域优势和完备的师资优势,从课程内容、形式、等级三个维度上探索研究校外教育广域课程建设的基础。基于现有校外教育活动丰富的优势,统整活动内容,致力于将学生活动课程化,将单一的活动进行专业化、系统化的提升,形成具有显性特征的广域课程体系,夯实中心专业课程建设及品质提升。要实现立德树人的价值目标,首先要对课程内容、方法手段、评价方式等进行多方面的改进,可以根据学情,重点凝练出符合学生思想实际需求的教学主题,并结合生活中的案例和困惑,把对世界观、人生观、价值观的教育融入学生的生活实际,使理论通过生活实践得以检验。

2. 打造"四位一体"(校外)教育的实践形态

校外教育课程中,教师要善于挖掘各自课程中的鲜活的素材,在课堂上运用浸润式教学法,给予学生正确的价值引领。中心着力构建适合未来创新人才可持续成长的区域培养生态体系,营造多层面(包括校园、社区和家庭)创新文化氛围,让学生自主学习、主动发展、可持续成长。依托校园创新文化、科技教育创新联合体、"STEM$^+$"教育三大行动方向,同时辅以人才培养及家庭创客培养模式,建设具有区域特征的生态教育链,形成校外教育机构与学校、社区和家庭的教育生态共同体。中心依托中心师资人才和设备资源优势,以"IPA学生发展模式"为起点,建设基于"三性三化"的校外教育广域课程体系,丰富学生校外实践学习内容,打造高品质的区域校外教育生态模式。激发学生对知识的追求与创新的愿望,因材施教;注重学生个性化成长,让学生在实践性学习与跨学科的体验性学习中,开发个体潜能,增强他们的实践能力与创新能力;关注学生发展,从知识本位向能力本位转变,发展学生能力以适应社会需要与个体发展需要,校外教育的资源与活动模式恰好满足了学生发展能力的需求。我们清醒地认识到校外教育

在培养人才,转变学生培养模式上的不可替代的功能,创新"校外机构、学校与家庭、社区"联动的学生特长培养机制,以"三性三化"的广域课程不断丰富校外教育的实践形态,建构形成区域校外教育生态。我们将抓住深化教育改革的大好机遇,实践探索,不断提升区域校外教育内涵品质,形成具有明显特色的区域校外教育。

3. 形成螺旋上升同向同行校外教育联动机制

(1) 构建幼、小、初、高校外课程体系

校外教育者首先应遵循受教育者的人生成长规律,在不同年龄段设置循序渐进的教学内容,形成螺旋上升的课程联动机制。同时也要研究受教育者在不同年龄阶段的学习能力,并根据这个能力特征创新教育方式方法,如幼儿阶段可以开展沉浸式学习;小学阶段重在开展合作式学习;初中阶段重在开展实践式学习;高中阶段重在开展常识性学习。宝山区青少年活动中心以"面向未来的校外教育大融合"为导向,建构区域性"三性三化"广域课程基本框架与课程体系,推进区青少年活动中心与中小学校、社区、家庭的多元联系,形成具有公益性特色、学生个性发展的校外教育生态共同体,以课程为主线,从学科课程到广域课程,与学校同步育人,联合家庭和社区,开展联合体活动,为学生提供专业成长和个性发展的重要学习平台。探索校外教育的转型创新模式,转变传统校外教育育人方式,打造多元丰富的课程供给形式是校外教育的发展方向。走内涵发展的道路,建构宝山区青少年校外教育课程体系,提高区域校外教育品质化建设和发展,形成区域校外教育生态,

(2) 建构学校、家庭、社区的空间融合系统

家庭、学校和社区是学生的主要学习场域,各自发挥着不同的作用和功能。随着终身学习理念的推行,打破学校、家庭和社区教育间的壁垒,拓宽教育教学的边界,共同促进和提升学生的核心素养,已日渐成为教育教学变革中的重要议题。2018年9月,习近平总书记在全国教育大会上就明确指出,办好教育事业,家庭、学校、政府、社会都有责任。全社会要担负起青少年成长成才的责任。新中国成立七十余年来,校外教育的功能定位、内涵和外延也在发生着变化。校外教育在保持自身独特功能的基础上与学校教育、家庭教育、社区教育融合,构建"四位一体"(校外)教育生态共同体,这种融合性教育能够为学生提供多样教育景观,满足其个性化的教育发展需求,成为区域校外教育的现代转向。教育行政部门和校外教育机构应该利用校外课程

的特殊性,趋利避害,更好地发挥校外教育不可替代的作用。

第三节 基于"三性三化"的校外教育发展

一、建构"三性三化"校外教育生态系统

校外教育作为我国基础教育中不可或缺的一环,始终秉持学生专业成长、关注学生个性发展、注重学生素质培养的特色育人功能。打造高品质的区域校外教育生态,为学生提供专业成长和个性发展的重要学习平台具有重要的意义。

宝山区青少年活动中心在区政府、区教育局的领导下,在硬件方面处于上海地区领先地位,仅中心的西部占地面积达130亩,建筑面积1.8万平方米,加上东部,总面积达138亩,建筑面积2.4万平方米。宝山区青少年活动中心是当前本市占地面积最大的区级校外教育机构。中心现设有人文素养培训馆、综合体育馆、探索馆、科技挑战城、区青少年科学研究院科技创新实验基地、市"科创"课程实训基地等,为区域内学生提供了丰富的场域资源以满足不同的课程需求。同时,刚建设完成的"上海国际车辆模型竞技场"更是兼具国际赛场级别与交流功能,将进一步服务区域甚至全国学生。

宝山区青少年活动中心提出的"三性三化"机制,"三性"是指广域课程管理的生态性、公益性、体验性,"三化"是指广域课程开发与实施的国际化、品质化、特色化。这对宝山区校外教育课程化提出了明确的发展方向,既体现宝山区校外教育的品格——公平、均衡,也体现其品质——高品位、高适切性。通过"三性三化"广域课程的建设实现宝山区青少年活动中心校外教育的高品质。"三性三化"广域课程不仅是宝山区青少年活动中心校外教育广域课程的追求和目标,也是课程管理的基本路径,更是在校外教育课程管理上的一项开拓性工作。

宝山区青少年活动中心追求"品质化、国际化、特色化"的一流校外教育品牌,秉承陶行知先生教育思想,以"服务宝山、立足上海、面向全国、走向世界"的发展视野,倾力打造"生态性、公益性、体验性"青少年素质教育的综合

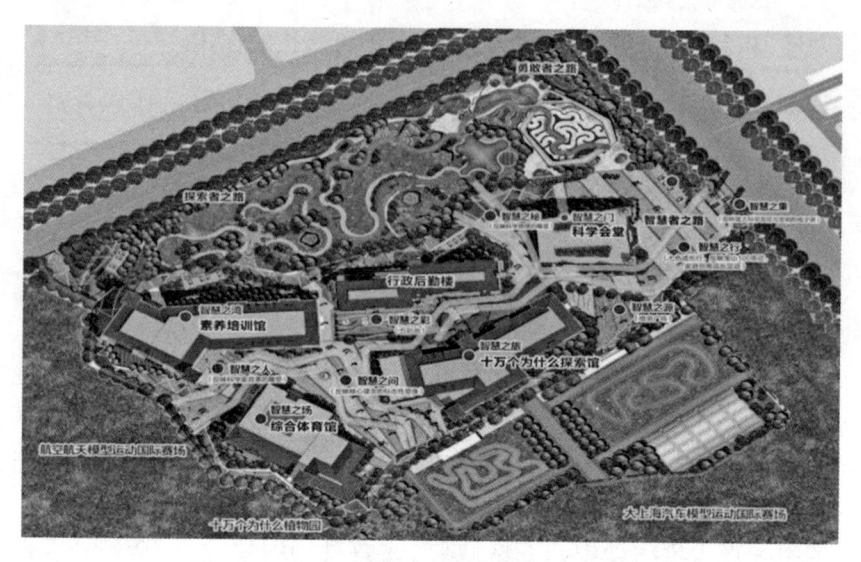

图 8-1　宝山区青少年活动中心(西部)场域图

实践基地。

● "品质化"是指校外教育以创新为品质核心发展学生特长,强调开发学生潜能,把普通学生送上发展平台,让资优学生凸显才华。我们以"面向未来的校外教育大融合"为导向,依托人文素养培训馆、综合体育馆、探索馆,包括宝山区青少年科学研究院科技创新实验基地、市"双新"课程实践基地等一流设施,建构区域性"三性三化"广域课程体系,为学生的发展提供服务。

● "国际化"是指课程的国际视野、活动的国际化、专家的国际化、交流的国际化来打造校外教育国际影响力。刚建设完成的"上海国际车辆模型竞技场"具有国际比赛与交流的功能。

● "特色化"是指校外教育的机制、课程、活动上创新,形成适应区域教育发展,具有特色的校外教育。我们做强基于 IPA 的以培养学生综合素养与创新素养为取向的广域课程,成为宝山区青少年活动中心的教育品牌。

同时,我们以"生态性、公益性、体验性"落实校外教育的发展。

● "生态性"强调校外教育要不断增强适宜性、丰富性与共生性等生态特征,使校外教育不断生态化。我们以"努力办好人民满意的教育"的要求为导向,指导宝山区青少年活动中心在区层面上开展建构良好的校外教育生态,推进以区青少年活动中心与中小学校、社区、家庭的多元联系,形成公益性的校外教育生态共同体,形成区域广域课程体系,建构宝山区青少年校外教育运作机制,提高本中心的区域校外教育生态建构的能力与实效。

- "公益性"强调学生校外教育机会的公平性、非营利性,满足有需求学生的校外学习。校外教育多元化,作为公办的校外教育机构必须坚持培养人才的公益性,摈弃一切营利的目的。教育的公益性是受到《中华人民共和国教育法》维护和保证的一项重要原则。"坚持教育公益性"对实现民族振兴和建设人力资源强国具有重大意义。校外教育机构公益性政策的出台是提高公共校外教育服务水平,彰显公办校外教育机构公益形象的重要举措。将"为学生的终身发展服务"作为一切工作的出发点,保持校外教育的特色,不断追求"公益"。

- "体验性"强调转变校外教育的教育方式,以实践体验性与探究体验改变传统的传授式教学。充分发挥校外教育的优势,让学生在校外的课余学习更富有乐趣,为学生提供比学校更丰富与独特的校外教育资源,让学生获得更丰富多彩的学习经历,发展学生综合素养与创新能力。

二、校外教育"三维度生态链"建构

校外教育"三维度生态链"主要包括创新文化生态链、广域课程生态链以及区域组织生态链。通过整合校外教育资源,实现校外教育机构生态系统的建设,并通过不断总结反思,对广域课程进行建设和优化。

- 创新文化生态链

在推进宝山教育现代化的建设中,本中心将坚持以"3+1+1 行动"为抓手,不断升级"五大"项目原创品牌,构建和完善区级科技艺术项目教研组体系,创设和完善本中心"三院"建设工程(即宝山区青少年科学研究院、宝山区青少年艺术创作院和宝山区青少年体育运动院),科学构建本区中小幼学生综合实践素质培训体系,做好双新课程实践实训基地工作。我们构建"课内外、校内外融合发展的未来创新人才区域培养生态体系",培养一批批拔尖人才,最终发展成为本市校外教育优质资源的集聚区、全国校外教育交流展示的平台和窗口。

管理与服务一体,强化学生发展支持系统。依托青少年活动中心加强区域校外教育的"三院"建设。宝山区青少年科学研究院,开展多领域拓展系列项目(包括物理实验、应用化学、环境保护、生物科技、应用数学与社会科学等)、工程技术系列项目(包括创造发明与知识产权、工程技术、信息技术、电

子技术、园艺 技术、无土栽培、机器人、机械奥运、人工智能、三维设计与 3D 打印、数字设计与加工、AR/VR 技术等)、科创大赛系列项目(包括头脑奥林匹克、DI 创新思维、创新大赛)以及学前科普系列项目。我们积极建设宝山区青少年艺术创作院,开展六个"STEM+"文化项目、十一项科普文化系列项目。还建立了宝山区青少年体育运动院,开展了车辆模型、定向越野等八项科技体育系列项目。

青少年活动中心作为区域中小幼学校课外校外教育指导专业机构,也是本区中小幼学校科技、艺术和体育等的"专业指导中心、实践活动中心、教育培训中心、科学研究中心和资源与课程开发中心",具有独特的、不可替代的区域教育集约功能。面向区域学校,承担科技、艺术和体育等领域课外校外教育活动的指导、培训、研究、评价、组织、协调和服务等职责;面向学生,开展课外校外教育活动,培养一支特长学生梯队。面向教师,开展教研、科研和师训工作,建设一支骨干教师梯队;面向学校,指导学校办学特色建设,建设一批科技、艺术和体育办学或项目特色学校;面向社会,指导学校与社会教育资源对接及开发、整合和应用。我们创新"校外机构、学校与家庭、社区"联动的学生发展服务机制,建构区域创新文化生态链。

- 广域课程生态链

近年来,通过供给侧结构性改革,校外教育的主要形式由零散的教育活动逐渐转向系统化课程。这种活动课程化的转变让校外教育的育人目标更加聚焦于学生发展核心素养,育人方式更符合儿童发展规律。随着单科学习走向课程融合和跨学科学习的需要,广域课程等综合课程的发展加快。同时校外教育在培养人才方面的优势凸显,学生校外学习的层次提高,校外教育的课程建设日益凸显,学生对科技、艺体、人文社科课程要求越来越高,因此校外教育的课程研究与实践得到重视。我们中心校外教育课程建设方面在做好常规性课程外,对广域课程进行深入研究与实践。我们认识到,校外教育不应是学校教育的简单重复,而应是为学生的个性化特长发展提供学校不能提供的条件。因此,广域课程成为青少年活动中心开展教育的重要课程形式。

我们利用校外教育在社会层面拥有内容丰富的教育资源;在基建层面拥有独特的场域优势和完备的师资优势;在实践层面拥有校外教育开展各类科技文艺活动的优势,从课程内容、形式、等级三个维度上积极探索研究校外教育广域课程的生态链。通过以竞赛、项目、展演等活动综合实施,激发学生的学习兴趣,促进学生的表现性学习,呈现出角色的最佳表现。

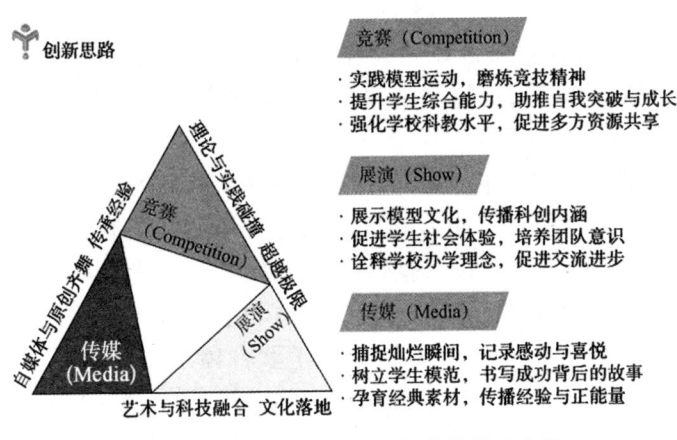

图 8-2 校外教育广域课程成效展示路径

创新思路

竞赛(Competition)
- 实践模型运动,磨炼竞技精神
- 提升学生综合能力,助推自我突破与成长
- 强化学校科教水平,促进多方资源共享

展演(Show)
- 展示模型文化,传播科创内涵
- 促进学生社会体验,培养团队意识
- 诠释学校办学理念,促进交流进步

传媒(Media)
- 捕捉灿烂瞬间,记录感动与喜悦
- 树立学生模范,书写成功背后的故事
- 孕育经典素材,传播经验与正能量

学生通过这些活动培养敢表、乐表的心理品质,锻炼表真、表好、表新的基本能力,使学生达到在一定角色上善表的实践,显现最佳行为或状态。学生的表现不仅是结果,更重要的是在学会表现的过程,帮助学生潜能转化为智慧生成。正是丰富的活动增强了广域课程的内容统整性与架构的弱度性,更提升了校外教育的品质。

在开发、实施与设置了大量的广域课程群落,形成了具有丰富性、适宜性、开放性的课程体系,实现课程的生态化。通过强化校外教育的课程体系,"活动课程化,课程学习化",使学生在校外教育课程学习中获得高成长性。

- 区域组织生态链

我们秉承"校外机构、学校与家庭、社区"联动的学生特长培养机制,营造学生综合素养发展的生态,以青少年活动中心牵头本区中小学组建项目共同体,打造区域组织生态链。

学校项目联合体本质上是学校发展的一种共同体。共同体最早是由德国社会学家斐迪南·腾尼斯在其著作《共同体与社会》中提出的,用于表示一种在情感基础上紧密联系的共同生活方式。在此基础上衍生出来的实践共同体,则是由人类学家莱芙与教育学家温格首次提出的,随后学者以严密的逻辑论证拓展了实践共同体理论的适用范围,并提出了该理论模型的三大要素——相互卷入、合作事业、共享智库。

区域学校项目联合体依托一定的项目实现资源共享为学校丰富学生学习经历提供项目学习的平台。我们中心逐步形成了"无土栽培教育创新联合体""应用数学教育创新联合体""建筑模型联合体""航空模型创新联合体""无线电创新联合体"等，通过联合体把项目带进学校，让科普活动深入到学生当中去。

随着课程改革不断深化，"五育并举"，越来越多学校需要引进学生学习的项目，但苦于缺少引进的中介。宝山区青少年活动中心通过与学校的互动，了解学习项目的需要，主动送项目上门，组建项目联合体，并逐步吸收有意愿推广项目的学校后继参加。在青少年活动中心的组织下，联合体学校的共同参加下，蓬勃地开展项目活动，丰富了联合体学校的优势项目的发展。项目共同体是基于成员共同愿望的基础上建立起来的，将学校单个行为转变为学校群体行动，在共同体中，学校及其师生在特定项目上展开项目学习、项目探究、项目交流与项目竞赛等活动，共同提高项目活动的水平，增强学生的特长发展，不仅学生的能力得到提高，同时也涌现出一批优秀的科技艺体辅导员。

在"特色联盟、资源共享、兴趣培养、学段贯通"的工作思路下，在宝山区教育局领导、区活动中心领导和高等院校专家的关心下，在联合体负责人带领下，在会员学校、教研组学校分工组织、协同配合下，以教育创新为核心，以特长学生的培养为目标，以家庭创客为着力点，注重梯队建设，发挥联合体各机构（校长委员会、专家委员会、教师中心教研组等）的积极作用，多渠道、多平台、多样化地培养未来创新人才。联合体以校园开展项目实践活动为抓手，在创新引领、持续发展的基础上，联合体团队聚焦核心素养，规范运作，以师生的关键能力培养为任务驱动，充分利用社会优质教育资源，组织师生开展一系列形式多样、内容丰富的项目专题创新活动。同时加强校园三级社团建设，提升教师技能水平，开拓师生视野，为学生的兴趣养成和特长培养做好指导和培训工作。

项目联合体夯实制度，健全规范的联合体管理。首先分层分类，坚持例会。坚持开好联合体校长委员会会议、专家委员会会议、联合体教研组会议，夯实三级社团培养活动。年初制订计划，年中商讨暑期特长生培训工作，年末商讨年度总结工作有关事宜。通过会议，加强各学段之间的沟通与交流，及时了解各学段学生最新的活动动态；通过专题教研、技能培训、赛前辅导等活动，引领示范，更好地为师生提供服务；通过三级社团（如无土栽培创新联合体学校中的无土栽培兴趣社团、联合体生物特长学生社团、研究院生物课题研究社团)、嘉年华展示活动等一系列学生特色活动,培养学生的兴趣爱好,提升核心素养能力。通过校园冠名杯赛主题活动,普及科技知识,让更多青少年关注身边的科技,提升我区科普活动辐射和影响力。

以实践创新、技能培训、提升素养,引领师生专业发展。联合体以校外科技教育工作需求为指导,通过交流研讨、师资培训、课题实施等形式,加强教师队伍建设,努力做到教学与研究的三个有机结合(即学习培训、解决实际问题、探索新思路新方法)。为了提高联合体教研组成员的专业业务水平和指导能力,教研组将专题培训和业务培训结合,从教师实际出发,例如以"聚焦核心素养培养关键能力"为主题,开展专项教研活动、实践考察活动,以及成果展示活动。通过一系列活动,有效拓宽组员的视野,提升专业理论水平。此外,教研组还聘请多位专家指导,优化专业发展,引领成员基于科技活动创新、科研课题研究的实践与探索。通过活动,推进联合体教研组建设,全面提高联合体教研组成员的专业化水平。

三、区域青少年校外教育组织的发展

通过创新文化生态链、广域课程生态链、区域组织生态链的建设,"三院五中心"机制建设(见图8-3),着力构建适合未来创新人才可持续成长的区域培养生态体系,营造多层面(包括校园、社区和家庭)创新文化氛围,让学生自主学习、主动发展、可持续成长。本中心依托校园创新文化、科技教育创新联合体、"STEM$^+$"教育三大行动方向,同时辅以人才培养及家庭创客培养模式,建设具有区域特征的生态教育链,形成校外教育机构与学校、社区和家庭的教育生态共同体。

- 三院是指:青少年科学研究院、青少年体育运动院、青少年艺术创作院。
- 五中心是指:专业指导中心、实践活动中心、教育培训中心、科学研究中心和资源/课程开发中心。

宝山区青少年活动中心创办了宝山区青少年科学研究院、宝山区青少年艺术创作院和宝山区青少年体育运动院近60个社团,"七类59项"区级科技艺术项目教研组。每年举办青少年科技主题系列竞赛(包括120多项市、区级科技竞赛,280多项区级科普活动等),有30多万人次参加,每年获国际奖

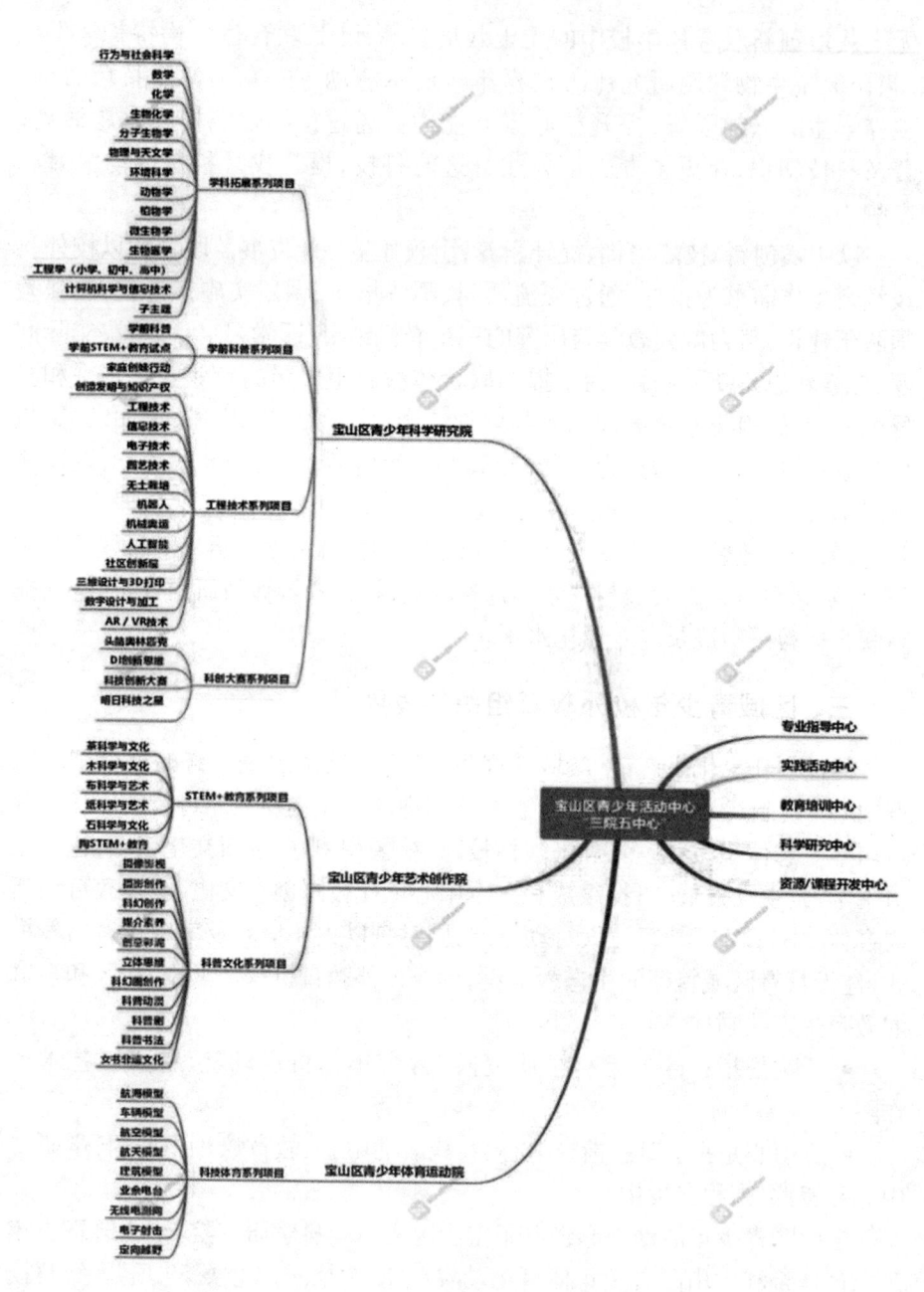

图8-3 宝山区青少年活动中心"三院五中心"机制

30 余项、全国奖 300 余项、市级奖 5 000 余项。同时,依托校园创新文化、科技教育创新联合体、"STEM$^+$教育"三大行动方向,辅以人才培养及家庭创客培养模式,建设具有区域特征的生态教育链,形成校外教育机构与学校、社区和家庭教育生态共同体。

我们以"立足上海,面向全国,走向世界"的发展视野,以"面向未来的校外教育大融合"的导向,让每一个在本中心开展学习、活动的孩子其自身智慧得以生成、个体生命得以张扬,最终实现"让我们的学生创造无限可能的未来"的办学愿景。下面以宝山区青少年科学研究院为例,具体展开介绍。

(一) 区域青少年科学研究院的探索推进

宝山区青少年科学研究院成立于 2005 年。创办区域青少年科学研究院是以"学生成为科技活动的主人,让社团成为终身发展的摇篮"为理念,围绕"顺应兴趣、激活天赋、发展特长、孵化培育、研究规律"的人才培养目标,积极为宝山地区青少年科技创新后备人才的成长创造条件、搭建平台,从而提升宝山地区青少年的科学素养。以区域科技教育原创特色品牌"宝山 100"未来创新人才成长行动为培养目标,支持并指导基层单位组织开展科技创新活动,积极营造"校园、家庭和社会"多层面多维度的区域创新文化氛围。

1. 源起:基于"联合体"的三级社团建设

从 2008 年起开创的中小学科技创新联合体建设是我区独特的尝试与探索,以"特色优势、学段贯通、资源共享、人才共育"的运作模式,旨在保护学生在每个阶段生长出来的创新萌芽,打破小学、初中到高中的培养壁垒。宝山区青少年科学研究院的科技创新人才培育扎根于基于"联合体"的三级社团建设,形成打造跨学段兴趣链及特长发展通道。

2. 生长:基于"家庭创客"的三级创客空间架构

我们以创客成长为主线,率先推进"家庭创客行动"。我们认为:家长的支持度、满意度在某种意义上决定了学员能否持续参加创新实践活动。为此,我们降低重心,打破限制,提供助力,开创了"草根创客"的生长空间,自助互助的家庭创客工作间,让创新实践成为家庭的一种生活方式和文化传承。

3. 深化:基于"社会化"运作机制的三维探索

宝山区青少年科学研究院的运作充分借助社会的合力,形成一种跨系统多种力量协调作用的合约机制,强调的是学校、区域和社会层面之间的深度合作。以科学院为载体,力图做到活动内容、方式、途径、教育力量的社会化,解决创新人才培养中提供与需求不匹配、不均衡的矛盾,寻求多种优质资源社会化高效运用的路径与方法。

（二）区域青少年科学研究院的组织架构

宝山区青少年科学研究院是本区有科技兴趣爱好、有创新潜质的优秀中小学生自愿组织的促进主动学习、自主发展的学生科技创新社团组织,是本区未来创新人才的成长平台,也是本区公益性青少年科技创新实践和创新成果的孵化培育平台。在区教育和科技行政部门的领导下,在校外科技教育专业机构指导下,自主管理及开展创新实践活动,同时对本区中小学科技兴趣社团进行指导等。2012年与上海市科技艺术教育中心联建上海市青少年科学研究院宝山分院,在上海市青少年科学研究院指导下开展活动,市、区两级衔接,构建未来创新人才培养通道。

明确区域青少年科学研究院的工作目标:

1. 为有创新潜质的科技兴趣特长学生搭建开放型、多样化、可持续的自主学习和成长平台。

2. 进一步探索宝山区青少年科学院有效的运行机制,以市级立项课题研究为抓手,为给科学院学员提供学习、实践和研究的活动平台创设条件,有力推进宝山区"未来创新人才培养工程"。

3. 以丰富的社会及高校科研院所为教育资源,为中小学生提供直接面向科学家学习和交流的机会,尽早接触和了解当今科技发展的前沿信息,更加科学、有效地开展科学探究和工程设计。

4. 拓展科技教育视野,继续开展宝山区中小学三星科技社团评选工作,倡导开展主题沙龙、项目辩论赛等学生自主创新活动,引领三级社团活动走向自由、健康、充满活力的发展之路。

5. 选拔与培养一批有潜质的科技创新人才,抓好立项与培育工作,为市青少年科学院输送区域优秀科技人才。依托项目联合体建设一支有创新潜质的科技兴趣特长生梯队,为市院和高校输送未来创新人才。

6. 提升教师科技创新辅导能力,建设一支专业化骨干科技教师梯队。形成区域青少年科学研究院组织架构。为构建培养通道,宝山区青少年科学研究院设立管理层、核心层和补充层三个层面,努力提升队员的科技创新素养。作为理事会、辅导员团队和联合体校长委员会的管理层具有决策、规划、统筹、协调和评价等职能,除了研究院日常管理及运作外,还积极开展咨询与指导工作、科技创新实践活动;作为核心层,联合体三级创新社团进行资源构建并开展社团活动,努力打通队员发展通道和跨学段兴趣链;作为补充层,家庭创客通过3—5年的创客培养项目,培育具有创新理念和自主创业的学生及团队,及时补充到三级社团中。

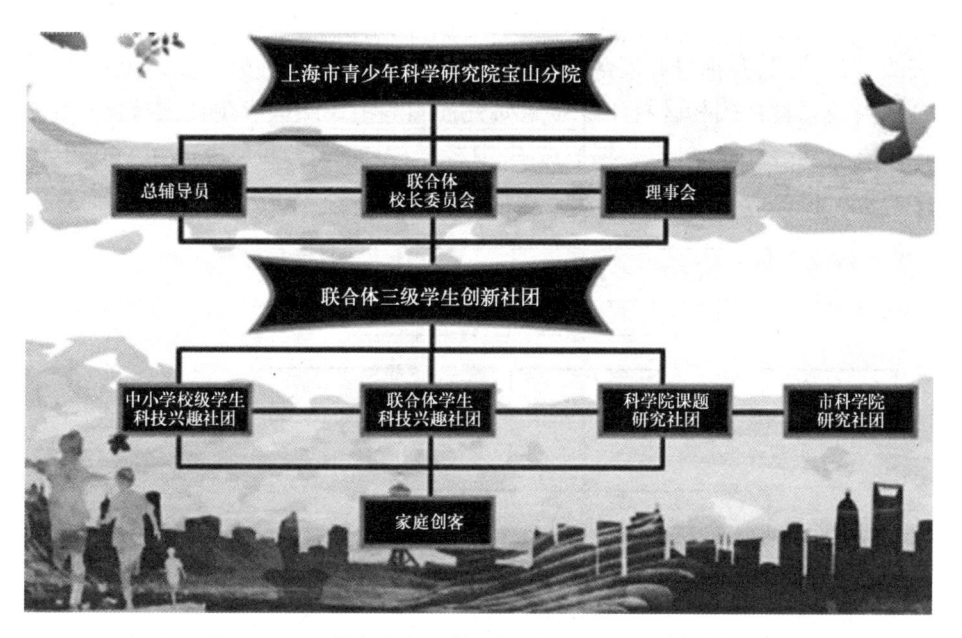

图8-4 上海市宝山区青少年科学研究院组织架构图

区科学院采用三层组织架构,决策层院理事会,管理层小院长、总辅导员和项目联合体,核心层学生社团。学生社团是本组织架构的核心。

1. 宝山区青少年科学研究院理事会。院理事会成员由本区教育局和科委分管领导、本区专家导师团、区活动中心和联合体负责人等组成。具有规划、统筹、决策、协调和评价等职能。院理事会任命教师总辅导员,批准学员小院长人选。

2. 总辅导员。区科学院总辅导员由理事会命名,由宝山区青少年活动中心科技总辅导员兼任,具体负责日常管理组织及运作工作,辅导小院长工作,协调项目联合体,组成辅导员团队开展指导。

3. 中小学科技教育项目联合体(以下简称:项目联合体)。一般由校长委员会、专家委员会、教师辅导团队和学生兴趣与创新社团等组成。其中校长委员会是决策与管理机构,专家委员会是咨询与指导机构,教师辅导团队负责教科研和实践引领等。

4. 小院长。采用理事会领导下的小院长负责制,小院长在优秀学员中通过竞聘产生,组成"一正多副及若干委员"的院务委员会,开展自主管理和开展自主创新实践活动。

5. 学生创新社团与小创客。区科学院依托项目联合体丰富的资源构建三级学生社团,并指导开展活动。由家庭创客工作坊、校级科技兴趣社团、联合体科技兴趣社团和区科学院课题研究社团等组成四级学生社团梯队,形成社团发展通道和跨学段兴趣链,学生创客是社团骨干,并与上海市青少年科学研究院衔接。

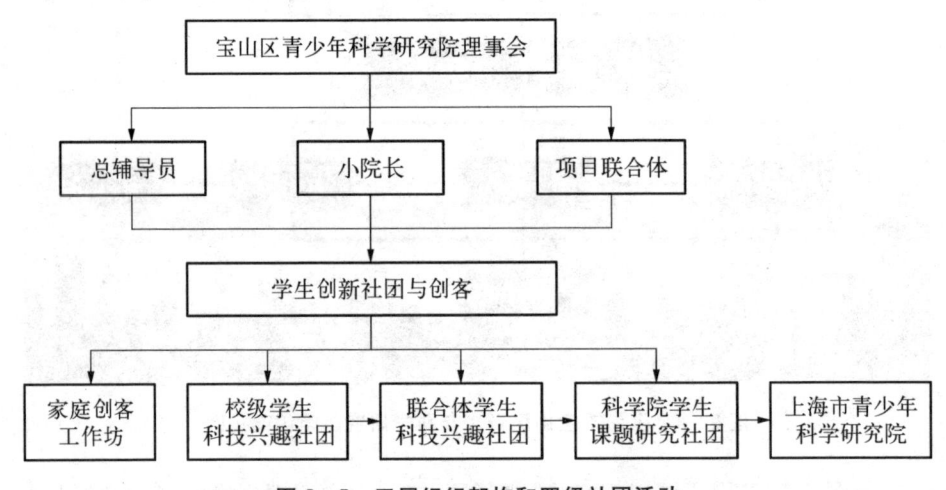

图 8-5 三层组织架构和四级社团活动

(三) 区域青少年科学研究院的运作机制

宝山区青少年科学研究院形成了稳定与发展的运行机制。活动口号是:科技社团,伴我成长。活动思路是:从这里,梦想成真;从这里,亲历创新;从这里,开源分享。活动基地:钱伟长未来创新人才培养基地,包括本市高校青少年科技实践工作站、区青少年科学技术指导站、家庭创客工作坊等。

宝山区青少年科学研究院的六大运行机制:

1. 社团学员梯队成长机制

学员梯队由校级科技兴趣社团、联合体科技兴趣社团和区科学院课题研究社团等组成三级"金字塔"社团序列,并与上海市青少年科学研究院衔接。将市院作为更高的资源、创新实践平台,向市院推荐拔尖学生,进行培养。

2. 学段贯通发展机制

依据学员成长手册和兴趣特长证书等进入高一学段有自己兴趣爱好的特色教育学校进行学习,分别为小学至初中科技教育特色学校,再至高中科技教育特色学校和创新实验班,直至高校自主招生。

3. "三合一"指导机制

在专业委员会指导下,由高校专家、区活动中心专业教师和学校指导教师等组成教师指导团队,分工合作。高校专家是社团的导师,负责把握课题研究方向与创新性,进行具体指导,推荐重点课题,并开展教师培训等。本区活动中心专业教师是社团总辅导员,负责培育课题、组织课题研究、协调资源等。学校指导教师是社团辅导员,负责辅导课题实施与开展思想教育等。

4. 资源共享机制

依托钱伟长未来创新人才培养基地走进高校,开展课题研究活动。建设高校科技实践工作站宝山分站,请高校专家上门指导。开展丰富多彩的创新实践活动,有专家讲座、技能挑战和参观考察等;有专题研修、短期集训、专家咨询和科学沙龙等;有课题研究、联网交流、参赛集训和峰会论坛等。

5. 竞赛激励机制

优先推荐学员参加各级各类青少年科技创新大赛,如组织学生参加青少年创意金点子大赛、青少年科技创新大赛、上海市"明日科技之星"评选活动、全国"明天小小科学家"评选活动等,并给予相应的奖励。

6. 学员成长评价机制

建立健全学员成长手册。跟踪记录学员参与科技兴趣活动和课题研究活动的成长过程,颁发兴趣特长证书。在规范学员名册库和记录成长手册等环节的基础上,颁发宝山区青少年科学研究院"三年制兴趣生证书""五年制兴趣生证书"和"两年制研究生证书"等。

构建未来创新人才校外培养体系和模式,开展"宝山100"科技创新培训营活动、"宝山100"科技创新研学营活动、"宝山100"科技创新课题营活动、"宝山100"科技创新挑战营活动,通过科学素养培育类、考察活动类、课题研究类、交流展示类、学生理事会等活动,进一步推进宝山青少年科学研究院各项工作顺利开展。

宝山区青少年科学研究院每年三月招募新学员,形成常态化机制。四月至六月开展培训营→七月至八月开展研学营→九月至来年一月开展课题营→来年二月至三月开展挑战营→五月选拔"宝山100"小院士并命名。

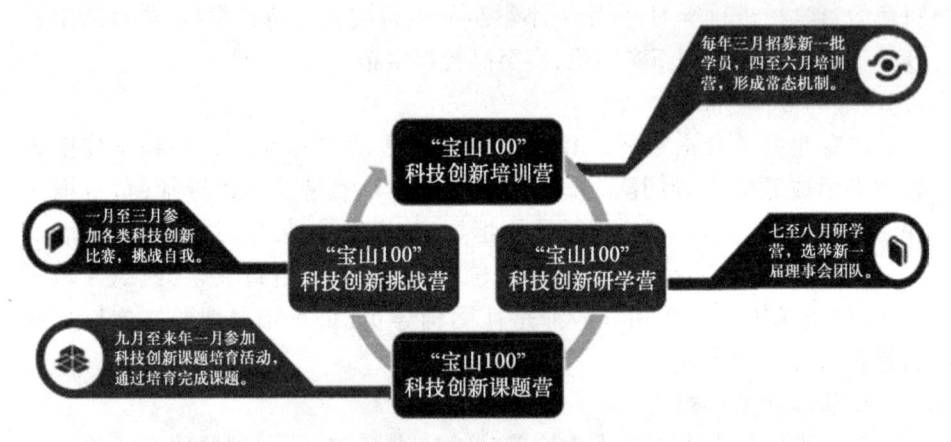

图 8-6　宝山区青少年科学研究院"宝山 100"未来创新人才培养行动常态化机制

结合社团成员梯队成长机制、学段贯通发展机制、"三合一"指导机制、资源共享机制、竞赛激励机制、队员成长评价机制等,设计并开发小学员、小学士、小研究员、小院士等"宝山100"学员可持续成长系列称号。

推动"自下而上""校内外结合"和"联合育人"为特征的区域科技未来创新人才培育发展态势,选拔与培养一批创客式学员,开发科学院网络平台,抓好立项与培育工作。充分发挥"宝山 100 未来创新人才在线培育平台"功效,对学生的持续性学习进行跟踪和管理。储备科技创新后备人才库,打造丰富多彩的"空中云课程"。

为学员建立基本信息及成长记录资源库,实施线上评估和报名、发布日程安排和通知、分发阶段证书、分学科领域在线培育,专家导师资源库发起在线提问解答,开展研究型课程智能化学习,对学生的可持续性学习进行跟踪和管理。根据每位学员的选题方向和兴趣爱好进行针对性、个性化指导和培养。通过他们在"专题研修、实地考察、专家咨询、课题研究、集训参赛"等特色活动中的综合表现,做好学员在成长过程中原始资料的积累和整理,为优秀青少年科技创新后备人才搭建成长之路。

(四) 区域青少年科学研究院的资源平台

依托项目联合体集聚的优质创新教育专业资源,形成每一个项目三级社团的资源体系,打造成"立足宝山,面向全市"的青少年未来创新人才培养平台。主要框架见图8-7:

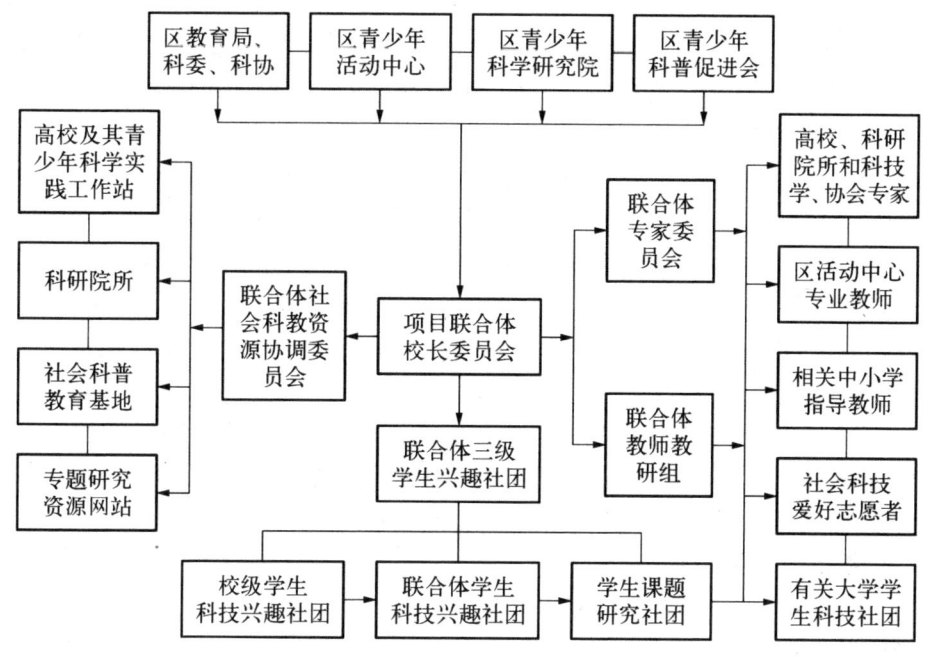

图8-7 依托项目联合体的资源平台

借助这个资源平台,我们走进高校和科研院所、社会科普教育基地等开展课题研究活动,如上海十家高校科技实践工作站,将宝山区活动中心建成面向社会的开放性创新实践平台,成为本区众创空间;每年创建100间家庭创客工作坊,营造家庭创客文化氛围。

(五) 区域青少年科学研究院的课题研究社团

1. 组建社团

(1) 社团条件:每个社团至少有3个及以上立项课题开展研究。

(2) 活动地点:一般在区青少年活动中心、市科协、科学社或相关高校、科研院所等。

(3) 活动时间:一般安排在双休日,每次至少在2小时以上,每期安排十次及以上,平时可根据课题研究进展在学校进行辅导,暑期举办专题研学营等。

　　(4) 活动形式：采用集体和个别指导相结合，根据实际情况分课题逐个进行个别指导。

　　(5) 学员条件：学有余力、有创新潜质的科技兴趣特长中小学生及小创客等。

　　(6) 学员推荐：深入联合体成员单位及中小学科技兴趣社团，通过讲课和面试等方式选拔优秀学员。从本站科技兴趣培训班中选拔优秀学员。

　2. 辅导员工作

　　(1) 社团辅导员。由区青少年活动中心专业教师担任，负责社团与学员队伍建设等，开展制定社团手册、讲义、课题集等日常资料工作。

　　(2) 发挥辅导员的主导作用和学员的主体作用。教师有计划地提出培训目标和内容等，学员通过培训学习有关专业知识与技能，学习有关研究、实验和统计等方法，学习研究过程等，体现学员的自我管理、自主选题和合作研究，推选社团负责人。

　　(3) 建立和健全学员档案。建立健全社团学员档案，有明确的培养计划、跟踪指导记录，做好学员在成长过程中原始资料的积累和整理。对学有兴趣、学有所成、有所建树的学员进行个案分析和跟踪。

　3. 课题研究

　　(1) 采用"三合一"指导制。由高校专家、区青少年活动中心专业教师和学校指导教师组成，分工合作。

　　● 高校专家。把握课题研究方向与创新性，进行具体指导，并开展教师培训等。

　　● 本区青少年活动中心专业教师。作为社团辅导员，培育课题、组织课题研究、协调资源等。对每次专家指导进行记录，包括指导前与学员沟通。整理课题的进展情况，包括存在什么问题等。指导中进行记录，包括专家指导的日期、时间、指导课题名称、学生姓名、课题存在的问题、专家的意见和建议、每次课题的进展情况等，作为活动的教案。指导结束与学校指导教师消化指导建议，提出下阶段实施步骤等。

　　● 学校指导教师。辅导课题实施与开展思想教育等。

　　(2) 基于联合体科技社团与创客的运作模式。由联合体校长委员会领导，由跨学段科技兴趣特长生组成，形成从低学段向高学段成长的"兴趣发展通道"。在教师辅导下，学生自我管理和自主研究，合作开展科技兴趣社团及研究活动等。

(3) 展开内容丰富、形式多样的拓展和研究活动。
- 有专家讲座、技能挑战、参观考察和演讲辩论等。
- 有专题研修、短期集训、专家咨询和科学沙龙等。
- 有课题研究、联网交流、参赛集训和峰会论坛等。
- 组织参加各级各类青少年科技创新比赛,如青少年创意金点子大赛、青少年科技创新大赛、上海市"明日科技之星"评选活动、全国"明天小小科学家"评选活动等。

4. 辅导员队伍组成与培训

(1) 辅导员的组成。高校和科研院所专家、青少年活动中心专业教师、本区中小学兼职指导教师、社会创客、大学生和家长等志愿者。

(2) 举办教师课题研究培训班。建设一支项目课题研究骨干教师队伍,聚焦有教师专业特征的课题研究方向和领域,围绕课题研究方向和领域形成学生课题群,建设课题研究指南。

(3) 编写教师课题研究指导手册及学生课题研究题库等资料包。

5. 经费保障

经费主要由区教育局特色内涵建设专项、区科委青少年科普专项和市教委对示范性分院奖励经费等,严格按照预算合理使用经费,做到专款专用。区青少年活动中心对考勤、课题立项、课题成果等进行考核,并给予资助和奖励。

(1) 师生奖励经费

① 宝山区人民政府"宝山奖"。奖励具有浓厚科学兴趣、具有较强科学探究能力的中小学生,每位1 000元,每年10名。

② 宝山区科委、科协"可持续成才指导奖"。根据促进青少年可持续成长的贡献、入围终评的项目数量等情况对每位入围的教师奖励1 000元,每年20名。

③ 教师在青少年科技创新大赛、上海市"明日科技之星"评选活动、全国"明天小小科学家"评选活动中的指导奖。

(2) 学生课题研究立项资助经费

对经过专家评估的A类和B类课题拨放课题研究经费,主要用于专家指导、实验测试、器材材料、人员加班和评审会务等,由社团辅导员负责。

(3) 学生入选市级科学院与科学社的资助经费

对入选市级科学院与市科学社的学员,按时参加课题培训与辅导,并形成课题,给予培训费的补贴。

说明:进入课题研究社团课题成果指导教师的署名排序
① 带教关系:第一指导教师为提出课题、思路、框架等,指导实施者。
② 合作关系:第一指导教师为课题成果主要执笔指导者。

在"让学生成为科技活动的主人,让社团成为终身发展的摇篮"的理念下,围绕"顺应兴趣、激活天赋、发展特长、孵化培育、研究规律"的培养方法,积极为学生的成长创造条件、搭建平台,努力培养具有面向未来的自主发展和领导能力的学生。通过共同努力,宝山区青少年科技研究院在近几年上海市科技创新市长奖、创新大赛、明日科技之星等活动中取得良好成绩。

实　　例
关于开展 2019 年"宝山 100"科技创新研学营的通知

各中小学:

秉承"创新、协调、绿色、开放、共享"的发展理念,聚焦《宝山区教育综合改革三年行动计划(2018—2020)》,落实立德树人根本任务,推进宝山区青少年科技创新人才培养实践平台建设工作,在 2019 年"宝山 100"科技创新培训营活动的基础上,深入开展"宝山 100"科技创新研学营活动。通过开展素质拓展、参观考察、专家讲座、设计制作等方面的研究性学习和旅行体验相结合的校外教育活动,帮助中小学生了解国情、热爱祖国、开阔眼界、增长知识,在科技活动中着力提高他们的社会责任感、创新精神、团队合作意识和实践能力。具体安排如下:

一、活动主题:科技 · 创新 · 未来

二、活动时间:2019 年 7 月 3 日(星期三)—7 月 7 日(星期日)

三、活动地点:上海市宝山区青少年活动中心,市级、区级科普教育基地。

四、活动对象:2019 年"宝山 100"科技创新研学营入选学员。

五、活动说明:

1. 入选研学营学员请于 2019 年 7 月 3 日(星期三)早上 9 点前到宝山区青少年活动中心东部(同济支路 201 弄 6 号)1104 教室报到。请带好笔记本、笔、书包等学习用品,替换衣物、毛巾、水杯、牙刷等供三天两晚使用的生活用品。具体活动详见日程安排表。

2. 研学营活动中将开展第六届宝山区青少年科学研究院理事会竞选，有意愿申报的学生请填写申报表，并提前准备竞选演说、个人才艺展示和科学院理事竞选PPT。

3. 2019年"宝山100"科技创新研学营培育活动总计五天，分两场进行，其中学员只外宿两晚，7月5日（星期五）下午家长可在宝山区青少年活动中心东部（同济支路201弄6号）接回孩子。

第一场：2019年7月3日（星期三）—7月5日（星期五），研学营活动，地点：浦东新区。

第二场：2019年7月6日（星期六）—7月7日（星期日），研学营课题培育，地点：宝山区青少年活动中心东部（同济支路201弄6号）。

六、活动要求：

1. 请于6月10日前上问卷星平台填写信息。也可直接扫描二维码进入平台填写信息。

2. 学校科技总辅导员要严格把关，择优推荐第六届宝山区青少年科学研究院理事，并于6月17日前将"第六届宝山区青少年科学研究院理事会申请表"和2019年"宝山100"科技创新研学营申请表纸质稿各一式一份（签名、盖章）由学校科技总辅导员统一收齐后送至宝山区青少年活动中心东部（同济支路201弄6号1303办公室范老师收）。

3. "第六届宝山区青少年科学研究院理事会申请表"电子稿请发送至bskjfdy@126.com，文件名为"学校名＋学生姓名＋第六届理事申请"。

4. 问卷星信息不填、2019年"宝山100"科技创新研学营申请表逾期不交将视作自动放弃研学营资格。

七、活动经费：

本次活动涉及的住宿、餐饮、参观活动等费用均由宝山区青少年科学研究院承担。

上海市宝山区青少年活动中心
2019年6月3日

附件1：2019年"宝山100"科技创新研学营学生名单（略）

附件2：2019年"宝山100"科技创新研学营活动日程安排表

附件3：第六届宝山区青少年科学研究院理事会申请表

附件4：2019年"宝山100"科技创新研学营申请表

附件 1：（略）

附件 2：

2019 年"宝山 100"科技创新研学营活动日程安排表

场次	日期	时 间	内 容	地 点
第一场	第一天 7月3日 星期三	09:00—09:20	报到	宝山区青少年活动中心东部
		09:20—10:20	科技·创新·未来——2019年创新峰会宝山分论坛活动	
		10:20—11:00	2019 年"宝山 100"科技创新研学营开营仪式	
		11:00—12:00	午餐	
		12:00—14:30	参观上海木文化博物馆	上海木文化博物馆
		14:30—16:30	前往酒店，安排住宿	上海嬉帝酒店
		16:30—17:30	晚餐（嬉香餐厅）	
		18:00—20:30	团队素质拓展活动	
		宿	上海嬉帝酒店	
	第二天 7月4日 星期四	07:30—08:00	早餐	上海嬉帝酒店
		08:30—11:30	参观上海电气临港基地	上海电气临港基地
		11:30—12:30	午餐	
		12:30—13:00	返回酒店	上海嬉帝酒店
		13:00—14:30	创新课题讲座	
		14:30—16:00	家庭创客技能培训活动	
		16:00—17:30	第六届研究院竞选理事彩排	
		17:30—18:00	晚餐（嬉香餐厅）	
		18:30—21:00	科学院之夜（理事竞选、才艺表演、互动游戏）	
		宿	上海嬉帝酒店	

续 表

场次	日期	时间	内容	地点
第一场	第三天 7月5日 星期五	08:30—09:00	早餐	上海嬉帝酒店
		09:30—11:30	"大国海军梦,未来航海家"研学课程	上海中国航海博物馆
		11:30—12:30	午餐	
		12:30—13:30	航海挑战赛	
		13:30—14:00	讲评寻宝任务试题、颁发研学证书	
		14:00—15:30	返程	宝山区青少年活动中心东部
第二场	第四天 7月6日 星期六	09:00—11:00	学科技能培训、课题研究计划及方案撰写等	宝山区青少年活动中心东部各教室（详见下表）
	第五天 7月7日 星期日	09:00—11:00	课题研究方法及论证等	宝山区青少年活动中心东部各教室（详见下表）

2019年"宝山100"科技创新研学营课题培育教室安排表

场次	时间	学科	教室	负责教师
第二场	第四天 7月6日星期六 9:00—11:00	计算机科学与信息技术	2505	略
		行为和社会科学	1205	略
		工程学（小学、初中、高中）	2401	略
		化学与生物化学	1307	略
		环境科学	1103	略
		生物医学	1102	略
		数学	1202	略

续 表

场次	时 间	学 科	教室	负责教师
第二场	第四天 7月6日星期六 9:00—11:00	物理与天文学	2601	略
		能源科学	1101	略
		动物学、植物学、微生物学	3103	略
	第五天 7月7日星期日 9:00—11:00	计算机科学与信息技术	2505	略
		行为和社会科学	1205	略
		工程学(小学、初中、高中)	2401	略
		化学与生物化学	1307	略
		环境科学	1103	略
		生物医学	1102	略
		数学	1202	略
		物理与天文学	2601	略
		能源科学	1101	略
		动物学、植物学、微生物学	3103	略

备注：1.课程安排如有调整，请以实际通知为准。2.请在7月15日前，将课题方案发送至bsqsnkxy2019@126.com，文件名请以：学科＋学校＋姓名＋方案名称命名。

附件3：

第六届宝山区青少年科学研究院理事会申请表

姓名		性别		民族		出生日期		照片
学校						年级 班级		
现任职务						手机		

续 表

身份证号码		家庭住址		邮编：	
拟竞选部门	□理事长□副理事长□宣传部□实践部□组织部□技术部 备注：我□愿意□不愿意接受部门调配					
家庭主要成员	姓名	称谓	工作单位	职务	手机
		父亲			
		母亲			
曾获荣誉	（按照全国、市、区顺序填写，须写明获评时间及荣誉全称）				
个人特长	特长一：（含特长等级，获奖情况）		特长二：（含特长等级，获奖情况）		其他：
	本人确认以上信息真实、准确，并承担相应责任。 　　　　　　　　　　　　　　　学生签名：　　家长签名：				
学校意见	 　　　　　　　　　　　　　　　学校盖章： 　　　　　　　　　　　　　　　年　月　日				

备注：1.《第六届宝山区青少年科学研究院理事会申请表》为自愿填写，如不愿意参加则无须填写和上交。2.电子表请发送至 bskjfdy@126.com，文件名为学校名＋学生姓名＋第六届理事申请。

附件4：

2019年"宝山100"科技创新研学营申请表

学科：　　　　编号：

学生姓名		性别		7月前就读年级	
学校名称		民族		学生本人身份证号码	
家庭地址			邮编：		学生年龄
学生手机			家长手机	父亲： 母亲：	
家庭电话			辅导教师	姓名： 手机：	
兴趣爱好与特长			T恤尺寸	□S □M □L □XL □2XL □3XL	

家长知情同意声明：
　　我已了解"宝山100"科技创新研学营的相关活动安排和规章制度，我的孩子先前无任何慢性症状病理，身体健康，完全可以参加科技研学营的各项活动。
　　是否有食物、药物过敏，如有请说明：
　　　　　　　　　　　　家长签名：　　　　填表日期：　　年　月　日

学校推荐意见	学校盖章： 　　　年　　月　　日
区县推荐意见	签名： 盖章： 　　　年　　月　　日

备注：
1.6月10日前上问卷星平台填写信息。2.6月17日前将2019年"宝山100"科技创新研学营申请表纸质一式一份（签名、盖章）送至宝山区青少年活动中心（宝山区同济支路201弄6号1303办公室、范老师收）。逾期不交视作自动放弃研学营资格。

后　　记

　　《校外教育机构广域课程建设的理论与实践》终于出版了，令人欣慰。本书是2021年度上海市教育科学研究项目《指向学生综合素养发展的校外教育机构广域课程建设的实践研究》(立项编号 C2021059)的研究成果。这是本中心近年来广域课程建设和发展的真实记录，生动反映了"校外机构、学校与家庭、社区"联动的学生特长培养机制。在三年的研究中，我们课题组坚持从实践出发，注重理论指导下的自觉实践，在开发实施广域课程的真实情境中积累经验，最终为提升学生的综合素养能力和未来发展奠定坚实基础。

　　校外教育是我国基础教育中不可或缺的一环，本中心始终秉持学生专业成长、关注学生个性发展、注重学生素质培养的特色育人功能。指向学生综合素养发展的校外教育机构广域课程建设的实践研究聚焦学生综合素养能力的提升，在多元场域中促进学生对知识的深度理解和广度迁移，打破学科（门类）之间的壁垒，为校外教育提供了一种行之有效的课程实施方式。

　　研究的过程是艰辛的，收获是催人奋进的。我们在教育科研引领下推进广域课程建设与发展，本书凝聚了宝山区青少年活动中心学校领导、教师和专家的智慧和辛勤劳动，也见证了本中心在创建优质区域校外教育生态、提升区域校外教育内涵发展过程中的艰辛探索与不懈努力。在研究过程中，团队成员们互相学习、实践研究、火花点亮、智慧生成，这段研究的经历令人难以忘怀。

　　星星之火，可以燎原。校外教育机构的每一位教师就是一粒粒"火种"，撒向不同的领域和学科，只有使课程的目标、内容、过程、评价具有统一指向，才能辐射带动更多的校外教师参与广域课程的开发与实施中来。我们以行动研究和理论研究并举，构建校外教育机构的广域课程框架，形成基于学生综合素养发展的校外教育广域课程实施路径。围绕广域课程的特征、要素和设计要点，明确广域课程的开发和实施的运作机制，从科技艺术类、科学技术类、人文科技类、科技体育类四大领域开展课程群建设,帮助学生在相邻知识系列,性质相近学科,人文、自然和社会学学科,教育内容变化与文化发展之间以及儿童与文化五个层面中自由和谐全面发展。

　　本课题由上海市宝山区青少年活动中心虞海洲主任担任组长,上海三知教育信息咨询教育理论研究所所长王钰城教授担任研究指导。本书实践部分由中心教师(见署名)撰写。在本书顺利出版之际,谨向在本书编著过程中提供创意与策划、做出积极贡献的各位领导、专家和老师们一并表示感谢。由于本书涉及校外教育、课程教学、综合素养等诸多方面的理论与实践问题,限于作者们的认识水平和实践经验,所阐述的观点如有不妥之处,敬望读者不吝指教,在此表示感谢。

主　编

2023年8月